KW-224-310

SCOTTISH GAELIC TEXTS

VOLUME TWENTY FOUR

CÒMHRAIDHEAN NAN CNOC

THE SCOTTISH GAELIC TEXTS SOCIETY

OFFICE BEARERS: Session 2016–17

Honorary President:	Professor C.J. Ó Baoill
President:	Dr S.M. Kidd
Vice-Presidents:	Professor W. Gillies
	Professor D.E. Meek
	Rev. Dr R. MacLeod
Secretary:	Dr M.P. Coira
Treasurer:	Mr R. Taylor
Supervisory Editor:	Professor D.E. Meek
Contact address:	Celtic and Gaelic
	3 University Gardens
	University of Glasgow
	Glasgow G12 8QH

Còmhraidhean nan Cnoc
the Nineteenth-Century Gaelic Prose Dialogue

edited by
Sheila M. Kidd

Published by the
Scottish Gaelic Texts Society

Published in 2016
by The Scottish Gaelic Texts Society, Glasgow

© 2016 Scottish Gaelic Texts Society

All rights reserved. No part of this
publication may be reproduced, stored in
a retrieval system, or transmitted in any
form or by any means, electronic, mechanical,
photocopying, recording or otherwise, without
the prior permission of The Scottish Gaelic Texts Society

ISBN 978-0-903586-08-5

Chuidich Comhairle nan Leabhraichean am foillsichear
le cosgaisean an leabhair seo

Typeset by Nancy R. McGuire, Aberdeenshire
Printed in Wales by Gwasg Gomer, Llandysul

CONTENTS

ACKNOWLEDGEMENTS

The seeds for this volume were sown in the late 1980s in Edinburgh University's Celtic Department when I had the opportunity to read nineteenth-century Gaelic texts, including some of the Rev. Dr Norman MacLeod's *còmhraidhean* which appear in this volume, with Dr (now Professor) Donald Meek. It was these classes which kindled my interest in the nineteenth century as a whole and which – with a small nudge from Donald – drew me back to study for a PhD, working on the writings of the Rev. Alexander MacGregor, another writer who features in this collection. It is particularly fitting therefore – and a genuine delight and privilege for me – that Donald is the Scottish Gaelic Texts Society's Supervisory Editor. He has been consistently encouraging as I have worked on these texts and has had many wise words to offer in the production of this volume and it is to him that I owe one of my greatest debts of gratitude.

This volume has been a long time in the making, as teaching, administration and other research commitments have drawn my attention away from it time and again over the years, not to forget additions to the family! I hope, however, that the book is none the worse for this long gestation which allowed me to discover new texts and to reflect further on the place of the *còmhradh* in Gaelic literary history.

I have accrued many debts of gratitude along the way and it is a pleasure (and a relief) to be able to finally acknowledge them here. My colleagues – past and present – at the University of Glasgow have provided advice and input in numerous ways over the years, and have created a wonderfully collegial and enjoyable working environment: the late Professor Cathal Ó Dochartaigh, Dr Michel Byrne, Professor Thomas Clancy, Dr Katherine Forsyth, Dr Sìm Innes, Dr Aonghas MacCoinnich, Gillebrìde Mac'IllcMhaoil, Dr Martin MacGregor, Dr Bronagh Ní Chonaill, Professor Robby Ó Maolalaigh, Dr Geraldine Parsons and Dr Simon Taylor. Among the others to whom I owe thanks for their support and advice in various ways are: Ronald Black, Professor Ewen Cameron, Professor William Gillies, Dr Anja Gunderloch, Dr Barbara Hillers, Professor Nigel Leask, Dr Michael Linkletter, Dr Margaret Mackay, Gilbert Markús and Dr Domhnall Uilleam Stiùbhart. The staff of the Centre for Research Collections, Edinburgh University Library and the Reading Room, National Library of Scotland have been consistently knowledgeable and helpful when faced with my questions. Students over the years have read some of these texts with me in classes and have helped me come to appreciate the texts afresh. My most sincere thanks to Ian MacDonald for reading and commenting upon the volume with his wonderful eye for detail and to Pia Coira, Academic Secretary of the Scottish Gaelic Texts Society for all her support with applications and more generally for her tireless work for the Society. And finally to Dr Nancy McGuire for her excellent work in making a book out of my word-processed text. I sincerely apologise to anyone whose name has been omitted. It almost goes without saying, however, that any shortcomings in the volume are entirely of my own making.

I am very grateful to Comhairle nan Leabhraichean for awarding me a Commission Grant which allowed me to devote time to completing a final draft of the volume during research leave in the course of 2015–16. I am also most grateful to them for their support in the form of a publishers' grant which has helped SGTS to publish this volume. My thanks to Bòrd na Gàidhlig, as its grant to the Society for supporting editors helped advance my editorial work during earlier, brief, periods of research leave. I also gratefully acknowledge the College of Arts at the University of Glasgow for granting me research leave and for colleagues and Graduate Teaching Assistants who covered my teaching during this leave.

My final words of deep-felt thanks go to my family: to my late father ('if a job's worth doing it's worth doing properly') and mother (who found a way for me to study Gaelic as an extra subject at school); to my parents-in-law, Frank and Jean McGhee, who must be in the running for 'in-laws of the decade'; to Alastair, whose endless support, patience and belief in me can never be repaid; and to Katie and Calum for tolerating (but only just) my being distracted at times.

Sheila M. Kidd
Glasgow
18 October 2016

ABBREVIATIONS

CnanG	Cuairtear nan Gleann
Caraid nan Gaidheal	Clerk, A. (ed.) (1867). *Caraid nan Gaidheal: A Choice Selection of the Gaelic Writings of the Late Norman MacLeod D.D.* Glasgow: William Mackenzie
DC	*Dundee Courier*
DG	*An Deo-Grèine*
F-T nam B	*Fear-Tathaich nam Beann*
GH	*Glasgow Herald*
H	*Highlander*
Highlanders' Friend	Henderson, G. (ed.) (1901). *The Highlanders' Friend. Second Series: A Further Selection from the Writings of the Late Very Reverend Norman MacLeod, D.D.* (Norman MacLeod: Edinburgh)
IA	*Inverness Advertiser*
IC	*Inverness Courier*
NSA	*New Statistical Account of Scotland* (1834–45). Edinburgh: William Blackwood and Sons
NC	*Northern Chronicle*
OT	*Oban Times*
PA	*Perthshire Advertiser*
PP	*Parliamentary Papers*
SA	*Statistical Account of Scotland* (1791–99). Edinburgh: William Creech
SGS	*Scottish Gaelic Studies*
SH	*Scottish Highlander*
SSGS	Society for the Support of Gaelic Schools
SSPCK	Society in Scotland for the Propogation of Christian Knowledge
TG	*An Teachdaire Gae'lach*
TGSI	*Transactions of the Gaelic Society of Inverness*

INTRODUCTION

T HE PROSE DIALOGUE, or *còmhradh* (conversation), is a particularly distinctive feature of the nineteenth-century Gaelic literary landscape, and these texts – numbering over 300 – constitute a substantial body of literature, and a significant proportion of the century's prose output. Generally associated with the Rev. Dr Norman MacLeod ('*Caraid nan Gàidheal*', 'Friend of the Gaels', 1783–1862) and his periodicals of the first half of the nineteenth century, the genre was one which was subsequently revived in the Gaelic columns of newspapers during the 1870s and 1880s and became the Gaelic prose form *par excellence* for discussing politics and social issues during the Land Agitation years. While the *còmhradh* became less prominent towards the end of the nineteenth century, its status as a recognised literary mode in Gaelic is reflected in its inclusion in An Comunn Gaidhealach's Mòd literary competitions with, in 1912, one of the prizes being for a 'Gaelic dialogue between two crofters. Subject: "The Present State of the Highlands"', and similarly in 1913 for a 'Gaelic dialogue between the old style farmer and the new on Agriculture and Cattle Rearing' (*DG* 1912: 13; *DG* 1913: 13). In common with Gaelic prose writing in general, however, and that of the nineteenth century in particular, the *còmhradh* has been much neglected until very recent years when, as this introduction will discuss, it has begun to attract scholarly attention and recognition of its important place in the development of Gaelic literature.

This volume aims to present an overview of the genre and to demonstrate its significance as a pioneering literary form in Gaelic which found favour with writers, readers and audience alike. The genre offers insights into the development of secular writing in a period of transition for Gaelic culture from a primarily oral to an increasingly literary one. The *còmhradh* furnishes a fresh perspective on the interface between orality and literacy in the nineteenth-century Highlands, revealing how writers sought to make their writing accessible and acceptable to a readership and audience not necessarily fully literate in their native language. The thirty-five texts selected for inclusion in this volume show writers reflecting upon, and responding to, a diverse range of contemporary social concerns from emigration, education and social change to land agitation, politics and technological innovation. Moreover, the texts shed light on both the views and the motivations of their authors, frequently clergymen, as they sought to engage with Gaelic speakers far beyond their own congregations, whether these were in the Highlands, Lowlands or emigrant colonies abroad. This introduction will begin by situating the *còmhraidhean* within their literary and cultural contexts before proceeding to discuss the genre itself.

TEXT AND CONTEXT

The nineteenth century was one of unprecedented change for the Highlands, as for much of Britain, change which was all-encompassing: economic, social, cultural and linguistic. It was a period which saw the continuation from the eighteenth century of landlords' clearance of established communities in many parts of the Highlands to make way first for sheep and later for deer and the resulting movement of tens of thousands of Gaels to poorer coastal land, to the urban Lowlands and to colonial destinations abroad. The failure of the kelp industry in the wake of the Napoleonic Wars undermined the economic stability of many West Highland and Island estates, leaving the population particularly vulnerable to the effects of falling cattle prices and the unreliability of the fishing industry. Combined with this was an over-dependence on the potato crop, which would suffer two particularly bad blights and cause famines in 1836–37 and again in 1846–48, each of these being followed by a surge in emigration. By the 1870s, and a period of relative economic stability, a more concerted pattern of resistance to evictions began to emerge, most notably in the form of the Bernera Riot on Lewis in 1874 and the Battle of the Braes on Skye in 1882, both of which achieved national publicity for the crofters' cause. Legislative change in the shape of the Ballot Act of 1872 and the Third Reform Act of 1884 strengthened the position of the increasingly politicised crofters and resulted in the return of four pro-crofting candidates in the General Election of 1885. Within a year the Crofters' Holdings (Scotland) Act would be passed, which, while not the panacea hoped for, accorded crofters improved land rights.

While all of these provided subject matter for the writers of *còmhraidhean*, the genre's range is much broader, engaging, for instance, with the place of Gaelic in Highland education over the course of the century, from the emergence of a system in which Gaelic was the language of tuition in many Highland schools from the second decade of the century through to the 1872 Education (Scotland) Act, which made no effort to accommodate the language. Ecclesiastical debate, similarly, comes to the fore in *còmhraidhean* at times of particular tension, first with the Disruption of 1843 which saw the formation of the Free Church, and later in the 1880s when the campaign for disestablishement dominated much of the religious discourse. More generally, writers of *còmhraidhean* aimed to provide their readers with 'useful' information, whether in allowing them to keep abreast of affairs of government or technological innovations, such as the steam train. Accompanying this forward-looking dimension, however, is the backward one, in which they cast a nostalgic eye to the past and come to terms with the social and cultural changes which they and their audience were witnessing first-hand.

The texts in this volume have been ordered into seven thematic sections and chronologically within these sections. These sections are: 1) Education and Gaelic; 2) Social Control: Famine, Migration and Emigration; 3) Land; 4) Electioneering; 5) Ecclesiastical; 6) News and Information; 7) Past and Present. One of the distinctive features of the genre is that it lends itself to the discussion of a number of subjects within one text, imitating the natural flow of conversation, and the *còmhraidhean* have been placed in sections according to the main topic of discussion in each. Each section is prefaced by a brief contextual introduction to the texts and each text is followed by explanatory notes.

GAELIC PROSE AND PRINT

The history of printed Gaelic prose dates back to the Reformation of the Church and John Carswell's translation into Classical Gaelic of the *Book of Common Order,* and its early history is heavily dominated by religious texts, many of them translations of English Puritan works. Although Carswell's 1567 translation represented an important milestone for the language, it did not have the same impact as the publication of the Gaelic Bible would have some two hundred years later, the New Testament being published in 1767 and the Old Testament in 1801, publications which have been acknowledged as a cultural, linguistic and literary landmark (Meek 1988 & 2002). Meek has argued that, stylistically, the Gaelic Bible played a significant role in leading Gaelic writers 'away from the repressive corsetry of catechisms and doctrinal treatises', a stylistic path which was to open up new possibilities not only for Gaelic translators, but writers too (2002: 95).

The expansion of the Gaelic printing press and its close affiliation with the Protestant Church and its clergy has come under fresh scrutiny in recent years in the work of both Ronald Black and Donald E. Meek (Black 2007 & 2009; Meek 2007a). Black has established that before 1800 no fewer than 231 books were published either in Gaelic, or including 'at least a line or more of consecutive Gaelic verse or prose, or a paragraph or more of Gaelic reference material', the majority of which were published in Edinburgh or Glasgow (Black 2009: 35). This growth and concentration of Gaelic publishing in the Lowlands was a pattern which continued throughout the nineteenth century and beyond, and reflected Edinburgh's position as a focal point for the activities of the Presbyterian churches and Glasgow's as the principal Lowland destination for emigrée Gaels

(Meek 2007a: 107–09). The sense that a critical mass of Gaelic texts had been printed by the early decades of the nineteenth century is underlined by the publication in 1832 of John Reid's *Bibliotheca Scoto-Celtica; or, an account of all the books which have been printed in the Gaelic language* in which the compiler lists some 355 published volumes, including reprints, a list which Reid himself acknowledges is incomplete (Reid 1832: vi). While the balance was weighted very heavily towards religious texts, there is an emerging secular strand featuring dictionaries, grammars, song and school readers, but notably not fiction. Although secular poetry and song had begun to find their way into print from the middle of the eighteenth century, beginning with the publication of Alasdair Mac Mhaighstir Alasdair's *Ais-eiridh na Sean Chánoin Albannaich no An Nuadh Oranaiche Gaidhealach* in 1751, it was not until the third decade of the nineteenth century, and more or less coinciding with the publication of Reid's *Bibliotheca Scoto-Celtica*, that secular prose publications began to enjoy any prominence. The main catalyst for this new direction in Gaelic publishing, as will be discussed later, was the expansion of education within the Highlands, and more specifically of Gaelic education. This initial phase of secular prose writing was marked by the appearance in print of a number of relatively short-lived journals which provided Gaelic writers with an opportunity to experiment with new genres, subject-matter and registers. It was in these periodicals that *còmhraidhean* would begin to appear.

PRINT AND EDUCATION
In addition to establishing a linguistic and literary model for the language, the availability of a Gaelic Bible provided a stimulus for the establishment of Gaelic schools. In the eighteenth century those Gaelic-speaking children who experienced formal education were taught to read English rather than Gaelic. In parochial schools Gaelic was completely excluded, while in those schools set up by the Society in Scotland for Propagating Christian

Knowledge (SSPCK), Gaelic was gradually allowed a place, but solely as a means of explaining English. In neither of these were children taught to read Gaelic (Withers 1984: 120–37). This was to change only from 1811 with the establishment of the Edinburgh Society for the Support of Gaelic Schools (ESSGS) and similar societies in other cities, the primary aim of these being to enable the Gaels to read the newly available Bible in their native language. By the mid-1820s it had seventy-seven schools operating in the Highlands (*ibid.*: 140). It was the same guiding principle which prompted the General Assembly of the Church of Scotland to establish its own education scheme for the Highlands in 1825 which, within five years, had established eighty-three schools in the Highlands and Islands (*ibid.*: 152). Following this example, parochial schools and the SSPCK changed their stance on Gaelic in so far as their teachers were to be allowed to teach Gaelic-speaking children to read the language, albeit only as a route to teaching English (*ibid.*: 135–37). This adoption of what has been described by Meek (2002: 96) as 'Bible-based literacy' marked a new era in Highland education and resulted in the creation of a new generation of Gaels literate, albeit to varying degrees, in their own language.

The development of a Gaelic education system in turn created a demand for suitable texts and led to the production of Gaelic educational textbooks, for example: Alexander McLaurin's *The First Book for Children in the Gaelic Language* (1811); *Guide to the Reading of the Gaelic Language: Leabhar-Iuil chum Leughadh na Gaelic airson Foghluime na Treas Buidhne* (1816); Francis MacBean's *Leabhar air son na ceud bhuidhne anns na sgoilibh Gàe'lach gluasadach* (1825); and Norman MacLeod's *Co'chruinneachadh air a chur r'a chéile air iarrtas Comuinn Ard-sheanadh Eagluis na h-Alba: arson an sgoilean, Air feadh Tìr-mòr agus Eileana na Gaeltachd* (1828). The effect of this new direction in Highland education was to be even more wide-reaching, however, leading to the creation of a Gaelic periodical, *An Teachdaire Gae'lach* (1829–31), the first to survive for any length of time (a brief and unsuccessful attempt having been made in

1803 in the form of *An Rosroine*, of which there are no known extant copies). The Rev. Norman MacLeod, founder, editor and chief contributor to *An Teachdaire Gae'lach*, outlined in his first editorial the purpose of the periodical as being 'gach gne fhiosracha feumail a bha chuige so glaiste o Ghaedheil ann an leabhraichibh beurla, a chraobh-sgaoileadh air feadh gach gleann is tìoraile, agus gach Eilean is uaigniche' (*to disseminate through each land-locked glen and remote island every sort of useful information which has been until now locked away from Gaels in English books*) (*TG* 1, 1829: 3). Underlying this was a concern which he would voice some years later that, 'when they are taught to read, if they do not get good books they will get bad ones' (*PP* 1841 VI: 81).

The production of a monthly periodical with both secular and religious content, much of it original, was a groundbreaking step for Gaelic literature and created opportunities for innovation in both subject-matter and style. Nowhere is this innovative potential more clearly demonstrated than in the *còmhradh*, the first being published in the opening issue of *An Teachdaire Gae'lach* in May 1829 (*Còmhradh* 1). By placing this first *còmhradh* immediately after his editorial, a prominent position which *còmhraidhean* were to enjoy in a number of issues of the journal, MacLeod ensured that it would be noticed by readers. Thus, the *còmhradh* was established as a staple of this and subsequent issues with a further fourteen *còmhraidhean* appearing during the journal's short-lived, two-year run.

With the exception of a very small number of *còmhraidhean* which were published in pamphlet form, and which deal exclusively with ecclesiastical issues, almost all examples of the genre were published in Gaelic journals and in the Gaelic columns of newspapers. Given that the rise of the *còmhradh* coincides with, and was dependent upon, the faltering emergence of a Gaelic periodical press, the next section will consider briefly the nature and development of this periodical press in the course of the nineteenth century before moving to focus on critical responses to the genre.

GAELIC PERIODICALS AND NEWSPAPER COLUMNS

The nineteenth century witnessed an unprecedented growth in the publication of periodicals and newspapers throughout the British Isles, primarily as a result of increasing levels of literacy, improved printing technology, and their cheaper availability, particularly after the Repeal of the Stamp Act in 1855. I have discussed the emergence of the early Gaelic periodical press to 1850 against this backdrop in more detail elsewhere (Kidd 2012), although the remainder of the century awaits similar consideration.

Despite ill-health forcing MacLeod to bring the publication of *An Teachdaire Gae'lach* to an end in 1831, two years after its launch, he was to return to publishing again in 1840 when he established another monthly journal, *Cuairtear nan Gleann* (1840–43). During the three years of its existence some sixteen *còmhraidhean* appeared in its pages alongside sermons, literature promoting emigration, Highland tales, informative essays and news. *Cuairtear nan Gleann*, with a Moderate minister at its helm, and looking for support to the Gaelic-speaking Protestant clergy, was not being published in the most propitious of climates, with tensions rising between moderate and evangelical factions in the Church of Scotland, a factor which doubtless contributed to the periodical's short-lived existence. In the first issue MacLeod alluded to the fact that all was not well within the Church, but insisted, 'cha ruig sinn a leas taobh seach taobh a ghabhail anns a' chonnsachadh so' (*we need not take either side in this debate*) (*CnanG* 1, 1840: 7). It can be no coincidence that the journal ceased publication in April 1843, a month before the Disruption which was to divide the Church, and which is likely to have been a significant factor in the periodical's demise if MacLeod felt that the atmosphere was no longer favourable for the continuation of a publication dependent on the support of his fellow clergymen.

It is interesting to note that when MacLeod gave evidence in 1841 to a Parliamentary Select Committee appointed to enquire into the condition of the population of the Highlands and Islands he spoke about his second 'periodical magazine', *Cuairtear nan Gleann*. The only genre to which he made specific reference was the *còmhradh*, further emphasising the importance which he placed upon this literary form, highlighting here its informative and educational purpose:

> We have a familiar dialogue in every one of them; the dialogue in the present number is intended to give a view of the constitution of Parliament; two persons, a well-informed man sitting with a shepherd, gives an account of King, Lords and Commons, without reference to a party (*PP* 1841 VI: 82).

The impact of the Disruption on Gaelic periodical publishing was not, however, entirely negative. *An Fhianuis* (1845–50), edited by the Rev. Dr Mackintosh Mackay (1793–1873), was the first Gaelic journal to publish only material of a religious nature and was established by the new Free Church to communicate with its Gaelic-speaking adherents. An anonymous *còmhradh* features in most of the monthly issues (*Còmhradh* 22 & 23). The Established Church was equally keen to communicate with its Gaelic congregations and *Fear-Tathaich nam Beann* (1848–50), edited by the Rev. Dr Archibald Clerk (1813–1887), son-in-law of Norman MacLeod, was set up at the instigation of the General Assembly and, in common with *An Fhianuis*, placed emphasis on spiritual and church matters, although not to the exclusion of secular material. *Còmhraidhean* feature prominently in its early issues, but appeared with less frequency after the first year of publication. *Còmhraidhean* also appeared occasionally in two of the other short-lived, contemporary journals, Lachlan MacLean's *An Teachdaire Ur Gaidhealach* (1835–36) and John Forbes' *Teachdaire nan Gaidheal* (1844–48).

The demise of both church-sponsored journals in 1850 was followed by a barren period for Gaelic periodical publishing, doubtless attributable in part to divisions among the clergy who had been the mainstay of Gaelic writing in the first half of the century. Journals and *còmhraidhean* went hand in hand and the result was an almost complete dearth of *còmhraidhean* until 1871 and the re-emergence of a Gaelic periodical press. *An Gaidheal* (1871–77) started its life in Canada under the editorship of Lewis-born Angus Nicholson before his appointment, within two months of the publication being established, by the Canadian government as Dominion Emigration Agent for the North of Scotland. The result was that the journal and its editor crossed the Atlantic to continue life in Scotland, first in Glasgow and subsequently in Edinburgh. *An Gaidheal* represents a break with the clergy-dominated journals of the earlier decades and this is reflected in its contents, which include: songs; traditional tales; proverbs; essays on Gaelic literature and Highland history. *Còmhraidhean* begin to appear in its pages in 1873, and over the following five years some 31 were published, all written by the Rev. Alexander MacGregor (1806–81) under the pen-name 'Alasdair Ruadh' (*Còmhraidhean* 4, 11, 28 and 34). Although written by a minister, these texts are much more secular in their focus than the earlier *còmhraidhean* of the 1830s and 1840s reflecting the journal's content.

When we turn to newspaper columns, the first to feature *còmhraidhean* was the *Highlander* (1873–82), a radical weekly established and edited by pro-crofting campaigner John Murdoch (1818–1903). He used his Inverness-based newspaper to give voice to the emerging campaign for crofters' rights, and to provide an alternative position to that of the Liberal *Inverness Courier* which he believed 'used its position to promote a policy which was inimical to the country and to the people' (Hunter 1986: 141). The *Highlander* carried a regular Gaelic column which reflected Murdoch's interests, not only in land rights, but also in education, agriculture and Gaelic literature. Almost eighty *còmhraidhean* were to appear in this Gaelic column over the nine years of its existence. Murdoch's publication was, however, beset by financial problems, and it finally succumbed to financial pressures in 1882, having reduced its frequency of publication from weekly to monthly in its final year.

One of the most important newspapers for any study of the *còmhradh* is the weekly Inverness newspaper, the *Northern Chronicle* (1881–1964), with well over one hundred *còmhraidhean* appearing in its Gaelic column during the last two decades of the nineteenth century, the majority of these appearing between 1881 and 1890. The newspaper was established by Conservatives who were seeking to counteract the Liberal dominance of the press in the North of Scotland and whose attempts to buy the *Highlander* in the mid-1870s had failed. Its editor was Duncan Campbell (1827–1916), a native of Glenlyon whose experience before editing the *Chronicle* included editorship of the *Bradford Observer* and South Africa's *Cape Standard* (Cameron 2007). The politically conservative stance of the *còmhraidhean* published in the *Chronicle* is in marked contrast with those of the *Highlander* and the contemporary *Scottish Highlander* and is more reminiscent of those in Norman MacLeod's journals.

The weekly *Scottish Highlander* (1885–98) was set up on a similarly radical, albeit rival, footing to Murdoch's, by then defunct, *Highlander* by Inverness-based historian and land-campaigner Alexander MacKenzie (1838–98), and funded by Charles Fraser Mackintosh MP. Mackenzie was open in his dislike of Murdoch but nonetheless modelled his publication on that of his rival. In common with the *Highlander*, the early issues often contained a Gaelic column. Although *còmhraidhean* feature less prominently in the *Scottish Highlander* than in either the *Highlander* or the *Northern Chronicle*, those which do appear are strongly pro-crofter and highly engaged with contemporary politics.

Other newspapers which very occasionally published *còmhraidhean* include the the *Invergordon Times* (1855–1917) and the *Oban Times* (1866–present). The overseas periodicals and newspapers which published *còmhraidhean* – albeit often republishing ones which had previously appeared in print in Scotland – include *An Cuairtear Og Gaelach* (1851) and the *Casket* (1852–present), both published in Antigonish, Nova

Scotia; *An Teachdaire Gaidhealach* (1857), published in Tasmania; and *Mac-Talla* (1892–1904) published in Sydney, Cape Breton.

ORALITY AND THE PRINTED WORD

In order to understand fully the audience for whom nineteenth-century Gaelic periodicals were produced, it may be helpful to consider the levels of literacy in Gaelic which were to result from the expanding Gaelic education system. A report compiled by the Inverness Society for the Education of the Poor in the Highlands between 1822 and 1826, some eleven years after the ESSGS had been established, found that 'one-half of all ages above eight years are unable to read' and that 'in the Hebrides and other western parts of Inverness and Ross, 70 in the 100 cannot read' (*Moral Statistics* 1826: 25, 27). This report was based on information collected by individual ministers, and by men appointed by ministers, who visited every house in their parish with the specific purpose of acquiring information for the report. It is revealing that the Rev. James Soutar of Durinish felt it necessary to offer a word of caution to those whom he had appointed to carry out these visits in his parish. He explains that he found that those collecting information were inclined:

> [to return] as persons who were able to read, every person who at any time had attended school, but of whom some read very imperfectly, and others have altogether forgotten what little they have learned [...] But even after this caution I am apprehensive that the number of those reported as readers is considerably exaggerated, from the visitors being disposed to consider as such, some who had very slender pretensions to the title (*Moral Statistics* 1826: xxi).

What held true for this one parish seems likely to have applied to others, and Soutar's words underline the need to exercise caution when using these statistics, and indeed his assessment may even have underestimated levels of non-literacy. This leads, of course, to the question of how one defines literacy. What level of competence in reading is required in order to claim that someone is literate? For present purposes literacy is defined as a person being able to read at least some of what appeared in a Gaelic periodical, that is, able to read and understand unfamiliar texts which introduced new information. The contemporary yardstick for measuring literacy, however, and which was used by those ministers who examined schools in their parishes, was the ability of students to read from the Bible or from the Psalms. The Rev. George Shephard, Laggan, notes of one school he had examined in 1820 that 'children apparently from ten to twelve years of age who did not know the letters when they entered read the New Testament with ease and propriety' (SSGS 1821: 43). A frequent observation in these reports is that, during examinations, students demonstrate that they can recite parts of the Scriptures from memory. The Rev. John Macdonald of Urquhart's 1820 report for Leidchruich school in the parish of Dingwall asserts that 'many of them [...] read chapters of the Old and New Testament with great ease and accuracy, and repeated also from memory portions of the Scriptures in Gaelic with equal facility' (SSGS 1821: 6). Similarly, the report of the examination of Inverkirkaig School, Assynt, in 1831 tells that 'several portions of Scripture and Psalms, as also the Shorter Catechism, had been correctly committed to memory. Many could repeat seven chapters from the Extracts – 9 from the New Testament, and 12 from the Old Testament' (SSGS 1832: 29).

Committing information, whether songs, tales, proverbs or the Scriptures, to memory was the normal means of retaining and recording it in an oral culture. The reports of those ministers who examined schools in the nineteenth-century Highlands do raise questions as to the extent to which the majority of students being examined were genuinely capable of reading and to what extent they were aided by their having memorised many parts of the Bible, or at the very least by close familiarity with the Bible. The yardstick of being able to read from the Bible does not, therefore, in itself necessarily demonstrate that a student had the ability to read unfamiliar texts. Concern about educational standards in the Highlands was voiced in a report published in 1833 by the General Assembly's Education Committee. Again the report is based on information provided by parish ministers. The report mentions that:

> among the incidental remarks occurring in these Returns, it is frequently observed that from the nature of the schools at which they [pupils] had been taught, a very large proportion of this number have been instructed, even in the art of reading most imperfectly and that this reluctance will ever be in proportion to the difficulty, they are little apt to practise it, even upon the Scriptures while within their reach, and that not infrequently it is forgotten altogether (*Educational Statistics* 1833: 7).

The advance of literacy could not have been helped by the absence of schools in many townships, at least in the early decades of the nineteenth century. Pupils' irregular attendance at school, as mentioned in a small number of school reports, presented another obstacle, as did the short sojourn of Gaelic Society Schools in any given place – between six and eighteen months was stipulated by their regulations.

Contemporary evidence, therefore, clearly indicates that despite the increasing numbers of Gaels being educated in Highland schools in the first half of the nineteenth century, levels of literacy were far from high, and that what may have been taken by schools' examiners as skills in reading may in fact often have been more indicative of the power of memory. We can add to this the fact that those learning to read had few opportunities to reinforce and improve their skills, as the General Assembly's Education Committee observed in 1833. Its report comments on the dearth of Gaelic publications and the poor distribution of those which did exist, concluding: 'the merely Gaelic scholar, therefore, is in some hazard of permitting his faculty of reading to remain unused for want of some variety in the means of deploying it' (*Educational Statistics* 1833: 7).

What must also be borne in mind, schools aside, is that the education of Gaels had been, and indeed still was at this point, for the majority of the Gaelic-speaking population, primarily oral in nature. Religious instruction, whether the sermon, the catechism or the prayer meeting, was oral in nature; entertainment in the form of songs and tales was oral, and so too news which was commonly conveyed by word of mouth. Gaels were, of course, aware of written literature, not least the Bible, and much respect was accorded to those in the community who were able to read. Nonetheless most were accustomed to information being delivered orally and by members of their own community. Reading, on the other hand, tends to be a solitary pursuit and the information is delivered by generally unknown, external sources.

The co-existence, and indeed co-dependence, of the oral and the literary has, over the centuries, found its natural expression in the reading aloud of written texts, a practice which was customary from Classical times through to the medieval period in Europe as a whole and similarly in Gaelic Scotland (Nelson 1977: 112). While the written word allows the individual to engage with it as a solitary experience, this does not preclude reading from being a communal, shared experience. The reading aloud of the written word, and more specifically in the context of *còmhraidhean*, the printed word, is well-attested in the Highlands (Meek 2007b: 169). It was common practice for literate members of the family or community to read the Bible to those unable to read. The Rev. Alexander MacLeod observes, when reporting to the Society for the Support of Gaelic Schools in 1824, that 'families who in past-time were comparatively in gross darkness, and to whom the Bible was a sealed book, now hear it read aloud to them by their children' (SSGS 1824: 17). The oral transmission of the printed word was not, however, restricted to the spiritual. The Rev. Murdoch MacDonald, minister of Durness between 1726 and 1763, records in his diary that, after his fellowship meeting, he regularly held a meeting at which news was discussed and at which part of some book was read aloud and discussed (Morrison 1885: 297). In his account of his travels in the Highlands in 1769, Thomas Pennant relates that Highlanders were 'most curious after the politics of the world, and when they can procure an old newspaper, will listen to it with all the avidity of Shakespeare's blacksmith' (Pennant 2000: 127–28). The practice is similarly attested in this description by Iain Mac'Illeathain of mid nineteenth-century Tiree (*Mac-Talla* 29/11/1897):

[bha] an tigh cho làn 's a chumadh e o oisean gu oisean le daoine sean 'us òg, a thàinig a dh'eisdeachd ri Iain Dubh a' leughadh a' phaipeir-naigheachd, oir cha robh paipearan-naigheachd cho lionmhor aig an am ud anns a' Ghaidhealtachd 's a tha iad an diugh, agus cha robh ach fior fhear ainneamh aig an robh an sgoil Bheurla a b' urrainn na paipearan a leughadh […] Thòisich fear-an-taighe agus leugh e 'mach as a' phaipear sgialachd a' chogaidh o thoiseach gu deireadh, agus chluinneadh tu an drasd' 'us a-rithist, 'n uair a bhrist na Ruisianaich a stigh air camp nam Breatannach, 's a bha iad a' sgapadh 's a' marbhadh air gach taobh, 'Och och! Mo chreach! Mo thruaighe'.
(*The house was full to capacity from corner to corner, with folk young and old who came to listen to Iain Dubh reading the newspaper, for newspapers were not so numerous at that time in the Highlands as they are today, and it was very few who had an English education and who could read the papers […] The man of the house began and read from the paper news of the war from start to finish, and you could hear now and again, when the Russians broke into the British camp, and were hacking and killing on every side, 'Och, och! Alas! Woe is me'.*)

There is little reason to doubt that Gaelic publications would commonly have been transmitted in the same way, allowing all members of the community indirect access to the printed word through those who read it to them. The Rev. Ronald

MacGillivray, a native of Nova Scotia's Antigonish County, writing in 1891, explained that 'when the *Cuairtear* arrived this evening the neighbours gathered in, the candles were lit, and the old man began to read out its contents from the first to the last page, while the audience listened to its tales, songs and stories with the most intense interest and pleasure (Dunn 1991: 78).[1] The late nineteenth-century Ballachulish poet, Iain MacColla, in a song entitled 'Feasgar Di-h-Aoine' (*Friday Evening*), refers to just such an occurrence at a ceilidh, where we are told:

Bha leughainnean aobhach as an leabhar aig '*Fionn*',
A *Caraid nan Gaidheal* 's *Cuairtear nan Glinn*,
Le Alasdair Sgiobalt, fear 's aithne cuir sios,
Cha chualas a choimeas no aithris cho fior' (MacColla 1885: 27).

(*There were pleasant readings from Fionn's book*
And from Caraid nan Gaidheal *and* Cuairtear nan Gleann
By Alasdair Sgiobalta, a man who knows how to write,
His match never heard nor narration so true.)

'Fionn' was the pen-name of Henry Whyte (1853–1913) and the reference is to his popular *Celtic Garland* (1881). The references in the second line are to the collected writings of Norman MacLeod, *Caraid nan Gaidheal* (1867) and to MacLeod's second periodical respectively.

It should be borne in mind that it is doubtful whether the majority of Gaels, at whom *An Teachdaire Gae'lach* and subsequent periodicals were aimed, could afford to purchase a journal in what was a period of extremely strained economic circumstances in the Highlands. A General Assembly Report from 1827 observed that 'the poverty of many thousands of the Highlanders prevents their being able to purchase Bibles, even

---

1 The *Cuairtear* referred to here is not *Cuairtear nan Gleann* but *An Cuairtear Og Gaelach*, the monthly journal published in Antigonish in 1851 by John Boyd.

though they are already or will soon be, qualified to read them'
(*Abstracts* 1828: 10). While the Bible and other basic school texts
were often made available through the donations and subsidies of
charitable bodies, this would not have extended to the non-
essential periodicals.

Norman MacLeod was all too well aware of the financial
constraints facing the newly-literate audience for whom he was
publishing his periodical and it was with this in mind that he used
a dialogue character to encourage readers to share the expense by
joining together to buy it and a pamphlet of sermons published
along with it, thus promoting the idea of the literary text as
communal property (*Còmhradh* 1):

> *Eòghann:* Sia sgillinn sa mhìos, agus dà sgillinn sa mhios,
> agus dà mhìos dheug sa bhliadhna – thig sin, a Lachlainn,
> gu mòran airgid.
> *Lachlann:* Thig, ach ma gheibh thusa cuid de na daoine tha
> anns a' choimhearsnachd gu dol an com-pàirt riut, cha bhi
> e ach suarach eadaraibh.
> (*Eòghann: Sixpence a month, and tuppence a month, and
> twelve months in a year – that comes to a lot of money,
> Lachlan.*
> *Lachlan: It does, but if you get some of your neighbours to
> club together with you, it will come to very little between
> you.*)

Although it cannot be ascertained to what extent readers heeded
MacLeod's advice, this may well have encouraged communal
reading of the journals. Its shortcomings as a marketing strategy,
on the other hand, may have been one of the factors which
resulted in the short life-span of nineteenth-century Gaelic
periodicals. Other evidence from MacLeod's own *còmhraidhean*
suggests that he envisaged his periodicals being read aloud, as for
instance, when Fionnlagh says to his wife, 'So! So! A Mhàiri, las an
crùisgean agus cluinneamaid na th' aig an *Teachdaire Ghae'lach* ri
ràdh air a chuairt so' (*Here, here, Mary, light the crusie and let us*

hear what the Teachdaire Gae'lach *has to say this time*) (*TG* 11,
1830: 248), and when Eachann Tiristeach witnesses *Cuairtear nan
Gleann*, MacLeod's second journal (1840–43), being read out to
those assembled: 'mar bha mi gabhail a-staigh do Sgairinnis bha
buidheanas dhaoine an sin nan suidhe air a' chreig ag èisdeachd ri
Calum Tàillear ga leughadh' (*as I was heading in to Scarinish there
was a group of people there sitting on the rock listening to Calum
the Tailor reading it*) (*CnanG* 4, 1840: 82).

Taken together, this evidence suggests that it may, therefore,
be more appropriate to talk of the 'audience' rather than solely
'readers' when talking about the consumers of MacLeod's
journals. His periodicals, and more particularly his
còmhraidhean, underline the transitional state of Gaelic culture in
the nineteenth century as the shift from a primarily oral culture to
an increasingly literate one gained pace, and the reading aloud of
texts would have helped to facilitate acceptance of these new
publications. For most Gaelic speakers at the turn of the
nineteenth century, their main experience of the written word
would have been through religious texts which they would have
listened to. Most other information, whether news, history, tales
or songs, would have been communicated orally within the
community and validated by members of the community or by
known individuals from outwith the community such as tailors,
drovers and other itinerants. The printed word lacked this
familiar and personal means of authentication, and so we find
nineteenth-century secular writers consciously addressing this
gap between the familiar, oral communication and the
impersonal printed text. This manifests itself in literary forms
which exploit first and second person voices such as letters and,
most notably, *còmhraidhean*. The *còmhradh*, as a genre which
imitates the spoken word, lends itself particularly well to being
read aloud and thus was well-suited for oral transmission and
would have contributed to facilitating the acceptance of the
printed Gaelic word in non-spiritual contexts.

Còmhradh 1 is of particular interest, not only for being
Norman MacLeod's first published attempt at the genre, and

establishing conventions of dialogue writing which would endure for the rest of the century, but also for foregrounding the fact that the medium was in itself part of the message. The text features Eòghann Brocair and Lachlann nan Ceistean, representing the convergence of the oral and literary, and of the secular and spiritual, which underpinned the early *còmhraidhean*. First and foremost, the characters themselves represent these different aspects of Gaelic society: Eòghann, who sings the praises of the songs of eighteenth-century poet Donnchadh Bàn Mac an t-Saoir, represents the oral and the secular, while Lachlann, the Catechist, on the other hand, represents literacy and the Church. The oral and the literary appear to be in opposition when the new journal, *An Teachdaire Gae'lach*, is discussed. Lachlann explains that the journal will include Highland history, but Eòghann is somewhat sceptical of the history which will be provided by this unknown, external source and suggests instead, 'Nan cuireadh iad fios air Iain Dubh Mac Iain 'ic Ailein, gheibheadh iad barrachd uaithe den t-seòrsa sin na tha ac' air a' Ghalltachd' (*if they were to turn to Iain Dubh Mac Iain 'ic Ailein they would get more of that sort from him than they have in the Lowlands*). Further on, rather than being in opposition, the oral and the literary intersect when the pair discuss the publication of new Gaelic sermons and Eòghann relishes the prospect of going from house to house 'ga leughadh dhoibhsan nach d' fhuair cothrom air a h-èisteachd' (*reading it to those who didn't get a chance to listen to it*). Eòghann, the representative of the secular and the oral, has been won over to the spiritual and the literary, and a place has been negotiated for the new periodical. This *còmhradh* reflects the evolving relationship between the oral and the literary, underlining the fact that the relationship was far from being a mutually exclusive one, with each intersecting with, and adapting to, the other.

This relationship between orality and literacy is sometimes depicted in *còmhraidhean* as an uneasy one. In *Còmhradh* 31 Fionnlagh Piobaire, reminiscing about the past, laments that there is now little demand for his music, as literacy causes traditional pastimes to be usurped:

Cha chluinnear sgeulachd no duanag. Cha teic na bha dhe seo
nar measg roimhe seo, ach chuir an *Teachdaire Gae'lach* cinn
daoine gu tur air aimhreidh. Tubaist air fhèin agus air a
theachdaireachd, mhill e mo cheàird. Cha chuirear nas fhaide
fios air Fionnlagh Pìobaire, no air Calum Fìdhlear, no air
Donnchadh nan Aoirean, no Bodach nan Dàn, an duine
truagh [...] An saoil thu an suidh buachaille ri taobh tuim le
feadan na làimh mar b' àbhaist dha, ach a h-uile sìochaire
dhiubh le leabhar na làimh, gun sùim do fhochann no do
fheur, ach a' leughadh, a' leughadh mar gum b' ann airson seo
a bhiodh iad a' faighinn an tuarastail.

(*Stories and wee songs aren't to be heard. We used to have no
shortage of them among us before, but the* Teachdaire Gae'lach
*has set folk's heads completely wrong. May an accident befall
him and his message, he damaged my craft. Finlay the Piper,
Calum the Fiddler, Duncan the Satirist, and the old Songster,
the poor man, are no longer in demand. [...] You wonder if a
shepherd sits by a hillock with a chanter in his hand as he used
to, what with every idler of them with a book in his hand, with
no heed for corn or hay, but reading, reading as though that
was what he was paid to do.*)

The prevalance of representations of orality and literacy in the
early *còmhraidhean*, sometimes in apparent opposition (at least in
the eyes of the less-educated characters) and at other times
complementing one another, are indicative of MacLeod's
awareness of this developing, and sometimes potentially uneasy,
relationship. His mediators – his schoolmasters, catechists and
ministers – are on hand to offer reassurance and to encourage the
acquisition of literacy among readers and listeners.

INFLUENCES ON THE *CÒMHRADH*

The dialogue has a lengthy pedigree in European literature, dating
back to the Classical writers Plato, Cicero and Lucian and
reappearing in the literature of a number of countries over the

centuries, notably post-Reformation England (Puterbaugh 2004), the Italian Renaissance (Snyder, 1989; Cox 2002) and, in the shape of political catechisms, in Napoleonic Europe (Delivré 2005). That it is an understudied genre has been acknowledged (Cox 1992: 1), although this has been changing in recent years (e.g. Snyder 1989; Cox 1992; Heitsch & Vallée 2004) as scholars have begun to analyse this 'fundamentally hybrid genre [...] used for so many different purposes' (Heitsch & Vallée 2004; xi). Virginia Cox, in her study of the Italian Renaissance dialogue, has observed that 'when any age adopts on a wide scale a form which so explicitly "stages" the act of communication, it is because that act has, for some reason, come to be perceived as problematic' (Cox 1992: 7). This has a particular resonance in the case of the *còmhraidhean* which became so prevalent in the nineteenth century at a time when Gaelic-speaking society was undergoing major social, economic and linguistic change, and as, discussed above, with increasing levels of literacy resulting in new relationships being forged between writers and their readers as Gaelic writers introduced a newly emerging readership to literary texts.

Donald John MacLeod (1969: 129) has referred to the *còmhradh* as an 'imported' literary form, but this, arguably, understates the complexity of this nineteenth-century genre's origins. In experimenting with new genres and registers in Gaelic, Norman MacLeod did not lack for dialogic models, both religious and secular, Gaelic and non-Gaelic, oral and literary, to which he could look for inspiration. The most prominent existing dialogic paradigm with which most Gaelic speakers at the time would have been acquainted was the catechism, *Leabhar Aithghearr nan Ceist*, in which the principles of the Protestant Church were elucidated through question and answer, an oral experience for Gaels, but with its counterpart in print. From the first edition appearing in print in 1659, some forty-eight editions of the Westminster Shorter Catechism had been published by the time of MacLeod's first *còmhradh* and a further thirty-eight editions would be published by the end of the century, not to mention numerous other catechisms which would be translated into Gaelic between the mid-eighteenth and mid-nineteenth century (Ferguson & Matheson 1984: 186–89; MacDonald 1993: 143–44). Such was the prominence of Gaelic catechisms that Magnus Maclean declared in 1902, 'the Gael seems to have had a perfect mania for Catechisms' (Maclean 1902: 333). The influence of the catechism is indirectly alluded to in MacLeod's very first *còmhradh*, in which one of the two characters is Lachlann nan Ceistean, the Catechist, whose duty it was to ensure parishioners' knowledge of *Leabhar Aithghearr nan Ceist*. The early *còmhraidhean* at least, are loosely based on a format of question and answer with one character, representing the voice of authority, providing the other less-knowledgeable character with information. The roles are reversed as compared with the catechism as, in pedagogical terms, it is the master, the voice of authority, who represents the expository voice here rather than student, as in *Leabhar Aithghearr nan Ceist*. In common with the Catechism, many of the early *còmhraidhean* were in fact not far from being monologues in dialogue form.

The other religious text which may have informed MacLeod's choice of genre, and one which after the Bible was one of the most ubiquitous books in Highland households in the nineteenth century, was John Bunyan's *The Pilgrim's Progress* (*Cuairt an Oilthirich; no Turas a' Chrìosduidh* in Gaelic). This was first translated into Gaelic by Alexander MacFarlane in 1812 and Meek has described the translation's popularity in the Highlands and the way it found a place in 'oral narrative as the shared spiritual biography of the Gaelic people' (Meek 2002: 93; Meek 2014). A series of dialogues is central to *The Pilgrim's Progress* as Christian encounters such characters as Worldly-Wiseman, Piety and Faithful in his quest for the Celestial City, thus providing Gaelic writers and readers alike with another example of literary dialogue, and perhaps unsurprisingly, again in a religious context. Bunyan's *The Life and Death of Mr Badman*, with its subtitle 'presented to the world as a familiar dialogue between Mr Wiseman and Mr Attentive' was also translated into Gaelic and published in 1824, further reinforcing the literary form.

A native Gaelic tradition of dialogue writing existed dating back to medieval times, in such forms as the Irish *acallam* or *immacallam* which used the dialogue as a 'structuring and authorizing device' (Nagy 1997: 3). One of the earliest examples is that of 'Agallamh na Senórach' with its dialogue between St Patrick, Oisín and Caoilte. Gaelic ballads commonly use dialogue between Patrick and Ossian as a framing device, with examples to be found from the sixteenth century Book of the Dean of Lismore down to the nineteenth century, including one collected by Patrick Turner in the first decade of the century (Meek 2004: 15, 20–21; Campbell 1972: viii). These debates represent antecedents to the meeting of the spiritual and secular in MacLeod's early *còmhraidhean*. They are also of particular relevance given the account of the performance of Ossianic poems provided in 1764 by the Rev. Donald MacLeod of Glenelg, who explains that 'Highlanders at their festivals and other public meetings, acted the poems of Ossian' (Highland Society of Scotland 1805: 29). Although Donald John MacLeod (1969: 127) questions the reliability of this evidence, it is nonetheless of interest and suggests an element of continuity in the dialogue tradition dating back to the medieval period and underlining both the dramatic and the oral aspects of the genre. Numerous other examples of poetic dialogue exist and it is highly likely that MacLeod would have been familiar with some of these; examples such as Dòmhnall Mac Fhionnlaigh nan Dàn's sixteenth century 'Òran na Comhachaig', with its echo of earlier forms in its dialogues between Owl and the hunter and later between Old Age and the hunter (Menzies, 2012). Dialogue poems were common in vernacular Gaelic verse dating back to at least the sixteenth century and continued to be current in the poetic repertoire down to the twentieth, notable examples including: An Clàrsair Dall's 'Oran do Mhac Leòid Dhùn Bheagain', a dialogue between Harper and Echo (Matheson 1970: 58–72); John MacCodrum's 'Caraid agus Nàmhaid an Uisge-beatha' (Matheson 1938: 308–10); William Ross's 'Òran eadar am Bàrd agus Cailleach-Mhilleadh-nan-Dàn' (Calder 1937: 126–30); Dòmhnall Ruadh

Mac an t-Saoir's 'Aeòlus agus am Balg', a dialogue between Neptune and Aeolus (Macintyre 2008). Alongside the poetic dialogue there also existed in Gaelic culture ritual dialogues used at specific times of the year such as *Oidhche Challainn* (Hogmanay) or events such as marriage, as has been discussed by Neill Martin (2007: 3ff., 379).

There were a number of non-Gaelic dialogue models which are likely to have reinforced Norman MacLeod's decision to employ the genre. The dialogues of Classical writers such as Plato, Cicero and Lucian were doubtless models with which he would have been familiar, although, if MacLeod owed a debt to any of the Classical writers, this was more to Lucian and Cicero than to Plato, his *còmhraidhean* bearing a closer similarity to their expository texts than to the philosophical conversations of Plato. While the example of the classical dialogists may well have played its part in influencing Norman MacLeod, so too may contemporary examples. Close to hand, the dialogue became a common genre in the nineteenth-century Scottish press, demonstrating that in its use of this mode Gaelic literature was in step with contemporary Scottish literature (Donaldson 1989: 16, 26). The origins of this popularity can be traced to the series of dialogues which began to appear in *Blackwood's Magazine* in 1822 under the title *Noctes Ambrosianae,* and which from around 1825 were the work of John Wilson, Professor of Moral Philosophy at Edinburgh University, writing under the pen-name Christopher North. Wilson and MacLeod had been contemporaries in their student days at Glasgow University, where, it has been recorded of MacLeod, 'the glory of his college days was that in physical contests he alone could rival John Wilson' (Wellwood 1897: 15). Wilson's *Noctes* were much more 'highbrow' than MacLeod's *còmhraidhean*, yet nonetheless, are likely to have been among the various models which convinced MacLeod to experiment with the genre in Gaelic when he established *An Teachdaire Gae'lach* in 1829.

In terms of the wider literary context, MacLeod may have been familiar with the writings of the evangelical Hannah More, some of whose dialogues were published by the Cheap Repository for Moral and Religious Tracts. These included *Village Politics* (1792), an attack on Thomas Paine's *Rights of Man* (Connell & Leask 2009: 26). Similarly, Mary Leadbeater's *Cottage Dialogues among the Irish Peasantry* (1811) demonstrated the didactic potential of the genre and, in their focus on domestic and agricultural matters, bear comparison with some of the later Scottish Gaelic dialogues (e.g. *Còmhraidhean* 29 & 30) (Ó Ciosáin 2010: 160–63).

When considered in the context of the development of literacy in a predominantly oral culture and in terms of existing literary models, native and non-native, which MacLeod had before him, the choice of the dialogic format is, arguably, an obvious choice. What we have in the *còmhradh* is not so much a new paradigm in Gaelic literature but an amalgamation of existing ones, both oral and literary, religious and secular, reinforced by non-Gaelic models.

There is, however, little in the way of evidence which allows us to establish how exactly the *còmhraidhean* were used by readers and to what extent the dramatic potential of the texts was realised. The performance of dialogue poems is attested in the nineteenth century, as for example in *Co'-Chruinneachadh de dh' Oranan Taoghta* in which the unnamed editor says of the anonymous song 'Raghal agus Caristine': 'the piece was frequently performed in character, by two packmen, who travelled in the Highlands: one of them performing the part of Caristine, in women's clothes, to the great delight of the audience' (*Co'-Chruinneachadh* 1836: 4). As far as the *còmhraidhean* are concerned, what little evidence there is relates to their use in a formal, urban setting, rather than in the rural *taigh-cèilidh* (ceilidh-house) or in a family setting. The first dinner held by Glasgow University's Ossianic Society in 1833 was attended by over one hundred Highland gentleman, with Norman MacLeod in the Chair. The Society's Minute Book records the performance of one of MacLeod's *còmhraidhean* by two of its members:

Chaidh comhradh bho'n *Teachdaire Ghae'dhealach* a thabhairt seachad le Mr MacLaurinn o' Chanada mu Fhionnla Piopair ann an deise Ghaidhealach agus a Phiop fuidh achlais agus le bean Fhionnla Mr MacDhughaill. Thog so seachad moran toil inntinn – cha robh aon nach sruthadh dheur agus ruthadh na aodain g'aireachduin (sic). Cha d'thug Shakespeare e fhein riamh tuille toil inntinn na thug an comhradh so. (MS Gen 1363: 21)

(*A* còmhradh *from* An Teachdaire Gae'lach *was delivered by Mr McLaren from Canada as Fionnlagh Piobaire in his Highland outfit and his pipe under his arm and with Mr MacDougall as Fionnlagh's wife. This caused much merriment – there was not one whose eyes were not streaming and whose cheeks were not red with laughter. Shakespeare himself never gave more pleasure than this* còmhradh *did.*)

Given MacLeod's position in the Chair, this performance should perhaps be read as a mark of respect to the author of the *còmhradh* rather than as any significant proof that the performance of *còmhraidhean* was commonplace. That said, newspaper reports in the second half of the century make occasional references to 'dialogues' in the programmes of entertainment for Gaelic and Gaelic-related societies. In 1877, for example, the *Oban Times* announces the programme for the annual soirée of Comunn Gaidhealach Ghlaschu and, alongside speeches, songs and dances, is listed: 'Comhradh – Am Maighstir Sgoil, Calum Posta, agus Eoghan Figheadar', although there is no mention of who will be reading it, nor is this information in the account of the event published by the newspaper (*OT* 8/12/1877). A brief account of a concert held in Dervaig in 1894 to raise funds for the Mull and Iona Folklore Society included a Gaelic dialogue in the programme alongside bagpipe selections, Gaelic songs and readings (*OT* 31/3/1894). The extent to which these *còmhraidhean* were, in fact, acted rather than read cannot be readily gleaned, but the significance of these public 'performances' of the texts will be considered later in this introduction.

WRITERS OF *CÒMHRAIDHEAN*

The completion of the translation of the Bible into Gaelic at the beginning of the the nineteenth century represented a milestone in the translation of the core texts of the Protestant Church dating back to John Carswell's 1567 translation of the *Book of Common Order*. Although translation would continue to feature largely in Gaelic literature, the writing of original prose, both religious and – increasingly – secular, for a newly-emerging Gaelic readership was to become a new field of endeavour for those members of the clergy who were of a scholarly or literary bent. Hence, it is hardly surprising that spiritual and moral subject-matter features prominently in the early stages of this new era in Gaelic writing, albeit not to the exclusion of the secular. This is reflected in the tendency of the early phase of *còmhraidhean* to emphasise respect for the law and for existing social structures and institutions. Only in the 1870s, when questioning the law and the *status quo* became more acceptable, and writing in Gaelic became less exclusively the domain of ministers, was the original mould of the *còmhradh* broken and the genre incorporated into Highland political discourse.

Establishing the identity of the writers of *còmhraidhean* can be problematic since it was quite normal for contributors to Gaelic periodicals and newspapers – just as it was in English publications at the time – to use pen-names or initials, or indeed for the texts to be published anonymously. In the case of the Rev. Norman MacLeod, he often used the initials 'T. O.' ('Tormod Òg') when writing *còmhraidhean* for *An Teachdaire Gae'lach*, although the initials 'N. McL.' and 'T. McL.' also appeared, which seem to indicate his authorship. The only *còmhraidhean*, other than those with these three identifiers, contributed to the journal were one attributed to 'J. McL.' and one to 'I. McL.'; it may be that both of these point to MacLeod's brother, the Rev. Dr John MacLeod, minister of Morvern, who is known to have contributed to the journal (MacLeod 1898: 85). *Cuairtear nan Gleann* and *Fear-Tathaich nam Beann* pose more of a challenge since all the *còmhraidhean* in the former were anonymous and in the latter were either anonymous or were attributed to either 'M.' or 'T.'. We are fortunate, however, to have two volumes of selected writings by the Rev. Dr Norman MacLeod, the first edited by his son-in-law, the Rev. Archibald Clerk and published in 1867, five years after MacLeod's death, and the second edited by the Rev. Dr George Henderson and published in 1901, almost forty years after MacLeod had died. If we can assume that these editors had the means to correctly identify MacLeod's authorship – and this seems highly likely for Clerk given his closeness to the writer – then we find that many (and indeed possibly all) of the anonymous *còmhraidhean* in *Cuairtear nan Gleann* were penned by MacLeod and that it was he who used the initials 'M.' and 'T.' in *Fear-Tathaich nam Beann*, a fact of which Clerk would have been well aware as editor of the journal. Apart from MacLeod, one of the only other nineteenth-century *còmhradh* writers who can be identified with certainty is the Rev. Alexander MacGregor, whose *còmhraidhean* – some sixty-four in total – were published in *An Gaidheal*, the *Highlander* and the *Northern Chronicle*. MacGregor wrote under the various pen-names 'Sgiathanach', 'Alasdair Ruadh' and 'S.' (Kidd 2003:1).

The identity of other writers of *còmhraidhean* is far less clear, although there is scope for speculating about the identity of a small number of these. The *còmhraidhean* in *An Fhianuis*, for instance, are all anonymous, and while it may be the case that its editor, the Rev. Dr Mackintosh Mackay, was as productive an editor as Norman MacLeod had been, this is purely conjecture at this stage. In the *Highlander*, apart from those by MacGregor, almost all the *còmhraidhean* are anonymous, although one or two have pen-names such as 'Carraig-Thura' (*Còmhradh* 3), 'Gaidheal' (*Còmhradh* 13) and 'Hebridean'. Of the seventy-seven *còmhraidhean* to appear in the newspaper, no fewer than twenty-seven had agricultural advice for crofters as their main subject, the first of these being *Còmhradh* 29. While this *còmhradh*, and many of the others, was published anonymously, it may have been written by the newspaper's editor, John Murdoch, who advocated the teaching of husbandry in Highland schools and the necessity of making agricultural manuals available in Gaelic (Hunter, 1986: 28). *Còmhradh* 30, with its knowledge of Ireland – where Murdoch had worked – and its directions on the use of dirty household water for crops, which echoes Murdoch's own journal (see notes for *Còmhradh* 30), may well also have been the work of the *Highlander*'s owner and editor. The strongest evidence, however, which points to Murdoch as an author of some of these texts is in 'Fionnlagan agus Osgar air Biadh nan Gaidheal' (*Còmhradh* 33), published in the *Highlander* in 1877. As Hunter has noted, Murdoch, who spent his formative years on Islay, used the pen-name 'Finlagan', after the name of the Islay stronghold of the Lords of the Isles, when contributing articles to Irish nationalist newspapers (Hunter 1986: 22), and the appearance of 'Fionnlagan' as a character, and one who does not feature as a *còmhradh* character in any other publication, may point to Murdoch's authorship.

The *Northern Chronicle* texts are often anonymous, although pen-names, such as 'Mac an Luin' (*Còmhraidhean* 16 & 25), are used. One pen-name used in no fewer than forty-eight *còmhraidhean*, however, is 'Alltmhada' (*Còmhradh* 35), and among these texts are a small number which focus on Perthshire, and particularly the Aberfeldy area, in some detail, a fact which could be considered surprising for an Inverness newspaper. A letter contained in the Charles Robertson Papers sheds light on this pen-name. Alexander Campbell, Ballachraggan, Dunkeld, replying in March 1916 to a letter from James McDiarmid, Muthill, who had been enquiring about the identity of 'Aldmhada', writes:

> I am able to inform you on the best authority that it was the late Mr Daniel Campbell, who had been for many years Schoolmaster at Amulree and subsequently Schoolmaster at Lairg in Sutherlandshire who contributed Gaelic stories to the Northern Chronicle and other papers under the nom de plume of 'Aldmhad' (NLS MS 479).

Daniel Campbell (1837–1894) was a native of Little Dunkeld who had been schoolmaster in Lairg since at least 1871, also undertaking the responsibilities of Registrar and Inspector of Poor. The *Northern Chronicle* reports his death by drowning in the river Shin in September 1894 (*NC* 19/9/1894).

The Rev. John MacRury (1843–1907) from Benbecula, who was the Established Church minister in Snizort from 1887, was a prolific Gaelic writer, contributing regularly to the *Northern Chronicle*, *Mac-Talla* and *Life and Works*' 'Na Duilleagan Gàidhlig', of which he was editor for twenty years between 1887 and 1907. Calum Laing's useful cataloguing of MacRury's identifiable writing reveals that he contributed five *còmhraidhean* to *Mac-Talla*, four of which appeared under the pen-name 'Iain', and one under 'F.O.S.'. One of these, as well as a further *còmhradh* penned by him, appeared in the *Northern Chronicle* and no fewer than twenty-four of his *còmhraidhean* in 'Na Duilleagan Gàidhlig' (Laing 2013: 53–123). It may be that MacRury was the author of the anonymous *Còmhradh* 5 published in *Mac-Talla*, which, given its subject-matter, seems likely to have been penned by a Highland-based Gael rather than a Canadian one. The following section considers in more detail two of the most prolific writers of *còmhraidhean*, the Rev. Norman MacLeod and the Rev. Alexander MacGregor.

The Rev. Dr Norman MacLeod
Norman MacLeod (1783–1862) was not only one of the foremost Highland ministers of the nineteenth century but also made a contribution to Gaelic literature which was to be unparalleled in the nineteenth century. A native of Morvern, he was a member of one of Scotland's most prominent clerical dynasties: his father was the Rev. Norman MacLeod of Morvern; his brother the Rev. Dr John MacLeod ('The High Priest of Morvern'), who would succeed his father in Morvern; his sons included the Rev. Dr Norman MacLeod of the Barony in Glasgow and the Rev. Donald MacLeod of the Park, Glasgow; the Rev. Donald MacLeod, Inverness, was his grandson; the Rev. Norman MacLeod,

Inverness, and the Rev. John MacLeod, Govan, were his nephews (Thornber 2002: xxiii). He was minister in Campbeltown from 1808 until 1825, when he was appointed to the parish of Campsie. In 1835 he accepted a call to what was Ingram Street Gaelic Chapel in Glasgow and which would become, after the securing of a new site, St Columba's Church of Scotland. He remained with the Established Church when the Free Church came out in 1843 and was minister of St Columba's until his death in 1862.

MacLeod's labours were not restricted to ministering to his parishioners, but included engaging in humanitarian, educational and literary activities (Kidd 2007). When, in 1836–37, the potato crop in the Highlands was struck by a blight which left many Gaels close to starvation and a public appeal was initiated, MacLeod was one of those who toured English cities seeking donations on behalf of the destitute Highlanders. In total some £200,000 was raised and this was used to purchase meal and blankets which were then distributed by committees in Glasgow and Edinburgh via local committees in the Highlands and Islands. When the potato crop failed again ten years later with equally devastating effects, MacLeod again expended a great deal of his time and energy on behalf of his fellow Gaels. As a prominent, Lowland-based Gaelic-speaking minister, he was seen by many Highland ministers as a conduit through whom they could channel their appeals for help on behalf of their parishioners. A selection of these letters was in fact published in 1847 as *Extracts from letters to the Rev. Dr. M'Leod, Glasgow, regarding the famine and destitution in the Highlands and Islands of Scotland*. It is clear that his involvement in famine relief informed some of his writing such as *Còmhraidhean* 8 and 9, as it did too his commitment to promoting emigration to his fellow Highlanders (Kidd 2002). MacLeod came to believe firmly that emigration was the only means of avoiding a repeat of the humanitarian crisis caused by the failure of the potato crop, and to this end used his second journal, *Cuairtear nan Gleann*, to promote emigrant destinations such as Canada and New Zealand (see *Còmhradh* 8).

MacLeod was an active proponent of the benefits of Gaelic literacy, prompted by his concern that the Bible 'continues to this day [1824] in many places, as a fountain sealed' (MacLeod 1824: 488). This led him to promote a scheme to establish schools in the Highlands and Islands to the Church of Scotland's General Assembly. The fruition of this campaign was the establishment from 1825 of General Assembly schools in which Gaelic-speaking children were taught to read their native language. By 1830 eighty-three schools had been established, joining the SSPCK and Gaelic Society Schools in providing a Gaelic education to Highland children, albeit as a means of encouraging the acquisition of English at a later stage. MacLeod's literary activities, which began in the late 1820s, are best understood in the context of this expanding education system and the emergence of an increasingly literate population, and they represent an attempt to serve this new readership. He published two school readers, Co'chruinneachadh (1828) and Leabhar nan Cnoc (1834). He also collaborated with the Rev. Dr Daniel Dewar on their A Dictionary of the Gaelic Language (1831). His most important contribution to Gaelic literature, however, was his periodicals, An Teachdaire Gae'lach (1829–31) and Cuairtear nan Gleann (1840–43), which he founded and edited as well as making substantial written contributions to them. These two periodicals represent a significant milestone in Gaelic publishing and writing, as they were the first sustained attempts at Gaelic periodical publishing. Not only was there an element of prestige for the language in having its own journals, but these publications, with their range of religious and secular content, provided Gaelic writers with an opportunity to experiment with new genres, styles and registers, and to establish new models for Gaelic prose. MacLeod's own writing was as groundbreaking as any, most notably with his adoption of the còmhradh as a preferred genre.

That eleven of the texts in this volume, almost one-third of the selected corpus, were written by MacLeod reflects his crucial role in shaping the genre and cementing its place in Gaelic literature.

His *còmhraidhean* generally reinforce the existing social order rather than questioning it and are underpinned by a strong element of moral rectitude. However, they are far from devoid of light-hearted touches, as for instance Eachann's description of his first journey by train (*Còmhradh* 32). MacLeod evidently derived much pleasure from writing *còmhraidhean*, as is attested by his son, also Norman, who recalls:

> How well I remember my father's happy smile, and quiet enjoyment visible in every feature, while writing those 'Dialogues' here reprinted: and how often between laughter and tears he tried in vain to read them aloud to my mother, or to his venerable friend and amanuensis, Mr Patrick Macfarlane, one of the best Gaelic scholars of his day. Those alone who can appreciate their marvellous pathos and humour can understand the feelings of the author of such inimitable productions (Clerk 1867: xxx-xxxi).

The Rev. Alexander MacGregor

Alexander MacGregor (1806–81), a younger contemporary of MacLeod, was born in Dalfuil in Glengairn, near Ballater, to Perthshire parents, the Rev. Robert MacGregor and his wife Janet Menzies. Robert MacGregor was a missionary on the Royal Bounty in Tulloch, Glemuick and Glengairn who in 1822 accepted a call to the parish of Kilmuir in Skye, an island with which his son was to be associated throughout his life, partly as a result of adopting 'Sgiathanach' as one of his pen-names. On finishing his studies in Aberdeen and Edinburgh, Alexander seems to have rejoined his family in Skye around 1836 and to have engaged in literary labours in addition to assisting his ageing father. Both father and son were to remain with the Established Church in the wake of the Disruption and MacGregor was ordained as assistant and successor to his father in 1844. After Robert MacGregor's death in 1846 Alexander remained as minister of Kilmuir until 1850, when he accepted a call to Edinburgh's Gaelic Church, St Oran's. After three years in this charge he was translated to Inverness's West Church, where he would remain until his death (Kidd 2003: 1–9).

MacGregor was a prolific writer in both Gaelic and English, with his published output running to some 269 individual items, including three books in English, a fifty-page contribution on the parish of Kilmuir to the *New Statistical Account of Scotland*, essays, moral tales, lectures and translations to Gaelic such as the *Apocrypha* (Kidd 1998: 189–210). The subjects upon which he wrote included agriculture, emigration, slavery, land rights, natural philosophy, astronomy, the Gaelic language, Highland history, proverbs and folklore, reflecting some of the common concerns and attitudes of the time. Although his writing began appearing in print in 1838, and he was to be a regular contributor to both *Cuairtear nan Gleann* and *Fear-Tathaich nam Beann* in the 1840s, MacGregor did not adopt the *còmhradh* until 1873, when his first, 'Còmhradh eadar Murchadh Bàn agus Coinneach Cìobair', appeared in *An Gaidheal*. He was to write a further sixty-three *còmhraidhean* before his death in 1881. It may have been that he saw the *còmhradh* as being MacLeod's fiefdom in the 1840s, but that by the 1870s, when MacLeod, the creator of the *còmhradh*, was no longer alive, he felt comfortable in turning his hand to the genre. In his hands the *còmhradh* was less of a vehicle for establishment propaganda than it had been in MacLeod's forty years earlier, and, even although he was a man of the cloth, he used it to engage in tentative social criticism, as we see in *Còmhradh* 11, and in encouraging readers to secure a place for Gaelic in Highland schools (*Còmhradh* 4). MacGregor came to be particularly associated with his two regular characters, Murchadh Bàn and Coinneach Cìobair, who featured in fifty of his sixty-four *còmhraidhean*, and he even read a *còmhradh* between the two to a meeting of the Gaelic Society of Inverness. The audience must surely have been amused by Coinneach's description of their creator:

Ach co a chunnaic mi, mar an ceudna, ach ar caraid an Seann Sgiathanach bochd [i.e. MacGriogair fhèin], agus ma chunnaic

b'e sin an creutair iosal, cutach – duinneachan ro bheag, a tha
co leathann 'sa tha e co fad. Tha e tiugh, cruinn, gramail, mar
bharailte-sgadain, agus gun a bhi a' bheag n'is airde! (*TGSI* 8,
1878–79: 14)
(*But whom did I see, as well, but our friend the poor old
Sgiathanach [i.e. MacGregor himself], and as sure as I did, he
was a wee short creature – a small man who is as wide as he is
tall. He is stout, round, solid like a herring-barrel, and not a
whit taller!*)

MacGregor, a writer whose *còmhraidhean* were published in both
the radical *Highlander* and the Conservative *Northern Chronicle*,
occupied the middle ground between MacLeod's strongly pro-
establishment texts of the 1830s and 1840s and those dialogues of
the 1870s and 1880s which would openly criticise Highland
landlords and promote crofters' rights.

LITERARY CRITICISM AND THE *CÒMHRADH*

Contemporary responses to the first *còmhraidhean* penned in the
1830s and 1840s are well-nigh impossible to find, due mainly to
the lack of commentary on any Gaelic publications in that period.
Nonetheless, that the genre endured throughout the nineteenth
century and well into the twentieth, finding a place in the pages of
most periodicals and newspapers which published any Gaelic,
and indeed appearing in Gaelic journals overseas too, is in itself
indicative of its having achieved a high level of popularity among
writers and, therefore, arguably among the intended audience
also. Norman MacLeod's son, the Rev. Dr Norman MacLeod of
the Barony in Glasgow, writing in the introduction to the
collection of his father's writing, *Caraid nan Gaidheal*, quotes
from a letter sent to him 'by a layman of great intelligence,
belonging to a dissenting church, and one in all respects highly
qualified to give his opinion on Highland literature'. The letter
referred to 'those inimitable dialogues on popular subjects, which
convulsed with laughter so many fireside circles, and which are so

truly characteristic of Highland customs and manners, and
through which so much useful information has been conveyed'
(Clerk 1867: xxxii). MacLeod himself, in an 1848 letter to his son
Donald, writes, 'after finishing a good sermon I scratched off a
Dialogue for the Gaelic Magazine – I fear that Mr Clerk does not
like the Dialogues – but tell him that the Highlanders read such
blarney with avidity and that this induces them to read other
matter' (NLS Acc.9084/4/89a). The magazine in question was
Fear-Tathaich nam Beann (1848–50) and its editor the Rev. Dr
Archibald Clerk, MacLeod's son-in-law. That Gaelic-speaking
readers had an active desire to read *còmhraidhean* is also evident
in the Nova Scotian weekly bilingual newspaper the *Casket* which
began publication in Antigonish in 1852. In the second issue its
editor, John Boyd, responded to readers' correspondence:

Tha moran dh'er luchd-leubhaidh ag iarraidh oirn leanailt air
Comhradh nan Cnoc a chuir 'aca [thuca]; ach o'n dh'fhag sinn
an duthaich, sa thainig sinn a dh'fhuireach do 'n bhaile, 's
moran aguinn ri dheanamh; tha sinn duilich nach urrainn
duinn dol a mach a chonaltradh, air na cnoic, mar [bu]
mhaith leinn. Ach leigidh sinn fios gu 'Mac-Talla' o'n a tha e
chomhnuidh 's na cnoic, gun fhios nach cuireadh e 'ugainn
pairt dhe'n chonaltradh laghach a bhios e cluinntinn an
drasda sa rithisd (1/07/1852: 8).

(*Many of our readers want us to continue sending them
Comhradh nan Cnoc; but since we left the countryside and
came to live in the town we have much to do; we are sorry that
we cannot go out chatting in the hills as we would wish. But we
will let 'Mac-Talla' know since he lives in the hills, in case he
might send us some of the pleasant conversations he hears now
and again.*)

As more Gaelic literature appeared in print in the course of the
nineteenth century, so it increasingly became a subject for
scholarly scrutiny, coinciding with the emergence of Celtic
Studies as an academic discipline. Amidst the campaigning in the

1870s for a Chair of Celtic to be established at the University of Edinburgh, its subsequent establishment in 1882 and the appointment of Donald MacKinnon as its first incumbent, a succession of essays and books were published which examined Gaelic literature Professor Donald MacKinnons's own series of thirteen essays, 'Litreachas nan Gaidheal', which appeared in *An Gàidheal* in the course of 1876 and 1877; John Stuart Blackie's *The Language and Literature of the Scottish Highlands* (1876); Nigel MacNeill's *The Literature of the Highlanders* (1892); Magnus Maclean's *The Literature of the Celts* (1902) and *The Literature of the Highlands* (1904). Little attention is devoted to prose in any of these, reflecting both the relative paucity of Gaelic prose and, equally, the higher value placed on verse forms in Gaelic. When these early critics make reference to prose, without exception it is to Norman MacLeod, to the first collection of a selection of his writing published as *Caraid nan Gaidheal* (1867) and to his *còmhraidhean*. John Stuart Blackie, using a frame of reference not unexpected from Edinburgh University's Professor of Greek, stated:

> the great work of classical Gaelic prose which shines above the rest as the moon among the lesser lights, is the *Caraid nan Gaidheal*, by the late Rev. Dr. Norman MacLeod [...] This work is a collection of papers originally written in two Gaelic magazines of which Dr. Macleod himself and some other members of his noble clan were the chief contributors. The most brilliant papers are written in a dialogic form, marked by the dramatic grace of Plato and the shrewd humour of Lucian (Blackie 1876: 315–16).

Sheriff Alexander Nicolson, who dedicated his *Gaelic Proverbs* (1881) to the memory of MacLeod, observed:

> Of all men that ever wrote Gaelic prose, he wrote the best and raciest, not of mere propriety and elegance, but of natural genius, equally incomparable in moving laughter or tears. His

Gaelic Dialogues 'Comhradh nan Cnoc,' and his answers to correspondents, are spiced with proverbial phrases and allusions, of which no one else could make such happy, sometimes crushing use (Nicolson 1881: xxxv).

Magnus Maclean, in *The Literature of the Highlands*, followed the lead of both Blackie and Nicolson, referring to *Caraid nan Gaidheal* – almost one-third of which was made up of *còmhraidhean* – as 'the greatest monument of Highland Gaelic original prose we have' (Maclean 1904: 15). Nigel MacNeill considered MacLeod's writings to be:

> full of wit, wisdom and humour, and will be read by Highlanders as long as Gaelic continues to be spoken. No other man has fashioned by his literary efforts the mental habits of his countrymen so much as he. He has been the Dickens (plus powerful religious feelings) of the Highlands (MacNeill 1892: 505).

By the beginning of the twentieth century, the popularity of the *còmhradh* with writers was beginning to wane as other genres, notably the short story, and later plays and novels, emerged as productive genres. Reflecting this, perhaps, twentieth-century critical consideration of the *còmhradh* was minimal. Edward MacCurdy, in a paper on Norman MacLeod delivered to the Gaelic Society of Inverness in the middle of the century, devoted more attention to the *còmhradh* as a genre than it had ever received previously, or indeed would for the next half century. While enthusiastic about MacLeod's pioneering role, both in developing Gaelic prose and in his use of the *còmhradh*, MacCurdy's approach is uncritical, emphasising the simplicity of the texts and seeing the dialogue as a genre in which MacLeod's 'skills in the investigation of truth by discussion found expression' (MacCurdy 1950: 230). This overlooks the core function of a genre which MacLeod used to shape readers' views and to promote establishment agendas. Only in recent years has this facet of the genre been explored in MacLeod (1969), Kidd (2000 & 2002) and Mac Eachaidh (2002). Recent survey articles such as Meek (2002) and Watson (2010; see also Watson 2011: 16) have, however, acknowledged the importance of *còmhraidhean* in extending the registers of written Gaelic, and Watson (forthcoming) has studied MacLeod's structuring of his texts in some detail.

The relative ambivalence of many Gaelic scholars towards the genre is evident, not only in literary criticism, but in the anthologising of Gaelic literature. Professor William J. Watson's *Rosg Gàidhlig: Specimens of Gaelic Prose* (1915), published under the auspices of An Comunn Gaidhealach 'for use in schools and Gaelic classes', contains no fewer than eight texts from the nineteenth century, none of which is a *còmhradh*. Similarly, Richard Cox and Colm Ó Baoill's *Ri Linn nan Linntean: Taghadh de Rosg Gàidhlig* (2005), does not include any examples, suggesting the need for a volume such as the current one which focuses on the genre.

CHARACTERISTICS OF THE *CÒMHRADH*

While there were no formal rules for the format of the nineteenth-century *còmhradh*, writers tended to follow the conventions established by Norman MacLeod in his first *còmhraidhean* in 1829. Typically, it is a dialogue in prose between two or more characters which can vary in length between 500 and 3,500 words, although there was the occasional exception such as *Còmhradh* 19 which, due to its length, is reproduced in this volume only in part. Any expansion on this definition runs the risk of being too restrictive and so excluding texts which were clearly intended to form a dialogue. The title 'Còmhradh nan Cnoc' (*Dialogue of the Hills*), the physical location which MacLeod used for the title of his first *còmhradh*, becomes something of a generic title, just as 'Homely Dialogue' or 'Fireside Chit-chat' did in contemporary periodicals in English such as *Chambers' Edinburgh Journal*. When the location varies this is often signified in the title, as for example in 'Còmhradh nan Cnoc: Taigh a' Mhaoir' (*Dialogue of the Hills: The Ground-Officer's House*), 'Còmhradh a' Chladaich' (*A Shoreside Dialogue*), 'Còmhradh na Ceàrdach' (*A Smithy Dialogue*), and 'Còmhradh na h-Àtha' (*A Kiln Dialogue*), ensuring a clear sense of location in readers' minds from the outset. Without exception, however, these early texts include the word *còmhradh*, flagging up to readers, with this everyday word, that they can expect something familiar and informal. This title is then generally followed by the names of the characters – Eòghann Brocair and Lachlann nan Ceistean, for example in the first of MacLeod's dialogues (*Còmhradh* 1). In the 1870s and 1880s 'Còmhradh' still features in the title of many dialogues, but also appearing is 'Cèilidh', as in 'Ceilidh Dhùn Chonaill' (*Còmhraidhean* 17, 18 & 20) and 'Cèilidh an Taigh Sheumais Ùisdein' (*Còmhradh* 35), further emphasising the informality which writers were trying to achieve. This is particularly common in the *Northern Chronicle*'s *còmhraidhean* of the 1880s. Another trend, also evident in the *Northern Chronicle*, is to prefix the Gaelic text with an English caption, such as 'Michael Davitt's Visit to Inverness Discussed in Gaelic' and 'The Inverness Conference Discussed in Gaelic' (*Còmhraidhean* 15 & 24), making non-Gaelic readers aware of the topics being discussed in the paper's Gaelic column. In the case of *Còmhradh* 5, the topic of the conversation is highlighted – 'Beachdan Mun Mhod' – and 'Conaltradh' is used in preference to 'Còmhradh'.

The location of the texts, as the titles above demonstrate, was varied, sometimes based on the characters encountering one another outdoors, as in *Còmhradh* 1 where the opening exchange reveals that Eòghann has come upon Lachlann 'air chùl gaoithe 's ri aodann grèine' (*back to the wind and facing the sun*). Occasionally meetings are in places where people would naturally congregate and exchange news, such as the smithy (*Còmhraidhean* 6 & 15). Most frequently, however, the conversations take place in the home of one of the characters. With very few exceptions, locations are fictional, although some *còmhraidhean* have a recognisable backdrop, as in *Còmhradh* 2 when Lachlann asks if it is the steamboat which he can see and Donnchadh comments: 'Ma-tà, tha i fhèin no àtha-cheilpe a' cur na smùid dhith aig cùl Chearrara. 'S i fhèin gun teagamh a th' ann; tha i togail gu fuaradh a-nunn gu Muile' (*Well, it's herself or the kelp kiln smoking behind Kerrera. It's her without a doubt; she's heading windward over to Mull*). When places are mentioned in Norman MacLeod's texts there is a marked leaning towards the Inner Hebrides, Oban and Glasgow.

From the later period, *Còmhradh* 12 is unusual in that it is specifically situated in Tiree with references not only to the Duke of Argyll, his chamberlain and his factor, but also to places such as Scarinish, Crossapol and Balephuil and, even more specifically, to Tigh an Eilein, the factor's house. *Còmhradh* 16 is one of a series which is entitled 'Cataibh: Còmhradh nan Croitearan', allowing for a geographical location, but maintaining the fictional setting. Another instance of texts giving a nod to reality can be seen in *Còmhradh* 11, in which the characters talk of the destruction which a storm had wrought a month before. This *còmhradh* was published in early May 1874, and reports in the *Highlander* from various local correspondents some three weeks earlier (*H* 11/4/1874) talk of the extreme weather conditions: 'No one living here ever saw such weather for wind and rain' (Uig, Skye); 'sheep and lambs in particular have suffered [...] the thatch, in numbers of instances, has been torn off the houses' (Strathnairn). This would doubtless have added to the 'authenticity' of the text for readers. The writers of *còmhraidhean*, however, for the most part seem unconcerned with situating their texts in any firmly recognisable locale, in effect making their texts equally accessible and familiar to Gaels everywhere, in their offering of a stereotypical Highland location.

Normally the first few exhanges between characters form a prologue, setting the scene and introducing the audience to the characters and their role in the *còmhradh*. The prologue serves to ease the reader into the literary text by familiarising him/her with the characters, but can also be seen as the writer 'warming himself up' to deal with his main topic. This prologue can at times be lengthy and take up as much as a third of an entire *còmhradh* (e.g. *Còmhradh* 18). Readers having been introduced to the characters, there then follows the second part of the *còmhradh*, the real engine of the text, where the core message is conveyed, whether that be educational, spiritual, moral or social. The conclusion is less formulaic, with some *còmhraidhean* ending quite abruptly once discussion of the core issue is finished. On occasions, however, the dialogue may be rounded off with some concluding remarks which, along with the prologue, frame the central message. These may take the form of a Biblical quotation, as in many of the earlier texts penned by ministers (e.g. *Còmhraidhean* 2 & 8), or by characters parting from one another and anticipating a future conversation by agreeing to meet again (e.g. *Còmhraidhean* 11, 22, 27 & 28).

Throughout the nineteenth century characters in *còmhraidhean* are fictional. They are cast in a style reminiscent of the characters in folk-tales in so far as they tend to represent stereotypes, such as the Piper, the Fox-hunter, the Smith, the Merchant, the Schoolmaster, the Minister and the Catechist. In the earlier *còmhraidhean*, and to a lesser extent in the later ones, there tends to be one character who represents the voice of knowledge and authority – the Schoolmaster, the Minister, the Catechist – characters who would generally be perceived by readers as a familiar, authenticating and credible voice and who were used by the writers to convey their own viewpoints. As already discussed, it can be no coincidence that the first nineteenth-century *còmhradh*, penned by MacLeod, was between Lachlann nan Ceistean and Eòghann Brocair, firmly embedding an authority figure, in this case an ecclesiastical one, in the genre. These were characters through whom the authorial voice was mediated and who enabled the writer to maintain a distance between himself and the views being expressed. In a number of the *còmhraidhean* contributed by MacLeod to *Cuairtear nan Gleann* in the 1840s, even the periodical itself becomes a character, embodying knowledge and wisdom when offering advice to Eachann Tiristeach (*Còmhraidhean* 26, 27 & 32).

EXPOSITION AND CORRECTION

The interaction between the characters in the *còmhraidhean* is in itself a dialogue between writer and audience, albeit a deliberately mediated, one-sided one, in which the writer would have been more conscious of this dialogue than the reader. As part of the writing process he would have needed to engage in a fictional dialogue with his audience, in order to anticipate their questions and incorporate these into the text. The non-authority figures represented the readership and were there to be educated and informed. At times these characters actively pursue information by questioning their collocutors or encouraging them to provide information, as when Eòghann Brocair asks Lachlann nan Ceistean about the new journal, *An Teachdaire Gae'lach*: 'cluinneamaid ciod an seòrs' eòlais a tha iad a' tairgse' (*let us hear what sort of information they are offering*) (*Còmhradh* 1); Eachann asks the Cuairtear to tell him about the eruption of Mount Vesuvius: 'Agus a-nis, a Chuairteir rùnaich, innis dhomh cuin a thachair seo' (*And now, dear Cuairtear, tell me when this happened*) (*Còmhradh* 26); the Blacksmith questions the Schoolmaster about the Swing Riots in England, 'Ciod seo an losgadh 's am bristeadh air muileann 's air acfhainn innleachdach, ealanta, a tha falbh le neart deathcha, tha daoine nis a' dèanamh ann an Sasainn?' (*What is this burning and breaking of mills and of ingenious, steam-powered machinery that folk in England are now up to?*) (*Còmhradh* 7); Dòmhnall Ruadh presents the Schoolmaster with his uncertainty about how best to cultivate his land: 'Tighinn a-nuas a-nochd bha mi dìreach a' smaoineachadh ciod an dòigh a b' fheàrr air na croitean a dhùnadh' (*Coming down tonight I was just thinking about the best way to enclose the crofts*) (*Còmhradh* 29). *Còmhradh* 27 further emphasises the characters' designations, with Eachann endorsing the *Cuairtear* as a reliable source of information:

Ach, a Chuairteir rùnaich, fhad 's a tha sinn le chèile, tha iarrtas mòr orm naidheachdan na rìoghachd a chluinntinn uaibh. Chan eil fios aig duine bochd ciod a chreideas e, 's cha

mhotha tha mise tuigsinn gu math na tha iad a' leughadh anns
na pàipearan-naidheachd, leis an t-seòrsa de Bheurla luideach,
bheàrnach a th' agam.
(*But, dear Cuairtear, while we are together, I have a great
desire to hear the news of the country from you. A poor man
doesn't know what to believe, nor do I understand too well what
they are reading in newspapers, with my clumsy, imperfect
English.*)

A variation on this model is provided by those *còmhraidhean* in
which an individual is under some misapprehension and needs to
be corrected and offered new insights. In *Còmhradh* 14 Calum
Croitear talks of 'na daoine fiadhaich ris an can iad na *Land
Leaguers*, agus an duine mì-ainmeil a tha air an ceann; is e sin
Parnell' (*the wild men whom they call Land Leaguers, and the
notorious man who leads them; that's Parnell*), a view dismissed
by Cù Chulainn, who emphasises the similarity between the
position of the Irish and the Scottish Gaels. Other encounters
between authority and non-authority figures involve the former
allaying suspicions and reservations which the latter may express
and thus, by implication, dispelling these from readers' minds
also. Donnchadh Mòr is unconvinced about the advantages of
sending his children to the new Gaelic school, saying 'Nach b' e
sin a bhith cur giuthais do Loch Abar, a bhith cur sgoilean don
dùthaich seo a dh'ionnsachadh Gàidhlig dhuinn? (*Wouldn't that
be sending pine to Lochaber [i.e. coals to Newcastle], to be
establishing schools in this country to teach us Gaelic?*). Lachlann
nan Ceistean counters this by demonstrating the value of the
education on offer (*Còmhradh* 2). Consistently these authority
characters educate, inform and convert the naïve and sceptical to
their viewpoint. In *Còmhradh* 5 Iain Dubh nam Beann offers an
impassioned defence of the Gaelic language in the face of the
negative attitude displayed by Calum Gorm, '"Sasannach", a
Mhuinntir an Eilein Sgiathanaich' (*an 'Englishman' from Skye*)
towards the language. The 'Sasannach' here seems to be indicative
of the character's viewpoint rather than his nationality.

In addition to adopting a position of knowledge and integrity, the characters of authority often represent change and progress, whereas the characters who represent the 'average Gael' tend to find the speed of change brought about by technological developments and improved transport unsettling. Cuairtear, for instance, enthuses about the speed with which people can now travel from one place to another, while Eachann, his attitude somewhat soured by his recent frightening experience of rail travel, is much more sceptical about the benefits which improved transportation has brought to the country (*Còmhradh* 32).

There is some development in characterisation in the later decades of the century, with less emphasis being placed on the voice of authority, or with a different type of authority figure being drawn upon. We find that Establishment figures such as the Schoolmaster have metamorphosed into conduits for pro-crofting views in some texts (e.g. *Còmhraidhean* 11 & 17). Characters' roles are often less instantly discernible with only forenames as identifiers. *Còmhradh* 19 is one example of this, with the characters named as Calum, Ruairidh, Uilleam and Teàrlach and so too *Còmhradh* 35 between Seumas and Ùisdean. It is only in the course of the discussion that it becomes clear which character, or characters, represent the authorial view. What remains fairly consistent within the genre, as it had been forty years earlier, is that one of these individuals is a channel for the writer's viewpoint. One further, interesting development during the 1870s and 1880s is the appearance of mythical Celtic heroes such as Cù Chulainn and Osgar among characters (*Còmhraidhean* 14 & 33), reflecting the upsurge of interest in both Gaelic and Celtic culture, and the increased confidence felt by Gaels in this period.

The characters in *còmhraidhean* are overwhelmingly male. In many of Norman MacLeod's writings, and also in those of Alexander MacGregor, female characters often exist to provide food and drink (*Còmhraidhean* 4 & 8) and to be criticised for their wasteful extravagance in buying fashionable clothes (*Còmhraidhean* 2, 6 & 32). One exception, referred to in

Còmhradh 6, and featuring elsewhere in MacLeod's writings, is Marsaili Mhòr, who, with her experience of working in the Lowlands, is represented by MacLeod as a positive role model and stands out as the only female character of any substance in his writing (*TG* 5, 1828: 106–108). In *Còmhradh* 23 'Bean an Taighe' (*the Lady of the House*) has a more substantial role and stronger voice than most women in the *còmhraidhean*, briefly lambasting Dòmhnall an Deacon for his attempt to convert her husband to the Free Church and thus endangering their tenancy. This attack is, however, part of the text's prologue and she does not feature in the core of the discussion between her husband and Dòmhnall. In *Còmhradh* 30 Màiri has a brief opportunity to offer advice about cooking, but again the male voice dominates. The role, or general lack thereof, of women in the *còmhraidhean* is unsurprising, merely reflecting the status of women in society in the nineteenth-century Highlands, and, is as we might expect from writers who, as far as can be ascertained, were, without exception, male.

The function of the texts can be divided, broadly speaking, into two categories, expository and polemical. As Snyder has observed:

> Usually there is a teacher-student relationship (parent-child or elder-youth) between the speakers in expository dialogue; in its scene of speaking, the main interlocutor always supplies the answers rather than the questions. [...] Expository dialogue provides, in short, a means of uncontested control – through the use of a dominant figure within the dialogical scene itself (1989: 69).

Previous commentators have noted that the *còmhradh*, at least in its early days, was a didactic genre (MacCurdy 1950; Mac Eachaidh 2002). The *còmhraidhean* from the first half of the nineteenth century – and indeed many from later in the century – are dominated by this teacher-student pairing and are, for the most part, expository in nature. The initial prevalence of this didactic function is a direct corollary of the genre being the creation of a minister and of its remaining in the hands of the clergy until the later decades of the century. Norman MacLeod, as a minister of the Church of Scotland, frequently used the *còmhradh* to further an Establishment agenda. An emphasis on the moral welfare of the individual is evident in many of the *còmhraidhean* in the 1830s and 1840s, whether that be the condemnation of wasting money on women's fashion instead of paying the rent (*Còmhradh* 6) or criticism of those who indulge excessively in alcohol (*Còmhradh* 31). This emphasis on the reform of the individual, rather than of society, was a product of its time, an age when the reform of the individual was seen by many churchmen as the way to transform society (Smith 1987: 8). MacLeod used his *còmhraidhean* to defend the interests of the authorities, whether that be at a local or a national level, during the decades of famine and emigration, encouraging a submissive, unquestioning acceptance of their circumstance among readers. This is most starkly demonstrated by *Còmhradh* 8 in which Para Mòr decides to emigrate as a result of the potato famine, for which he emphatically blames no one: 'Cha chreid mi nach e toil an Fhreastail sinn ga fàgail' (*I think it is the will of Providence that we leave it [the country]*). Similarly in *Còmhradh* 9, which focuses on the post-famine period, the genre is used to ensure that the concerns of those involved in administering famine relief are addressed. Written in the wake of the famine of 1836–37, it deals with the perception that the gratuitous distribution of meal by destitution committees in Edinburgh and Glasgow was having a deleterious effect on the moral character of the Gaels, encouraging a culture of dependency and a perceived reluctance among Highlanders to rely upon their own labour. In other texts the exposition is more informative or practical than moral in its focus: *Còmhradh* 26 offers an explanation of volcanoes to readers; *Còmhradh* 27 explains changes in national taxation; *Còmhraidhean* 28 and 32 introduce new inventions; and *Còmhraidhean* 29 and 30 offer practical advice on agriculture and cooking respectively.

POLEMICS AND POLITICS

The polemical *còmhradh* emerged in the 1840s amidst the ecclesiastical controversy which resulted in the Disruption of 1843. As *Còmhraidhean* 21, 22 and 23 demonstrate, the *còmhradh* became an extension of the pulpit, used by Established and Free Church ministers alike to communicate to readers their respective churches' positions in the ecclesiastical debate of the 1840s. The 'teacher-student' dynamic of the expository *còmhradh* was retained and very little attempt was made to give a balanced overview of both sides of the debate, resulting in the clearest demonstration of the genre's use as a medium for propaganda. *Còmhradh* 21 was republished twice in pamhlet form in the immediate wake of the Disruption. The *còmhradh* remained a vehicle for ecclesisatical politics in the 1870s and 1880s, as *Còmhraidhean* 24 and 25 illustrate, although writers adapted the established 'teacher-student' paradigm to accommodate a superficially more open and democratic discussion. *Còmhraidhean* continued to be published occasionally in pamphlet form, including Dugald MacPhail's *Comhradh eadar Gall agus Gaedheal mu cheist an Aonaidh* (1870).

The *còmhraidhean* of the 1870s and 1880s were no longer dominated by the clergy, and were being written at a time when both Highlands and Highlanders were becoming increasingly politicised. The *còmhradh* was to establish its own niche in this new political landscape. Raised expectations and a new-found sense of confidence in Gaels' rights found expression in the *còmhraidhean* in much the same way as it had in poetry and song (Meek 1995). Social criticism gave a fresh impetus and *raison d'être* to Gaelic writing and allowed writers to find a new – and very often critical – voice. This manifests itself in criticism of individual landlords, as in *Còmhraidhean* 12 and 13 in which the Duke of Argyll and Evan Sutherland Walker, proprietors of Tiree and Skibo respectively, were on the receiving end of criticism for their treatment of their tenants. Dialogues such as that between Cù Chulainn and Calum Croitear, comparing the positions of the Irish and Highland tenantry, were both influenced by this emerging Highland self-confidence and also feeding in to it (*Còmhradh* 14). *Còmhraidhean* 16–20 show that the genre played its part in the election campaigns of the mid-1880s, employed on both sides of the political divide, and similarly in *Còmhradh* 15 with its invective against Irish land-campaigner Michael Davitt.

In two *còmhraidhean* we see Alexander MacGregor using his characters to lead by example and to empower readers. In *Còmhradh* 11, Calum shows the Schoolmaster the letter of complaint which he has written to the *Highlander*, underlining to readers that they too can, and should, use newspapers to voice their grievances. *Còmhradh* 4, in its 'fly-on-the-wall' account of a School Board meeting, exhorts readers to use their vote wisely when electing member to their School Boards.

Unlike poetry, which tended in the first instance to be composed for local consumption, whether in the ceilidh-house or on a concert platform in Glasgow, the *còmhraidhean* were specifically written for publication in journals and newspapers. These newspapers carried international news alongside local news and a number of *còmhraidhean* place the situation of the Highlanders in the wider context of international events, comparing their treatment with the Bulgarians at the hands of Turkey (*Còmhradh* 13) and with the Egyptians under both Egyptian and British rule (*Còmhradh* 18), encouraging readers to see themselves as part of an international struggle against injustice.

It was in the heated political milieu of the 1880s that one *còmhradh* even prompted the threat of legal action against the newspaper which published it. In 1883 the *Northern Chronicle* published a *còmhradh* entitled 'The Royal Commission, Dean of Guild Mackenzie, &c discussed in Gaelic', a vindictive attack on Alexander Mackenzie, the prominent Inverness businessman, historian and land-campaigner. It was published while the Royal Commission, commonly referred to as the Napier Commission after its Chairman Lord Napier, appointed to inquire into the condition of the Highland crofters and cottars, was travelling the Highlands gathering evidence. Claiming that Mackenzie had anticipated being selected as one of the Royal Commissioners, one of the characters revels in his not having been one of those chosen 'Tha mi a' tuigsinn gur an-diadhuidh an splog a bha air airson nach d' fhuair e an t-urram so [...] Is iomadh neach aig an robh gaire dheth an la chaidh ainmeanan na 'n daoine uaisle dheth an d'rinn a Bhan-righinn roghain a chraobh-sgaoileadh anns na paipeirean-naigheachd! (*I understand that there was some face on him because he didn't get this honour [...] There's many a one who had a laugh at him the day that the names of the gentlemen whom the Queen had chosen were broadcast in the newspapers!*) (*NC* 30/5/1883). The criticism of Mackenzie continues, implying underhand behaviour and suggesting that his work in helping communities and delegates in Skye to prepare for delivering their evidence had harmed the process. Mackenzie did not take the anonymous dialogue's words lying down and seems to have immediately threatened legal action for libel against the newspaper (*IA* 8/6/1883). The result was an apology printed in the following week's *Chronicle* (*NC* 6/6/1883). That the *còmhradh* as a genre had moved far from MacLeod's more staid and didatic aims could not be clearer.

STYLISTIC FEATURES

The comments of an unnamed adjudicator at the 1914 Mòd (but who must have been either the Rev. Alexander MacKinnon, Manchester, or Roderick Barron, given the listing of adjudicators for the competition in question) make clear that, some seventy years after Norman MacLeod published his first *còmhradh*, there were certain expectations of the genre. Among the general observations made about the entries to the 1914 competition for a humorous dialogue, the adjudicator pronounced:

It is not necessary and very often not wise to adhere in writing dialogue to the strict literary form of word and phrase. As a dialogue should have fidelity to life, the writer should not be afraid to use the colloquialisms current in the district or society he depicts, even if a dictionary does not take cognisance of them and a grammarian may term them incorrect (*DG* 10:1 1914: 22).

This attempt at 'fidelity to life' encapsulates what made the nineteenth-century *còmhradh* distinctive compared with the sermons and religious translations which had dominated Gaelic literature at the turn of the nineteenth century. The *còmhradh* was intended from the outset to make written texts more accessible to the average Gael by imitating actual conversation rather than the written literary standards of the day. While writers did not fully achieve this break with the formal norms of literary Gaelic, it is this underlying intention which signals a new direction for Gaelic writing and serves as an important reminder that this genre played its part in the stylistic development of modern Gaelic prose. In terms of 'fidelity to life', some of the most successful examples in the volume are those published in the Free Church's *An Fhianuis* (*Còmhraidhean* 22 & 23) which have a particular liveliness, immediacy and authenticity to them in their heated discussion of the effects of the Disruption, an ecclesiastical debate in which the anonymous writer was presumably immersed.

One of the features which set the *còmhradh* apart from other literary prose forms in Gaelic was its conscious attempt at informality, as writers deliberately looked to everyday conversation and interaction, as much as to existing literary forms, for their inspiration. Emphasised in the use of 'còmhradh' or 'cèilidh' in titles, this impression of familiarity continued in the opening exchanges when characters greet one another with phrases such as: 'Tha thus' an sin ...' (*You're there* ...) (*Còmhraidhean* 1, 2 & 31); 'Fàilte 's furan ort, a Sheumais Bhàin' (*Welcome and greetings to you, Fair James*) (*Còmhradh* 3); 'Fàilte, fàilte, Fhionnlaigh, a mhic chridhe' (*Welcome, welcome, Finlay, my dear man*) (*Còmhradh* 8); 'Ciod seo do naidheachd an-diugh, a Chaluim?' (*What's your news today, Calum?*) (*Còmhradh* 14); 'Dèanaibh suidhe a chòir an teine' (*Sit down by the fire*)

(*Còmhradh* 18); 'Thig a-staigh, cha ruig thu a leas bualadh aig an doras mar gum bu choigreach thu' (*Come in, you needn't knock at the door as though you were a stranger*) (*Còmhradh* 20). Some writers further developed this sense of intimacy and of readers being party to privileged information, as when a character who is involved in a discussion about the disestablishment controversy is told: 'Na bi bruidhinn cho mòr, Iain, gun fhios cò dh'fhaodas a bhith gar n-èisteachd; labhair le guth ìosal mar gum biodh tu sanas' (*Don't be speaking so loudly, Iain, when you don't know who might be listening to us; speak with a low voice as though you were whispering*) (*Còmhradh* 24). In other *còmhraidhean*, the idea of a continuum between characters, publications and readers is fostered, when one character acts as a conduit who reports the 'conversation' which would appear in print. In *Còmhradh* 30 Eachann does not want his wife to know what he has been telling the Cuairtear and he begs the Cuairtear 'gun iomradh thoirt anns a' Chuairtear mun mhuic, air neo cha ruig mise leas tilleadh' (*not to mention in the* Cuairtear *about the pig, otherwise I needn't return*). In *Còmhradh* 12, an Dòmhnallach complains to am Bàrd that people have been making fun of him after reading their previous conversation in the *Highlander*: 'Nach tug thu mo nàire asam an latha dh'innis thu don Àrd-Albannach gach facal a thuirt mi riut o chionn fichead latha ann an Glac nan Smeur?' (*Didn't you embarrass me the day you told the* Highlander *every word I said to you twenty days ago in Glac nan Smeur*). In *Còmhradh* 18 it is the appropriately named Fear na Farchluais (*Eavesdropper*) who sends news to the *Scottish Highlander*.

While it cannot by any means be claimed that the language which we have in these *còmhraidhean* is a sample of spoken nineteenth-century Gaelic, as the register, syntax and lexis of these texts is firmly literary, the genre nonetheless owes much to oral discourse. In adopting this genre which aligns itself with the oral as much as with the literary, writers opened up a new range of models upon which to draw, from the religious to the secular, and including sermons, catechising, oral narrative and everyday conversation. Dominated as it was by the clergy, the genre in the first half of the century had a natural inclination towards the conventions of oral rhetoric, and this manifested itself most commonly when characters were pressing home the central, moral message of the text. In 'Còmhradh nan Cnoc: Fionnlagh Pìobaire, Iain Òg agus Lachlann nan Ceistean', Lachlann condemns the sinful behaviour to be witnessed in public-houses, using the first question from the Catechism to introduce his argument, followed by a series of questions addressed to the reader in as sermon-like a moment as is to be found in any *còmhradh*:

> 'Ciod as crìoch àraid don duine?' Agus a bheil e comasach dhut smaoineachadh gu bheil thus' a' freagairt na crìche seo, no a' glòrachadh Dhè air na còmhdhailibh amaideach sin air a bheil thu cho dèidheil? Am faodar cridhealas a chantainn ri nì sam bith nach toir sòlas le amharc air ais air? Na mhothaich thu d' anam riamh air ghleus gu moladh a thoirt do Dhia, no do thaingealachd a chur an cèill dha, air na h-amannaibh mu bheil sinn a' labhairt? (*Còmhradh* 31)
>
> (*'What is the chief end of man?' And is it possible for you to think that you are fulfilling this end, or glorifying God in these foolish gatherings of which you are so fond? Can anything be called merriment if it doesn't give joy to look back on it? Did you ever notice your soul ready to praise God, or to express your thanks to him, at these times of which we're talking?*)

The *còmhraidhean* by Norman MacLeod in which issues of morality and social welfare predominate make regular use of preaching techniques. Lachlann exhorts Eòghann, with a series of questions, to look beyond the poetry of Donnchadh Bàn and to remember who created the world around him:

> Cò chòmhdaich na cluaintean le culaidh uaine? Cò dhùisg an saoghal à cadal marbhant' a' gheamhraidh, agus a tha toirt air guth an aoibhneis èirigh suas às gach ceàrnaidh? Nach glòrmhor a' ghrian ud shuas a' dìreadh gu àird nan speur gu

buadhar, a' cur feart anns gach nì agus a' sgaoileadh neart agus
blàths on ear gun iar? (*Còmhradh 1*)
(*Who covered the meadows with a green garb? Who woke the
world from the lethargic sleep of winter and makes the joyful
voice rise up from every quarter? Isn't that sun up above
glorious, climbing triumphantly to the top of the sky,
invigorating everything and spreading strength and warmth
from east to west?*)

In *Còmhradh 2* Lachlann, again, uses questions to engage both
Donnchadh and the reader with the points he has to make about
Gaelic education:

Cuin a thòisich daoine am bitheantas air tlachd a ghabhail ann
an leughadh a' Bhìobaill agus leabhraichean math eile? Nach
ann o thòisich foghlam leughadh na Gàidhlig? Cò iad as
dùrachdaich a nì feum den leabhar naomh? Nach eil iadsan a
tha comasach air a leughadh ann an cainnt am màthar?
(*When did people commonly begin to enjoy reading the Bible
and other good books? Isn't it since the teaching of Gaelic
reading began? Who are the most diligent in making use of the
holy book? Isn't it those who are capable of reading in their
mother tongue?*)

These rhetorical devices are less evident in texts from the 1870s
and 1880s as the clergy's monopoly over the genre weakened and
the moral function of the dialogue was diluted by other uses. As
there is a shift in subject-matter away from the moral and
religious, so too the texts become less formal and, where
exhortatory, this tends to be politically, rather than spiritually,
motivated, as is evident in the anonymous dialogue in which Cù
Chulainn tries to impress upon Calum Croitear and readers the
need to support the *Highlander*:

Nach eil fios agad gur ann air do shon-sa agus airson do
leithid a tha am pàipear air a chumail suas. Nach bochd an

taing a th' aig an duine chòir a tha cur a mhaoin, a phearsa
agus a bheatha ann an cunnart air muir 's air tìr air do shon-
sa, nuair nach eil thusa agus do leithid a' gabhail sùim dheth?
(*Còmhradh* 14)
(*Don't you know that it is for you and your like that the*
newspaper is kept going? Isn't it poor thanks that the good man is
getting who puts his money, his person and his life in danger on
sea and land for you when you and your like take no heed of it?)

One stylistic feature of a number of the *còmhraidhean* which has
its parallels in both oral narrative and in preaching is the use of
pairs of words which are either synonymous or fairly close in
meaning, and which frequently alliterate. Some examples include:
'Cha robh connsachadh agus dian-dheasbaireachd an latha
thairis' (*The contention and fierce debate of the day were not over*)
(*Còmhradh* 4); 'gach acfhainn agus innleachd tha toirt beairteas 's
òr a-staigh o gach ceàrn den t-saoghal a losgadh agus a
bhristeadh' (*to burn and break every machine and invention which*
is bringing wealth and gold in from every corner of the world)
(*Còmhradh* 7); 'a' tionndadh 's a' gluasad le iomagain agus le
cùram' (*tossing and turning with worry and anxiety*) (*Còmhradh*
8); 'gun nàire, gun athadh' (*without shame, without modesty*)
(*Còmhradh* 9); 'air a gluasad 's air a luasgadh a-nunn agus a-nall
le connspaid 's le còmhrag' (*moved and shaken to and fro by*
dispute and strife) (*Còmhradh* 24); 'Chan fhaic thu fear san
fhichead dhiubh a làimhsicheas tàl na tora; no as urrainn breaban
no fraochan a chur air a bhròig, ach acfhainn Ghallta air eich agus
air daoinibh' (*You won't see one in twenty of them who can handle*
an adze or an auger; or who can put a patch or toe-cap on a shoe,
only Lowland inventions on horses and people) (*Còmhradh* 31). In
general this feature tends to be more common in the early
còmhraidhean than in those from later in the century.

Proverbs figure prominently in *còmhraidhean* throughout the
century, adding a colloquial flavour to the texts, a feature which
prompted Alexander Nicolson to dedicate his *Gaelic Proverbs*
(1881) to the memory of Norman MacLeod, 'whose perfect

knowledge of Gaelic proverbs and happy use of them gave a special charm to his Highland dialogues'. Examples include: 'Mura biodh an dris san rathad cha rachadh a chaor' innte' (*If the brier were not in the way the sheep would not go into it*) (*Còmhradh* 2); 'Dèan socair, a Choinnich, dèan socair, oir mar a thuirt an seanfhacal, dh'fhuirich do mhàthair ri do bhreith, agus chan i bu lugha cabhaig' (*Slow down, Coinneach, slow down, for as the proverb said, your mother waited for your birth and she was in no less of a rush*) (*Còmhradh* 4); 'gur e 'n suidhe bochd a nì 'n garadh beairteach' (*it's the poor seat that makes the rich warming*) (*Còmhradh* 8); ''s fhèarr an t-olc eòlach na 'n t-olc aineolach' (*better the devil you know than the devil you don't*) (*Còmhradh* 8); 'an leann a nì duine dha fhein, òladh e a theannadh dhith' (*the beer a man makes for himself, let him drink his fill of it*) (*Còmhradh* 15); 'Is minig a gheibh fear na h-eadraiginn dòrn' (*He who intervenes often gets hit*) (*Còmhradh* 18); 'Ge b' e chreideas na chluinn e, faodaidh e na chì e ithe' (*Whoever believes all he hears may eat all he sees*) (*Còmhradh* 17); ''S i an Nollaig dhubh a nì 'n cladh mèath' (*The black Christmas benefits the graveyard*) (*Còmhradh* 29); 'b' e sin "Calum beag a chur a dhìth chum Murchadh mòr a reamhrachadh"' (*that would be 'starving wee Calum to feed big Murchadh'*) (*Còmhradh* 32); 'a h-uile uan nas duibhe na mhàthair' (*every lamb blacker than its mother*) (*Còmhradh* 19); 'Chuala sibh an seanfhocal, "Is ann air a shon fhèin a nì an cat an crònan"' (*You have heard the proverb, 'It's for itself the cat croons'*) (*Còmhradh* 25). The use of proverbs in the *còmhradh* reaches its peak in *Còmhradh* 34, a showcase for the Gaelic proverb with Murchadh Bàn and Coinneach Cìobair engaging in a performance of 'gearradh-cainnte' (*skilled repartee*) as each tries to outdo the other with his knowledge of proverbial phrases. In their imitation of everyday discourse and socialising some *còmhraidhean* incorporate the occasional verse, or even an entire song, with the precedent being set in Norman MacLeod's very first text, 'Comhradh nan Cnoc: Lachlann nan Ceistean agus Eòghann Brocair' (*Còmhradh* 1; see also *Còmhraidhean* 3, 8, 17 & 19). Similarly, a tale forms part of *Còmhradh* 35.

MacLeod's awareness of his readers, and of the need to communicate with them as clearly as he did when preaching to his own congregation, led him at times to emphasise his message with exemplum. In expounding upon the reward which Donnchadh would reap by learning to read, Lachlann offers the analogy:

> Nan iarrainn ort an cnoc ud thall a chladhachadh, a bhith saothrachadh ris le fallas do ghnùis, o mhochthrath gu feasgar, agus nan dèanainn làn-chinnteach thu ann an ceann bliadhna, le thu bhith adhartach, gum faigheadh tu ulaidh phrìseil òir, an saoil thu an abradh tu rium nach b' fhiach dhut tòiseachadh air? (*Còmhradh 2*)
> (*If I were to ask you to dig that hill over there, to work at it with sweat on your brow from morning to evening, and if I were to guarantee you that within a year, with you being diligent, you would find a precious treasure of gold, do you think you would say to me that it wouldn't be worth your starting on it?*)

New concepts and technology were depicted in terms to which readers would be able to relate. In one of the most memorable pieces of nineteenth-century Gaelic writing, Eachann relates his first experience of travelling by train (Meek 2010). Here MacLeod draws upon seafaring terminology to give readers some sense of this new mode of transport: 'chunnaic mi fear na stiùrach a' gabhail àite, le ailm iarainn na làimh, agus fear eile san toiseach mar gum biodh fear-innse nan uisgeachan ann, ag amharc a-mach (*I saw the steersman taking his place, with an iron helm in his hand, and another man at the front as though he were the watcher of the waters, looking out*) (*Còmhradh* 32). Not only does MacLeod capture the speed of the journey and the feelings of amazement and fear which it awakened in Eachann, but he has a lightness of touch which produced the following pun, which would be lost in translation: '"Ciod è seo?" arsa mise ri Niall. "An *Tunnel*," ars esan. "B' e 'n donnal e gu dearbh," arsa mise, "an donnalaich as gràinde chuala mi"'. As this and other examples demonstrate, the genre had its less serious side, and indeed lent itself to humour. This is evident in some of the light-hearted banter between characters, as for example in *Còmhradh* 18 when Anna teases the Schoolmaster about having been forced to take refuge in a tree when chased by a bull, a picture which may well have raised a laugh among readers and listeners. In *Còmhradh* 27, Eachann's reference to the Prime Minister, Sir Robert Peel, as 'Rob' adds a touch of levity to the discussion of taxation.

An interesting barometer of readers' comprehension of both Gaelic and English – or at least of writers' perception of their comprehension – is the use of English, whether that be the occasional glossing in English of words or phrases or simply the use of English words. This was rare in the first half of the century, with the notable exception of *Còmhradh* 21, which glosses a number of words associated with the religious debate between evangelicals and moderates during the Ten Years' Conflict, for example, 'Ciad Leabhar agus Dara Leabhar Riaghailtean na h-Eaglais (*First and Second Books of Discipline*)'; 'Lagh an Toirmeisg (*Veto Law*)'; 'saorsa spioradail (*spiritual independence*)'; 'an Riaghladair (*Superintendent*)'. This would seem to point to a greater facility among some Gaelic-speaking readers for dealing with church politics in English than in Gaelic. In the same text no attempt is made to find Gaelic forms for words such as '*Dissenters*', '*patronage*' and '*stipend*', which suggests either that these had been accommodated into contemporary Gaelic ecclesiastical discourse, or that those who were bilingual tended to use English for church politics.

The extent to which English featured in *còmhraidhean* seems to have been partially dependent on subject-matter, with topics relating to the world beyond the Highlands most likely to draw on English to express new concepts. *Còmhradh* 27, with its focus on Parliament, uses '*petition*' and '*taxes*'; *Còmhradh* 28's discussion of nineteenth-century technology uses '*telegram*', '*telegraph*' and '*photography*' with the Gaelic gloss, 'facal a tha ciallachadh "sgrìobhaidh", no "tarraing" le solas na grèine'; in *Còmhradh* 19 glossed Gaelic words – 'ruadh-chailc (*ochre*)' and 'a ghlagan-dorais (*knocker*)' – appear alongside English words such as '*vote*', '*electors*' and '*Land Leaguers*'. In *Còmhradh* 15 there are a number of instances of glossing in the attack upon Michael Davitt: 'am Fear-Buairidh Cuilbheartach, agus am Fear Co-bhann comharraichte sin an Fhearainn (*that Political Agitator and notorious Land Leaguer*)'; 'an fheallsanachd (*literature*) mhallaichte'; 'mar fhear-siubhail malairteach ann an airm-theine (*commercial traveller in fire-arms*)'; 'airson coire bàis (*felony*)'; 'an aghaidh dealbh (*platform*)'. It may be that the glossing here is an indication that this account of Davitt had been translated from English and that the writer/translator chose to gloss those words and phrases which had proved problematic for him to translate or where the concept may have been felt to require further explanation. Apart from the occasional calque, such as '*teàrnadh chaoil*' for 'narrow escape (*Còmhradh* 18), the *còmhraidhean* do not, on the whole, reveal any major lexical influence from English beyond that which has been discussed here.

It is interesting to note the regularity with which the old dative plural suffix –*ibh* was retained by writers of the earlier texts, and to a lesser extent the nominative plural –a/–e, although they are less common in the texts from the later decades of the century. John Mackenzie had specifically commented on the archaism of these forms in 1841 in the introduction to his *Sàr-Obair nam Bàrd Gaelach*: 'No Highlander would say *Fo na h-eachaibh (eich). Bho na marbhaibh (mairbh), Air do chasaibh (chasan)*' (Mackenzie 1841: v). The appearance of these older forms underlines the influence which older, literary forms continued to exert on the genre and therefore the distance between the language of the *còmhraidhean* and the spoken language of the nineteenth century. Examples of dative plurals in the texts include 'ann an daoinibh' (*Còmhradh* 2); 'ann an gnothaichibh', and 'do na nithibh' (*Còmhradh* 9); 'ann am beagan bhriathraibh', 'mar iodhalaibh' and 'air tighearnaibh an fhearainn (*Còmhradh* 11); 'air na slataibh' and 'air teudaibh fìdhle' (*Còmhradh* 28); 'le cluaranaibh' (*Còmhradh* 29)' 'anns na linntibh' (*Còmhradh* 33); 'sgaoth de leabhraichibh', 'mu chleachdannaibh' and 'sna ceàrnaibh sin' (*Còmhradh* 34).

THE LEGACY OF THE *CÒMHRADH*

It having been argued that the *còmhradh* made a significant contribution to Gaelic literary history, it remains to consider its legacy and its impact upon the development of Gaelic literature more generally. This innovative genre which sought to personalise and validate the written word, by drawing Gaelic writing closer to the everyday, helped Gaelic writers to break free from the sylistic straitjackets into which religious, and to a lesser extent secular, translations had placed them by the early decades of the nineteenth century. The *còmhraidhean* consciously exploit the orality of Gaelic culture by deliberately imitating and adapting existing conventions of oral discourse. They are texts in which the relationship with readers is based on the familiar, whether that be conventions of everyday conversation or the rhetoric of the Church, its texts and its preaching. As an imitation of the spoken language the *còmhradh* allowed for informality, humour and proverbial wit while often delivering a morally directed message.

As Macleod and Watson have noted, there was no tradition of literary drama in Gaelic before the twentieth century, with this only becoming established as a popular genre by the 1920s, thanks in large part to the Hon. Ruairidh Erskine of Mar, who promoted drama by publishing plays in his literary journals, and through his own writing encouraging the production of the genre in Gaelic. They acknowledge, as MacLeod (1969: 141) and Butler (1994: 50ff) had previously done, that *còmhraidhean* seem likely to have contributed to the emergence of Gaelic drama (Macleod & Watson 2007:280).

The *còmhradh* may justifiably be seen as the precursor of the drama which would emerge in the pages of Erskine of Mar's periodicals in the first two decades of the twentieth century. As has been discussed above, the internal evidence from Norman MacLeod's own *còmhraidhean* suggests that he expected his texts to be read aloud and the evidence from the programmes of entertainment for Gaelic and Highland societies' ceilidhs in the later decades of the nineteenth century show that a *còmhradh* was frequently part of the proceedings, and they were therefore clearly

being 'performed' for an audience. Further flagging up this
potential for performance is the inclusion of what might best be
described as stage directions in some of the texts, as for instance
in *Còmhradh* 23 published in *An Fhianuis* in 1845, where readers
are told in the middle of the dialogue, '(Dh'fhosgail an doras agus
bhuail Cailean a-staigh na tharraing – anail na uchd – agus e a'
glaodhaich mun tàinig e an làthair)' (*The door opened and
Cailean came in in a rush – out of breath – and shouting before he
was properly in*); and later in the same text, '(Dh'fhalbh Bean an
Taighe a-mach 's dh'fhàg i Cailean agus Dòmhnall nan suidhe
cuideachd)' (*The Lady of the House went out and left Cailean and
Dòmhnall sitting together*). So too in *Còmhradh* 4 from *An
Gàidheal* in 1877 readers are made aware of actions as an aside
'(Dh'fhosgladh an doras, agus cò a leum a-steach ach coigreach
gun dùil ris!)' (*The door was opened and who leapt in but an
unexpected stranger!*) and the lengthier:

> (Chaidh e [Coinneach], gidheadh, a-mach, agus thug
> Murchadh an seòmar eile air, far an robh teine lasrach. Rùisg e
> dheth fhèin gach bad a bha air; chuir e uime aodach le fear an
> taighe, agus bha e air a sgeadachadh às ùr o mhullach a chinn
> gu bonn na coise.)
> (*He [Coinneach], nevertheless, went out, and Murchadh
> headed to the other room where there was a blazing fire. He
> stripped himself of every piece of clothing he wore; he put on
> clothes belonging to the man of the house, and he was clothed
> afresh from the top of his head to the soles of his feet.*)

Although the extent to which these *còmhraidhean* were acted out
cannot now be ascertained, there is sufficient evidence for this
literary genre having been read or performed at ceilidhs, concerts
and readings to support a claim for their having, at the very least,
prepared the ground for the next step, the writing of plays. The
fact that they faded from prominence at the same time as drama
was emerging lends further weight to this, the dramatic place of
the *còmhradh* having been taken by the play.

The *còmhraidhean*, many of them published in the Gaelic columns of newspapers and, until recently, flying below the radar of Gaelic scholarship, represent a substantial corpus of original, nineteenth-century Gaelic prose which would benefit from more detailed linguistic scrutiny, as Watson (2010) has suggested, with possibilities for both more detailed study of the structure of the texts themselves, and also for consideration of the development of the written language in general. Furthermore, in these texts which endeavour to imitate the spoken language there is scope for dialectal scrutiny of the various authors' work.

Song and poetry have been shown to contribute much to our understanding of Gaelic-speaking society over the centuries, not least by volumes in this very series, such as Donald E. Meek's *Tuath is Tighearna / Tenants and Landlords* (1995), which spans the same period as this edition. The continuity in the traditional role of poets means that their compositions can generally be taken as reflecting the views of their communities on contemporary events. While the writers of *còmhraidhean* cannot be taken as being representative of any particular community, they nonetheless give voice to views and concerns relating to events affecting the Highlands in the course of the century, whether that be the famine and emigration of the 1840s or the politicisation of crofters in the 1870s and 1880s, and they used the *còmhradh* to attempt to shape the views of their readers. Change lies at the heart of the genre from the first *còmhradh* in 1829 through to the end of the century, and what we see are writers' responses to change, discussions about it, comments upon it, and cautioning against it or urging for it.

The *còmhradh* allows for a degree of duality of perspective, and at the same time as writers such as Norman MacLeod may be seen as attempting to explore, and relieve, some of the anxieties which they perceived to be felt commonly among readers in an age of rapid, and at times overwhelming, change, they may also be seen as indicative of a degree of unease in writers' own minds as they weigh up the pros and cons of change. While in his essays on technological advancements Norman MacLeod is enthusiastic in his discussion of the steamship and the railway, his *còmhraidhean* also speak to the process of adjustment involved in accommodating these changes, adjustment for him as much as for his readers. The *còmhradh* was the single most conspicuous strategy adopted by Gaelic writers to navigate a way for themselves, and their audience, in a world of changing social and literary relationships.

EDITORIAL POLICY

In selecting texts for this volume my main aim was to ensure that a representative sample of the century's *còmhraidhean* was included – representative first and foremost in terms of subject-matter, but also as regards writers, periods and the publications in which they appeared. Inevitably there were some difficult decisions to make given that less than ten percent of the full corpus of available texts has been included, and some writers may be less well-represented than might be expected on the basis of the number of *còmhraidhean* which they wrote. This is due in part to my aim of focusing on the subject-matter; however, it is to be hoped that having read the *còmhraidhean* selected for this volume, readers may then seek out other further examples themselves.

In cases where a *còmhradh* has appeared in print a number of times, as is the case with some of those written by Norman MacLeod and by Alexander MacGregor, the earliest version of the text has been used.

ORTHOGRAPHY

Editorial policy has been informed by the purpose of this volume, namely the consideration of the *còmhraidhean* in literary and historical terms. The texts exhibit divergences and inconsistencies in orthography, not solely across the century, but also in the work of individual writers and even within individual texts. With this in mind, and also given the desirability of presenting readers with accessible texts, the policy has been to provide consistent modern orthography across the texts. There are clearly dangers inherent in this from a linguist's point of view, as dialectal forms may be removed in places. Questions of dialect would, however, be best served by a separate study. The Appendix contains an example of an unedited *còmhradh* (*Còmhradh* 1).

The Scottish Qualifications Authority's *Gaelic Orthographic Conventions 2009* has been followed throughout. The main changes made are detailed below.

Accents: grave accents are used throughout.

Apostrophes: many apostrophes have been removed in line with modern orthographic practice eg. *cha'n 'eil* → *chan eil*; *nach 'eil* → *nach eil*; *gu 'm* → *gum*; *na 'n* (genitive plural article) → *nan*; *'n ad'/a'd'* → *nad* (but *'n a do* → *na do*); *'g a d'* → *gad*; *o'n* → *on*; *le'n* → *len*; *do'n* → *don*; *mu'n* → *mun*; *troi 'n* → *tron*.

Pre-verbal particles: for consistency the following have been standardised: *gum bheil* → *gu bheil*; *aig am bheil* → *aig a bheil*; *air am bheil* → *air a bheil* etc.

Irregular verbs: *d' thig* → *tig*; *d' thèid* → *tèid*; *d' thàinig* → *tàinig*; *d' thug* → *tug*; *dubhairt* → *tubhairt/tuirt*.

Verb to be: *bhi* → *bhith*

Stressed vowels: *so* → *seo*; *sud* → *siud*; *mar* → *mur* / *mura*; *focal* → *facal*; *folach* → *falach*; *ocrach* → *acrach*; *air a chosaibh* → *air a chasaibh*; *feudaidh* → *faodaidh*; *leòir* → *leòr*; *smuainich* → *smaoinich*; *smaointeachadh* / *smuainteachadh* → *smaoineachadh*; *cruitean* → *croitean*; *eudach* → *aodach*; *sgeudachadh* → *sgeadachadh*; *cuignear* → *còignear*; *sè* / *sea* → *sia*; *oibreachadh* → *obrachadh*.

Unstressed vowels: *u* → *a* eg. *àbhuist* → *àbhaist*; *gnothuch* → *gnothach*; *maduinn* → *madainn*; *brosgul* → *brosgal*; *foghlum* → *foghlam*.

Epenthetic vowels: where epenthetic vowels were represented in the orthography these have been removed, eg *Donnachadh* → *Donnchadh*; *Murachadh* → *Murchadh*.

Plural nouns: archaic nominative plurals ending in *–a/-e* and dative plurals ending in *–aibh/-ibh* have been retained.

Prepositional pronouns: *domh* → *dhomh*; *duit/dhuit* → *dhut*; *da* → *dha*; *di* → *dhi*; *duinn* → *dhuinn*; *doibh/dhoibh* → *dhaibh*; *leosan* → *leothasan*; *uait* → *uat*; *riu* → *riutha*; *deth* → *dheth*; *diu/diubh* → *dhiubh*.

Prepositions: Where *do* = *de*, *de* is used in the interests of clarity; *fuidh* → *fo*

Lenition: the lenited forms of the reflexive pronoun have been used throughout, i.e. *féin* → *fhèin*; *fìn* → *fhìn*. Similarly, *fathast* → *fhathast*; *feàrr* → *fheàrr*; *co* → *cho*.

Comparative and superlative forms: *ni 's* → *nas*; *is* → *as*; *ni bu* → *na bu*.

Pre-aspiration: the representation of pre-aspiration has been removed, *cnochd* → *cnoc*; *teichd* → *teic*; *currachd* → *currac*; *pluichd* → *pluic*.

sd → **st** (except in proper nouns): *èisdeachd* → *èisteachd*; *aosda* → *aosta*; *pàisdean* → *pàistean*; *am feasd* → *am-feast*; *furasda* → *furasta*; *ceisdean* → *ceistean*; *an dràsda* → *an-dràsta*; *gasda* → *gasta*; *cosd* → *cost*.

Unstressed final syllables: *cualadh* → *cuala*; *beurladh* → *Beurla*; *innseadh* → *innse*; *itheadh* → *ithe*; *tiotadh* → *tiota*; *dùthchadh* → *dùthcha*; *is lughadh* → *as lugha*; *strigh* → *strì*; *iomad* → *iomadh*; *comadh* → *coma*.

Education and Gaelic
Còmhraidhean 1–5

Còmhraidhean can be used to trace changing attitudes to the place of Gaelic in Highland education in the course of the nineteenth century. Literacy and non-literacy featured in *còmhraidhean* from the outset, with MacLeod's first text commenting on the difficulty which many Gaels had in reading printed sermons and explaining to readers that the new journal, *An Teachdaire Gae'lach*, was intended to awaken a desire to read among Gaels (*Còmhradh* 1). In the second of the dialogues penned by Norman MacLeod (*Còmhradh* 2) between Lachlann nan Ceistean and Donnchadh Mòr the main subject is the opening of a new Gaelic school. The context in which both texts must be read is that of the scheme established by the General Assembly of the Church of Scotland in 1825 to set up schools which would teach Gaelic before English, a scheme which, as has already been discussed, MacLeod himself had spearheaded. Donnchadh does not see any point in teaching Gaelic when English is 'mar an t-airgead, nach bi meas air an fhear aig nach bi i' (…*like money, the man who doesn't have any is held in little regard*). In common with many potential readers, Donnchadh had gained little benefit from an education which taught English only and resulted in his being unable to read either English or Gaelic. MacLeod uses Lachlann to justify the new educational approach which characterised not only the General Assembly Schools, but also Gaelic Society Schools which were set up from 1811 onwards and which emphasised the teaching of Gaelic. The *còmhradh*, however, succeeds in capturing the ambivalence towards Gaelic which underpinned this policy when Lachlann – the mouthpiece for MacLeod's views – observes 'chan urrainnear a' Ghàidhlig a spadadh an cùl a' chinn, no Bheurl' a sparradh air daoinibh ann an tiota […] Tha dòigh ri ghabhail, agus gabhaidh an dòigh sin ùine' (*you can't just kill Gaelic with a blow to the*

69

*back of the head or force English upon folk in an instant [...]
there's a way to do it, but that way takes time*). As this implies, the
use of Gaelic was not seen by the proponents of Gaelic education
as an end in itself, rather as a means of enabling the Gaels to read
the Scriptures for themselves and of introducing English.

By the time the second wave of *còmhradh* writing began in the
1870s the Gaelic language, and its place in the education system,
was becoming politicised. 1872 saw the passing of the Education
Act (Scotland), which created a national education system and
which, by omitting any mention of Gaelic, raised the status of
English, and undermined that of Gaelic, in Highland schools.
Coinciding with the increasingly vocal lobby for crofters' rights,
Gaelic was drawn into the political debate as part of a wider
assertion of Highlanders' rights, and this is evident in the
particular emphasis placed on the connection between 'Tìr is
Teanga' (*Land and Language*) in the pages of John Murdoch's
radical *Highlander*. School Boards, with elected members, were
created by the 1872 Act to oversee education provision at a local
level and these provide a focus for 'Còmhradh eadar Murchadh
Bàn agus Coinneach Cìobair (*Còmhradh* 4). This text, in which
an account is given of a fictional Board meeting, demonstrates
the levels of antipathy to be found towards Gaelic among some
Board members and provides an opportunity for the writer –
Alexander MacGregor – to cast doubts in readers' minds more
generally about Highland School Boards' attitudes towards
Gaelic. Texts such as these, which refuse to accept the
denigration of Gaelic, reflect the increasingly self-confident
environment in which they were written, with characters
defending their language and culture against the encroachment
of English and the hostility of those who saw no place for Gaelic
in Highland schools.

Another expression of this new-found cultural confidence is
the praise of contemporary Gaelic scholars. Just as contemporary
poetry eulogises Gaelic campaigners such as Professor John
Stuart Blackie, who headed the fundraising campaign to establish
a Chair of Celtic at the University of Edinburgh during the 1870s

and 1880s, so too the *còmhradh* writers praise those who sought to vindicate their language and traditions. As well as praise of Blackie (*Còmhradh* 3), Alexander Nicolson (editor of *Gaelic Proverbs* (1881)), Alexander Carmichael (collector of Gaelic folklore) and the Rev. Dr Alexander Stewart (antiquarian who wrote under the pen-name 'Nether Lochaber') are applauded for their cultural endeavours (*Còmhradh* 34). *Còmhradh* 5 also speaks to this resurgence in confidence in what is essentially an exhortation on behalf of Gaelic. However, in the characters' discussion of the perceived benefits, or otherwise, of the Mòd, the views of Calum Gorm 'Sasannach' capture something of the ambivalence felt even in some Gaelic-speaking quarters towards Gaelic and its survival at the end of the nineteenth century.

Writers of *còmhraidhean* demonstrate an awareness of language change and of the changing social relationships which resulted. Even in texts which do not have language or education as their primary focus, we catch glimpses of this, as when, in 1829, a character laments the change in relationship between the landed classes and their tenants, as a result of Highland gentlewomen no longer speaking Gaelic and their heirs being educated in England (*Còmhradh* 31). This breakdown in communication is at times represented by the inability of a landlord or factor to communicate fully with tenants as in *Còmhradh* 12 in which readers are told that the factor was translating for the chamberlain, and in *Còmhradh* 17 when a character comments of his conversation with the factor, 'ged nach robh sinn ga thuigsinn leis gur i a' Bheurla a bha aige' (*although we did not understand him because it was English he spoke*).

A further aspect of writers' language consciousness, particularly in the later decades of the century, is characters' discussion of Gaelic being infiltrated by English and the resulting pidgin-Gaelic which is to be heard spoken (*Còmhradh* 3). While these may be read with some humour, they nonetheless make a serious point to readers about the effects of language contact and erosion. In a similar vein are critical comments made by characters about the fluency of ministers' Gaelic (*Còmhradh* 4), coming, interestingly, from a minister.

CÒMHRADH 1

Còmhradh nan Cnoc:
Lachlann nan Ceistean agus Eòghann Brocair

Eòghann: Tha thus' an sin, a Lachlainn, mar bu mhiann leis na seann daoine, a' leigeil do sgìths air chùl gaoithe 's ri aodann grèine, a' leughadh mar a b' àbhaist.

Lachlann: An tu seo, Eòghainn, le do thòlair breac is le d' abhagan beaga ruadha, a' feadaireachd 's a' gabhail an rathaid le crònan dhuanag nad bheul? Dèan suidhe, 's mur eil naidheachd agad dhomh theagamh gun toir mi naidheachd dhut.

Eòghann: Fhir mo chridhe, 's mis' a nì sin gu toileach. B' fheàrr gun robh an cothrom agam na bu bhitheanta. Is iomadh latha airtnealach a tha mi cur seachad a' siubhal nan cnoc seo fhèin, gun duine ris am fosgail mi mo bheul. Mura biodh òrain Dhonnchaidh Bhàin, chan eil fhios agam ciod a dhèanainn. 'S ann ag aithris 'Òran an t-Samhraidh' a bha mi nuair a thug mi 'n aire dhut.

Lachlann: Cha saoil mi gu bheil an saoghal a' cur mòr-chùram ort. Tha thu am bitheantas ann am fonn òrain, mar gum biodh do chridhe a' mire riut.

Eòghann: Tha thu fad' ann am mearachd. Faodaidh an cridhe a bhith trom agus guth an òrain a bhith sa bheul, mar a thuirt a' ghruagach a bha caoidh a leannain:

> Is minig a bha mo chridhe caoineadh
> Ged as faoin a rinn mi 'n gàire.[1]

Lachlann: Faodaidh sin tachairt air uairibh, ach far am bi togradh òrain agus dhuanagan, chan fhaod mòran sprochd no imcheist a bhith na thaic.

Eòghann: Am b' àill leat mi bhith gearan ris na cnuic? Cha chomharra air anabarra cridhealais cuid de òrain bhòidheach Dhonnchaidh Bhàin aithris. Amhairc mu do thimcheall on lagan fhasgach seo, agus nach àillidh an saoghal? Nach e 'n-diugh Latha Buidhe Bealltainn? Bu toil leam e riamh. Nach bòidheach na sòbhraichean len snuadh òir? Nach binn a' chòisridh cheòlmhor, am bun nam preas agus am bàrr nan dos! A bheil e nas ceadaichte dhuinn amharc a-mach air na nithibh seo, no leughadh mun deidhinn ann an cainnt ghlan thaitneach nam bàrd? Cha chùis-fharmaid leam fhìn cridhe an duine sin a tha cho trom, an-togarrach an tùs a' Chèitein 's a tha e ann an dùdlachd a' gheamhraidh. Tha gach doire agus gleann an-diugh a' seinn òran an t-samhraidh, 's am bac thu mis'? Falbh, tog dheth, a Lachlainn!

Lachlann: Air d' athais, Eòghainn, chan eil mise a' dìomoladh 'Òran an t-Samhraidh'. B' fheàrr gun robh gach òran nar cainnt cosmhail ris. Ach is rud a tha duilgheadas orm a smaoineachadh, thus' aig a bheil cridhe cho blàth, agus mothachadh cho beò air àilleachd obraibh an t-saoghail, nach eil thu ag èirigh nas bitheanta nad inntinn os cionn an t-saoghail seo a dh'ionnsaigh an Tì ghlòrmhoir a chruthaich e. Tha da-rìribh an saoghal an-diugh àillidh is bòidheach, mar thubhairt thu, na lusan maoth len còmhdach òir; is bòidheach na preasan a' fosgladh a-mach an duilleach òg, an snodhach ùrar a' dìreadh ri fiùran nan craobh, agus eòin nan geug a' seinn gu sùrdail, ach cò a sgaoil àilleachd a' Chèitein mu choinneamh ar sùl? Cò chòmhdaich na cluaintean le culaidh uaine? Cò dhùisg an saoghal à cadal marbhant' a' gheamhraidh, agus a tha toirt air guth an aoibhneis èirigh suas às gach ceàrnaidh? Nach glòrmhor a' ghrian ud shuas a' dìreadh gu àird nan speur gu buadhar, a' cur feart anns gach nì agus a' sgaoileadh neart agus blàths on ear gun iar? Gu deimhinn cha b' iad òrain Dhonnchaidh Bhàin a chuireadh an cèill smaointe mo chridhe fhad 's a tha do leabhar-sa air mo shiubhal, a Bhàird naoimh, a Shalmadair bhinn Israeil!

Eòghann: Tha sin uile fìor, ach na smaoinich gu bheil mise neo-thùrail mu na nithibh sin. Nach do gheall thu naidheachd dhomh? Ciod a bha thu leughadh cho dùrachdach nuair a dhlùthaich mi riut?

Lachlann: Innsidh mi sin dhut. Tha litir a chuir am ministear an-diugh nam làimh a thàinig dhachaigh on Ghalltachd, mu leabhar ùr a tha ri teachd a-mach uair sa mhìos don ainm *An Teachdaire Gae'lach*.

Eòghann: Cò e am fleasgach ùr seo, agus cò às a tha esan a' teachd oirnn?

Lachlann: À Glaschu.

Eòghann: Ciod e nach tig à Glaschu! Ach innis seo dhomh: ciod e an teachdaireachd air a bheil an Gille-ruith ùr seo a' teachd?

Lachlann: A thoirt eòlais do na Gàidheil agus a dhùsgadh dèidh agus tograidh annta gu leughadh.

Eòghann: Obh, obh! 'S ann orra tha 'm bàinidh mun Ghàidhealtachd an-dràsta, len càirdeas mun sgoilean 's mun leughadh. Ach gabh air d' adhart – cluinneamaid ciod an seòrs' eòlais a tha iad a' tairgse.

Lachlann: Tha iad ri fiosrachadh a thoirt dhuinn mun a h-uile nì a shaoileas iad a bhios taitneach no tarbhach, freagarrach do staid na Gàidhealtachd, no foghainteach chum togradh a dhùsgadh annta gu leughadh; is chan eil e daor, ach sia sgillinn sa mhìos. An cuir mi sìos d' ainm, Eòghainn?

Eòghann: Air d' athais, a Lachlainn. Innis dhomh sa chiad dol a-mach, gu h-athaiseach, pongail, ciod na nithe tha iad a' gealltainn, chum gun tuiginn an cunnradh a tha iad a' tairgse.

Lachlann: Nì mise sin nan cainnt fhèin. Anns a' chiad àite, ma-tà, tha iad a' gealltainn mòran de eachdraidh na Gàidhealtachd sna linntibh a chaidh seachad. A bheil sin a' còrdadh riut?

Eòghann: Tha gu math, ach càit am faigh iad e? Nan cuireadh iad fios air Iain Dubh mac Iain 'ic Ailein[2] gheibheadh iad barrachd uaithe den t-seòrsa sin na tha ac' air a' Ghalltachd; agus mas aithne dhut cò iad, leig fios dan ionnsaigh, ma thòisicheas iad air smàdadh Theàrlaich, 's na dh'èirich leis, nach ruig iad a leas tighinn an taobh sa len teachdaireachd. Ach gabh air d' adhart.

Lachlann: Tha iad ri mòran a thoirt dhuinn mu eachdraidh an t-saoghail: mu na tha dol air aghaidh anns gach ceàrnaidh dheth; mu na speuran, mun ghrèin, mun ghealaich, lìonmhorachd nan rionnag 's nan reul; mun chuan 's na bheil ann; mu eachdraidh nan eun, nan iasg, agus bheathaichean.

Eòghann: Air nàile, 's iad fhèin na gillean! Cha chreid mi nach ann ac' a tha na cinn. Ach nan gabhadh iad mo chomhairle-sa dh'fhanadh iad air an talamh a-bhos, gun bhith streap ri grèin no ri gealaich. Ann am bharail fhìn, tha mòran spleadhachais sna bheil daoine nis a' cur am fiachaibh oirnn mu na nithe sin. Cha chreid

mi gu bheil iad nas motha eòlas air a' ghealaich na tha sinn fhìn;
ach a thaobh eachdraidh bheathaichean, an nàdar agus an
cleachdainnean, chan eil teagamh agam nach faod iad mòran innse
a tha taitneach, agus is mi tha cinnteach gum bi mo charaid an
sionnach nam broilleach le chuilbheartaibh seòlta.

Lachlann: Agus a thuilleadh air seo, tha iad a' gealltainn dhuinn
naidheachd nam bailtean mòra agus cunntas mu na margaidhean.
Nach eil sin a' còrdadh riut?

Eòghann: Ma-tà, a ghoistidh, chan eil mi fhìn ro chinnteach.
Cha teic na tha de naidheachd 's de chleachdadh nam bailtean
mòr' a' tighinn oirnn mar-thà; agus a thaobh cunntas nam
margaidhean, cha b' iongantach leam ged a bhiodh e coltach ri
naidheachd nan dròbhairean, anns nach faodar mòran earbs' a
chur. Ciod tuilleadh?

Lachlann: Tha iad ri sgeulachdan beaga, bòidheach agus dàin
thaitneach a shnìomh às an cinn fhèin, nithean a dhùisgeas fearas-
chuideachd thùrail, thuigseach agus a bhios na rogha caitheamh-
aimsir air an fheasgar gheamhraidh.

Eòghann: Na daoine ceanalta, cha chreid mi nach Gàidheil a th'
annta. Ach cha b' fhuilear dhaibh cinn thomadach a bhith aca mun
snìomhadh iad gach èideadh air a bheil thus' a' labhairt; cha b' iad
an fhearsaid no chuigeal a dh'fheumadh iad a chur ri chèile gach
cothlamaidh a tha nam beachd.

Lachlann: A thuilleadh air seo uile tha iad ri searmoinean
Gàidhlig a chur a-mach uair sa mhìos nach cosg ach dà sgillinn.
An còrd sin riut?

Eòghann: Chan eil fhios agam fhìn. Nan tuiteadh dhaibh
searmoinean a chur a-mach a b' urrainn daoine bochd a thuigsinn,
gun teagamh bhiodh iad feumail. Ach air mo shon fhìn, cha do
thachair searmoin Ghàidhlig orm, ach ainneamh, ann an
leabhraichean, às an tugainn mòran math. Tha a' Ghàidhlig
tuilleadh 's domhainn air mo shon, agus na smaointean air an
leigeadh ris, air uairibh, air dhòigh nach eil mi gan tuigsinn.

Lachlann: Thoir thusa fa-near nach eil searmoin againn ach na
dh'eadar-theangaicheadh às a' Bheurla, agus gum bu dùth dhaibh
beagan de bhlas na Beurla bhith orra, ach na searmoinean ùra seo,

tha iad air an cur ri chèile air tùs anns a' Ghàidhlig, agus uaithe sin tha dòchas agam gum bi iad freagarrach do staid na dùthcha.

Eòghann: Chì sinn. Ach ar leam nan dèanadh daoine feum math de na tha iad ag èisteachd gach Latha Sàbaid nan sgìreachdan fhèin, nach b' ion dhaibh a bhith cur an airgid do Ghlaschu a cheannach shearmoine agus na bheil de nithe eil' a dhìth orra. Nach bu bhlast' an t-searmoin a chuala sinn air an t-Sàbaid seo chaidh?

Lachlann: Bha i mar sin da-rìribh, ach an robh e nad chomas a h-aithris do do theaghlach an dèidh dhut dol dhachaigh? Am bu mhist' thu i bhith agad am fasgadh an tuim? An tugadh tu dà sgillinn oirre?

Eòghann: 'S mi gun tugadh, agus am barrachd. Bu taitneach leam i ri h-èisteachd, ach 's nàr leam aideachadh gur ro bheag a thug mi dhachaigh dhith, agus b' i a' chèilidh thaitneach leam bhith falbh o thaigh gu taigh ga leughadh dhaibhsan nach d' fhuair cothrom air a h-èisteachd.

Lachlann: Sin thu, Eòghainn, tha thu nis a' labhairt mar bu chòir dhut, agus chan eil e eu-cosmhail gum bi cuid de na searmoinean sin a tha cho taitneach leatsa air an cur a-mach ann an cuideachd *An Teachdaire Gae'lach*, agus bu chòir dhuinn a thoirt fa-near, ged tha deagh shearmoinean againn, gu bheil iomadh ceàrnadh anns a' Ghàidhealtachd far nach eil cothrom aig an t-sluagh air searmoin sam bith a chluinntinn; agus, air an son-san, nach bu chòir dhuinn misneach a thoirt do shaothair nan daoine sin?

Eòghann: Tha sin fìor. Ach innis seo: an aithne dhut cò tha cur a-mach an leabhair ùir seo?

Lachlann: Chan eil mi fhìn ro chinnteach, ach tha iad ag ràdh gur e 'n seann duine mòr, liath, a bha 'n seo o chionn dà bhliadhna mu na sgoilean ùra, bu chion-fàth air.[3]

Eòghann: Gu dearbh, 's mi a chreideadh, an duine beannaichte. Thàlaidh mo chridhe fhìn ris a' chiad sealladh a fhuair mi air; ach a bheil Gàidhlig aige?

Lachlann: Chan eil facal na cheann, ach gheibh e daoine aig a bheil i, 's chan eil teagamh agam nach toir iadsan a thòisich leis sàr-oidhirp air a' chùis. Tha iad, sa chiad dol a-mach, a' gealltainn gu math.

Eòghann: Chan eil dìth gheallaidhne air na daoine, ach bha mi riamh fiamhach mu luchd nan geallaidhne mòr. Is suairce dhaibh aon chuid fheuchainn, agus bu neo-shuairce dhuinne gun cho-aontachadh len saothair. Ciod a thuirt thu a chostas e?

Lachlann: Sia sgillinn airson *An Teachdaire Ghae'lach* uair sa mhìos, agus dà sgillinn airson na searmoin.

Eòghann: Sia sgillinn sa mhìos, agus dà sgillinn sa mhìos, agus dà mhìos dheug sa bhliadhna – thig sin, a Lachlainn, gu mòran airgid.

Lachlann: Thig, ach ma gheibh thusa cuid de na daoine tha anns a' choimhearsnachd gu dol an com-pàirt riut, cha bhi e ach suarach cadaraibh.

Eòghann: Tha sin fìor, a-sìos m' ainm. Gabhaidh mi e le m' uile chridhe, agus 's e dùrachd m' anama gun soirbhicheadh leothasan a tha ga chur a-mach. Mo bheannachd leat air an àm, a Lachlainn. Feumaidh mis' a' chreag mhòr a thoirt orm air tòir an t-sionnaich.

NOTES AND REFERENCES

Publication details: *An Teachdaire Gae'lach* 1, May 1829: 3–7; *Caraid nan Gaidheal*, 6–13

Author: Rev. Dr Norman MacLeod

Background: This was the very first of Norman MacLeod's many *còmhraidhean* and can be seen as a template both for MacLeod's subsequent dialogues and for later writers. As such, some of the key features of *còmhraidhean* are evident here, with the conversation incorporating a number of topics, both religious and secular, and with one character who is a figure of authority, here Lachlann the Catechist, providing information and advice to another, less well-informed individual.

This *còmhradh* is of particular interest, as it sets out the agenda for MacLeod's first periodical, *An Teachdaire Gae'lach*, and in doing so offers commentary on the contemporary situation vis-à-vis oral tradition and literacy in the Highlands at the end of the 1820s. The reference to the Gaelic poet Iain Dubh mac Iain 'ic Ailein is indicative of MacLeod's sensitivity to the predominantly non-literary environment into which he was introducing his publication. Eòghann's difficulty in understanding Gaelic sermons already in print underlines MacLeod's purpose in publishing Gaelic writing which would be more readily accessible and intelligible to the increasing numbers of Gaels receiving education in Highland schools. The sermons referred to here were a series published on a monthly basis by the Rev. Dr Daniel Dewar, beginning in the same month as *An Teachdaire Gae'lach* (May 1829) and using the same cover image. Their publication does not seem to have extended beyond a year.

1 Is minig a bha mo chridhe caoineadh / Ged is faoin a rinn mi 'n gàire: from the song variously titled 'Mo chridhe trom, 's duilich leam' (Gillies 2005: 448–49), 'Tha mi trom, 's duilich leam' (Sinclair 1879: 280).

2 Iain Dubh mac Iain 'ic Ailein: Gaelic poet (c.1665–c.1725), a MacDonald poet and author of the Jacobite song 'Òran nam Fineachan Gàidhealach', composed at the time of the 1715 rising. The identity of this poet has been discussed, and his extant verse edited, by Colm Ó Baoill (1994), who draws on the limited evidence available to suggest that the poet was born in Moidart and lived first on Eigg and subsequently on South Uist.

3 'n seann duine mòr, liath a bha 'n seo o chionn dà bhliadhna mu na sgoilean ùra: this man, who does not speak Gaelic, is presumably the Rev. George Husband Baird (1761–1840), Principal of Edinburgh University who, along with MacLeod, was one of the main instigators behind the General Assembly's scheme for establishing schools in the Highlands from 1825. It was Baird who encouraged MacLeod to undertake the publication of a Gaelic magazine, going so far as to draw out a prospectus and plan for it (MacLeod, 1898: 78). When the first year's volume of *An Teachdaire Gae'lach* was complete MacLeod sent a copy to Baird and acknowledged his support in an accompanying letter, in which he wrote, 'I need scarcely remind you of the unceasing anxiety with which you urged me day after day to undertake such a work' (NLS, Blair.40).

CÒMHRADH 2

Còmhradh nan Cnoc:
Lachlann nan Ceistean agus Donnchadh Mòr

Lachlann: Tha thus' an sin, a' cur sgìths an latha dhìot, ann am fasgadh Chreag nam Meann.

Donnchadh: Tha mi 'n seo fhèin, a ghoistidh. A bheil thu gu sunndach a-nochd?

Lachlann: Chan eil fàth gearain agam. On as tusa 's fheàrr fradharc na mise, am faic thu bheil soitheach na smùid' a' tighinn?

Donnchadh: Ma-tà, tha i fhèin, no àtha-cheilpe, a' cur na smùid dhith aig cùl Chearrara. 'S i fhèin, gun teagamh, a th' ann; tha i togail gu fuaradh a-nunn gu Muile, 's ged nach ruigeadh i 'n rubha am-feast, 's iad na portairean nach biodh diombach.

Lachlann: An saoil thu fhèin an iarradh iad an t-aon ghoireas as motha a thàinig riamh am measg dhaoine a mhilleadh, airson aon bhristeadh a rinn i air a' chosnadh acasan?

Donnchadh: Is furasta dhutsa bhith labhairt; ach ge foighidneach thu fhèin, cha chòrdadh e riut leabhar nan ceistean a thoirt uat agus do chur a ruamhar nan cnoc nad sheann aois. Ach innis dhomh, fhir mo chridhe, ciod an goireas mòr a tha i dèanamh?

Lachlann: Goireas!

Donnchadh: Seadh dìreach, goireas, no sochair, mas e as fheàrr a thuigeas tu?

Lachlann: Tha mi gad thuigsinn gu math – ciod an goireas nach eil i dèanamh? Nach eil nithe a' gabhail reic nach d' fhuair ruith riamh roimhe, agus an lorg seo mòran airgid a' teachd am measg dhaoine.

Donnchadh: Air d' athais, a Lachlainn, mura gabhadh iad reic ghabhadh iad ithe. Cha toir do bhean fiù an uighe dhut, no do mhac mogal às a' chòillidh-chnò; mas iad na cudainnean fhèin, feumar an tiormachadh airson na Galltachd; agus nì nach cualas riamh roimhe am measg dhaoine, maorach a' chladaich, duileasg nan creag, 's a h-uile nì air an dearg fiacail ga chur a-mach. Bha

cho math dhut ceathramh muilt iarraidh air do mhnaoi ri spòg
coilich; cha luaith' ghoireas e air an dùnan na dh'fheumar a reic.
An e seo an goireas mòr air a bheil thu a' labhairt?

Lachlann: Nach mòr an goireas na tha de bhathar ùr a' tighinn
air ais nan àite?

Donnchadh: Bathar na bochdainn, tea, siùcar, aran-cruithneachd
agus luideagan faoine guanach air bheag-feum. Tha mis' ag ràdh
riut gur h-e 'n rìomhadh Gallta seo a tha tighinn oirnn milleadh na
dùthcha. Roimhe seo rachadh mnathan còire tlachdmhor don
eaglais le tonnag bhreacain, caisbheart dùthcha, agus currac
ciallach, grunndail mun ceann; ach a-nis on a thàinig an goireas
mòr seo, soitheach na smùide, 's ann a tha h-uile bean a' strì cò as
motha a reiceas, agus cò as motha a chuireas suas de spleadhraich
rìomhach air Latha na Sàbaid, air chor 's gu bheil nàir' air mnathan
còire eile suidhe làimh riutha; 's an àm dol dhachaigh cha chluinn
thu uatha ach, am faca tu siud, agus am faca tu seo, an àite bhith
cnuasachd mun teagasg a chual' iad.

Lachlann: Tha sin uile fìor, ach nach mòr an goireas gum faigh
daoine bochd a-mach agus dhachaigh cho saor, aig a bheil
gnothach às an dùthaich?

Donnchadh: Airson socair cha b' ann innt' a rachainn ga
iarraidh, agus comas nan cas agam, is don a h-uile àite san robh mi
riamh 's i soitheach na smùid' as deuchainnich air mo sporan; tha
de othail 's de ùpraid, de phìobaireachd 's de ghleadhraich innte, 's
gu bheil ceann duine na bhreislich, fear-eòlais a' teachd ort às gach
port, an stòp ri do shròin, shìos 's shuas, thall 's a-bhos, air chor 's
nach biodh e furasta dhut fhèin, ge mòr do stuamachd, a
sheachnadh. Cionnas a dh'fhaodas duine fuireach uaithe, 's e fad
na slighe ann an taigh-òsta?

Lachlann: Tha buaireadh anns gach àite. Cha ruig thu leas òl
inntese nas motha na nì thu nad thaigh fhèin.

Donnchadh: Mura biodh an dris san rathad, cha rachadh a'
chaor' innte. Cha bu mhist' an dùthaich ged nach biodh an
cothrom air a fàgail cho minig; chan fhoghain leis gach aon, ged
nach bi ach cairteal tombac a dhìth air, ach falbh air soitheach na
smùid' a dh'iarraidh cunnraidh. Bha e cho math dhaibh Dòmhnall

a' Bhùth fhèin a ruigheachd, daor 's mar tha e. An ann air tòir buileann chruithneachd a tha thus' a' dol a-nochd?

Lachlann: Chan ann, gabh ceum sìos leam, agus innsidh mi dhut. Tha mi dol an còmhdhail an duine tha dol a dh'fhosgladh na Sgoile Gàidhlig air an do labhair am ministear air an Dòmhnach seo chaidh.

Donnchadh: Nach b' e sin a bhith cur giuthais do Loch Abar, a bhith cur sgoilean don dùthaich seo a dh'ionnsachadh Gàidhlig dhuinn? Nach b' fheàrr a' Bheurla a sparradh a dh'aon bheum ann an daoinibh, on as i a-nis a chuidicheas tron t-saoghal iad; agus gu bheil i nise mar an t-airgead, nach bi meas air an fhear aig nach bi i?

Lachlann: 'S i Bheurla, gu dearbh, cainnt na rìoghachd, agus tha i ro fheumail a foghlam, ach chan urrainnear a' Ghàidhlig a spadadh an cùl a' chinn, no Bheurla sparradh air daoinibh ann an tiota, mar gun tugadh tu 'n t-èileadh-beag 's am breacan dhiubh, agus casag agus briogais a chàradh orra. Tha dòigh ri ghabhail, agus gabhaidh an dòigh sin ùine.

Donnchadh: Ud, ud, a Lachlainn! A' Ghàidhlig a spadadh an cùl a' chinn. An i mo sheanmhair liath, mheasail? Cha b' ann nam chuideachd a bhuailt' an dòrn. Ach nach aidich thu fhèin gum b' fheàrr do dhaoin' air a bheil a' Bheurl' a dhìth bualadh orr' an clàr an aodainn sa chiad dol a-mach, na bhith foghlam na Gàidhlig air a bheil iad a-cheana cho eòlach?

Lachlann: An cuala tu na thuirt am ministear mun chùis seo: an àite ionnsachadh na Gàidhlig a bhith na chulaidh-bhacaidh air ionnsachadh na Beurla, gur e sin an dòigh chum ruigheachd oirre?

Donnchadh: Chuala mi e 'g ràdh sin, ach tha fhios agadsa gur iomadh nì a labhras na ministearan air uairibh nach amais daoine bochd air a thuigsinn, agus b' ann de sin a' cheart chainnt sin; oir gu cinnteach nuair a tha daoine 'g ionnsachadh Gàidhlig tha e doirbh thoirt ormsa thuigsinn cionnas a tha iad ag ionnsachadh na Beurla. Nan tachradh am ministear orm, ghabhainn de dhànadas fheòraich dheth cionnas a b' urrainn sin tachairt?

Lachlann: Bha thus' iomadh bliadhna san sgoil, a Dhonnchaidh, is co-dheas leat Beurla no Gàidhlig a leughadh.

Donnchadh: 'N e mise? Cha do leugh mise facal Gàidhlig riamh, agus a thaobh na Beurla, dh'fhaodadh i bhith agam, bha sàr-chothrom agam oirre, nam bithinn math air a togail, ach am beagan a bh' agam, tha i air meirgeadh gu cùl an droma le cion cleachdaidh. Tha cuimhn' agam, nuair a dh'fhàg mi 'n sgoil, gun rachainn tro aon chaibideil den Bhìoball nam dheann-ruith cho luath ri duin' san dùthaich, gun tuisleadh no stad aig an fhacal as fhaide th' ann; ach chaidh mi à cleachdadh.

Lachlann: An e nach eil thu cleachdte bhith leughadh a' Bhìobaill?

Donnchadh: Am b' àill leat mi bhith leughadh nì nach tuiginn? Ged a bha mi teòma na 's leòr air leughadh, dh'fhairtlich orm mòran tùir a thoirt à leabhar sam bith. Is iomadh latha trom a thug mi thairis oirre air bheag-tlachd, am maighstir-sgoile, an duine cneasta, ga dinneadh annam mar a dh'fhaodadh e, agus m' athair gam chumail a' leughadh moch agus anmoch, ged nach tuigeadh e facal de na leughainn.

Lachlann: Ciod an tairbhe tha dhut an lorg do shaothrach an fheadh 's a bha thu 'g ionnsachadh leughaidh? Chan eil mi 'g ràdh a' bheag mu sgrìobhadh.

Donnchadh: Cha mhotha a ruigeas tu leas, cha dèan mi ach m' ainm a sgrìobhadh; nuair a tha litir agam ri chur uam, chan eil agam ach dol sgrìob sìos a dh'ionnsaigh a' mhaighstir-sgoile, an duine ceanalta, agus leigeil leis a chur sìos mar as àill leis, ged is tàmailteach do dhuine a theanga mar seo a bhith 'm pluic neach eile. Agus nach iongnadh leatsa gu bheil an aon ghràin aig mo mhac air a bhith leughadh na Beurla 's a bha agamsa, ged a fhuair mi 'n sìochaire ri taobh an tuim a' leughadh leabhar Gàidhlig, a thug mac a' ghobhainn dha, ged nach d' fhuair e foghlam riamh sa chainnt sin.

Lachlann: Tha sin dìreach mar a shaoilinn. Nach b' fheàrr leat fhèin suidhe sìos ri taobh an tuim le fear-dùthcha a dhèanadh seanchas riut a thuigeadh tu, na le bleidire Sasannach a' sgioladh sìos a chainnt, 's gun thu tuigsinn facail dhith. Chan eil ceàrna den t-saoghal air an cuala sinn iomradh san ionnsaich iad cànain choimheach mum foghlam iad cainnt am màthar, ach a-mhàin sa

Ghàidhealtachd. A-mach air a' Ghalltachd nam feuchadh daoine ri Laideann no Fraingis a thoirt don cloinn gus am biodh iad comasach air an cainnt fhèin a leughadh an toiseach, agus feum a dhèanamh dhith mar mheadhan gu ruigheachd air càch, shaoileadh iad gun robh am fear a dh'fheuchadh ris air bàinidh. 'S fhad on theannadh ris an dòigh amaidich seo sa Ghàidhealtachd, agus is beag buannachd a thàinig na lorg. Cuin a thòisich daoine am bitheantas air tlachd a ghabhail ann an leughadh a' Bhìobaill agus leabhraichean math eile? Nach ann o thòisich foghlam leughadh na Gàidhlig? Cò iad as dùrachdaich a nì feum den leabhar naomh? Nach eil iadsan a tha comasach air a leughadh ann an cainnt am màthar? Tha iomadh aon a-nis air feadh na Gàidhealtachd aig a bheil Beurla gu leòr airson malairt no gnothaichean saoghalta, ach chan i sin a' chainnt a ruigeas an cridhe, no leis an dùisgear e gu diadhachd. Faodaidh iad càileigin a dh'fheum a dhèanamh de leabhraichean eile anns a' Bheurla, ged nach tuig iad an t-iomlan, ach ann an leughadh a' Bhìobaill tha sùim mhòr agus cudrom fuaighte ris an fhacal as lugha; agus 's e dleastanas gach duine air aghaidh an t-saoghail a gheibh an leabhar naomh seo oidhirpeachadh a leughadh na chainnt fhèin. Agus nach taitneach ri smaoineachadh a liuthad pàranta lag, aosta, dall a tha nis a' faighinn eòlas air slighe na slàinte, trìd a' chothruim a th' aig am pàistean chum a Ghàidhlig a leughadh. Agus, a Dhonnchaidh, thoir thus' an aire, tha Bìoball Gàidhlig nad thaigh; tha cothrom agad fhèin agus aig do chloinn air ionnsachadh a leughadh; tha seann aois a' tarraing ort leis gach iargain agus laigsinn a tha na thaic. 'S bochd an leisgeul airson d' aineolais mu thimcheall leas d' anama, 'n àm an saoghal sa fhàgail, gun do rinn thu dearmad air, 's gun do cheadaich thu do do chloinn dearmad a dhèanamh air, air eagal gum bacadh e iad ann am foghlam na Beurla.

Donnchadh: Chan eil teagamh agam nach eil mòran den fhìrinn agad, ach innis seo dhomh: nach faodar an dà chuid fhoghlam san aon àm?

Lachlann: Gun teagamh faodar, ach tha de anabarra dèidh aig Gàidheil air an cloinn a dh'ionnsachadh na Beurla 's gum feum na maighstirean-sgoile bhith furachair nach gèill iad gu h-iomlan do thoil am *pàrantan* anns a' chùis seo; gu h-àraidh far an i Ghàidhlig cainnt na sgìreachd. Tha dearbhadh againn cho ullamh 's a dh'ionnsaicheas muinntir an cainnt mhàthaireil a leughadh. Ge sean thu fhèin, a Dhonnchaidh, dh'ionnsaicheadh tu ann an ràithe dh'ùine gach leabhar a th' anns a' Ghàidhlig a leughadh.

Donnchadh: 'N e mise? Ma-tà, nan saoilinn sin chitheadh tu mi ann an cuideachd nam pàistean, le m' fhòid-mhòine fo m' achlais, a' dol don sgoil, ged a theireadh an dùthaich gun robh Donnchadh mòr air bàinidh. Cuiridh mi mo chlann don sgoil Ghàidhlig Diluain. Air mo shon fhìn, chan fhiach dhomh 'n t-saothair.

Lachlann: Ciod e seo thuirt thu? Èist rium. Nan iarrainn ort an cnoc ud thall a chladhachadh, a bhith saothrachadh ris le fallas do ghnùis, o mhochthrath gu feasgar, agus nan dèanainn làn-chinnteach thu ann an ceann bliadhna, le thu bhith adhartach, gum faigheadh tu ulaidh phrìseil òir, an saoil thu an abradh tu rium nach b' fhiach dhut tòiseachadh air?

Donnchadh: 'S mi nach abradh. Dèan thusa cinnteach mi às an ulaidh agus mun èirich a' ghrian a-màireach bithidh mi mach le mo chaibe.

Lachlann: Aon fhacal mun dealaich sinn. Chuir Dia Mac a ghràidh a dh'ionnsaigh an t-saoghail seo a theàrnadh d' anama. Bhàsaich e air do shon; cheannaich e le fhuil oighreachd ghlòrmhor dhutsa ma chreideas tu ann. Rinn e tiomnadh às do leth, agus anns an tiomnadh sin tha nithe nas prìseile na òr an t-saoghail. Is beannaichte iadsan a shaothraicheas trìd gràis air an son, oir mar thuirt Crìosd, Mat. xiii. 44, 'Is cosmhail rìoghachd nèimh ri ionmhas air fhalach am fearann.' Gu latha bhràth, is beannaicht' iadsan a chladhaicheas gu dùrachdach air a shon, agus dam bheil an saothair air a bheannachadh le Dia, air chor 's gu bheil iad ag amas air:

> Is fheàrr a stòr na 'n t-ionmhas faoin
> a ta san t-saogh'l gu lèir;
> 'S is luachmhoire a dhuais gu mòr
> na òr a' chruinne-chè.[1]

Smaoinich air seo, a Dhonnchaidh. Slàn leat air an àm.

Donnchadh: Mo mhìle beannachd leat fhèin, a dhuine

ghaolaich. Thug thu dhòmhsa na chuireas gu smaointean mi a-nochd; 's gun deònaich am Freastal dhomh sùim a ghabhail dheth.

NOTES AND REFERENCES

Publication details: *An Teachdaire Gae'lach* 2, June 1829: 30–34; *Caraid nan Gaidheal*, 13–21

Author: Rev. Dr Norman MacLeod

Background: The completion of the translation of the Bible into Gaelic in 1801 marked the beginning of a new era for education in the Highlands and within ten years the Edinburgh Society for the Support of Gaelic Schools (ESSGS) had begun establishing schools in which pupils were taught to read Gaelic, where previously both parochial schools and those set up under the auspices of the Society in Scotland for the Propagation of Christian Knowledge had virtually excluded Gaelic as a medium of instruction. Norman MacLeod believed that more remained to be done and that the Church should involve itself in education provision. Addressing the General Assembly on the subject in 1824, MacLeod explained that, 'even after the Bible was translated and printed for the use of the Highlanders, it continued and continues to this day in many places as a fountain sealed' (MacLeod, 1824: 488). As of 1825, thanks to the efforts of MacLeod and his supporters, the General Assembly launched its own schools in which Gaelic was taught before English. In this *còmhradh* MacLeod uses Lachlann to explain the rationale behind the schools' policy of teaching Gaelic before English, while Donnchadh serves as an example of the ineffectiveness of an education system which excludes pupils' native language. The primary motivating factor, as is detailed here, was that of enabling individuals to access the Scriptures for themselves. Donnchadh leads by example in agreeing to send his son to the Gaelic school.

The reference to children reading from the Bible to their parents is confirmed in other contemporary sources. The Rev.

Alexander MacLeod, for instance, reported to the Society for the Support of Gaelic Schools in 1824 that 'families who in past-time were comparatively in gross darkness, and to whom the Bible was a sealed book, now hear it read aloud to them by their children' (SSGS 1824: 17).

Lachlann's comments about the demand from parents for English to be taught corresponds with the findings of Charles Withers that the teaching of Gaelic stimulated demand for English (Withers, 1984: 137–57). All the bodies involved in Highland education in this period, including those such as the ESSGS and the General Assembly which taught Gaelic, were united in their long-term goals of furthering the spread of English.

While it was not the main subject of the conversation it is interesting to note the characters' opening comments on the effects which improved transport links were having on the Highlands, and with the steamship forming part of the backdrop, a form of transport which was to feature prominently in MacLeod's writing (Meek 2008). Donnchadh's description of the musical entertainment and alcohol consumption on board steamships chimes with that to be found in contemporary Gaelic verse as demonstrated by Donald Meek in his discussion of the early role of the steamship in the Hebrides as a 'floating bar' (Meek 2006: 47–50).

1 Is fheàrr a stòr na 'n t-ionmhas faoin: Paraphrases 11: Proverbs 3, 13–17.

CÒMHRADH 3

Còmhradh eadar Seumas Bàn agus Dòmhnall Gobha

Dòmhnall: Fàilte 's furan ort, a Sheumais Bhàin. 'S fhad' o nach fhaca mi thu. Càit an robh thu gad fhalach fhèin o chionn ùine? Tha eagal orm gu bheil an saoghal air thuar do cheann a chur na bhoil. 'S e mo mhòr-bharail nach fhada gus an dìochuimhnich thu gu buileach gach caraid 's fear-eòlais a th' agad. Cha d' fhuair mi fhìn cothrom air a' bheag a chòmhradh a dhèanamh riut o chionn iomadh latha, ged a bha mi iomadh uair a' miannachadh a bhith nad chuideachd.

Seumas: Ma-tà, Dhòmhnaill, chan eil mise cho mòr air mo lìonadh le dragh 's cùram an t-saoghail seo 's a tha thu 'm beachd, ged nach eil mi cho tric sa cheàrdaich ri cuid de mo choimhearsnaich. 'S math tha fios agadsa gum faigh mise gu leòr ri dhèanamh aig an taigh a thig a chum buannachd dhomh fhìn 's do mo theaghlach; air an adhbhar sin cha tig mi 'n seo gun ghnothach. Tha seotairean gu leòr a' tighinn a chur dragh ort, agus chan eil toil sam bith agamsa a bhith measg na h-àireimh.

Dòmhnall: Ged tha mise 'g ionndrainn nach robh mi gad fhaicinn-sa, chan eil mi faicinn ceàrr dhut an aire bhith agad air do ghnothach, agus b' fheàrr leam gun robh tuilleadh agus tuilleadh de do sheòrsa san dùthaich. Nam bitheadh, cha tigeadh uiread den mhin Ghallta don dùthaich. Nam biodh an aire aig gach fear air dèanamh ghàrraidhean mu chuid fearainn 's air a thiormachadh mar a th' agadsa, bhiodh 'caochladh cur air clò Chaluim'. Nis, a Sheumais, thoir an aire nach ann a' brosgal riut a tha mi idir, oir cha d' ith mi grèim riamh de bhonnach a' bhrosgail. Nach math na croitean a tha aig Teàrlach Mòr 's aig Eachann Bàn, 's aig feadhainn eile sa bhaile agaibh, agus chan eil an t-earball a' tighinn às an dèidh aca latha sa bhliadhna. Cha do rug an dala bàrr air a' bhàrr eile aca riamh. Chì thu iad a h-uile earrach 's samhradh nan trotan a-mach gu Laimrig na Mine Buidhe 's poca fon achlais, 's nuair a ruigeas iad fear na mine bidh iad cho similidh 's cho miodalach ri cù a bhiodh ga tholladh leis an acras. O nach eil sgillinn ruadh ris an t-saoghal aca, geallaidh iad a dh'fhear na mine, ged dh'iarradh e cat air am biodh naoi earbaill! Sin agad, ma-tà, Sheumais, toradh na leisge, 's tha e gu math searbh ri shlugadh 's gu math doirbh ri chnàmh.

Seumas: Labhair thu gu math searbh mu na seotairean a tha sa bhaile againne, ach air a shon sin 's i 'n tul-fhìrinn a th' agad. Cha dèan aon seach aon dhiubh fad na spaide de ghàrradh no de dhìg eadar dà cheann na bliadhna. 'S ann as iongantach gu bheil gas arbhair a' fàs tron talamh aca, leis mar a tha e air a bhàthadh le uisge 's air a mhilleadh le droch àiteachadh. Ge b' e bhios beò air cheann an ath earraich chithear iad, mar a bha thu fhèin ag ràdh, nan trotan a-mach gu Laimrig na Mine Buidhe, 's nuair a ruigeas iad bidh iad a' ribeadh fir na mine 's ag ràdh, 'An cluinn sibh tiotan, a Mhgr ___ ___?'

Dòmhnall: Coma leam dhiubh; biodh iad ag iomain nan con ma thogras iad. Innis dhomh mu Ghlaschu 's mun Ghàidhlig neònaich a chuala tu nuair a bha thu muigh toiseach an earraich. Tha cuimhne agad an latha dh'innis mi dhut mu Ghàidhlig Alasdair 'ic Dhòmhnaill Òig gun tuirt thu gun robh mòran den phronnadh Gàidhlig ud aca 'n Glaschu 's an Grianaig. Cluinneam rud dhith mum falbh thu.

Seumas: Bheireadh e leth an latha dhìomsa nan innsinn trian de na chuala mi h-uile turas a thug mi don Ghalltachd. Chan eil adhbhar dhomh innse ainm a h-uile blaomastair on cuala mi 'm pronnadh seanchais a tha mi dol a dh'aithris dhut. Seo agad, facal air an fhacal, mar a chuala mise iad a' labhairt, oir sgrìobh mi sìos gu cùramach e nam leabhar-phòcaid. Nuair a bha mi 'n Glaschu, thachair gille òg spaideil agus glè fhoghlaimte orm, 's thuirt e:

'Bha dùil agam *calligeadh* oirbh an-dè, ach cha robh cuimhne agam air an *number*, no air ainm na *landlady*. 'S ann a bheir sibh dhomh an *address* fhathast 's *calligidh* mi oirbh feasgar air choreigin, 's thèid sinn a ghabhail *walk* don *West End Park*. *Goodbye* an-dràsta, oir tha agam ri dhol chun a' *railway station* an coinneamh *friend* dhomh a tha tighinn à *Edinburgh* air *quarter to seven o' clock* train. On gheall mi dhol ga h-*attendadh* gu *charge* a ghabhail den *luggage* aice, chan eil math dhomh a *deceivigeadh*!'

Chuala mi ceannaiche 'g ràdh mar seo: 'Na leigibh *one* de na *ropes* sin air falbh, o nach eil *addresses* orra, gus am faic mise na h-*invoicean*.' Chuala mi fear a' labhairt mu oileanach àraid mar seo: 'Chan eil *doubt* nach faigheadh e deagh *hertificate* o na *Professaran* nam biodh e gu math gu *studigeadh*.' Thuirt fear eile, ''S e *fifty* a th' aig na *gafferean* agus *twenty-five shillings* aig na *journeymans*.' Thuirt fear eile, 'A bhalaich ort, sinn a fhuair an droch *phassage* a' tighinn à *Strome Ferry* an latha roimhe leis a' *Ferret*.[1] Bha leithid de *ghround-swell* ann 's gun robh mi 'n dùil an-dràsta 's a-rithist gum bitheamaid air ar *foundrigeadh*. Ach *shift* a' ghaoth car beag, agus an sin fhuair sinn *breeze fine*.' Sin agad, a Dhòmhnaill, a' Ghàidhlig a th' anns an fhasan an-dràsta, chan ann a-mhàin air a' Ghalltachd ach, tha mi duilich a ràdh, an teis-meadhan na Gàidhealtachd.

Domhnall: Ma-tà, Sheumais, tha an seòrsa cainnte mun robh thu labhairt air fàs air leth cumanta sa h-uile àite. Cha chluinn thu an-dràsta guth air màthair no air athair, air bràthair-athar no bràthair-màthar. Chan eil mi 'n dùil gu bheil a h-aon den t-seòrsa beò an-diugh. 'S ann a chluinneas tu an-diugh sa h-uile teaghlach 'mo *mhama*', 'mo *phapa*', 'm' *uncle*', 'm' *aunty*', 'mo *chousin*', 'chunnaic mi *uncle John*', 'am fac thu *aunty Flora*?' Shaoilinn fhìn, an dèidh na tha an t-Ollamh Blackie[2] air dèanamh airson na Gàidhlig, gum biodh meas aig a h-uile Gàidheal oirre. Cha chreid mi fhìn gun ruig duine sam bith, air cho uasal 's gu bheil e, a leas a cheann a chromadh le nàire airson na Gàidhlig. Saoilidh mi gur motha a' chulaidh-nàire do Ghàidheal a bhith às a h-aonais na i bhith aige. Bha mi o chionn ùine nach eil fada a' smaoineachadh air a' Ghàidhlig an dèidh dhomh dol a laighe 's thàinig an dà cheathramh òrain seo nam chridhe:

> 'S mòr an tlachd 's an toil-inntinn
>   Leam bhith cluinntinn gach uair
> Gu bheil beath' anns a' Ghàidhlig,
>   'S nach tug am bàs oirre buaidh;
> Ged a their a luchd-mì-rùin
>   Gun deach a sìneadh san uaigh,

'S ann tha 'càirdean 's a dìlsean
   A-nis air tì a cur suas.

Tha 'n t-Ollamh Blackie ag ràdh
   Gun tèid, gun dàil, a chur suas
Ann an Oilthigh Dhùn Èideann,
   Air chosg nan treun' choisinn buaidh,
Cathair eireachdail, àlainn,
   San suidh a' Ghàidhlig na snuaidh,
Air cliù 's gaisge nan Gàidheal
   Gu bhith gu bràth dèanamh luaidh.

Nuair a rinn mi 'n dà cheathramh seo dh'èirich mi às an leabaidh 's cha d' fhan mi ris an solas a lasadh, ach sgrìobh mi sìos iad fo mo mhùgaibh le 'bioran ruadh'. Shaoil mi 'n uair sin gun robh mi gu bhith nam bhàrd ainmeil an tiota. Ach riamh on oidhche sin, 's gann a b' urrainn mi facal a chur sìos ann an coslas bàrdachd. Ciod e do bharail fhèin, a Sheumais, air a' bhàrdachd a th' annta?

Seumas: Chan eil mòran de spiorad na bàrdachd san dà cheathramh sin, ach 's fhiach iad, math dh'fhaodte, an cumail air chuimhne airson an adhbhair mun do rinn thu iad. B' fheàrr leam gun robh mòran eile den inntinn de bheil thu. Ach gabh mo chomhairle 's thoir an aire air a' ghoibhneachd 's fàg a' bhàrdachd aig na bàird fhèin; 's i 'n ceàird i. Feumaidh mi bhith falbh an-diugh 's mòran agam ri dhèanamh. Chan fhada gus an tig mi fhathast, 's bidh tuilleadh còmhraidh eadarainn.

Domhnull: Beannachd leat, ma-tà, a Sheumais; faiceam nach bi thu fada gun tighinn a-rithist.

NOTES AND REFERENCES

Publication details: *Highlander*, 12 August 1876

Author: 'Carraig-Thura' – identity unknown

Background: This *còmhradh* has been included more for its observations on the state of Gaelic than for the writer's comments on the state of agriculture in the Highlands. The characters' remarks on the infiltration of Gaelic by English vocabulary are far from exceptional for the time, but are interesting for what they indicate about levels of awareness amongst Gaels of the erosion of their language in the later decades of the nineteenth century (see also *Còmhradh* 33). The characters' comments are echoed in the *Highlander*'s letters page, as for instance when one writer refers to the 'disgusting mongrel medley' of Gaelic and English in use (*H*, 6/12/1873: 4). Another writer states:

Tha mòran anns an am seo a' labhairt agus a' sgrìobhadh Gaidhlig air dòigh a tha leigeil ris gum bheil iad a' breanachadh (*sic*) ann am Beurla agus ag eadartheangachadh gu Gaidhlig, agus mar so, tha iad a' toirt dhuinn ni a tha leth-chosmhuil ri cal air ath-theothachadh 'n uair a dh'fheud iad a bhi toirt dhuinn suathadh agus blas agus toradh na h-inntinn fhior Ghaidhealach i fein (*H* 18/11/1876: 3).
(*There are many at this time who speak and write Gaelic in a way which shows they are thinking in English and translating into Gaelic, and so they give us something which is like reheated cabbage when they could be giving us a flavour and taste of the product of a true Highland mind.*)

Similar comments on the state of the language, albeit not at such great length, are to be found over forty years before this in one of the *còmhraidhean* from *An Teachdaire Gae'lach* in 1831. When Para Mòr, Fionnlagh Pìobaire and Para's niece, Mòr Òg, are discussing Mòr's forthcoming marriage to a Lowlander, Mòr says, 'O *Uncle*! Is *droll* an duine sibh: bithidh sibh daonnan ri *fun*, 's ri magadh' ('*O Uncle! Aren't you droll: you're always teasing and mocking*') (*TG*, 21 1830: 199). Para is critical of this mixture of Gaelic and English in much the same way as the two characters in the present *còmhradh* are. That fiction was reflecting contemporary language usage is borne out by a number of the contributions to the *New Statistical Account of Scotland*, as for example that from Gairloch in 1836, which observes, 'Some young men, indeed, who have received a smattering of education, consider they are doing great service to the Gaelic, by interspersing their conversation with English words, and giving them a Gaelic termination and accent' (*NSA*, 14: 95-96).

This text, with its references to the need for meal among those crofters who have devoted insufficient time and energy to the cultivation of their land, echoes the *còmhraidhean* from the 1840s which discuss the deleterious effects of 'min nam bochd' on the Highland population, for which see *Còmhradh* 9.

1 Ferret: this steam ship, belonging to the Dingwall and Skye Railway, would become something of a *cause célèbre* four years later, when it vanished after having been chartered for supposed use in the Mediterreanan. After reported sightings in the Straits of Gibraltar and Malta, the vessel finally reached Melbourne, via first Brazil and then Cape Town, where it was seized by the Australian authorities (Meek and Peter 2011: 67)

2 an t-Ollamh Blackie: John Stuart Blackie (1809–1895), Professor of Greek at the University of Edinburgh, who led the 1870s campaign to establish a Chair of Celtic at the University.

CÒMHRADH 4

Còmhradh eadar Murchadh Bàn agus Coinneach Cìobair

Coinneach: A Sheònaid, a ghràidh nam ban, tha buille aig an doras; faic cò a th' ann, agus fosgail gu h-ealamh.

(*Dh'fhosgladh an doras, agus cò a leum a-steach ach coigreach gun dùil ris!*)

Coinneach: Ann an ainm an àigh! Caraid mo ghràidh, Murchadh Bàn!

Murchadh: Coinnichidh na càirdean nuair nach coinnich na cnuic! Fair do làmh, a Sheònaid, is tha mi toilichte d' fhaicinn, agus thusa, a Choinnich, agus a phàistean gu lèir, ciamar a tha sibh air fad? Ochan, is sòlasach leam aon sealladh eile fhaotainn de theaghlach a' Ghoirtein Fraoich.

Coinneach: Obh, obh! A charaid ionmhainn, is tu tha fliuch o bhonn gu bàrr, agus chan iongnadh e, oir a leithid de latha le gaoith is uisge, tàirneanach agus dealanach, chan fhacas anns an tìr seo o chionn bhliadhnaichean air ais! A Sheònaid, grad-chuir teine san t-seòmar gus an rùisg do ghoistidh e fhèin dh'ionnsaigh a' chraicinn, agus faigh badan tioram dha le cabhaig. Ach an toiseach, on as luaithe deoch na sgeul, faigh làn na fiacail den stuth as fheàrr a th' agad, a chumail a chridhe ri do charaid ionmhainn, oir is mòr am feum th' aige air. Greas ort, a Sheònaid!

Murchadh: Dèan socair, a Choinnich, dèan socair, oir mar a thuirt an seanfhacal, dh'fhuirich do mhàthair ri do bhreith, agus chan i bu lugha cabhaig. Uime sin, dèan socair, glac foighidinn, agus na cuir ceann mo bhan-ghoistidh na bhoil, oir chan eil fuachd idir orm, ged tha mi gun teagamh cho fliuch 's a nì uisge mi, oir a leithid a dh'oidhche chan fhaca mi riamh.

Coinneach: An tug thu an gearran donn leat, a Mhurchaidh, no 'n do choisich thu?

Murchadh: Bha 'n gearran agam, ach cha b' urrainn mi dol air a dhruim leis a' mharcachd-sìne agus an doininn ànradhaich. Chòmhlaich mi an grèidhear agad aig an stàball a' biathadh nan each, ghabh e uam e, agus chan eagal dha.

Coinneach: Chan eagal idir, oir chì mi fhìn gach goireas aig a' ghearran bhochd, nuair a bhitheas a mhaighstir san t-seòmar eile a' faotainn o Sheònaid gach goireas dha fhèin.

Murchadh: Chan eagal don ghearran no dhòmhsa, a Choinnich, air dhuinn le chèile a bhith fo fhasgadh fhiùghantach a' Ghoirtein Fraoich. Ach na rach a-mach, a Choinnich, oir chan eagal don ghearran.

(*Chaidh e, gidheadh, a-mach, agus thug Murchadh an seòmar eile air, far an robh teine lasrach. Rùisg e dheth fhèin gach bad a bha air; chuir e uime aodach le fear an taighe, agus bha e air a sgeadachadh às ùr o mhullach a chinn gu bonn na coise.*)

Coinneach: Tha mi 'n dòchas gu bheil thu rudeigin air dòigh a-nis. Suidh a-steach ris a' ghealbhain gus am feuch Seònaid ciod a nì i airson a goistidh, 'n àm dha bhith sgìth, fuar, acrach agus pàiteach.

Murchadh: A Choinnich, tha mi guidhe nach tilg thu an taigh bun-os-cionn mar seo air mo shon-sa, oir chan eil a' bheag a dhìth orm tuilleadh.

Coinneach: Ach cia às dhut an-diugh, a Mhurchaidh, oir chan ann gun adhbhar àraidh a dh'fhàg thu am baile air latha cho fiadhaich agus garbh?

Murchadh: Nach cual' thu, a Choinnich, gun do rinn iad mi nam bhall de Bhòrd na Sgoile, agus ge b' oil le m' amhaich, cho-èignich iad mi chum an dreuchd sin a ghabhail, ged nach eil foghlam, no cumhachd, no cleachd, no buaidh agam chum a choileanadh gu freagarrach. Ach chan èisteadh iad ri diùltadh, agus spàrr iad m' ainm sìos mar le aon ghuth, olc air mhath leam fhìn e.

Coinneach: Rinn iad gu ceart, oir ma tha urram san dreuchd, tha thusa airidh air; ma tha feabhas ann, is tusa a mheudaicheas e; agus ma tha buannachd ann do dh'òigridh na sgìreachd, cò as fheàrr aig a bheil fios air an leas na mo charaid dìleas, tuigseach, Murchadh Bàn? Tha aon nì cinnteach, agus 's e sin gun d' fhuair a' Ghàidhlig chòir aon dhian-charaid, agus gum faicear a-nis i air a teagasg anns gach sgoil mun cuairt dhuinn.

Murchadh: Cùm do theanga, a Choinnich, oir tha mise

tuilleadh 's sean gu bhith air mo ghlacadh le brosgal agus miodal mar sin. Cha dèan e 'n gnothach idir.

Coinneach: Ach an robh am Bòrd cruinn an-diugh, agus ma bha, càit, agus cuin?

Murchadh: Bha e cruinn aig uair thràth an-diugh ann an Taigh-Òsta Druim a' Chabair, far an do ràinig mise, agus a' chuid as motha de bhuill a' Bhùird, a-raoir gu bhith deas gu tòiseachadh air cùisean a chur air an aghaidh moch sa mhadainn. Agus, ochan, bha latha buileach garbh againn, an dà chuid a thaobh aimsir, agus a thaobh dian-dheasbaireachd gun bhàidh.

Coinneach: Obh, obh! Ciod mun robh sibh cho dian ri sin, agus ciod a b' adhbhar don aimhreit a bh' ann?

Murchadh: Bha sinn cruinn mun dà thaigh-sgoile, seadh, an dà chaisteal sin a tha nis deas chum an gabhail o làmhaibh an luchd-ceàirde a thog iad, agus chum maighstirean-sgoile a roghnachadh air an son; 's iad sin Sgoil Druim a' Phobaill, agus Sgoil Lòn nam Bà.

Coinneach: B' iad sin na sgoiltean daora, agus cha bheag an t-uallach iad air an tuath bhochd, air a bheil trom-chìsean air an leagadh a tha cumail an ceann an-còmhnaidh fon uisge.

Murchadh: Ro cheart, a Choinnich. Tha gach sgoil dhiubh seo a' teachd gu beagan thairis air ceithir cheud deug punnd Sasannach, agus sin a thuilleadh air duais a' mhaighstir-sgoile, agus sgaoth de luchd-dreuchd eile. Tha na cìsean trom, trom gun teagamh.

Coinneach: Dh'fhalbh Peairt! Chan urrainn na tuathanaich bhochda seasamh ri sin – ach, a Sheònaid, goil an coire dubh, oir is fheàirrde do ghoistidh dileag bheag, bhlàth mun gabh sinn an Leabhar, agus mun tèid sinn mu thàmh. Seadh, a Mhurchaidh, chuir mi casg air do chainnt: ciod tuilleadh mun robh sibh am badaibh a chèile?

Murchadh: Ciod tuilleadh! Ochan, bha sinn ann am fionnsgain a chèile mun Ghàidhlig. Cha bu lugha na ceithir pearsa deug a chuir litrichean le teisteanais a-staigh airson a bhith nam maighstiribh sna sgoiltibh ùra sin, agus ghabh am Bòrd dà uair an uaireadair chum an leughadh a-mach ann an èisteachd nan uile.

Coinneach: Ach ciod an gnothach a bh' aig an obair sin ris a' Ghàidhlig, a Mhurchaidh?

Murchadh: Ris a' Ghàidhlig! Anns a' chiad dol a-mach, dh'èirich Fear Choire Mhuiltein, agus thuirt e, 'Chan eil ach gann lide den Bheurla aig an òigridh leis an lìonar na sgoiltean sin, agus uime sin, tha e ceart agus reusanta gum biodh a' chlann air an teagasg, an dà chuid ann an cainnt am màthar fhèin agus anns a' chainnt eile, agus feumaidh na maighstirean-sgoile a thaghar eòlas a bhith aca air a' Ghàidhlig.'

Coinneach: Bha sin gun teagamh ro fhreagarrach, agus cha b' urrainn ach duine gun tuigse cur na aghaidh.

Murchadh: Chum gun tuig thu an gnothach, a ghoistidh, cha robh an làthair ach còignear dhen Bhòrd, oir cha b' urrainn seann Mhaighstir Dòmhnall còir, am ministear, tighinn a-mach. Bha Fear an Druim Sheilich anns a' Chathair, agus cha robh air taobh na Gàidhlig ach Fear Choire Mhuiltein agus mi fhìn. Air an taobh eile bha Fear Chiaraig agus an t-òganach sin, Cormac, a thàinig o chionn ghoirid gu bhith na bhàillidh aig an uachdaran. Cha tuirt Fear Chiaraig a' bheag, ach chan aontaicheadh e leis an taobh againne. Chaidh na teisteanais a rannsachadh an dara h-uair, agus am measg nam maighstirean-sgoile bha còignear aig an robh deagh chliù a thaobh an eòlais air Gàidhlig, agus bha iad cho àrd ri càch, mura robh nas àirde, ann am fiosrachadh mu nithean eile. Dh'èirich mise, agus dh'ainmich mi Dòmhnall MacFhearchair agus Lachlann MacLachlainn mar mhaighstirean freagarrach airson an dà sgoile, agus dh'èirich air ball Fear Choire Mhuiltein gu aontachadh le sin. An sin ghrad-dh'èirich am balach Gallta sin, Cormac, air bhonnaibh, agus shònraich e dithis eile dhiubhsan aig nach robh Gàidhlig. Le seo bha dithis dhen Bhòrd air gach taobh, agus uime sin, thuit an crannchur-taghaidh air Fear an Druim Sheilich air dha a bhith sa chathair, ach cha toireadh e aonta fhèin air taobh seach taobh; agus air an adhbhar sin, tha na sgoilean gun mhaighstirean gus am bi am Bòrd cruinn a-rithist.

Coinneach: Tha mi tuigsinn a' ghnothaich gu gasta, a Mhurchaidh, ach an sin, nach robh gnothach an latha thairis?

Murchadh: Bha, ach cha robh connsachadh agus dian-dheasbaireachd an latha thairis, oir dh'èirich am beadagan beag-nàrach sin, Cormac, suas agus chàin e na Gàidheil agus a' Ghàidhlig ann am briathraibh a chuir fuil Mhurchaidh Bhàin air ghoil na chuislibh, ach mo làmh-sa, a Choinnich, gun d' fhuair e càineadh nach dìochuimhnich e an dà latha seo.

Coinneach: Chan fhaca mi riamh e. Chuala mi gun tàinig e, ach coma co-dhiù, ciod is coslas don truaghan gun diù?

Murchadh: Ciod is coslas dha, 'n e thuirt thu? Ochan, nam faiceadh tu e, cha mhòr a shaoileadh tu dheth, oir chan eil ann ach ablach beag, bronnach, briathrach, biorach, buidhe-bhàn, le teangaidh dhubh-Ghallta mar chlaban na muilne! Cha robh facal na bu mhiosa na chèile nach do ghnàthaich e an aghaidh nan Gàidheal. Chuir e an cèill gun robh iad leisg, lunndach, màirnealach, dìomhanach, mì-chùramach, gun seagh, gun sùim, gun solar airson an droch latha; agus nach robh nan cànain ach fiadh-bhriathran allta, mì-chaomha, borb – no mar theireadh e fhèin, '*uncouth, wild, barbarous, senseless gibberish*'. Thuirt mise ris, a' crathadh an dùirn ri shròin, gum bu mhath dha an latha agus an linn san do rugadh e, oir nan nochdadh e am mì-mhodh ceudna am measg nan Gàidheal ro seo, cha b' fhad' gus an cuireadh iad a sheiche air an spàrr, no gad ma shealbhain.

Coinneach: Obh, obh, a ghràidh nam fear, bha na cùisean garbh nur measg, ach ciod an ceann-crìche a thàinig orra?

Murchadh: Mu dheireadh, leum Fear Choire Mhuiltein air a chasaibh agus, a' tionndadh ri Cormac, thuirt e, 'Òganaich gun nàire, gun mhodh, gun ghliocas, gun tuigse, chomhairlichinn dhut srian a chur an dèidh seo air do theangaidh nimhnich, oir cha cheadaichear tuilleadh a leithid de bhriathraibh a bhith air an gnàthachadh ann an comann uasal, ceanalta mar seo. Tha thusa, le do dhànadas cainnte, a' taisbeanadh d' aineolais fhèin, agus a' toirt gach dearbhaidh nach duin'-uasal thu. A bhaoghlain gun diù, nam biodh tuigse na circe agad, chitheadh tu an strì a tha ga dhèanamh am fad 's am farsaing chum na Gàidheil agus an cànan dhrùidhteach ath-leasachadh agus a chumail suas. Chum na crìche seo tha comannan dà-rìribh dàimheil air an suidheachadh, ach beag, anns gach baile-mòr san rìoghachd Bhreatannaich! Agus chan e sin a-mhàin, ach tha daoine urramach, measail agus foghlaimte anns gach àite chum leas nan Gàidheal agus na Gàidhlig a chur air aghaidh. Faic a' Bhanrighinn ghràdhach a tha riaghladh thairis oirnne, agus tha a tlachd-se do na Gàidheil cho mòr 's nach eil i toilichte ach am feadh 's a tha i nam measg. Faic àrd-uaislean foghlaimte na tìre air fad, agus tha 'n spèis aca don Ghàidhlig mòr. Faic an t-Ollamh Blackie fhèin, agus nach dian, dìcheallach e chum a' Ghàidhlig a shuidheachadh air sheòl 's nach tèid i às gu bràth! Tilg do shùilean air sgaoth de dhaoinibh urramach eile, a tha air an deachdadh leis an spiorad cheudna. Faic ministearan ainmeil dhe gach eaglais, siorraman, àrd-luchd-lagha, agus daoine foghlaimte de gach dreuchd, agus tha iad uile air an aon ràmh. Air an làimh eile, thoir fa-near na nithe cudromach a tha air an clò-bhualadh gu riaghailteach chum na crìche cheudna. Tha 'n t-*Àrd-Albannach* fhèin[1] ann am baile Inbhir Nis a' dol gu dhùbhlan anns an obair thaitneach seo, agus nach eugsamhla, ioma-ghnèitheach a chomhairlean gu lèir, chum cliù agus ceanaltas nan Gàidheal a dhèanamh aithnichte. Anns a' bhaile cheudna, baile-cinn na Gàidhealtachd, tha 'm mìos-leabhar àlainn sin ris an abrar sa Bheurla *Celtic Magazine*[2] a' togail a chinn gach mìosa, agus le teangaidh ealanta, deas-chainntich tha e a' leigeadh ris gach feart agus buaidh, gach gaisg' agus treubhantas, gach cleachd agus reachd, airson a bheil sliochd urramach nam beann comharraichte. Cha ghabh uile-bhuaidhean a' mhìosachain ghrinn seo a luaidh san àm. Cuireadh gach Gàidheal fios air fhèin, agus air an *Àrd-Albannach*, agus chì iad len sùilibh an òirdheirceas aca mar-aon. Tha deagh fhios againn uile, mar an ceudna, gu bheil '*Gàidheal*'[3] eile ann am baile Dhùn Èideann fo làn-èideadh, a tha dol a-mach gach mìos air a thurasaibh chum crìochan iomallach na Gàidhealtachd agus chum thìrean an cèin, luchdaichte leis gach fiosrachadh chum eòlas de gach gnè a sgapadh am measg a luchd-dùthcha fhèin. Seo agaibh an Gàidheal dà-rìribh, a tha dol am bonn ri mìos-leabhar Inbhir Nis agus ris an *Àrd-Albannach*, chum sliochd nam beann àrdachadh anns an inbhe sin a thoill iad san Eilean Bhreatannach. Agus a thuilleadh orra seo gu lèir, tha òganach eile den fhìor-ghnè ann an Glaschu[4] a tha gu dian a' togail a chinn, agus a' dèanamh spàirne chruaidh chum cas-cheumanna na cuideachd eile a leantainn. Gun robh piseach air, agus deagh bhuaidh leis. Is esan dà-rìribh 'Mac-talla' nam beann, nan gleann, 's nan creag, a tha dèanamh a dhìchill chum gum bi gach cùis agus còmhradh a' co-fhreagairt dha chèile, gu slighe rèidh a ghearradh a-mach air an triall gach eòlas dh'ionnsaigh fàrdaichean nan Gàidheal. A-nis, èist ri seo, a Chormaic shuaraich, ach dh'aindeoin na theirear, tha thusa le ladarnas beag-nàrach, a' seasamh suas aig a' Bhòrd seo, an aghaidh soirbheis, agus sonais, agus leas mhuinntir na tìre seo, anns nach eil anam a tha 'g altachadh do bheatha nam measg. Uime sin, dùin do bheul gu grad, agus na biodh a chridhe agad tuilleadh do theanga leòmach a ghluasad an aghaidh cànain no cleachd na cuideachd sin a bha riamh dìleas don Rìgh, agus don tìr, agus a bhios gu bràth cliù-thoilltinneach airson an gnìomharan cruadalach, an dìlseachd agus an euchd.'

Coinneach: Mo mhìle beannachd air Fear Choire Mhuiltein! Och, nach treun a labhair e, agus nach buileach a smàl e sìos am bàillidh beag, biorach Cormac. Ach thoill e na fhuair e agus, ged a gheibheadh e tuilleadh, cha bhiodh dolaidh ann. Tha reusan a' giùlan, agus tha uile chàirdean tuigseach nan Gàidheal a' dearbhadh, gum bu chòir a' Ghàidhlig agus a' Bheurla a bhith air an teagasg anns na crìochaibh seo mar-aon, agus cuideachd don òigridh nar sgoilibh. Feumaidh seo a bhith chum gum biodh an aon chànan air a mìneachadh leis a' chànain eile. Mar seo, teagaisgear eòlas don òigridh air co-dhealbhadh na Gàidhlig, agus eadhon dhaibhsan a tha air an sònrachadh gu bhith searmonachadh an t-Soisgeil. Anns an latha an-diugh, tha mòran de mhinistearaibh òga nach d' fhuair an cothrom seo, air feadh na Gàidhealtachd, gu tur eu-comasach air labhairt ann am briathraibh taitneach a thaobh an aineolais air a' Ghàidhlig. Bha òganach tapaidh o chionn ghoirid a' searmonachadh san Eaglais againne, agus ged is nàr dhomh a ràdh, is minig a thug e snodha-gàire orm leis na mearachdan a bha e dèanamh le bhith gu tric a' cur na cartach air thoiseach air an each! Bha seann Seònaid NicDhùghaill san èisteachd, agus 'n àm dhi èirigh gu falbh, thuirt i, 'Ochan, ochan! Mas e siud am ministear a tha gu bhith air a shuidheachadh

anns a' Chlachan Uaine, chan eil farmad agam riuthasan a bhios ga
èisteachd, oir a leithid de thruailleadh Gàidhlig agus de
ghlugaireachd cainnte cha chuala mi riamh! Ochan, cha b' e seann
Mhaighstir Seumas againn fhèin, gum beannaichear e.' Mar seo
thug NicDhùghaill a barail fhèin gun cheilg, agus bha i ceart. Tha
dòchas agam, uime sin, a Mhurchaidh, an uair a bhios am Bòrd
cruinn a-rithist, gun stèidhich iad air maighstirean-sgoile ceart
agus freagarrach, agus gun druid iad beul a' bhàillidh bhig, agus
gum faigh uile chàirdean na Gàidhlig a' bhuaidh-làrach san strì.

　　Murchadh: Sin thu, a Choinnich. Is truagh nach robh thu fhèin
air a' Bhòrd; ach coma co-dhiù, cha strìochd sinne gus an
daingnich sinn maighstir cho Gàidhealach ri Coinneach Cìobair
anns gach sgìreachd ris a bheil ar gnothach.

　　Coinneach: Mìle taing dhut, a ghràidh nam fear. Tha Seònaid ag
èigheach oirnn; tiugainn, tiugainn, thugamaid ceann shuas an
taighe oirnn a dh'fhaicinn ciod an goireas a tha romhainn.

NOTES AND REFERENCES

Publication details: *An Gaidheal* 66, 1877: 161–65

Author: Alasdair Ruadh (Rev. Alexander MacGregor)

Background: The Education Act of 1872 saw the creation of a
centralised system of education in Scotland replacing the various
different types of schools which had previously existed (such as
those run by the SSPCK, Gaelic Schools Societies, the General
Assembly, and parochial schools). School Boards, with elected
members, were put in place to oversee education provision at a
local level. No mention was made of Gaelic in the Act, a fact which
angered many Gaels and which was to result in a campaign,
spearheaded by the Gaelic Society of Inverness, to ensure a place
for the language in areas where it was spoken. A small concession
was made in the 1875 Extension and Code, which made minimal
provision for the language by allowing for some testing in Gaelic in
Gaelic-speaking areas. Of more significance in terms of this
dialogue was a circular sent by the Scotch Education Department

to all School Boards in the Highlands in 1876. This circular sought to ascertain the attitudes of these Boards to education being provided in Gaelic and the feasibility of this in terms of teacher availability. Of the ninety Boards which replied (thirteen did not), sixty-five were in favour of instruction in Gaelic and twenty-five opposed to it (*An Gaidheal*, 1877: 155–60). That the opinions offered by School Boards in response to this circular were not necessarily the views of those whose children were being educated in their schools is evident in a letter from a 'Màiri Ribeach' to the *Highlander*:

> Tha sinne moran de pharantaibh Gaidhealach 'san sgireachd so is cha chuala sinne iomradh air a leithid do cheist a bhi air a cuir ri buird nan sgoile gus an do leugh sinn anns a phaipear agaibhs' e. Earraghaidhealaich ag ràdh, cha 'n 'eil toil na tlachd againne teagasg Ghailig a thabhairt do ar cuid cloinne! (*H* 24/5/1877)
> (*We, many of the Gaelic parents in this parish, heard no mention of such a question being asked of school boards until we read about it in your newspaper. Argyllshire folk saying we have no wish or desire to have our children given Gaelic teaching!*)

It can be no coincidence that MacGregor's *còmhradh* appears in the issue of *An Gaidheal* immediately following that in which the responses to the circular were published.

The membership of this fictional School Board – including a factor, a minister and what would appear to be landlords – is similar to that of most Boards at the time. In 1883, the School Board at Dunvegan, for instance, comprised a minister, a merchant, a ground officer, a factor, a doctor and two proprietors (*PP* 1884 XXII: 203). Here we have a *còmhradh* being used as a means of informing and directing a Gaelic readership, demonstrating by example not how a School Board in a Gaelic-speaking area *should* function, but how many *did* function. The message is the same as that which the *còmhradh*'s author, Alexander MacGregor, stated unequivocally at the Great Celtic

Demonstration held in 1878:

> Let all parties concerned see that the proper men are returned
> at the next election of School Boards, men pledged to have our
> native language taught in our own schools throughout the
> Highlands and Islands. This cannot be too strongly insisted on.
> (*TGSI*, 7 (1877–78): 29)

The election of School Board members was in the hands of rate-
payers and it was these voters whom MacGregor sought to
influence in his *còmhradh*.

Coinneach's comments about some ministers' lack of fluency in
Gaelic speaks to the contemporary shortage of ministers capable of
preaching in Gaelic. In 1877 the Gaelic Church in Inverness was
vacant and the Inverness Established Presbytery found that the
shortage of Gaelic-speaking ministers was so severe that they did
not know of 'a single Gaelic licentiate available to supply one
pulpit for a single Sabbath' (*H* 8/9/1877). MacGregor himself
provided cover by preaching in Gaelic there for a brief spell.

1 'n t-Àrd-Albannach: John Murdoch's Inverness newspaper
the *Highlander* (1873–1882). This was the Gaelic name given to the
Highlander, chosen in preference to *An Gaidheal*, which was
already being used by Angus Nicholson's publication, established
in 1871.

2 Celtic Magazine: Alexander MacKenzie's journal published
monthly in Inverness between 1875 and 1888.

3 'Gaidheal' eile: Angus Nicholson's *Gaidheal* (1871–77) in
which this *còmhradh* was published and which was initially
published in Toronto but then moved with its editor, on his
appointment by the Canadian government as an emigration agent,
to Glasgow and subsequently to Edinburgh.

4 òganach eile: Nigel MacNeill's *Highland Echo / Guth nan
Gàidheal*, published in Glasgow during 1877–78.

CÒMHRADH 5

Beachdan mun Mhòd:
Conaltradh eadar Iain Dubh nam Beann agus Calum Gorm, 'Sasannach', a Mhuinntir an Eilein Sgiathanaich

Calum: Nach eil thu fhèin a' faicinn, Iain, gu bheil iadsan glè amaideach a tha cumail a' Chruinneachaidh bhliadhnail sin ris an canar 'Am Mòd Gàidhealach'. Is mòr an t-annas a tha e cur orm gum biodh daoine aig a bheil tuigse, agus a dh'fhaodadh an aimsir a chaitheamh ann an dòigh na bu bhuannachdaile dhaibh fhèin agus do chàch, a' cosg an saothair agus an ùine ri gnothaich gun fheum den t-seòrs' ud.

Iain: Ma tha mi ga do thuigsinn gu ceart, tha mi smaoineachadh nach eil fhios agad ciod e mu thimcheall a bheil thu labhairt. Oir nam biodh tusa tuigsinn nan adhbharan mu bheil am Mòd air a chur air chois, tha mi den bheachd nach biodh tu idir cho ullamh gu beum a thoirt anns a' mhuinntir a tha saothrachadh ann an co-cheangal ris.

Calum: Is minig a thug mi oidhirp, Iain, air a bhith tuigsinn a' ghnothaich seo. Ach tha agam ri aideachadh gun do dh'fhairtlich orm riamh seagh na gliocas fhaicinn anns an nì air fad. Ma tha na daoine dìcheallach ud a' dèanamh dheth gun cùm iad a' Ghàidhlig beò len cuid ùpraid, tha mi a' smaoineachadh gu bheil iad fada clì. Oir tha e soilleir do neach sam bith aig a bheil sùilean gu bheil binn a' bhàis air a toirt a-mach air a' Ghàidhlig a-cheana; agus is faoin an obair do dhaoine tuigseach a bhith feuchainn ris an deò a chumail ann an seann cholainn gun neart mar a tha a' Ghàidhlig. Oir is fìor gu bheil cainnt nan Gàidheal glè choltach ri seann cholainn gun lùths; ach gu h-àraidh nuair a tha fiamh an aoig air a gnùis, is dìomhain a bhith 'n dùil gun cumar beò i.

Iain: Tha do bhriathran, a Chaluim, doirbh ri èisteachd. Ach cumaidh mi thu air bonn na h-argamaid. Cha cheadaich mi dhut gu bheil an fhìrinn na do bhriathran. Tha mi air an adhbhar sin a' cur mar fhiachaibh ort gun nochd thu dhomh ciamar a thugadh binn a bàis a-mach air a' Ghàidhlig.

105

Calum: Ceadaichidh tu dhomh gu bheil a' Bheurla a' sìor-bhuinnig neart anns gach ceàrn sa bheil i air a labhairt. Ach tha mi creidsinn nach eil earrann sam bith den t-saoghal far a bheil a' Bheurl' a' faotainn grèim daingeann bho latha gu latha mar a tha i ann an Gàidhealtachd na h-Albann. Tha an òigridh a dh'fhalbhas bhon dachaighean a' dìochuimhneachadh na Gàidhlig agus, ma thig iad air an ais don Ghàidhealtachd, is miann leotha a bhith labhairt na Beurla. Tha a' chlann bheaga san sgoil a' togail an cuid foghlam anns a' Bheurla agus feumaidh iad mòran den ùine anns an sgoil a chaitheamh ann a bhith cleachdadh a' chànain sin, a chum gun seas iad an àite fhèin nuair a thèid iad a-mach gu Galltachd a chosnadh an aran lathail. A-rithist, na teaghlaichean a tha 'g iarraidh a bhith coltach ri daoin'-uaisle, cha labhair iadsan ach cainnt nan Gall a chionn gu bheil a' Ghàidhlig ro chumanta. Chan eil e fasanta gu leòr a bhith labhairt na Gàidhlig. Chan eil ga labhairt gu coitcheann an-diugh ach iasgairean agus croitearan. Mar sin, tha mi dèanamh dheth gu bheil iomadh nì a' cogadh ann an aghaidh cainnt nan Gàidheal; gu bheil i dol gu mòr à cleachdadh; agus nach fhad' an ùine gus an cluinnear a guth deireannach, mar ghlaodh fad' air falbh ann an dorchadas oidhche na dìochuimhne.

Iain: Tha mi nis a' tuigsinn ciamar a tha thu 'n dùil gun tugadh binn a bàis a-mach air a' Ghàidhlig. Tha thu smaoineachadh gu bheil a' Bheurla na nàmhaid do chainnt nan Gàidheal. Ach ceadaich dhomh a chantainn nach i a' Bheurla idir an nàmhaid a bu mhiosa bha aig a' Ghàidhlig, no aig na Gàidheil. Oir is iomadh sochair a fhuair sinn bhon Bheurla. Thàinig a' chànan ud thugainn le nithibh luachmhor; agus tha i 'n-diugh mar mheadhan eadar sinne agus dùthchannan eile. 'S ann sa chainnt ud a sgrìobh Shakespeare. Ach tha mòran de rìoghachdan na Roinn Eòrpa mar an ceudna fo fhiachaibh don Bheurla. Gidheadh, chan eil sin na adhbhar air gun leigeadh na rìoghachdan sin air dìochuimhn' an cainntean fhèin. Agus cha mhotha a tha e na adhbhar air gun leigeadh sinne, mar Ghàidheil, cainnt ar màthar a dhìth. Seall air na Cuimrich, ciod e cho duineil 's a tha iadsan a' cumail suas an cànain fhèin. Seall ciamar a tha malairt air a dèanamh am measg an t-sluaigh ud nan cànain fhèin, ged a tha Beurla gu leòr aca mar an ceudna. Mothaich air an dòigh anns a bheil iad a' cumail Chruinneachaidhean bliadhnail, airson a bhith toirt ùr-mhisneachadh do chainnt agus do cheòl nan Cuimreach. Mothaich mar a tha eadhon Prionnsa Albert Eideard, oighre dligheach a' Chrùin Bhreatannaich, a' toirt a làthaireachd do na coinneamhan sin. Chan eil mi ga ainmeachadh-san a chionn gu bheil ùghdarras mòr sam bith aige gu pearsanta ann an eòlas mu thimcheall a' chànain Chuimrich, ach a chionn gu bheil deagh ghean agus fàbhar an teaghlaich rìoghail nam misnich agus nan cuideachadh do dh'adhbhar nan Cuimreach. Agus carson nach dèanadh na Gàidheil, mar an ceudna, an uile dhìcheall a chum ceartas a thoirt don Ghàidhlig, le bhith cumail Mòd Gàidhealach, agus mar sin a' tarraing air an t-sluagh a dh'ionnsaigh nan ionmhasan a tha iad fhathast a' sealbhachadh, eadhon cainnt agus ceòl an sinnsir.

Calum: Tha mi gun teagamh ag aideachadh gun tarraing am Mòd aire 'n t-sluaigh ann an tomhas àraidh. Ach ged a dhèanadh e sin fhèin, ciod e am math a bhiodh ann? Ciod e 'm feum a dhèanadh a' Ghàidhlig dhuinne ged a chùmte beò i? Agus ged a bhiodh i eadhon na bu làidire na bha i riamh, ciod e am math a dhèanadh sin? Oir cha bhiodh aice an dèidh na h-uile nì ach gnothaichean cumanta ri thoirt dhuinn. Cha bhiodh gliocas domhainn, cha bhiodh feallsanachd, cha bhiodh àrd-ionnsachadh eagnaidh, cha bhiodh a h-aon de na cuspairean dìomhair sin, anns a bheil a' Bheurla cho deas, air an luaidh idir ann an Gàidhlig. Cò b' urrainn a' chainnt bhorb sin obrachadh ann an àrd-ealain tomhais no ann an cunntais mhòra? Cia lìon ginealach a dh'fheumadh a bhith labhairt cainnt nan Gàidheal mun gabhadh am *Principia* aig Sir Isaac Newton cur ann an Gàidhlig a thuigeadh neach sam bith ach an t-eadar-theangair fhèin? Mar sin chan eil mise faicinn feum sam bith ann a bhith dèanamh a leithid sin de dh'ùpraid timcheall air cainnt a tha gu buileach cho neo-aithnichte. Faodaidh gu bheil a' Ghàidhlig freagarrach gu leòr air iasgairean agus air buachaillean; ach tha mi smaoineachadh gun dèanadh eadhon iadsan an gnothaich fhèin a cheart cho cothromach leis a' Bheurla.

Iain: Tha do bheachdan a' cur mòr-iongnadh orm. Nach eil fhios agadsa nach e ro-phailteas bhriathran idir, ach eanchainn agus tuigse chumhachdach, a dh'fheumas neach airson àrd-ealain tomhais agus cunntais mhòra? Tha fios agad cuideachd gu bheil a' Ghàidhlig a cheart cho deas ris a' Bheurla ann am beul neach aig a bheil eòlas ionann air an dà chainnt. Tha thu smaoineachadh nach gabhadh am *Principia* aig Newton cur ann an Gàidhlig[1]. Ach an tug thu riamh fa-near nach motha a roghnaich an t-ùghdar treun sin a leabhar a sgrìobhadh ann am Beurla, ged a b' i a chainnt mhàthaireil i. Cha robh cainnt nan Gall inbheach gu leòr leis an duine ghlic sin. Agus thoir thus' an aire gu bheil a' Ghàidhlig Albannach a cheart cho farsaing ris an Laideann Ròmanaich airson àrd-chunntas agus ealain-tomhais. A thaobh feallsanachd, tha mi dèanamh dheth gu bheil cainnt nan Gàidheal na meadhan buadhmhor airson a' chuspair sin. Gun teagamh, cha do rinneadh mòran sgrìobhaidh fhathast mu na nithibh sin anns a' Ghàidhlig. Ach chan ann a chionn nach eil ar cainnt beairteach gu leòr ann am briathran nach do rinneadh a leithid sin de sgrìobhaidhean. Tha Linn na Bàrdachd a' tighinn air toiseach air linn na Feallsanachd am measg a h-uile cinneach. Ged a dh'fhàs a' Bheurla saidhbhir ann an gliocas domhainn, gidheadh chan ann aice fhèin a fhuaradh buaidh na Feallsanachd air tùs, ach aig na Greugaich agus aig na Ròmanaich, cinnich a bha mòr agus glic fada mun do rugadh ar Slànaighear. Feumaidh sinn a chuimhneachadh nach tàinig a' Ghàidhlig idir fo bhuaidh Ath-leasachadh Mòr an Ionnsaichidh a thachair air feadh na Roinn Eòrpa bho chionn ceithir cheud bliadhna air ais. Mar sin tha e soilleir nach ann air an aon dòigh a dh'fheumar breith a thoirt air cainnt nan Gàidheal agus air a' Bheurla. Tha Ghàidhlig fhathast anns a' chiad linn, eadhon linn na Bàrdachd; agus nuair a thèid a h-àiteachadh nas coileanta, 's ann an sin a gheibhear toradh na Feallsanachd. Bitheamaid mar Ghàidheil cosmhail ann an aon seagh ris na h-Ameireaganaich, a tha faicinn mòrachd an dùthcha fhèin, chan ann cho sònraichte anns a' chuid a chaidh seachad den eachdraidh, ach anns an earrainn sin a tha fhathast ri teachd.

Calum: Faodaidh sin a bhith ceart ann an seagh àraidh, ach gidheadh, tha taobh eile air a' chùis. Tha e nas soirbhe aon nì ionnsachadh gu ceart na iomadh nì. 'S ann mar sin a dh'èirich do chainntean. Ma bhios tu dìcheallach ag iarraidh eòlas farsaing air aon chànain, tha sin fada nas fheàrr na ged a bhiodh eòlas cuibheasach agad air a dhà. 'S e seo an nì a bu mhiann leam a dhearbhadh dhut, eadhon gu bheil e gu mòr nas buannachdaile do neach a bhith a' feuchainn ri grèim daingeann fhaotainn air a' Bheurla na bhith saothrachadh ann am measg fhreumhan tioram, gun toradh mar a tha a' Ghàidhlig.

Iain: Chan aontaich mi leat idir gu buileach anns a' bheachd sin. Tha mi 'g aideachadh gum bu chòir do neach a bhith saothrach airson fìor eòlas fhaotainn air aon chainnt co-dhiù. Ach chan eil mi a' creidsinn gum bu chòir do neach fuireach riaraichte le aon chainnt a-mhàin. Oir tha buannachd mhòr ri faotainn bho eòlas air atharrachadh chànan. Carson a tha daoine cumail air chuimhne nan seann chainntean? Carson a tha Breatannaich, Gearmailtich agus Frangaich ag ionnsachadh na h-Eabhra, na Siriac agus na h-Arabic? Carson a tha oilthighean na Roinn Eòrpa agus Ameireaga a' cumail suas na Laidinn agus na seann Ghreugais? 'S e seo an t-adhbhar: tha airson a bhith cur buadhan na h-inntinn ann am farsaingeachd, a' geurachadh na tuigse, agus a' neartachadh na cuimhne. Tha eòlas air na seann chainntean fhèin a' cur blas nàdarra air a' ghliocas a tha ri fhaotainn annta. Le bhith gabhail beachd air an eadar-dhealachadh a tha eadar na cainntean, gheibh sinn sealladh air an dòigh anns a bheil, agus anns an robh, mòran de threubhan a' chinne-daonna ag atharrachadh bho chèile, ann am briathran agus ann an smaointean. Gheibh sinn sealladh nas coileanta air eachdraidh nan cinneach, ach gu h-àraidh air ar n-eachdraidh fhèin. A-nis, tha a' Ghàidhlig air aon de na cainntean a tha feumail a bhith toirt fa-near anns an t-seagh seo, oir tha i ann an dlùth-chàirdeas don *Sanskrit*, an cànain aosmhor bhon do dh'èirich mòran den Bheurla fhèin, mu bheil thu dèanamh a leithid de dh'ùpraid.

Calum: Tha mi 'g aontachadh gum faod earrann mhath de sin a bhith ceart. Ach nach b' fheàrr dhuinn gu mòr ar gòraiche leigeadh seachad, gun a bhith nar cùis-ghàire aig na coigrich a leughas mar timcheall ann an Sasainn agus ann an àiteachan eile? Chan eil buannachd sam bith dhuinn ann a bhith cuimhneachadh air a' chànain bhorb sin, no air gnìomharan nan daoine fiadhaich a bha riamh a' marbhadh agus a' pronnadh a chèile. Leigeamaid air dìochuimhn' iad, agus tionndaidheamaid ar n-aire gu nithibh a bhios a chum buannachd. Oir dhealaichinn gu togarrach ri mo chuid Gàidhlig nan dèanadh sin mi na b' fhoghaintiche anns a' Bheurla.

Iain: A bheil thusa cuideachd air àireamh na muinntir a reiceas an còir-bhreith airson 'mias de bhrochan dearg'? Tha e cur tàmailt orm gun tachradh duine rium a labhras a' Ghàidhlig, ach gidheadh a tha cho caoin-shuarach mu a beatha agus a cliù. Leig dhomh innse dhut nach b' ann den t-seòrsa de bheil thusa a bha na gaisgich a chùm suas ar cainnt, agus a ghlèidh saors' ar dùthcha anns na linntean a dh'fhalbh. Cha b' ann coltach riutsa bha na balaich a dh'adhbhraich nach do chuireadh a' Ghàidhealtachd riamh fhathast fo smachd. Cha b' ann coltach riutsa bha na gillean a sheas a còir aig Allt a' Bhonnaich[2]. Tha mi smaoineachadh, nam biodh tusa beò anns na làithean ud, gum faight' thu ann am measg nan cailleach agus na cloinne; air neo, nan tugt' idir a chum a' bhlàir thu, gum falbhadh tu gu togarrach maille ris na nàimhdean. Oir tha mi dèanamh dheth gum biodh nàir' ort gum faiceadh na Sasannaich thu ag obrachadh airson do dhùthcha. 'S e sin an co-dhùnadh reusanta a dh'ionnsaigh a bheil do bhriathran gam threòrachadh. Tha e soilleir nach e Gàidheal ceart a th' annad. Tha thu na do nàmhaid don Ghàidhlig; agus air an adhbhar sin, chan eil e glic do Ghàidheal sam bith èisteachd riut, no do chomhairl' a ghabhail. Tha do leithid-sa nas cunnartaiche do bheatha na Gàidhlig na nì sam bith eile a tha 'g obrachadh na h-aghaidh. Ach 's ann le bhith ga cleachdadh ann am fèin-dhìon a neartaichear cainnt nan Gàidheal. Mar sin 's e mo dhòchas agus mo ghuidhe gum bi an dream a tha eudmhor agus foghainteach air a taobh a' faotainn an tuilleadh neart gus a còir a sheasamh. Agus tha mi da-rìribh ann an dùil gu bheil gach Gàidheal treibhdhireach, air feadh gach ceàrn den t-saoghal mhòr trom bheil sliochd nam beann air a sgaoileadh, a' miannachadh gum biodh sonas agus buaidh a'

leantainn, mar thoradh air saothair na muinntir sin a tha cho
duineil ag obrachadh ann an co-cheangal ris 'A' Mhòd
Ghàidhealach'.

NOTES AND REFERENCES

Publication details: *Mac-Talla*, 1 September 1899

Author: Anonymous

Background: An Comunn Gaidhealach had been established in
Oban in 1891 with a cultural remit which included holding 'an
Annual Gathering at which competitions shall take place and
prizes shall be awarded' (Thompson 1992: 13–14). As discussed in
the text, this Annual Gathering was inspired by the example of the
Welsh Eisteddfod and the name chosen was the 'Mòd', a name
retained to the present day, albeit now changed to the Royal
National Mòd. The first Mòd was held in Oban in 1892 and it was
held annually thereafter. The eighth annual Mòd alluded to here
was held in Edinburgh on 5 October 1899, less than a month after
the publication of this *còmhradh*, the first time that the event had
been held in the capital. Previous Mòds had been held in Oban,
Glasgow, Perth and Inverness. For a full account of the event and
the prize-winners see the *Oban Times*, 14/10/1899.

Iain Dubh nam Beann channels the writer's pro-Gaelic
viewpoint in the face of the negativity of Calum Gorm, who voices
the, not uncommon, contemporary view that Gaelic was a dying
language which should be allowed to do so, and that it had not the
linguistic range to deal with intellectual subjects. The *còmhradh*
provides the writer with the opportunity to counter such points
with his own in support of the language.

Although this *còmhradh* was published in the Canadian *Mac-
Talla*, there is no sense of this having been written in an emigrant
context. It may be that the writer was the Rev. John MacRury
(1843–1907), minister of Snizort in Skye, a regular contributor to
Mac-Talla whose contributions included no fewer than five
còmhraidhean (Laing 2013).

1 am *Principia* aig Sir Isaac Newton: Isaac Newton's groundbreaking *Philosophiæ Naturalis Principia Mathematica* first published in 1687, and which laid the foundations for future scientific study.

2 Allt a' Bhonnaich: the Battle of Bannockburn (1314).

Social Control: Famine, Migration and Emigration
Còmhraidhean 6–10

The *còmhraidhean* of the late 1820s and the following two decades are commonly used to reinforce the Establishment's position and promote adherence to the law. In this they were very much a product of their time. The period after the Napoleonic Wars that came to an end in 1815 was characterised by economic depression and social unrest in the Lowlands, and by increasing levels of political awareness among the working-classes, particularly among the handloom weavers of Glasgow and Paisley (Lenman 1981: 151–53). The resulting unrest, which culminated in the short-lived Radical War of 1820 in the West of Scotland, left the Establishment wary of further signs of social unrest. Thus, in *Còmhradh* 7, written by MacLeod in 1830, he uses his characters to criticise the contemporary Swing Riots in the south and east of England which saw agricultural workers destroying threshing-machines as they saw their wages eroded and their livelihood threatened.

While Gaels may not have been showing the overt signs of dissatisfaction with their lot which others in Britain were, although their circumstances, arguably, equally warranted it, there are *còmhraidhean* which, by virtue of their emphasis on adherence to the law and to acceptance of the *status quo*, suggest that this was an underlying concern. 'Còmhradh eadar Fionnlagh Pìobaire, Màiri agus Para Mòr', the first *còmhradh* to be published in the wake of the 1836 potato famine, presents a conversation which must have echoed those taking place throughout the Highlands at the time (*Còmhradh* 8). In what is one of the most interesting prose texts of the entire nineteenth century, rooted as it is in the reality of the post-famine Highlands, Norman MacLeod puts words in the mouth of the 'suffering Gael' as the two crofters discuss Para's decision to emigrate. Fionnlagh expresses the doubts and fear which many prospective emigrants

must have felt, while Para, in demonstrating a fatalistic
acceptance of his situation, is presented as a model to readers:

> Chan eil mise coireachadh neach air bith, b' e 'n cuid fhèin a
> bh' ann, cha d' rinn iad [na h-uachdarain] ach ceartas ach o,
> tha 'n ceartas air uairibh cruaidh; ach carson tha mi gearan?
> Cha robh còir agam air iochd.
>
> (*I am not blaming anyone, it belonged to them [the landlords],
> they only did what is right, but oh, that which is right is
> sometimes harsh; but why am I complaining! I had no right to
> mercy.*) (*Còmhradh* 8)

Fionnlagh depicts a less than appealing future abroad; however,
although Para does not disagree with this view, his decision has
been given the ultimate sanction – by God. Unlike many
còmhraidhean, this one has no authority figure to endorse the
message and the text is arguably the more powerful for it, with the
words of Para Mòr resonating with the convincing bitterness of
experience. This *còmhradh* reflects the emphasis placed on
emigration in the early issues of *Cuairtear nan Gleann*; in the first
four issues of the journal three *còmhraidhean* on the subject of
emigration were published (Kidd 2002).

The humanitarian response to the Highland famines of the
1830s and 1840s is not in itself a *còmhradh* topic. What is,
however, is the effect which the distribution of charitable meal was
perceived to be having on the independence and self-reliance of
the Highlanders, reflecting the concerns of men such as Norman
MacLeod. No Gaelic periodicals were published in the later 1830s,
and so no contemporary *còmhraidhean* exist for the famine years
of 1836–37. The first to address the matter was published in 1840
(*Còmhradh* 9) and in it readers are shown the result of a crofter
having come to depend on the free distribution of meal: Ailean is
seeking potatoes from his friend and relative Alasdair, as he had
been hoping for more free meal and had not planted potatoes.
MacLeod is at pains to promote the importance of a strong work
ethic to his countrymen, with Alasdair telling Ailean:

B' fheàrr dhut gu mòr a bhith 'g obair, ged nach biodh aon pheighinn agad air a shon, na bhith nad shlaod air chùl nan cnoc, no garadh do ladhran ris a' ghrìosaich, no toiteadh tombaca, no ri clabhs mu naidheachdan na dùthcha ann an taigh do choimhearsnaich, mar as bitheanta leat a bhith.
(*You would be much better working, though you didn't get a single penny for it, than to be lounging behind the hills, or warming your toes by the fireside, or smoking tobacco or chatting about the country's news in your neighbour's house, as you frequently are.*)

Echoing some of the anti-Highland rhetoric which is to be found in the contemporary Lowland press, and which viewed the Gaels as a lazy, indolent race (Fenyö 2000: 46–60), MacLeod, with what is for him unusually harsh criticism of the Gaels, tries to shame readers out of their apparent inactivity, comparing their ability to work unfavourably with Lowlanders:

Seall air gillean an àite seo nuair a thèid iad gu Galltachd. Tha iad air an cur gu obair ghoirt, air slighean iarainn agus nithean eile, agus, na boganaich bhochda, cha seas iad rithe car mìos; siabaidh iad dhachaigh a' gearan air a' ghalar ud eile; ach na Goill, tha iad gu slàn fallain aice, a' cosnadh an leth-chrùin no an trì tastain san latha, agus a' cur an airgid anns a' bhanc. Ciod tha 'n seo ach gu bheil iad cleachdte ri obair?
(*Look at the lads of this place when they go to the Lowlands. They are sent to hard work on the railways and other things, and the poor weaklings, they can't stand it for a month; they drift home complaining about some illness or other; but the Lowlanders, they are fit and healthy, earning half a crown or three shillings a day, and putting money in the bank. What does this show but that they are accustomed to work.*)

Còmhraidhean 6 and 10 speak to the contemporary emigrant experience, the former in the Lowlands, the latter in Australia. In 'Còmhradh eadar Fionnlagh Pìobaire agus Màiri, a Bhean' the couple's discussion of the various types of employment which Fionnlagh might consider is framed to lead him to the choice which had been made by many of his fellow Gaels dating back over a century, the Lowland harvest. This is underpinned by a message of frugality and prioritisation of spending so that he can pay his rent, the focus on the reader's personal and moral wellbeing being one of the over-riding concerns of these early texts. *Còmhradh* 10 is the only *còmhradh* included in the volume known to have been written by an emigrant Gael, albeit one whose identity is unknown. Echoing the pro-emigration rhetoric of the 1840s in which the fertility of colonial destinations is extolled, the core message is a warning to emigrants to be on their guard lest they too are robbed of their not inconsiderable earnings as one of the characters, Iain Bàn, had been.

CÒMHRADH 6

Còmhradh nan Cnoc:
Fionnlagh Pìobaire agus Màiri, a Bhean

Màiri: Cha b' iongnadh leam fhèin, Fhionnlaigh, a ghràidh, ged bhiodh am fogharadh gu math tràthail am-bliadhna. Tha 'n *Teachdaire Gae'lach* ag ràdh gum bi 'n cruithneachd abaich an ceann fhichead latha. Chan fhaod e bhith nach tèid thu mach am-bliadhna; b' fheàirrd' thu fhèin, eudail, sgrìob a thoirt a dh'fhaicinn an t-saoghail, 's tha 'm fìgheadair, ma dh'fhaodar earbs' às, a' gealltainn gum bi an clò dhachaigh an ceann latha no dhà.

Fionnlagh: An do thòisich thu, Mhàiri? 'S e 'm fogharadh seo fhèin a chaidh eadar thu 's cadal na h-oidhche. Fhad 's a gheibh mise cosnadh math san dùthaich, carson a rachainn a-mach gu Galltachd air a thòir?

Màiri: Càit am faigh thusa cosnadh dùthcha as fhiach a ghabhail?

Fionnlagh: Gheibh mi, agus gu leòr dheth. Nach eil Fear a' Bhaile dol a chur suas gàrradh-droma air a' bhliadhna seo, far am faigh mi obair mhath a' buidhinn chlach, agus cothrom agam air a bhith nam thaigh fhìn gach oidhche?

Màiri: An e gun rachadh tusa a bhuidhinn chlach, a dh'fhaotainn do shùilean a smùideadh asad le fùdar, mar thachair do dh'Eòghann mòr Clachair, ged b' eòlach e; agus a thuilleadh air sin, a mhilleadh do mheur? Cò an sin, Fhionnlaigh, a gheibheadh urram an latha am measg nam pìobairean, agus do mheòir-sa, ghràidh, cho cruaidh ris na h-adhaircean?

Fionnlagh: Nach eil ceilp ri dhèanamh; chan olc an obair sin, ged tha mòran den t-samhradh seachad?

Màiri: Ceilp! Cha b' e m' Fhionnlagh fhèin a leiginn ga dèanamh; diù gach cosnaidh. Thusa nad chellpeai, Fhionnlaigh! Cha bhi gu dearbh. Is cuimhne leam duineachan beag, prabach o ìochdar Mhuile a bha san dùthaich a' dèanamh ceilpe o chionn bliadhna no dhà: cha luaithe thigeadh e staigh do chuideachd na bhiodh na h-uile adharc-shnaoisein a-mach.

Fionnlagh: Cha chuala mi thu riamh, a Mhàiri, a' labhairt cho amaideach. Cha tuirt thu facal nam aghaidh mu dheireadh an fhoghair a dh'fhalbh an àm a bhith smiùradh nan òisgean, ged bu shalach an obair i seach a bhith dèanamh na ceilpe.

Màiri: Chan ionann, gu dearbh, don dà chuid. 'N i 'n teàrr ghlan, 's an t-ìm, agus fallas chaorach, gan cur an coimeas ri ceilp shalaich?

Fionnlagh: Nach math an cosnadh a fhuair mi an-uiridh a' rùsgadh na coille; nach do phàigh mi mo mhàl, nach do chuir mi staigh min an t-samhraidh, agus bloigh-seiche leathair, le dlighe de leathar-iall? Chan eil fhios am faod Para Mòr, le bhuain Ghallta, an nì ceudn' a ràdh. Tha cunntas math air an sgadan mu thuath, agus b' fheàrr leam dol ga iasgach na Ghalltachd a thoirt orm, gun smid Bheurla nam cheann nas motha na tha ann an sionnsair mo phìoba.

Màiri: A dh'iasgach sgadain! Ma-tà, 's tu a dh'amais air a' chosnadh fa dheireadh; is olc a chòrdadh e riut. Gabh thusa mo chomhairle-sa, agus thoir a' bhuain ort am-bliadhna, a-mach gu Galltachd, le Para Mòr.

Fionnlagh: A bheil thu cinnteach an do shocraich Para Mòr a mhàl an-uiridh, an dèidh gach cosnaidh mhòir a rinn e?

Màiri: Chan aithne dhomh ciamar tha sin; ach tha bhuil gu bheil Para Mòr a' dol gu fogharadh. Is rìomhach, eireachdail a' bhean aige air gach còmhdhail le cleòca sgàrlaid agus le bonaid chonnlaich; agus mis' air an tonnaig ruaidh bhreacain, agus bonaid chonnlaich cha deachaidh riamh air mo cheann.

Fionnlagh: Cha deachaidh, a Mhàiri, agus ma dh'fhaodas mise, cha tèid. Cha leigeadh mo nàire leam d' fhaicinn ann an cuideachd le sgùlan mòr connlaich air do cheann, mar a th' air bean Phàraig. Tha curraicean math na 's leòr agad, gun bhith strì ri amaideachd.

Màiri: Cha b' iongnadh leam ach thu bhith tighinn thairis orra. On a thuit dhut labhairt mu na curraicean, 's ann nuair a chuir mi Lachann beag bhàrr na cìche a fhuair mi ribean buidhe air mo churrac àrd, agus tha uaithe sin a-nis trì bliadhna. Chan eil mise strì ri amaideachd, ach feumaidh daoine bhith cosmhail rin coimpiribh.

Fionnlagh: Sin thu, Mhàiri, cùm thusa sin suas. Chan imir agus chan fhaod iad a bhith strì rin coimpirean amaideach; nach i a' cho-fharpais seo a tha milleadh an t-saoghail. Cha b' iongantach leam ged bhiodh tu 'g iarraidh sgàileagan, no mar their iad fhèin, *umbrella*, mar a tha iad aig luchd nam bonaidean connlaich.

Màiri: Ged dh'iarrainn sin fhèin, bu shuarach an gnothach e; ach tha fhios agad fhèin gu bheil cleòca dearg agus ceanna-bheart a dhìth orm; agus siud dà nì a tha dhìth ort fhèin: ad agus uaireadair.

Fionnlagh: Cha chreid mi nach eil a' bhean na breislich – ad agus uaireadair! Carson nach do chuir thu spuir agus bòtainnean ris? Cha chuir mis' ad orm am fad 's as beò mi; agus do thaobh uaireadair, chan eil ionndrainn agam air. Mar thuirt Alasdair Dubh nan Damh, Is math an t-uaireadair mo shùil, mo bhrù 's an coileach. Fuireamaid, a Mhàiri, mar a tha sinn, gu sàmhach, seasgair. Tha na mnathan, tha mise 'g ràdh riut, air bàinidh le rìomhadh.

Màiri: Nach iad fhèin, mo thruaighe, tha ga chosnadh? Nach nàdarra, cliùiteach, gu h-àraidh do mhnathan òga, bhith eireachdail, tlachdmhor nan èideadh?

Fionnlagh: Aidichidh mi gu bheil e nàdarra, ach 's e nach eil cliùiteach. Bu mheasaile gu mòr dhaibh beagan den tuarastal a chur seachad airson latha 'n fheuma. Is cuimhne leamsa nuair nach robh bana-chosnaiche san dùthaich leis nach bu ghnàth càileigin de tuarastal a chur seachad a' feitheamh an fheum ri teachd; agus bhiodh plaidichean agus aodaichean eile aca a' feitheamh latha 'm bainnse: ach a-nis, ged tha 'm barrachd mòr tuarastail aca, gabhaidh an druim, 's an ceann, agus na casan air fad e. Chan eil guanag nam measg a-nis a chaomhnas uiread 's a chuireas ciste 's anart oirr' aig àm a bàis. Coma leam iad!

Màiri: Obh, obh! 'S tu leig ruith do do theangaidh! Ciod a' choire rinn iad ortsa?

Fionnlagh: Tha mis' ag ràdh riut gur anabarrach peacach an giùlan. B' urrainn dhomh an ainmeachadh a tha dol don eaglais fo dheise shìoda, agus gun an lèine air an druim; agus is aithne dhomh, nas gràineile na sin uile, feadhainn a tha dol don eaglais le rìomhadh uaisl' umpa, agus an athair agus am màthair, a thog agus a dh'àraich iad, a shaothraich iomadh latha air an son, gu trom, airtnealach le fallas an gruaidhe, gun aodach, gun chaisbheart leis an urrainn dhaibh dol do thaigh an Tighearna. An saoil thu an sìn iad an làmh gu bonn-a-sia a chur am bogsa nam bochd? Tha iad cho uaibhreach 's gum bu nàr leotha an rathad-mòr a ghabhail lem pàrantaibh air Latha na Sàbaid. Nì Math a thoirt maitheanais dhomh, nuair a chì mi iad cho brèagha, agus fhios agam an dearmad a tha iad a' dèanamh orrasan a thug a dh'ionnsaigh an t-saoghail iad – is rud a dhùraichdinn an rìomhadh a shracadh bhàrr an droma. Is iongnadh leam nach eil am ministear fhèin a' fosgladh orra às a' chrannaig. Nam b' ann dhiubh thu, Mhàiri, cha tuirt iad riamh, 'Siud agad leannan Fhionnlaigh Phìobaire.' Togamaid den t-seanchas, tha 'm foghar fhathast fad' air falbh.

Màiri: Chan e sin a tha 'n *Teachdaire Gae'lach* ag ràdh, agus chunnaic mise Marsaili Mhòr o chionn latha no dhà, agus tha togail an fhoghair na sùil. Aithnichidh Marsaili air abachadh nan cnò ann an Àird Ghealladh, no air dath an eòrna san Aoineadh Mhòr, cuin as còir dhi a' Ghalltachd a thoirt oirre, cho cinnteach 's ged a thigeadh teachdaire ga h-iarraidh. Mur eil mi meallta, tha i dèanamh deas gu falbh. Tha 'n t-iomaire buntàta air Cnoc an Fhraoich air ùireadh; chuir i cearcan air àireachas; chunnaic mi 'n coileach Èireannach air dùnan a' Ghobhainn; rinn Eòghann Greusaiche na brògan; chuala mi gun d' fhuair i teisteanas on Mhinistear, agus tha seo uile na chomharra cho cinnteach gu bheil a' bhuain an ùine bhig ri tòiseachadh air a' Ghalltachd, 's a tha sèideadh na muice-mara ann an Loch Suaineart air teachd an sgadain. Faic thusa Marsaili, eudail, agus cuir do chomhairle rithe, oir tha iad ag ràdh gur foghainteach air a' Bheurl' i nuair a dh'fhàgas i 'n dùthaich. Fuirich thusa na taic fhèin 's an taic Phàra Mhòir, agus chan ionndrainn thu 'Bheurla: agus ged nach bi e goireasach dhut an cleòca sgàrlaid no a' bhonaid chonnlaich a thoirt às an tonnaig ruaidh, ged tha mi cinnteach, Fhionnlaigh, nach bu mhath leat mi bhith air deireadh air càch.

Fionnlagh: Chì sinn, a Mhàiri. 'S e 'm màl a chur ri chèile an t-aon ghnothach; 's e seo an fhreagairt gu pongail a chumas na maoir on doras, agus an teaghlach gun imrich. Cha cheannaich mise aon nì dhutsa no dhomh fhìn fhad 's a tha uallach màil no fiachan sam bith eile thairis orm. Bitheadh iad a' bruidhinn mar as àill leotha, agus a' fochaid oirnn; ach, a Mhàiri, creid thusa mise, gur measaile a' bhonaid ghorm seo agamsa, an tonnag ruadh agadsa, leis an dà bhò bhainne, am badan beag ghobhar 's chaorach, a' chroit bhòidheach ri taobh an uillt, far an do rugadh ar pàistean, anns an do chuir sinn cho liuthad latha sona seachad le chèile, na rìomhadh gòrach, na maoir gach là aig ar sàil, 's a' bhàirlinn crochte ris an àrd-doras. A Mhàiri, eudail de mhnathan an domhain, bitheamaid gu sunndach, toilichte, a' fuireach gu seasgair, sàmhach, mar bha na daoine on tàinig sinn, gun bhith streap ri nithean nach buin dhuinn. Tha na leanaban a' tighinn air an adhart. Gun cumadh am Freastal sinn o ana-caitheamh a chuireadh às ar comas a bhith nar dleastanas dhaibhsan.

NOTES AND REFERENCES

Publication details: *An Teachdaire Gae'lach* 4, August 1829: 78–81; *Caraid nan Gaidheal*, 27–33; *Highland Echo* (27/10/1877) and (3/11/1877)

Author: T. O. (Rev. Dr Norman MacLeod)

Background: Here we have a snapshot of the various types of employment common in the Highlands in the early decades of the nineteenth century. Since the later decades of the eighteenth century, a rising population, upward pressure on rents and the often precarious and temporary nature of employment led Highlanders to seek other sources of income. The seasonal migration of Highlanders to the Lowland harvest was by this time a well-established pattern of population movement, providing an important source of cash with which rent could be paid (Withers

1998: 35–52). By the time MacLeod wrote this *còmhradh*, the kelp industry was in serious decline and fishing was proving to be an unreliable source of income (Hunter 1976: 34–36). Fionnlagh's situation would have been a familiar one for many readers (and listeners) and may have gone some way to offering reassurance to those considering seeking employment in the Lowlands. As a follow-on from this *còmhradh*, Fionnlagh's experiences, as he travels by steamship to Glasgow, then in Glasgow, and subsequently working at the harvest, are given in the form of letters sent to his wife, e.g., 'Litir o Fhionnlagh Pìobaire d'a Mhnaoi' (*TG* 5, 1829: 106–08) and 'Litir o Fhionnlagh Pìobaire chum a Mhnatha' (*TG* 6, 1829: 131–33).

This text demonstrates the way in which a *còmhradh* could perform more than one function, providing information and reassurance while also articulating a moral message, in this case the importance of frugality.

CÒMHRADH 7

Còmhradh na Ceàrdach:
An Gobhainn, am Marsanta Mòr, agus luchd-dùthcha
tha gabhail fasgadh sa Cheàrdaich, 's am Maighstir-Sgoile
a' dlùthachadh air an doras

Gobhainn: Tha e fhèin a' tighinn ann an seo, agus cluinnidh sinn ciamar a tha chùis. An duine gaolach, 's e nach mealladh sinn. Thigibh a-staigh, fhir mo chridhe, thug na clacha-meallain fead oirbh.

Maighstir-Sgoile: Theab iad na sùilean a chur asam.

Gobhainn: Ma-tà, bu mhòr an dìobhail sin – 's iomadh aon da bheil iad a' dèanamh sochair. B' fheàrr gach dara duine san dùthaich a bhith cam na am Maighstir-Sgoile bhith dall. Cò 'n sin a leughadh na pàipearan-naidheachd, agus a sgrìobhadh ar litrichean?

M.-S.: Airson na tha de naidheachdan a' falbh air an àm, cha bu mhòr an call e; ach cha b' iongantach leam ged robh naidheachdan againn an ùine gheàrr.

Gobhainn: An saoil sibh a bheil coslas cogaidh air an t-saoghal? Ciod a tha na Ruiseanaich a' dèanamh? Tha mòran den iarann as fheàrr tha againn a' teachd o *Russia*. Tha dòchas agam nach tèid iadsan gu cogadh.

M.-S.: Chan fhaodar àicheadh nach eil neòil dhorcha bhagarrach a' cruinneachadh san àirde tuath, ach 's dòcha gun sgaoil iad: a dh'aon chuid chan eil dùil agam gun tèid sinne san eadraiginn.[1]

Gobhainn: Ciod seo an losgadh 's am bristeadh air muilnean 's air acfhainn innleachdach, ealanta, a tha falbh le neart deathcha tha daoine nis a' dèanamh ann an Sasainn?[2] Tha 'm Marsanta Mòr an dèidh teachd dhachaigh à Paisley, agus tha cheann cho làn de ghnothaichean ùra 's a tha mhàileid. Ma tha 'n fhìrinn aigesan, tha gnothaichean mòra tòiseachadh gu luath mach air Galltachd. Chan eil mise tuigsinn gu ro mhath gach gnothach air a bheil e tighinn, ach tha ùpraid mhòr air na Goill mu laghannan

123

ùra, 's mu Phàrlamaid ùir, 's mu mhòran atharrachaidhean, tha –
c' ainm seo e – *Reform* ri thoirt mun cuairt, ar leam gur e sin as
ainm dha. Ma nì e 'n dara leth 's a tha 'm Marsanta Mòr ag ràdh,
b' e leigheas gach creuchd e. Tha e ris an rìoghachd ath-ùrachadh
– ri cosnadh, pailteas is saorsa thoirt do gach duine san tìr; ach
mas e *Reform* a tha toirt orra na beairtean 's na muilnean mòra a
losgadh ann an Sasainn, cùl mo làimhe ris. Chan fhaic mi ciamar
a tha leithid sin airson math na rìoghachd.

Marsanta: Chan ionann idir an dà ghnothach, ged tha mòran
am barail gu bheil an dara nì cho feumail airson math na
Rìoghachd ris an nì eile.

M.-S.: Seadh, a bhobaig, ciamar a tha iad ga dhèanamh sin
a-mach? Gu bheil e chum math na Rìoghachd gach acfhainn agus
innleachd tha toirt beairteis 's òir a-staigh o gach ceàrn den
t-saoghal a losgadh agus a bhristeadh?

Marsanta: Tha e soilleir, ged tha na h-obraichean mòra sin a'
dèanamh anabarra beairteis do chuid a dhaoine, gu bheil iad a'
toirt cosnaidh à lamhan an t-sluaigh; a' cur nam mìltean nan
tàmh, agus leis a seo a' toirt anabarra bochdainn air an dùthaich.
Tha cuid de na beairtean mòra sin, no na muilnean mòra sin, tha
falbh le cumhachd na deathcha, a' figheadh barrachd ann an aon
seachdain na dhèanadh ceud figheadair ann am mìos, agus
fòghnaidh balachan no dhà, agus dithis no triùir a dhaoine,
dhaibh air fad. Nach eil muileann ann airson a' chruithneachd a
bhualadh tha falbh le uisge agus eich, a nì barrachd oibre ann an
latha na dhèanadh fichead sgalag leis a' bhuailtean? Nach eil seo
uile toirt a' chosnaidh o dhaoine bochda; gan cur nan tàmh, ged
tha iad, gun teagamh sam bith, a' cur beairteis ann am pòca
iomadh duine mòr, saidhbhir?

Gobhainn: An t-urram do dh'fhear na màileide, nach e 'n gille
am Marsanta Mòr; ach coma co-dhiù, chan eil innleachdan no
beairtean den t-seòrsa sin againne sa Ghàidhealtachd ach
soitheach na smùide – 's ma loisgeas sinn ise cha bhi againn ach
na h-aiseagan a ghabhail mar a b' àbhaist dhuinn.

M.-S.: Tha iomadh beairt agus innleachd againn a thug
cosnadh o na daoine bochda, agus ma ghabhas sibh comhairle a'

Mharsanta Mhòir, 's còir am bristeadh. Tha aon innleachd bheag, sheòlta ann a rinn mòran croin do chosnadh: 's e sin an crann-àraidh – a' bheairt-threabhaidh – nach iomadh duine chuir i o ruamhar? Tha bhuainn a losgadh agus an caibe biorach 's a' chas-chrom a ghabhail a-rithist; ach 's innleachdan iad sin fhèin. Cha robh aig daoine 'n tùs ach an corragan, an crògan 's an ìnean. Siud innleachd eile chuir iomadh cailleach bhochd, dhìcheallach na tàmh – na muinnlean. 'S còir an grad-bhristeadh, agus gheibh gach cailleach san dùthaich cosnadh le brà eadar a dà ghlùn, a' bleith mar a b' àbhaist dhaibh o chionn fhada. Loisgeamaid na buailteinean, 's dèanamaid gradan; loisgeamaid na cuibhlichean, 's gabhamaid a' chuigeal 's an fhearsaid; ach 's innleachdan iad sin fhèin – loisgeamaid iad gu buileach, 's cuireadh a h-uile fear air bian fèidh, no earba, no sionnaich, no goibhre, mar a b' àbhaist leis na daoine on tàinig sinn – loisgeamaid gu grad màileid a' Mharsanta Mhòir, oir 's ann le innleachdan a rinneadh gach nì a th' aig' innte.

Gobhainn: Neo-ar-thaing mur eil sibh ga losgadh gu cùl a dhroma – ach gabhadh e siud.

Marsanta: Chan eil mise tighinn air a leithid sin de innleachdan feumail – ach siud tha mi labhairt mu na muilnean mòra – na h-obraichean mòra tha mach air Ghalltachd a tha cur nam mìltean nan tàmh.

M.-S.: Tha mi gad thuigsinn. 'S aithne dhomh a h-aon dhiubh; 's e sin an dòigh tha aca air leabhraichean a chlò-bhualadh, seach a bhith gan sgrìobhadh mar a b' àbhaist dhaibh le pinn. Seo an aon acfhainn as mò as aithne dhomh. Tha e a' dèanamh uiread oibre 'n Glaschu fhèin 's a chumadh gach duine sa bhaile mhòr sin (agus o, 's lìonmhor iad) a' sgrìobhadh o thoiseach gu deireadh na bliadhna. Tha mi eòlach air aon leabhar a thàinig a-mach air a' bhliadhna dh'fhalbh. Ghabh e sgrìobhadair cho ealanta 's a tha 'n Glaschu còrr math thar bliadhna gu aon dùblachadh dheth a sgrìobhadh. Thig math dh'fhaodte dà mhìle dheth a-mach. Ghabhadh e leis a sin dà mhìle clèireach fad bliadhna an aon leabhar sin fhèin a chur a-mach, agus chostadh e dlùth do cheud bonn òir, an àite fichead sgillinn Shasannach, an t-suim air a bheil iad ga reic. 'S ann mar sin tha gach beairt eile. Tha aon obair mhòr chotain fo chumhachd deathcha a' dèanamh barrachd oibre 's a dhèanadh mìle figheadair; agus an lorg seo tha mìle bean a' caitheamh aodach cotain, air am biodh a' chùrainn mur bhith iad. Mur bhith na muilnean mòra sin cha bhiodh tusa siubhal na dùthcha, 's cha mhotha bhiodh currac cho geal, àlainn, 's deise cho rìomhach air bean a' Ghobhainn air latha fèille no Dòmhnaich. Tog, a Mharsanta Mhòir, de d' amaideachd 's na bi cur faoineis agus breugan an cinn dhaoine còire; tha thusa 's do leithid a' dèanamh mòran coire le ur foghlam Gallta – bu chòir ur bogadh ann an lub nan gèadh airson ur baothaireachd.

Gobhainn: Cuir siud nad mhàileid, fhir mo chridhe, ach on thuit dhuinn a bhith tighinn thairis air gnothaichean den t-seòrsa sin, nach innis sibh dhuinn ciod as ciall don *Reform* seo tha ann am beul a' Mharsanta Mhòir agus a leithid. Tha e 'g ràdh gu bheil atharrachadh mòr ri bhith air a' Phàrlamaid – gu bheil dòigh ùr ri ghabhail air daoine thaghadh airson dol a-staigh – gum bi *vote*, no guth-taghaidh, agamsa agus aig Alasdair Mòr, 's Maolmhuire Ruadh, 's a h-uile duine eadar dà chloich na dùthcha. Nach sinn a bhiodh uasal, a' togail oirnn gu ceann-bhaile na Siorramachd, Fionnlagh Pìobaire air ar ceann. Fheara 's a ghaoil! Nach ann an sin a bhios an othail; 's iomadh fear a sheinneas an t-òran, 'An toir thu dhomh do bhriogaisean a dhol a dh'Inbhir Aora?'[3]

Marsanta: Bi thusa magadh, ach chan eil an latha fad' às. Dhùisg na daoine, seasaidh iad an còir fhèin 's bu mhithich dhaibh sin. Tha luchd-comhairle ùr aig an Righ, agus gheall iad *vote* no guth taghaidh do gach duine tha os cionn bliadhna thar fhichead a dh'aois.

M.-S.: Air d' athais, a fhleasgaich, na bi 'g innse nì nach eil fìor; cha do gheall iad. Gheall iad gum feuchadh iad ath-leasachadh a dhèanamh air an dòigh roghnachaidh, agus gheall iad ìsleachadh a dhèanamh air cìsean na dùthcha agus air costas na dùthcha; ach cha do gheall iad riamh na tha thusa 'g ràdh, 's cha mhotha bha e nam beachd, ged tha cuid a dhaoine gòrach a' glaodhaich a-mach air a shon – daoine, mòran dhiubh tha suarach ged rachadh an rìoghachd bun-os-cionn. Chan fhaic an

Gobhainn no Alasdair Mòr Inbhir Aora 'n dà latha seo a thaghadh Fear-Pàrlamaide, 's tha sin cho math dhaibh.

Marsanta: Nach mòr an onair tha aca ann an Sasainn agus an Èirinn, far an coinnich na mìltean a thaghadh duine freagarrach airson na Pàrlamaid.

M.-S.: A thaghadh, math dh'fhaodte, an aon t-slaightear as cealgaiche san dùthaich – an duine 's motha bheir dhaibh de bhrosgal, agus a dh'innseas am barrachd bhreugan – ach am bitheantas am fear as àirde cheannaicheas an guth; air chor 's gur h-e truimead a sporain a choisneas an latha 's nach e feabhas no gliocas an duine. Bha coinneamh aca o chionn ghoirid ann an Liverpool agus bha guth aig na mìltean sa ghnothach. Ciamar a chaidh an latha? Tha leis an uasal bu truime sporan. Thràigh sporan an dara fir an dèidh dha trì fichead mìle punnd Sasannach a chost. Sheas am fear eile mach, agus choisinn e 'n latha le duais a dhìol do gach fear a thug a ghuth no a *vote* dha, agus rè na seachdain nach robh am baile mòr sin mar gum bu deamhain a bha ga àiteachadh, le misg 's mì-bheus, 's gach gràinealachd a b' oillteile na chèile.

Gobhainn: Cha robh fios agam gum faodadh iad an *vote* aca a chreic.

M.-S.: Chan fhaod – nam biodh cneastachd annta; oir tha iad bòidichte nach do ghabh iad duais, ged tha fios aig gach aon gun do ghabh. Thig esan, mar gum b' ann a dh'iarraidh do ghuth-sa, staigh don cheàrdaich, e fhèin no fear eile air a shon – feòraichidh e a bheil seana chrudha eich agad ri reic? Tha, ars thusa. Ciod a tha thu cur mu choinneamh, ars esan? Cha chreic mi mo chrudha bòidheach a-nuas o leth-cheud bonn òir, ars thusa. Tha sin daor, ars esan – ach 's leam e, air chùmhnant nach reic thu nì sam bith ri leithid seo a dhuine. Seo mo làmh, ars an gobhainn. Theid thu 'n sin agus bheir thu do bhòid nach d' fhuair thu duais air bith, ach gu bheil thu toirt do ghuth gu saor – ach ciod a tha 'n sin ach mionnan-eithich?

Gobhainn: Ciod eile ach mionnan-eithich, an clàr aodainn.

Marsanta: Amhaircibh air Èirinn – nach cil facal an sin aig a h-uile fear? Na mìltean agus na deich mìltean dhiubh cruinn a thaghadh fear Pàrlamaid dhaibh fhèin, mar as iomchaidh do dhaoine saor a dhèanamh.

M.-S.: Ma-tà, thuit thu air na daoine saora, na tràillean bochda as motha an-diugh ann an Eilean Bhreatainn. Ach, a bhobaig, chan eil facal aig gach duine 'n Èirinn sa chùis seo; no aig fear sa cheud dhiubh. Bha o chionn ùine gheàrr facal aig na h-uile fear a b' fhiach dà phunnd Shasannach sa bhliadhna, agus chitheadh tu h-uile uachdaran fearainn, le bhàillidh agus le mhaor, ag iomain nan daoine truagha rompa, mar gum biodh greigh each a' dol gu faidhir no fèill – gam biathadh air an rathad, 's gun fhios aig fear san fhichead dhiubh càit a bheil iad a' dol, agus caoin-shuarach cò a chuirear a-staigh, ach mar a dh'iarras an uachdaran no an sagart orra.[4] Cho luath 's a tha chùis seachad leigear an taod mu cheann gach fir, agus leigear dhachaigh e mar as àill leis a dh'ionnsaigh a' bhothain neo-chuanta. Cha toirear dhaibh aonta fearainn an earalas gun rachadh iad an aghaidh an uachdarain. Tha màil thairis orra nach eil e nan comas a chur dhiubh. Tha fiachan mòra aig a' bhàillidh nan aghaidh na leabhraichean – agus ma tha chridhe aig fear dhiubh a bheul fhosgladh ach mar dh'iarrar air, creicear na tha aige ris an t-saoghal, agus cuirear e fhèin agus a mhuirichinn bhochd a shireadh na dèirce. Sin agad an t-sochair mhòr a tha 'n lorg guth bhith aig na daoine bochda ann an taghadh luchd na Pàrlamaid: agus mar tha e ann an Èirinn, ceart mar sin bhiodh e sa Ghàidhealtachd nam faigheadh gach fear facal sa chùis. Cha bhiodh aonta o cheann gu ceann na dùthcha, agus bhiodh na ceudan 's na mìltean air an tarraing a-mach on taighean fhèin gu ceann-bhaile gach siorramachd a sheasamh còir an fhir sin bu mhiannach len uachdarain a chur a-suas.

Gobhainn: Fhir mo chridhe, 's ann agad fhèin a tha 'n ceann: ciod a tha aig a' Mharsanta mhòr ri ràdh a-nis? Fhuair do charaid *Reform* a' bhuille 'm bun na cluaise.

M.-S.: Cha d' fhuair idir – tha iomadh ath-leasachadh math a dh'fhaodte dhèanamh, agus gun teagamh a nithear, ach chan ann dhiubh na bha esan ag ràdh. Ma sheasas sìth eadar na rìoghachdan, tuitidh na cìsean, cuirear ma sgaoil mòran de na saighdearan, agus tuitidh costas na Rìoghachd; ach gu truagh tha Èirinn ann an cor bochd. Tha muinntir na dùthcha sin air am mealladh le daoine seòlta, cealgach, a tha feuchainn fuil agus fòirneart a thoirt air an rìoghachd. Tha daoine aingidh mì-dhiadhaidh, slaightearan gun tlus, gun ghràdh-dùthcha, ag iarraidh cogadh agus aimhreit a dhùsgadh eadar Èirinn agus Sasainn. Chan eil a' bheag aca fhèin ri chall, agus theagamh gum faigheadh iad nì-eigin san iorghail. Tha na daoine truagha toirt creideis dha seo, agus anns a' cheart àm seo tha 'n dùthaich àlainn sin air a buaireadh. Càit an stad iad chan eil e soirbh ri ràdh, ach tha dòchas againn gun caisg am Freastal iadsan a tha gam brosnachadh gu olc. Ach an cluinn thu mi, fhir na màileide, 's tusa agus do leithid a tha cur amaideachd ann an inntinn dhaoine bochda – a' labhairt mu nithe air nach eil eòlas agad, agus a' cur nan ceann gu bheil eucoir agus fòirneart ga dhèanamh orra: gu bheil dìth saorsa agus ceartais aca, nuair nach eil rìoghachd air an t-saoghal cosmhail ris an Rìoghachd dam buin sinn. Bu chòir ceangal nan trì chaol[5] a dhèanamh ort agus air do leithid a tha 'g iarraidh daoine dhùsgadh gu gòraiche; agus bu chòir do chur a-nunn don Spàinnt, no 'm measg nan Ruiseanach – thuigeadh tu 'n sin luach nan sochairean air a bheil thu dèanamh tàir. 'S bochd a' chùis mas tusa agus do leithid a tha dol a chur ur làmh air Mathair-riaghlaidh Bhreatainn, an aitreabh àlainn a thog ar n-athraichean – airson na dhòirt iad am fuil. 'S iomadh làmh bha mu cur suas – 's iomadh doineann a sheas i – 's iomadh linn a chunnaic i – 's iomadh latha bha na daoine on tàinig sinn sona fòidhpe, agus seasaidh i a dh'aindeoin cò theireadh e. Aosta 's mar tha i, bidh i fhathast nas aosmhoire. Tubaist air an làimh a dh'iarradh clach a thoirt aiste. Soirbheachadh le gach aon leis am math gu math i.

NOTES AND REFERENCES

Publication details: *An Teachdaire Gae'lach* 22, February 1831: 224–29; *Caraid nan Gaidheal*, 81–90

Author: T. O. (Rev. Dr Norman MacLeod)

Background: This *còmhradh* captures some of the anxiety felt by establishment figures such as Norman MacLeod at the prospect of social unrest in the early decades of the nineteenth century. It is both a response to national and international events and an attempt to manage the expectations of readers. This text was published two years after the passing of the Roman Catholic Relief Act (1829), which saw the campaign for equality for Catholics come to fruition, and three months after the new Whig Prime Minister, Lord Grey, had announced his intention to bring about Parliamentary reform. The movement for reform of the electoral process had been gathering pace throughout Britain during the 1820s and was to culminate in the Reform Act of 1832, which pertained to England and Wales, and in a parallel act for Scotland. This, the first of three Reform Acts which would gradually democratise the electoral process in the course of the nineteenth century, saw the franchise extended to £10 householders in the burghs, and in county constituencies to £10 owners, fifty-seven-year £10 leaseholders, or nineteen-year £50 leaseholders, and resulted in the entire Scottish electorate increasing from less than 3,000 before the Act to 65,000 immediately after (Dyer 1996: 27 & 46). The desire to manage readers' expectations about what could be expected from parliamentary reform, which is evident in this *còmhradh*, must have arisen in part, at least, from what MacLeod witnessed around him. His son, John, describes events in 1829 from the perspective of Campsie, his father's parish at that time:

> It was a time of intense political excitement; first the Roman Catholic Relief Bill discussion, next the agitation in favour of the Reform of the House of Commons, convulsing the country. The aristocracy and upper classes generally were in a dreadful fright, had visions or memories of the French Revolution, with massacres and burning mansions, as sometimes threatened by the wilder spirits to gain their ends.

Monster processions, brass bands, and meetings everywhere (an immense one in Glasgow), drew crowds from Campsie. With the exception of Mr. McFarlane of Kirkton, the heritors of Campsie, and the minister as well, were Tories, and wild were the howls and groans from the processionists when they encountered any of them or passed their residences. No damage occurred; the excitement was tremendous, but fortunately for the peace and prosperity of the country, Reform was ultimately carried; the good sense of the people returned and peace followed (MacLeod 1898: 69).

1 The reference to Russia in the opening exchanges is to the 'November Uprising' of Poles against Russian rule in late November 1830 which lasted until October 1831 when the vastly outnumbered Polish insurgents were forced to submit to the Russian army.

2 **an losgadh 's am bristeadh air muilnean […] a tha daoine nis a' dèanamh ann an Sasainn**: The reference to the breaking of machinery in England is to the 'Swing Riots', agrarian unrest stemming from high levels of rural unemployment. These protests, often involving the burning of threshing machines, began in the south-eastern counties of England in August 1830, and earned their name from the threatening letters signed by the pseudonymous 'Swing' which were sent to farmers, magistrates and others (Griffin 2012). Some of these riots were reported in the contemporary Highland press (e.g. *IC* 24/11/1830) and MacLeod is clearly cautioning here against rural protest of this sort.

3 **An toir thu dhomh do bhriogaisean a dhol a dh'Inbhir Aora?**: I have been unable to identify this song.

4 **chitheadh tu h-uile uachdaran fearainn, le bhàillidh agus le mhaor, ag iomain nan daoine truagha rompa, mar gum biodh greigh each a' dol gu faidhir no fèill …**: In Ireland, before the Roman Catholic Relief Act of 1829, forty-shilling freeholders had the right to vote, and it is to this that MacLeod is referring in the text when he writes of tenants being herded to the polling

booth to vote for their proprietor's preferred candidate. As a result of the 1829 Act this was raised to £10 freeholders, significantly reducing the size of the electorate in Ireland (Bartlett 2014: 530–35).

5 Ceangal nan trì chaol: *Dictionarium Scoto-Celticum: A Dictionary of the Gaelic Language* defines this as 'a particular mode of binding captives of old, with three withes, or osiers,— still practised in youthful games, where the withes are applied to the ancles (*sic*), knees, and wrists' (1828: 189). See also Stern 1908. Sometimes 'ceangal nan còig caol' which involved being bound around the ankles, wrists and neck. I am grateful to Professor Donald Meek for this information.

CÒMHRADH 8

Còmhradh eadar Fionnlagh Pìobaire, Màiri agus Para Mòr

Pàraig: Fàilte, fàilte, Fhionnlaigh, a mhic chridhe, 's beag tha 'm feasgar fuar earraich a' cur ort nad shuidhe taobh a' ghealbhain shuilbhire, cho tioram, sheasgair ri spuing, a' seanchas ri Màiri mar a b' àbhaist.

Fionnlagh: Gabh a-nìos, a ghoistidh, cha mhios' ar seanchas thusa theachd. Seo, seo, a Mhàiri, tog air falbh do rolagan às a' chathair mhòir 's dèan àite do Phàraig.

Para: Na gluais, a Mhàiri, tha suidheachan ìosal, socrach an seo, agus tha fhios agad, Fhionnlaigh, gur e 'n suidhe bochd a nì 'n garadh beairteach. Ciamar a tha Màiri? Na chunnaic na mnathan riamh, ach a bhith cìreadh 's a' clàdadh 's ag àireamh nan ciad.

Mairi: Ma-tà, mo thruaighe 's beag taing a tha ac' air a shon air uairibh, ach coma co-dhiù, cha chluinnear sgeig no fochaid an latha thèid an clò ùr air faiche. Bu mhithich dhut tighinn a dh'amharc Fhionnlaigh.

Fionnlagh: Bha fadal orm d' fhaicinn; chan fhaod e bhith nach eil naidheachdan agad; mur eil thu eòlach a-nis air an Òban, cuin a bhitheas ?

Para: Tha cho eòlach 's a tha 'n ladar air a' phoit – ach tha sin seachad a-nis – tha dùil ris an luing mhòir an sin mu mheadhan an earraich, agus tha m' àit agus àiteachan mo theaghlaich air an gabhail, 's dara leth an airgid-aisig air a dhìol.

Fionnlagh: 'N ann da-rìribh? Chuala mi beagan seanchais uime, ach cha robh mi ga chreidsinn – theagamh, a ghoistidh …

Para: Chan eil teagamh tuilleadh sa chùis; bha mi ann an ioma-chomhairle fada gu leòr, 's iomadh oidhche airtnealach, throm a chuir mi seachad gun lochd cadail: Nì Math a thoirt maitheanais dhomh, ach a' tionndadh 's a' gluasad le iomagain agus le cùram; ach tha sin seachad, ciod am feum a bhith tighinn thairis air?

Fionnlagh: Ma-tà, nam b' e toil an Fhreastail chaoimh e, b' fhèarr leam thu dh'fhuireach: tha eagal orm gun robh thu bras;

133

chan ann gun smaoineachadh 's gun toirt fa-near bu chòir do
dhaoine 'n saoghal a ghabhail fon ceann agus tìr eòlais fhàgail; gu
sònraichte do dhuine a ràinig d' aois-sa, Phàraig, a dhùthaich
fhàgail. 'S i 'n èiginn chruaidh a bheireadh orm dol thairis, no
imrich air astar a bu lugha a dhèanamh; tha mi 'n dèidh mo
fhreumhan a sgaoileadh a-mach mu bhruachaibh an uillt ud
shìos, agus ar leam nam faighinn mo thoil nach eil oiteag ach
oiteag fhuar a' bhàis a spìonadh às am bun iad. Tha mo ghràdh do
na creagan ud shuas a h-uile là a' meudachadh; b' e 'n eidheann a
spìonadh on chreig mo chur air imrich uapa; tha iomadh nì a b'
fhèairrd' a leasachadh, ach sin cor an t-saoghail – chan eil math
air thalamh nach eil olc fhèin na chois, agus is glic an seanfhacal,
''S fheàrr an t-olc eòlach na 'n t-olc aineolach'; a Phàraig, tha eagal
orm gun robh thu bras.

Para: Cha robh; cha sgaoimear balaich mi bheir leum gun
amharc romham. Fuirich thus', Fhionnlaigh, bi taingeil gum faod
thu; agus guma fada mhealas tusa 's Màiri do thaigh beag seasgair;
ach tha fhios agad ciod a chuir an earb air an loch – an èiginn,
Fhionnlaigh; chuir an èiginn a làmh neo-iochdmhor orm 's chan
eil cur na h-aghaidh; tha 'n nead anns an d' àraicheadh mis' agus
m' àl air a creachadh, tha i fo bhinn, tha bhàirlinn ann: 's èiginn a
fàgail, 's èiginn ar sgiathan a sgaoileadh agus creag nas àirde
iarraidh air nach ruig am maor. A rèir coltais tha i fad' às; ach
chan eil comas air. Chan fhad', Fhionnlaigh, gus am faic thu an
fheanntag ghlas agus a' chòinneach uaine fàs ann an làraich luim
far am b' àbhaist do thaigh Phàraig seasamh. 'S beag a shaoil mi
gur h-ann air mo shon fhìn a rinn bàrd milis ar dùthcha 'n dàn
leis a bheil mi nis a' togail mo chrònain thiamhaidh:

A ghlinn mo ghràidh rinn m' àrach òg,
An èiginn d' fhàgail 's mi gun treòir?
An èiginn dhomh 's do chlann mo ghaoil
Falbh gun dùil ri tionndadh chaoidh?[1]

Leig leam, Fhionnlaigh, chan urrainn mi sgur dheth – aon rann
eile 's bidh mi gad fhàgail:

An èiginn dhomh fa dheireadh triall,
'S falt mo chinn na dhualaibh liath?

Eàrr mo làithean ruith gu luath,
Mar chloich na deann o àird nan cruach.
Slàn leat, Fhionnlaigh, 's èiginn dhomh falbh, gheall mi greasad
dhachaigh – gu fìrinneach gheall.

Fionnlagh: Dèan suidhe, Phàraig – a Mhàiri, eudail, thoir
dhomh an neapaigin bheag ruadh a chì thu thall san uinneig.
Dèan suidhe, Phàraig.

Mairi: Cha charaich thu ceum, 's minig a thuirt thu nach robh
tè san dùthaich a dh'fhuineadh breacagan eòrna na b' fheàrr na
bean a' phìobaire; cha tèid thu mach a-nochd gus am feuch thu
h-aon dhiubh le bainne nan gobhar – dhòmhsa do bhonaid.

Fionnlagh: A Mhàiri, thuirt thu gu math, thoir thusa sùil
ceann eile 'n taighe, tilg boitein am buaidheal a' mhairt cheann-
fhionn 's faic a bheil an t-agh ruadh sàmhach; cha robh nasg
riamh air 's tha e rudeigin ceannsgalach. A-nis, a Phàraig, tha
duilgheadas orm, cha bu mhath leam facal a ràdh a chuireadh
trioblaid ort, ach da-rìribh 's i 'n dubh-èiginn a chuireadh air
imrich do dhùthaich chèin mi.

Para: Cò tha cur nad aghaidh? Ach nach aidich thu gun tàinig
an èiginn? Mur tàinig cha tig – nach eil an dùthaich air dol a
dh'ionnsaigh na dubh-bhochdainn; na h-uile nì dol air ais, nach
eil an t-sìd' fhèin air atharrachadh? Cha chreid mi nach e toil an
Fhreastail sinn ga fàgail. Nach tàinig plàigh air a' bhuntàta fhèin;
cha chinn lus no bàrr mar a b' àbhaist dha; chan urrainn sinn a'
mhòine fèin a chaoineachadh. Nach d' fhàg an sgadan ar
cladaichean? Nach eil gort agus ganntar an dèidh feòil dhaoine
bochda chnàmh? Nach robh na mìltean a' tighinn suas air min
bhàin na dèirce[2] o chionn bliadhna no dhà? Mur biodh Dia air a
cur nar rathad ciod a dh'èireadh dhuinn? An tèid gaoir nam
pàistean às mo chluais fhad 's tha 'n deò annam? Nach do chuir
mi fòid anns gach uinneig a ghlasadh a-mach an latha mun
dùisgeadh na pàistean? Am faca tu mnathan truagha gun
chaisbheart, gun chòmhdach, nan crùban taobh creige, feitheamh
tràghadh na mara gus an ruigeadh iad air a' mhaorach, na
pàistean a' cruinneachadh nam bioran agus an fhraoich – a'
choille-chonnaidh fhèin air a toirt uainn? Nach tugadh on

bhàthaich ud thall an t-aona mhart, 's na dilleachdain a'
glaodhaich na dèidh? Càit a bheil mo bhaidean chaorach 's mo
chuid gobhar fhèin? Chan eil mise coireachadh neach air bith, b' e
'n cuid fhèin a bh' ann, cha d' rinn iad ach ceartas, ach tha 'n
ceartas air uairibh cruaidh; ach carson tha mi gearan? Cha robh
còir agam air iochd.

Fionnlagh: Cha robh; chan iochd e far a bheil còir; ma tha còir
againn air iochd 's ceartas a' chòir sin a sheasamh; ach mar a
thuirt thus' e, 's cruaidh an nì air uairibh ceartas. Ma bhuineas an
Tì as àirde rinn a rèir a cheartais, cò sheasas nuair a thig a'
bhàirlinn fa dheireadh? Ach, a Phàraig, ged a tha na thubhairt thu
fìor – 's ann agam tha fhios – gidheadh cò 's urrainn innse na
deuchainnean goirt agus an truaighe tha daoine fulang ann an
dùthchanna fad' às. Is beag tha fios agad na tha romhad: aon nì,
cha tig an dùthaich sin riutsa gu dìlinn cho math ris an tè a
dh'fhàg thu; gabhaidh am pòr òg ri fearann coimheach, agus
fàsaidh am fiùran maoth far an cuirear e, ach thusa no mise,
Phàraig, cha fhreagair e dhuinne, agus da-rìribh chan fhiach e 'n
t-saothair dol thar chuantan air tòir dachaigh; chan eil an t-àm
fad' às anns an uidheamaichear taigh caol, cumhang dhuinn nar
dùthaich fhèin. Nuair a smaoinicheas tus' air an turas-cuain a tha
romhad, at na fairge, uamhas na doininn, tuineachadh ann an
coille fharsaing, far nach fhaic thu ach na speuran os do chionn
agus an talamh fo do chois: am measg choigreach; cuid mhòr den
bhliadhna air do thiodhlacadh fo shneachda, a' leagail chraobh gu
àite dhèanamh do dh'iomaire buntàta, gun fhear-eòlais, no
fear-dùthcha, math dh'fhaodte mar fhichead mìle dhut, gun
uiread 's an riabhag fèin a' seinn san fhàsach neo-chrìochnach,
gun mhèilich chaorach, no miogadaich ghobhar – thu fhèin 's do
chlann a' leagadh chraobh gan losgadh, 's a' tolladh a-staigh air ur
n-adhart fo dhubhar na coille nach teirig gu bràth;[3] agus nuair a
thig am bàs, do thilgeil ann an sloc! Coma leam e! Mas e toil an
Tighearna mo thoirt gu falbh o dhoras gu doras, gum b' ann ann
an tìr m' eòlais! Ma tha anacothrom againn ann an iomadh càs an
seo, tha air an làimh eile iomadh sochair againn; chan eil eagal
oirnn ro luchd-spùinnidh no murtairean, ro dhaoine borba

fiadhaich; agus tha againn beannachadh is dòcha nach eil san àite
do bheil thusa dol; tha eaglaisean againn, ministearan agus
sàmhchair na Sàbaid; soisgeul an Tighearn' air a shearmonachadh
nar cànain fhèin, gu bàidheil, càirdeil, drùidhteach, agus cothrom
airson uidheamachadh tràth a dhèanamh mu choinneamh na
h-imrich nach faodar a sheachnadh. A Phàraig, fhir mo chridhe,
smaoinich air na nithe seo, 's na toir an leum san dorcha. Cò ris a
chuir thu do chomhairle ?

Para: Bheil thu rèidh, Fhionnlaigh? Smaoinich mi air na nithe
sin gus an robh mo cheann, cha mhòr, na bhreislich; chuir mi mo
chomhairle ri gach neach a shaoilinn a b' urrainn comhairle thoirt
dhomh, agus ghabhadh e oidhch' fhada gheamhraidh innse dhut
gach comhairle neo-chòrdail a fhuair mi. 'Ma thèid thu do leithid
seo a dh'àit', arsa h-aon, 'meilichear le fuachd thu'; 'ma thèid thu
don àit' ud eile,' ars an ath fhear, 'bàsaichidh tu le tart'; 'ma thèid
thu don treas àit', ithidh na daoine dubh thu.' Chan ann a-mhàin ri
daoine chuir mi mo chomhairle, chuir mi Ris-san a tha comasach
air mo stiùireadh; agus tha mi 'n dòchas gu bheil mi air mo
stiùireadh leis; ach tha 'n gnothach air a shocrachadh a-nis, agus on
chuir thu thuige mi chan e uile-gu-lèir a' bhochdainn, no eagal gun
leigeadh Dia leam bàsachadh air an rathad-mhòr, a thug orm cur
romham falbh. Sheasainn a' bhochdainn, dh'fheuchainn bothan a
thogail ann an àiteigin 's cha bhithinn fo chùram; tha spèis agam do
thìr m' òige cho làidir 's a bhuail riamh ann an cuisle; chan fhaic
mise tìr gu dìlinn cho àillidh ri tìr mo chiad eòlais. Ged a labhrainn
facal air uairibh a bheireadh air coigreach smaoineachadh gum bu
duine gruamach, garg Pàra Mòr, tha mo chridhe cho tais ri cridhe
eile; tha blàths agam ris an eaglais, ris a' chladh, 's ris a' mhinistear,
thà, blàths nach fuaraich fo shneachda Chanada; agus chan
iongantach ged a robh; tha cuimhn' agad mar a bhà mi, tha fios
agad mar a thà mi; do Dhia gun robh an taing! Ach 's èiginn falbh;
tha mo chridhe, creid mi, 'n impis sgàineadh; ach, Fhionnlaigh,
chan fhan mo theaghlach 's chan iarr mi orra. 'S urrainn mi, ge
cruaidh e, dealachadh ri mo dhùthaich, 's urrainn dhomh cead
deireannach a ghabhail de gach beinn agus sliabh, agus allt agus
caol; 's urrainn dhomh cead a ghabhail den chladh 's de gach leac a

th' ann, 's urrainn dhomh dealachadh riutsa, Fhionnlaigh, seadh
ris-san a bha air a bheannachadh le Dia chum mo spìonadh mar
aithinne às an teine; ach dealachadh ri mo theaghlach, dealachadh
ri mo ghillean gaolach dìleas, ri mo phàistean dleasnach 's leigeil
leotha falbh, a ràdh riutha, Slàn leibh! Thusa, Eòghainn, mo chiad
duine cloinne, thusa, Eachainn, agus thusa, mo Dhòmhnallan beag
tha dol leotha, agus ri Anna, samhladh a màthar, chan urrainn mi,
cha dèan mi e, gheall mi falbh; cha toir mi iadsan gu bhith 'g
iarraidh na dèirce; thug an Tighearna dhaibh neart, agus innleachd
agus ceàird; thug mi mo làmh dhaibh; na can facal diomolaidh; slàn
leat! na h-iarr orm fuireach ach innis do Mhàiri nach b' urrainn
dhomh; thig mi oidhch' eile. Slàn leat, Fhionnlaigh, Nì Math a
bhith maille riut!

Fionnlagh: Mar sin dhutsa, chan iarr mi ort fuireach, ach thig
cho luath 's as urrainn dhut.

Tha muinntir eil' air teachd dar tir,
Is sìol nan treun gan cur a dhìth –
Sìol nan treun a ghlèidh le buaidh
Ar beannntan àrd is tràigh a' chuain.

Ach thrèig iad fhèin 's gach euchd a rinn;
'S tha sinne 'n-diugh, an sliochd, gun sgoinn,
Mar chuiseig fhaoin, fo thaom gach sian,
Air call ar neart, ar meas, ar miadh.

Gluaisibh, chlann na muinighin thrèin,
'S gum faigh sibh iochd fo chaochladh grèin';
Ge caomh leibh beanntan àrd ur n-òig'
'S gann gum faic sibh iad rir beò.

Triallaibh dh'ionnsaigh cuan nan stuadh;
Ach, och! mo chreach! cha b' e mo luaidh;
B' annsa laighe sìos gu ciùin'
Mar rim dhàimhich anns an ùir.

NOTES AND REFERENCES

Publication details: *Cuairtear nan Gleann* 1, 1840: 9–13; *Caraid nan Gaidheal,* 115–23

Author: Rev. Dr Norman MacLeod

Background: Appearing in the first issue of *Cuairtear nan Gleann*, this dialogue set the tone for later issues of the journal in which emigration was to feature prominently. The destitution brought about by the failure of both crops and fishing in 1836–37 (see *Còmhradh* 9) was to prompt much debate about the benefits which emigration could bring to the Highlands. Indeed, Norman MacLeod made no secret of the fact that one of the main purposes of *Cuairtear nan Gleann* was to provide Gaels with information about emigration. He was a keen advocate of emigration (see Kidd 2002), observing in his evidence to the Parliamentary Select Committee appointed to enquire into the condition of the Highlands and Islands in the wake of the 1836–37 famine that 'the country is now threatened with an apoplectic attack; it must be bled; the homeopathic system will not meet the pressure of the malady upon the system' (*PP* 1841 VI: 84). *Cuairtear nan Gleann* in fact adopted such a strongly pro-emigration stance that in its seventh edition MacLeod felt it necessary to publish the following disclaimer:

Fhuair sinn litir no dhà a' feòraich an robh sinn air ar pàigheadh leis a' chomunn ann an Sasunn air son na Gàidheil a chur imrich, agus 'gar diomoladh airson a leithid. Tha againn ri ràdh nach 'eil aon fhocal firinn anns na tha iad mar so a' cur as ar leth. An comunn air son Gàidheil a chur do America, do Australia, do New Zealand, no do dh-aite air bith eile, cha do cheannaich uiread agus aon Chuairtear uainn, ni mò thug iad sgillinn ruadh seachad chum a chosd a dhìol. (*CnanG* 7, 1840: 168)

(*We received one or two letters enquiring if we were paid by the English society to help Gaels emigrate and criticising us for this. We have to state that there is not a word of truth in what they accuse us of. No society for sending Gaels to America, Australia, New Zealand or anywhere else has ever bought so much as one Cuairtear from us, nor have they given a single penny towards its expenses.)*

With famine having brought home to people the consequences of over-population in parts of the Highlands, MacLeod's views were far from being exceptional for a man of his position. What marks him out, however, is the way in which he used his writings and his periodical to attempt to influence his readership. Para Mòr is a character who blames no one for his situation and who is provided as an example to readers of acceptance, obedience and deference to authority. The pathos pervading this *còmhradh* is highly reminiscent of that in MacLeod's earlier essay, the well-known and often re-published 'Long Mhòr nan Eilthireach', which depicts an emigrant ship preparing to set sail from Tobermory for Canada (MacLeod 1828: 79–88).

1 A ghlinn mo ghràidh rinn m' àrach òg: these, and the later verses in the còmhradh, are from 'An Gaedheal a' fàgail a dhùthchadh', a 41-stanza, anonymous poem published in MacLeod's 1828 school reader, *Co'chruinneachadh* (88–93), and appearing immediately after 'Long Mhòr nan Eilthireach'.

2 min-bhàin na dèirce: a reference to the meal bought with charitable donations and distributed in the Highlands during the famine of 1836–37. See *Còmhradh* 9.

3 fo dhubhar na coille nach teirig gu bràth: from 'Dèan cadalan sàmhach, a chuilein mo rùin', until recently assumed to have been composed by Iain Mac Mhurchaidh (John MacRae) (?–1780), who left Kintail for North Carolina c.1774 (e.g. MacDonell 1982: 42–44). Recent research by Michael Newton has, however, suggested that MacRae may not, in fact, have been the author of this song which may instead have been composed in the Carolinas by a woman (Newton 2014).

CÒMHRADH 9

Còmhradh mu Mhin nam Bochd
eadar Alasdair Cruinn agus Ailean Mòr

Alasdair: Gu dè do sgeul an-diugh, Ailein – càite thog thu ort an-dràst?

Ailean: Chan eil a' bheag de dh'annas agam fhìn, 's chan eil e 'm beachd dol seach an taigh agaibh fhèin an-diugh. Thàinig mi gur faicinn an dòchas gun tugadh sibh dhomh baraille no dhà buntàta, agus tha dòchas agam, on as caraid agus fear-cinnidh sibh, nach diùlt sibh mi an àm na h-èiginn.

Alasdair: Cinneadas 's càirdeas! Tha iad sin mar a chumar iad. Bheil an t-airgead agad, Ailein? Ma tha, 's e do bheatha gu uiread den bhuntàta 's as urrainn thu thoirt leat.

Ailean: Ma-tà, chan eil e ro ghoireasach san àm, ach cha ruig sibh a leas eagal a bhith oirbh nach faigh sibh e.

Alasdair: Bheir mi 'n aire nach bi adhbhar eagail agam, a chionn nach faigh thusa aon chnap no maoirnean dheth gus an cuir thu na tastain air a shon nam dhòrn. Ach ciod a chuir thusa gun bhuntàta am-bliadhna? Chinn e gu math don a h-uile duine a chuir e; agus nan cuireadh tusa am pailteas dheth na àm, cha bhiodh tu an-diugh an eisimeil na ceannachd.

Ailean: Tha sin fìor: ach tha 'n leasachadh duilich cur ris; tha 'n grunnd agamsa glè dhoirbh ri ghiullachd, agus, a dh'innse na fìrinn, bha fiughair agam, ged a thigeadh beagan èiginn orm, gun dèanadh a' mhin Ghallta[1] cobhair orm, mar anns na bliadhnachan a chaidh seachad – gum bu gheal do na daoine còire bha ga cur gar n-ionnsaigh; ach tha eagal orm gun do thrèig sin oirnn a-nis. Bha 'm Bàillidh ag ràdh an latha roimhe nach tigeadh deann tuilleadh dhith don dùthaich.

Alasdair: Ma-tà, ma thogair! 'S mì tha toilichte a chluinntinn; agus bu mhath don dùthaich mura tigeadh na h-uiread dhith.

Ailean: Obh, obh! 'S furasta dhuibhse aig a bheil crodh 's caoraich, agus a thuilleadh air a sin, tochar na mnatha fhathast sa chiste ghuirm, gun aon *not* a phronnadh dheth, bruidhinn san

141

dòigh sin; ach nam biodh sibh mar tha mise, gun sgillinn ruadh fhaicinn eadar dà cheann an ràithe, na pàistean leth-rùisgte, agus a' glaodhaich airson a' bhìdh nach eil furast' fhaighinn dhaibh, agus am maor a' glaodhaich airson a' mhàil nach urrainnear a chur cruinn, bhiodh atharrachadh sgeòil agaibh; bhiodh sibh glè thaingeil airson min fhaighinn an-asgaidh. Ann am bharail-sa 's i beannachd as motha a thàinig an caraibh na Gàidhealtachd on a chuir mi ad mum cheann, agus chan eil fhios agam ciod a nì daoine bochda ma tha i nis air trèigsinn orra.

Alasdair: Ma-tà, ged a bhiodh gach maor agus madadh san dùthaich air mo thòir, cha rachainn gus a' bhaigearachd, a dh'iarraidh na dèirce, am feadh 's a bha 'n Tighearna gleidheil slàinte agus neart rium, 's cha mhotha bhiodh mo chlann rùisgte no acrach am feadh 's a b' urrainn dhomh an cosnadh a dhèanamh. Gun teagamh rinn a' mhin a bha 'n sin fuasgladh air mòran a bha ann an càs. Rinn i math, tha mi 'g aideachadh; ach rinn i cron mar an ceudna. 'S beag nach d' rinn i uiread chron ris na caoraich mhòra no na trì mail.[2]

Ailean: Ciamar seo? Ciamar seo? Cha chuala mi duine tuigseach riamh a' labhairt a leithid do bhurrasgaireachd, 's cha chreidinn aon fhacal dheth ged a mhionnaicheadh fir an domhain e.

Alasdair: Creid no na creid thus' e, ach tha chùis mar tha mise 'g ràdhainn; tha iomadh dearbhadh air gu bheil, agus tha thu fhèin a bhith 'n seo an-diugh, air a' ghnothach air an tàinig thu, na aon dearbhadh gun d' rinn i cron.

Ailean: Cron! Cha d' rinn i cron riamh dhòmhsa, ach mòran math. 'S iomadh bonnach tiugh, taiceil agus mias mhath bhrochain a bha againn dhith; agus chan fhiosrach mi ciamar a bha sin gu coire dhomh. Cha chuimhne leam dà shamhradh riamh san robh muinntir na dùthcha ann an cor cho math, cho socair, sàsta 's a bha iad ri linn; beag-rath air an fheadhainn a chuir stad oirre 'n-dràsta!

Alasdair: Bha thu socair sàsta gu leòr air a tàillibh car dà shamhraidh, ach ciamar a tha thu an-diugh? Thà am mèinn na ceannachd, agus gun rud a nì a' cheannachd ann; thà gun bhiadh dhut fhèin no do do theaghlach, agus seo uile chionn gun robh dùil agad san earrach gun robh muinntir na Galltachd gu bhith gleidheil lòn riut an-asgaidh. Mur bhith an fhiughair mhosach seo a bha agadsa 's aig feadhainn eile, shaothraicheadh sibh am fearann agaibh fhèin, agus bhiodh an-diugh am pailteas agaibh. Ach cha d' rinn sibh seo; dhiùlt sibh tobar maireannach a chladhach, sa bhaoth-dhòchas gun gleidheadh caochain nam frasan samhraidh uisge ribh. Tha sibh a' toirt dham chuimhne sgeul a leugh mi mu chù a bha o chionn fhada dol thar abhainn, agus slinnean feòla aige na chraos; air dha sealltainn san uisge chunnaic e an sin, mar a shaoil e, slinnean mòran bu mhotha 's a b' fheàrr na 'm fear a bha aige, agus ghrad-leum e sìos ga ghlacadh, ach ghrad-mhothaich e nach robh san t-slinnean mhòr ach faileas an fhir bhig, agus am fear beag air a sguabadh air falbh leis an t-sruth; 's cha robh aig a' ghadhar bhochd ach donnalaich airson a bhaothaireachd fhèin.[3] 'S ann dìreach mar seo, Ailein, a rinn thusa 's do choimhearsnaich; leig sibh seachad math cinnteach, àiteachadh ur fearann fhèin, airson neo-chinnteas bhuilich, agus tha sibh an-diugh a' caoidh ur n-amaideachd. Nach aidich thu a-nis gun d' rinn a' mhin coire dhut?

Ailean: B' fheàrr dhomh gun teagamh gun do chuir mi an tuilleadh barra 'n-uiridh; ach mur eil agaibh ri chur às leth na mine ach na dh'ainmich sibh, cha ruig sibh a leas na h-uiread a dhèanamh ga càineadh; sin aon rud a their mise ribh.

Alasdair: Tha mòran tuillidh agam fhathast ri chur às leth na mine. Chan e mhàin gun robh i na meadhan gu thusa agus feadhainn eile fhàgail bochd air a' bhliadhna seo, ach theagaisg i droch chleachdainnean dhuibh, do nach faigh sibh cuidhte ri luaths. Tha sibh air fàs leisg, lunndach: tha sibh air fàs dìblidh, giùgach, leòcach, liosta. Tha na ficheadan, mar as math tha fios agad, a tha nis ag iarraidh na dèirce gun nàire, gun athadh, le 'm b' fheàrr, mun tàinig a' mhin Ghallta don dùthaich, an cruaidh-chàs bu mhotha fhulang na gum biodh a leithid de thilgeachan orra fhèin no air an sliochd; agus nach eil cron mòr an sin? Chan eil coire 's motha as urrainnear a dhèanamh air an duine bhochd na a thoirt air earbsa à saothair a làmhan fhèin a thilgeadh air falbh, agus a throm a chur air daoine eile; ach rinn a' mhin

Ghallta seo ann an tomhas mòr, agus 's iomadh bliadhna bhios an dùthaich a' creanachdainn air. A' mhin mhosach! Rinn i tuilleadh a bhriseadh spiorad nan Gàidheal na rinn latha Chùil-Lodair 's an t-Arm Dearg.

Ailean: Tha mi creidsinn gu bheil iomadh aon an-diugh ag iarraidh cuideachadh on coimhearsnaich a bu bheag a shaoileadh an seanairean a bhiodh ann; ach ciod a nì daoine nuair tha 'n èiginn 's an airc air grèim a dhèanamh orra? Freagraibh sin dhomh, Alasdair.

Alasdair: Tha 'n fhreagairt furasta thoirt: nì an aire thoirt air an cosnadh mar bu chòir dhaibh a dhèanamh na thràth, 's nan dèanadh, cha bhiodh mòran èiginn orra; ach seo an rud nach dèan sibh am feadh a ghabhas e seachnadh; chunnaic mi thu fhèin agus iomadh aon eile, chunnaic fir agus mnathan làidir foghainteach, a' caitheadh latha geal samhraidh mun cuairt air a' mhin a bha 'n sin; a' sgimileireachd mu thimcheall taigh a' mhinisteir; a' bleid 's a' bìlistearachd air aodann nam foirfeach, agus seo uile airson na peice brònaich, a choisninn gu h-onarach anns an ùine sin a bha sibh a' cost mu deidhinn; gnothach tàmailteach ann fhèin, agus gnothach cronail dhuibhse, ged nach eil sibh ga thoirt fa-near. Mur robh an t-airgead agaibh airson lòn a cheannach bu chòir dhuibh saothrachadh air a shon, agus bu chòir dhaibhsan a bha toirt seachad na mine obair iarraidh air a son, ged a chuireadh iad sibh a thaomadh na fairge.

Ailean: Da-rìribh fhuair sibh obair tharbhach air an son mu dheireadh, dol a thaomadh na fairge! Nach b' fheàrr an cur a chunntas gaineamh mhìn a' chladaich? Ach coma co-dhiù, cha d' rinn iad sin, agus cò bhiodh na bhurraidh cho mòr 's gun saothraicheadh e airson an rud a gheibheadh e an-asgaidh, Alasdair?

Alasdair: Tha fios agamsa gun dèanadh gach aon aig an robh spiorad glan, agus aig an robh gliocas airson a mhaith fhèin, mar tha mise 'g ràdhainn. Chan eil e ceart no onarach dhut a bhith tighinn beò air saothair dhaoin' eile nuair tha thu comasach air d' aran a chosnadh dhut fhèin; agus a thuilleadh air a seo, b' fheàrr dhut gu mòr a bhith 'g obair, ged nach biodh aon pheighinn agad air a shon, na bhith nad shlaod air chùl nan cnoc, no garadh do ladhran ris a' ghrìosaich, no toiteadh tombaca, no ri clabhas mu naidheachdan na dùthcha ann an taigh do choimhearsnaich, mar as bitheanta leat a bhith. Am fear nach eil a' cleachdadh na h-oibre gu riaghailteach, tha e fuathach uimpe, 's cha chuir dad ga h-ionnsaigh e ach an dubh-èiginn; agus nas miosa na sin, an uair a thèid e rithe, cha dèan e ach ro bheag dhith. Seall air gillean an àite seo nuair a thèid iad gu Galltachd. Tha iad air an cur gu obair ghoirt air slighean iarainn agus nithean eile agus, na boganaich bhochda, cha seas iad rithe car mìos; siabaidh iad dhachaigh a' gearan air a' ghalar ud eile; ach na Goill, tha iad gu slàn fallain aice, a' cosnadh an leth-chrùin no an trì tastain san latha, agus a' cur an airgid anns a' bhanc. Ciod tha 'n seo ach gu bheil iad cleachdte ri obair? Chan eil nì air bith; agus chì thu uaithe seo gu bheil e chum mòr-bhuannachd don duine bhochd an cleachdadh seo fhaighinn na thràth, a ghleidheadh a-suas gu riaghailteach, agus an sin bidh e comasach air e fhèin a thoirt às ciod air bith ceàrna den t-saoghal don tèid e.

Ailean: Tha gun teagamh miadh air a' chosnaiche mhath anns gach àite; ach nam faighinn fhèin na ghleidheadh am biadh 's an t-aodach rium, cha rachainn don mhachair gu sìorraidh; 's ann as eagalach an sùisteadh a tha air na gillean bochda tha dol ann. 'S i 'n èiginn gu dearbh a bheireadh orm a leithid fhulang; agus ged tha beagan èiginn orm an-dràsta, chan eil fios, a dh'aindeoin ciod a tha 'm Bàillidh ag ràdhainn, nach cuir am Fortan cobhair nar caraibh à ceàrn a thaobheigin air an t-samhradh seo fhathast: feithidh mi mìos eile mun toir mi m' aghaidh ris na dubh-Ghoill.

Alasdair: Sin an gnothach, sin an leisg agus an amaideachd a tha nàdarra dhut, air an neartachadh leis a' chòmhnadh a fhuair thu san dà bhliadhna dh'fhalbh. Tha thu 'g earbsadh às an Fhortan, agus tha seo a' toirt ort do dhleastanas a leigeil seachad. Ach an innis thu ciod a tha thu ciallachadh leis an fhacal sin, *Fortan*, a tha cho bitheanta nad bheul-sa 's am beul dhaoin' eile? Cha chluinn mi am facal sin uair air bith gun duilichinn agus gun diomb; oir 's e facal gun tùr, 's e facal peacach a th' ann; chan urrainn dhut innse ciod as seagh dha; ach ma tha thu a' ciallachadh nì air bith leis, an taobh a-mach do Fhreastal Dhè, a tha stiùireadh agus ag òrdachadh gach nì a tha tighinn gu crìch, tha thu a' cur d' earbsa à nì-eigin a-mach do Dhia, tha dia-brèige agad. Agus mas e Freastal an Tighearna tha nad bheachd, tha thu 'n toiseach a' gnàthachadh ainm mearachdach agus neo-sgriobtarail air; 's a thuilleadh air seo, tha thu ciontach an amaideachd 's an an-dànachd nuair a tha thu a' sealltainn ri còmhnadh uaithesan 's tu fada on t-slighe air an d' àithn e dhut gluasad. Tha fiughair agad gun ullaich esan teachd-an-tìr dhut an uair nach eil thu a' gnàthachadh nam meadhanan a chomharraich e fhèin a-mach dhut, an uair nach eil thu a' saothrachadh air a shon; agus tha e na an-dànachd ro pheacach a bhith smaoineachadh gum builich esan beannachdan aimsireil no spioradail oirnn mur eil sinn gu dìcheallach.

Ailean: Gun seall an t-Àgh oirnn! 'S ann agaibh tha chainnt; 's ann a dh'fhaodas sibh dol don chùbaid, on a tha 'n eaglais an-dràst na banntraich. Chan urrainn nach ann a tha fiughair agaibh gun dèan am ministear ùr foirfeach dhibh, an uair a dhèanadh sibh a leithid sin de shearmoin mu fhacal faoin a tha aig a h-uile duine san dùthaich cho math 's agamsa.

Alasdair: Tha fiughair agam, no gu sònraichte tha dèidh agam, a leigeil fhaicinn dhutsa cho mearachdach 's a tha e bhith cleachdadh nam facal sin, *Fortan*, *Àgh*, *Mathas*, agus an leithidean eile; cho faoin 's a tha e a bhith cur earbsa asta; a theagasg dhut gum bu chòir dhut earbsa airson soirbheachaidh a-mhàin à d' oidhirpean dìcheallach onarach fhèin air am beannachadh leis an Tì uile-chumhachdach. *Fortan* 's *Àgh*! Ciod a nì iad seo air do shon? Càit am faigh thu iad, no ciod iad? Nithean cho faoin ri aisling na h-oidhche, gun stèidh, gun ghrunnd; 's e bhurrchais a bhith idir gan ainmeachadh; agus gheibh thu mealladh dòchais a cheart cho mòr ma bhios tu a' smaoineachadh gu bheil muinntir na Galltachd a' dol a ghleidheadh lòin riutsa agus ri lunndairean eile. Tha thu cho comasach air d' aran a chosnadh 's a tha iadsan; tha thu gu leathann làidir, gu slàn fallain, agus carson nach cothaich thu mar dhaoine eile? 'S e seo crannchur gach aoin againn: 'Le fallas do ghnùise coisnidh tu d' aran';[4] tha e air a ràdhainn ris gach aon de shliochd Adhaimh. 'Am fear nach obraich, na h-itheadh e',[5] agus 'na bithibh leisg ann an gnothaichibh',[6] tha e air a ràdhainn leis an ùghdarras cheudna; tha e air a ràdhainn cuideachd gun dèan 'làmhan dìcheallach beairteas'.[7] Thoir thusa 'n aire do na nithibh seo; bi dìcheallach, saothrach gu d' aran a chosnadh, agus an sin bidh tu air slighe do dhleastanais, an sin bidh tu comasach air do theaghlach 's tu fhèin a ghleidheil a-suas; ach na cluinneam guth gu bràth tuilleadh mun *Fhortan*, mun *dèirce* no mun *mhin Ghallta*.

NOTES AND REFERENCES

Publication details: *Cuairtear nan Gleann* 5, 1840: 99–103; *Highlanders' Friend*, 35–43

Author: Rev. Dr Norman MacLeod

Background: This *còmhradh* was published in the wake of the hardship and destitution experienced by many parts of the Highlands during the famines of 1836 and 1837. The staple diet at this time consisted 'chiefly of potatoes, meal made of oats and barley, prepared in different forms, with herrings, and occasionally milk in its natural or coagulated state' (Fullarton & Baird: 15). Bad weather resulted in a very poor harvest of both corn and potatoes and this coincided with the failure of fishing and left many close to starvation. Public appeals were initiated in both Glasgow and Edinburgh raising money to send meal to affected areas, but as the extent of the problem became clear the appeal increased in scale, with a deputation consisting of the Rev. Dr Norman MacLeod, John Bowie, Writer to the Signet and agent for Lord MacDonald, among a number of other proprietors, and Charles Baird being despatched to London to solicit donations on behalf of the destitute Highlanders. Some £200,000 was raised in the process, with donations coming from as far away as the East and West Indies. The money was distributed by committees in Glasgow and Edinburgh via local committees generally made up of clergymen and 'resident gentlemen or farmers' (Fullarton & Baird: 75–76). The Glasgow Committee alone distributed some

£22 000 in meal, £1 000 in potatoes and £2,2000 in blankets to the various local committees (*PP* 1841 VI: 48). A number of those giving evidence in 1841 to the Select Committee appointed to inquire into the Condition of the Highlands and Islands of Scotland alluded to the detrimental effect which they felt this dependence on charitable donations was having on the Highlanders. John Bowie observed that the charitable donations have 'tended to deteriorate the people; to lead them to a belief that whatever their sufferings or destitution may be, the proprietors are bound to support them' (*ibid.*: 11). The Rev. John MacLeod of Morvern, Norman MacLeod's brother, commented that 'perhaps it had induced them [Highlanders] to place an undue reliance on the benevolence of the public' while admitting that he had not observed them relying less upon their own exertions than before (*ibid.*: 100). For a detailed study of the famine relief efforts of 1836–37 see MacAskill 2010.

This *còmhradh* underlines the fact that there were anxieties within the Establishment regarding the effect of the programme of meal distribution on the moral well-being of the Gaels, and the purpose of this piece was clearly to promote self-reliance and industry, with Alasdair representing the voice of the Establishment. The Biblical note on which this *còmhradh* ends is typical of contemporary writing and lends the weight of biblical authority to the message.

The construction of railways in the Lowlands was an important source of employment for Highlanders during the middle decades of the nineteenth century. The suggestion in the text that Highlanders were not up to the rigours of this work is not borne out by the evidence. During the period of famine and destitution which began in 1846 the records of the Central Board of Management of the Fund for the Relief of the Destitute Inhabitants of the Highlands list 1,098 men as being sent to employment in railway construction, employment which would seem unlikely to have been offered to them if Highlanders had a reputation for not lasting a month at such work (Withers 1988: 132).

1 a' mhin Ghallta: The meal distributed by the Edinburgh and Glasgow Destitution Committees during the famine of 1836–37.

2 'S beag nach d' rinn i uiread chron ris na caoraich mhòra no na trì màil: references to the introduction of large-scale sheep-farming to the Highlands and to rack-renting respectively.

3 sgeul a leugh mi mu chù: Aesop's fable about the dog and its reflection, illustrating the dangers of not being satisfied with what one already has.

4 Le fallas do ghnùise coisnidh tu d' aran: Genesis 3: 19: 'Am fallas do ghnùise ithidh tu aran, gus an till thu a dh'ionnsaigh na talmhainn'.

5 Am fear nach obraich na h-itheadh e: 2 Thessalonians 3:10: 'Oir nuair a bha sinn maille ribh, thug sinn an àithne seo dhuibh, mura àill le neach obair a dhèanamh, gun e dh'ithe bìdh'. It is worth noting that both this Biblical text and the previous one were quoted by Sir Charles Trevelyan, Assistant Secretary to the Treasury, and Captain E. J. Fishbourne, the Central Board's Inspector, in correspondence with one another on the subject of famine relief in 1848 (Devine 1988: 133).

6 na bithibh leisg ann an gnothaichibh: Romans 12:11: 'Gun a bhith leisg ann an gnothaichean; dùrachdach nur spiorad; a' dèanamh seirbhis don Tighearna'.

7 gun dèan 'làmhan dìcheallach beairteas': Deuteronomy 8:17, 'Agus gun abair thu ann ad chridhe, Fhuair mo chumhachd, agus neart mo làimhe, an saoibhreas seo dhomh'.

CÒMHRADH 10

Còmhradh eadar Iain Bàn 's Calum Tàillear
ann an Taigh Chaluim

Iain Bàn: Fàilte oirbh, ciamar a tha sibh uile?

Calum Tàillear: Chan eil dad a' cur oirnn: Gleabh a-nìos, Iain Bhàin, 's thoir dhuinn do sgeul. Ciamar a tha thu fhèin bho chionn fhada?

Iain Bàn: Tha dìreach san t-seann dòigh – a' cothachadh ris an t-saoghal mar as fheàrr a dh'fhaodas mi, 's gu cinnteach chan eil e dol leam mar bu mhath leam; ach bidh sinn a' bruidhinn air a sin a-rithist. 'S ann a chuala mi gun robh *Teachdaire* ùr Gàidhlig gu tighinn a-mach an ùine ghoirid, 's bhon a bha mi tighinn a-staigh don Bhaile, smaoinich mi tadhal oirbh, 's gum faighinn a h-uile fios mu thimcheall a' phàipeir seo.

Calum Tàillear: Ma-tà, Iain, chan eil facal brèige ann, bithidh *Teachdaire Gaidhealach Astràilia* againn an seo air a' chiad latha den ath-mhios. Chuir mise m' ainm a-sìos air a shon a-cheana, 's bu chòir dhutsa a leithid eile a dhèanamh.

Ian Bàn: Le m' uile chridhe. Bheil fhios agad gur ann a bha Dùghall beag 's Ceit a' dannsa leis an aighear an-dè nuair a chual' iad e, 's Màiri fhèin, cha b' i dad a b' fheàrr. Chan eil duine mun cuairt oirnn an siud ach Sasannaich, 's chan eil smid Bheurla aig Màiri gu cainnt a dhèanamh riutha, agus tha i dèanamh dheth nam biodh an *Teachdaire* aice gun robh i sona. Chluinneadh i mun Ghàidhealtachd 's mu na Gàidheil anns gach ceàrna eile den an t-saoghal, 's chan eil teagamh air bith agam nach bu mhòr a' chuideachd dhuinn uile e.

Calum Tàillear: Tha thu glè cheart; ach chan e a-mhàin gum biodh e na chulaidh-chuideachd ro thaitneach dhuinn, ach dh'fhaodamaid mòran eòlais 's gliocais a tharraing uaithe a rèir mar a tha mise cluinntinn, nan tugamaid an aire mhath do na bhios ann.

Iain Bàn: Chan eil teagamh sam bith air – 's bliadhna leam gach latha gus an tig e.

Calum Tàillear: Ach gu dè seo a bha thu dol a ràdh nuair thàinig thu staigh?

Iain Bàn: Innsidh mi sin dhut. Nach eil beachd agad air an dail bhòidheach bhuntàta bha agam an siud gu h-ìosal fon taigh?

Calum Tàillear: Tha gu math, 's gu dearbh b' airidh air cliù thu araon mar a dh'àitich thu i 's a' choille bhith cho tiugh 's cho trom oirre nuair a ghabh thu an t-àite. Ciod e th' agad ri ràdh ma timcheall?

Iain Bàn: Tha gun do reic mi deich tunna buntàta, cho fallain 's cho blasta 's a chinn riamh an Tiridhe na 'n Colla, a thog mi aiste, bho chionn seachdain, a bharrachd air na ghlèidh mi dhomh fhèin. 'S e dìreach am Marsanta Mòr seo shìos a cheannaich e, 's chunnt e dhomh, air a bhòrd, a h-uile peighinn den airgead – ceithir fichead punnd Sasannach. B' e 'n tagan somalt' e; 's mòr mo shùil na dhèidh, agus …

Calum Taillear: Gu dè thuirt thu?

Iain Bàn: Cluinnidh tu sin mar a thèid mi air m' adhart. Chuir mi romham an ath latha togail orm 's a h-uile sgillinn a chur anns a' bhanc. Nuair a ràinig mi Taigh-Òsta nam Badan thug mi taobhadh gu dol a-staigh, agus aig a' cheart mhionaid dh'èigh fear a bh' aig an doras, ann am Beurla, 'An tu a tha siud, Iain Bhàin?' 'Ma-tà, 's mi,' arsa mi fhèin. 'Obh, obh, b' e 'n dà latha e. 'S leigheas air sùilean goirte thusa fhaicinn – thig a-staigh 's gum faigh thu drama.' Falbhar orm fhèin 's gabhar a-staigh, 's bha an sin triùir eile romhainn nan suidhe aig a' bhòrd. 'Nis,' arsa mise, 'bu mhath leam fios a bhith agam cò tha cho coibhneil rium?' 'Coma leat an-dràsta,' ars esan, ''s fhada bhon a b' aithne dhòmhsa thu.' Chaidh glainne mun cuairt uair no dhà 's thòisich sinn air còmhradh shìos is shuas agus anns a' bhruidhinn a bha ann thuit dhomh fhèin iomradh a thoirt mar a reic mi am buntàta 's gun robh mi dol a-staigh don bhaile, agus beagan an dèidh seo ghabh mi latha math leotha 's dh'fhalbh mi. Cha deachaidh mi ach goirid air m' aghaidh nuair a thàinig dithis an-àird rium. B' e fear dhiubh a' chiad fhear a thachair orm aig an taigh-òsta. Nuair a bha e mar uidh chòig slatan dhomh, 'Tha thu fada gu leòr a-nis,' ars esan, 's e comharrachadh daige ri mo bhroilleach. 'Do làmhan air mullach do chinn, 's ma ghluaiseas tu eang bithidh seo tromhad.' 'An e seo a-nis?' arsa mi fhèin. 'Na cluinneam diog uat,' ars esan. Thàinig am fear eile air adhart 's thug e h-uile sgillinn bhuam. Thug iad an sin a' choill orra, 's thill mise don taigh-òsta a dh'fhag mi 's dh'innis mi mar a thachair, 's chaidh dà *Pholiceman* air an tòir, ach cha d' fhuair iad grèim orra, 's tha mise 'n-diugh gun bhuntàta gun airgead.

Calum Tàillear: Ma-tà, Iain, bhon leig iad do bheatha leat, cha mhòr nach abair mi gur math a thoill thu e. Cha robh gnothach agad dol nam measg na idir tighinn thairis air ciod a rinn thu na ciod a bha thu dol a dhèanamh. Tha an seòrsa ud daonnan a' tathaich thaighean-òsta, 's a feitheamh fàth air luchd-daoraich 's daoine socharach a spùinneadh, 's gun teagamh b' ann dhiubh seo thusa, air an latha ud co-dhiù. Thigeadh e do dhaoine bhith fìor fhaiceallach nan cainnt 's nan giùlan 's nan gluasad anns na dùthchannan seo.

Iain Bàn: Thuirt thu smior na fìrinn 's tha mise cur romham nach faicear a-rithist mi an taigh-òsta ann an cabhaig. Ach nam faighinn cothrom a h-aon, tha fhios agad fhèin nach b' ann don a h-uile fear a thigeadh e gu math beirsinn air bhroilleach orm.

Calum Taillear: Coma leam bòst, Iain; cha d' rug an fheadhainn ud air bhroilleach ort 's thug iad bhuat na bh' agad, 's ged a bhiodh dag 's biodag ort san àm, ciod a b' urrainn dhut a dhèanamh. Cha robh fhios agad ciod a bha air an aire gus an robh an dag ri do bhroilleach, agus ged bhiodh tu armaichte mar thubhairt mi, nan gluaiseadh tu ach mar dh'iarr iad, bhiodh e eadar am bogha 's an t-sreang gum faigheadh tu às. 'S e an gliocas an leithid de chuideachd a sheachnadh uile-gu-lèir.

Iain Bàn: Nach fhaodadh iad tachairt orm air an rathad-mhòr?

Calum Tàillear: Dh'fhaodadh, ach 's ainneamh uair a chuireas iad iad fhèin ann an cunnart, mar eil brath aca gu bheil airgead air siubhal an fhir a thachras orra agus cothrom math aca air a thoirt uaithe. Gun teagamh air bith tha an fheadhainn sin dhiubh a rinn cionta mhòr, agus aig nach eil sùil ri tròcair ma thuiteas iad ann an làmhan an luchd-riaghlaidh, coma ciod a nì iad. Tha mise làn-chreidsinn nam b' ann nam measg-san a thachair thu nach tàinig thu air d' ais a dh'innse sgeòil. Bheirinn aon chomhairle ort, agus is seo i – seachain na taighean-òsta agus an uair a gheibh thu airgead a-rithist, cuir ann an àite sàbhailt' e a bhios tu cinnteach air nach amais aon duine, ged a rannsaicheadh iad an taigh agad thairis 's thairis, gus am faigh thu rogha a chothrom gu chur sa bhanc; agus na bi ag innse don a h-uile duine gu dè rinn thu na bhios tu dol a dhèanamh, gu sònraichte ann an gnothaichean den t-seòrsa ud. Ma tha comhairle agad fhèin as fheàrr na seo, air a h-uile cor lean i.

Iain Bàn: 'S math a labhair thu, Chaluim. Tha mi faicinn gu soilleir gum feum sinn a bhith 'glic mar an nathair agus neo-lochdach mar an calman'. Ach nuair a reiceas mise dad as fhiach a-rithist cha ghabh mi an t-airgead gus an ruig mi am baile agus an sin cuiridh mi sa bhanc na bhitheas agam ri sheachnadh, no mas aithne dhomh an ceannaiche gu math, gabhaidh mi òrdugh air a' bhanc.

Calum Tàillear: Air m' fhacal, Iain, tha sin na dhòigh ro mhath, ma tha airgead aig a' cheannaiche sa bhanc a phàigheas e. 'S aithne dhut sgrìobhadh gu math – chan urrainn e an car a thoirt asad anns a' chùis sin.

Iain Bàn: Chan eil cùram orm mun chuid sin – ciod e do bharail air Alasdair Mòr a tha sa ghlaic, an taobh shuas den àite agamsa? 'S iongantach leam ma tha esan a' teàrnadh; 's ainneamh latha nach eil e anns an taigh-òsta.

Calum Tàillear: Tha sin furasta gu leòr a thuigsinn. Chan eil sgillinn air am faigh e grèim nach òl e. Tha fhios aca air a sin gu math sna taighean-òsta; 's chan urrainn iad rud nach eil aige a thoirt uaithe. Seall mar a tha chuid fearainn a' dol fàs, a chaoraich làn den chlòimh, agus na beathaichean cruidh aige nan cnàmhlaichean cho mòr 's gun cuireadh e eagal ort amharc orra. Gu dè tha ris a sin ach òl 's leisg? Dh'fhaodadh na mìltean punnd Sasannach a bhith aig an duine sin an-diugh nam biodh e glic, grunndail mar bu chòir dha.

Iain Bàn: Chan eil mi cur ag air bith. Tha mi eòlach air sgalag a thàinig don dùthaich bho chionn chòig bliadhna, agus le bhith glic, cùramach, stuama chuir e seachad de dh'airgead na cheannaich stròic mhath fearainn, agus bha e 'g innse dhomh an latha roimhe gun d' rinn e còrr 's ceud punnd Sasannach air toradh an àitich an dèidh a h-uile costas a dhìoladh.

Calum Tàillear: Seall air a sin. 'S tha iomadh aon eile 's aithne dhòmhsa aig nach robh mòran nuair a thòisich iad a tha an-diugh ann an dòigh mhath, agus a dh'èirich bho bhochdainn gu saidhbhreas mar a rinn an gille sin. Cha do chuir iadsan mòran san stòp. An cuala tu mar thuirt Pàraig nach maireann?

Chan e uisge beatha ach uisge bàis,
An t-uisge a chràidh mo chridhe nam chom,
An t-uisge a dh'fhàg mo chiabhan liath,
'S a dh'fhàg na ceudan lom.[2]

Iain Bàn: 'S mi chuala, 's b' fhìor dha e. 'S iomadh Gàidheal smiorail, tapaidh a bha roimhe seo fo mheas a tha an-diugh, mo thruaighe, a' cnàmh san ùir fada bho dhùthaich 's bho chàirdean, agus sin uile le iad fhèin a thoirt a-suas do dheoch-làidir. Tha i mòran nas milltiche air pearsa duine anns na dùthchannan seo na ann an Albainn.

Calum Tàillear: Tha, agus a bharrachd air a sin, tha e na pheacadh mòr, oir tha e air a ràdh leis an Abstol, 'Cha sealbhaich misgear rìoghachd nèimh'.[3]

Iain Bàn: Nach bu leòr sin fhèin gu cùl thoirt ris – am fìor phuinnsean! 'S èiginn dhòmhsa bhith falbh; tha eagal orm gum bi e anmoch mun ruig mi dhachaigh, 's bidh Màiri 's a' chlann ann an iomagain. A-nis, a Chaluim, ciamar a gheibh mi 'n *Teachdaire*?

Calum Tàillear: Chan eil agad ach d' ainm a chur a dh'ionnsaigh an *Agent* is dlùithe dhut, agus thig an *Teachdaire* dhachaigh gu d' dhoras leis a' phosta uair sa mhìos, 's ma thèid thu fhèin 's Alasdair Mòr cuideachd uime, cha chost e dhut ach sia tastain sa bhliadhna. Agus theagamh gum bi e na mheadhan tilleadh a thoirt à Alasdair. Tha mi làn-chinnteach nach bi do shùil an dèidh na chostas e mar a bha i 'n dèidh airgead a' bhuntàta.

Iain Bàn: Thud! Na abair diog tuilleadh air a sin, 's coma leam a bhith ga chluinntinn. Ach innis seo dhomh a bheil thu eòlach air an fheadhainn a tha cur a-mach an *Teachdaire*?

Calum Tàillear: Tha mi, 's tha làn-chinnt agam nach bi facal ann a chuireas lasan no campar air neach air bith, no dhùisgeas droch nàdar am measg dhaoine. Bho ghrunnd mo chridhe dùraichdeam buaidh 's soirbheachadh leis agus leothasan a tha air a chùl.

Iain Bàn: Ma-tà, mar sin, 's thèid mise an urras gun cuir Màiri agamsa fàilte air nuair a ruigeas e. Slàn leibh.

NOTES AND REFERENCES

Publication details: *An Teachdaire Gaidhealach* 1, February 1857: 6–7

Author: Anonymous.

Background: This is the first of two *còmhraidhean* between these characters to appear in the short-lived Tasmanian *An Teachdaire Gaidhealach*, the second appearing in the tenth, and final, issue of the journal. Emigration from the Highlands to Australia had become increasingly common from the late 1830s and it was actively promoted as a destination for prospective emigrants in the pages of Norman MacLeod's *Cuairtear nan Gleann* in the early 1840s (Kidd 2002). The fertility of the land and the prosperity of hardworking emigrants depicted in MacLeod's periodical is echoed in this *còmhradh* written over a decade later.

This text functions first and foremost as a warning to Gaels in Australia to be circumspect in their behaviour, particularly where alcohol was concerned, and not to be too trusting of strangers. Texts in a similar vein were a feature of Gaelic periodicals in Scotland too, cautioning Gaels against the dangers which they might encounter when arriving in Glasgow (MacDonald 406–408). Temperance more generally was a common theme in Gaelic periodicals of the first half of the nineteenth century.

For discussion of Gaels in Australia see Cardell and Cummin 1999, 2003 and 2009.

1 glic mar an nathair agus neo-lochdach mar an calman: Matthew 10: 16.

2 This verse later appears in 1876 under the title 'Seann Rann' ('*an Old Verse*') prefacing an article by Patrick MacGregor, a Toronto barrister, entitled, 'Aobharan airson a bhith seachnadh an oil' (*Reasons for avoiding drink*) (*An Gaidheal* 59, 321–24).

3 Cha sealbhaich misgear rìoghachd nèimh: 1 Corinthians 6: 9–10.

Land
Còmhraidhean 11–15

Although criticisms of Highland landlords in Gaelic prose are few and far between in the first half of the nineteenth century, criticism is implied when one of MacLeod's characters says of his landlord 'nach do dhiùlt [e] slatag riamh do dhuine bochd a dhèanamh cliabh no craidhleag; agus tha bhuil: 's bòidheach, dosrach a tha choille aigesan a' fàs, o linn gu linn, mar dh'fhàs a' choill' on tàinig i' (*that he never refused a twig to a poor man for making a creel or basket; and as a result his wood grows beautifully, bushily, from generation to generation, as the wood it came from grew*) (*Còmhradh* 31). The implication is that other estate owners did deny tenants their traditionally held rights of 'crann à coille, bradan à sruth, 's fiadh à fireach' (*a tree from a wood, a salmon from a stream and a deer from a forest*). It also echoes the traditional belief that the land would be productive, fertile and prosperous under the rightful ruler, insinuating that not all those who controlled the land at this time were 'rightful' or governing the land as well as they should. *Còmhradh* 27, also by MacLeod, is stronger in its criticism, albeit only briefly, as the conversation draws to an end. Eachann is disparaging of absentee Highland landlords whom he regards as taking from their estates while giving nothing in return, and leaving their tenants at the mercy of their agents. Interestingly, MacLeod leaves these criticisms uncountered by Cuairtear. It is not until the 1870s, however, that this aspect of the genre begins to change and the willingness of some *còmhradh* writers to openly, and unreservedly, criticise Highland landholding becomes commonplace

The fact that there is a hiatus in the writing of *còmhraidhean* between 1850 and 1872 makes for a sharp contrast between the dialogue writing of the two periods. While the conservative, establishment-bolstering of the earlier decades had not entirely vanished, there emerges a strong voice for social change in the genre as a whole. The dialogue became a vehicle for social criticism in the hands of pro-crofting writers and parallels contemporary Gaelic song's emergence as a voice of social protest (Meek, 1995).

1874 was marked by the Bernera Riot, caused by the attempts of Donald Munro, Chamberlain of Lewis, to evict crofters on Bernera, Lewis, when they refused to accept unsatisfactory grazing land. This 'Riot' concluded with those crofters who had been arrested either being acquitted or the case against them being found not proven, with no evictions taking place and with the crofters retaining their grazing. This was widely reported in the Scottish press and drew attention to the issue of Highland landholding (MacPhail 1989: 12–17). While the Bernera Riot itself may not have triggered any individual *còmhraidhean* as it did poems (Meek 1995: 86–89; Meek 1998: 87–88), it is noticeable that it is in 1874 that *còmhraidhean* start to comment specifically on land issues.

'Còmhradh eadar am Maighstir-Sgoile agus Calum a' Ghlinne' (*Còmhradh* 11), in which Calum asks the Schoolmaster to read over a letter of complaint which he is about to send to the *Highlander*, illustrates the genre's new-found voice and confidence. Although the Schoolmaster is still present, he is not the restraining, pro-establishment Schoolmaster of the 1830s and 1840s, but one who is willing to encourage Calum in his anti-landlord views: 'tha thu glè gheur, cruaidh air tighearnaibh an fhearainn, agus thoill mòran dhiubh e' (*you are very severe and harsh on the the landlords, and many of them deserved that*). Calum's complaint of deer damaging his crops was one to which many of the *còmhradh*'s readers would have been able to relate and serves as a useful way for the writer to suggest that readers could follow Calum's example in using the press to air their grievances. In modern parlance, this text was all about 'empowerment', informing and reminding Highlanders that there were ways in which they could make their voice heard, in this instance by writing to the *Highlander*. This *còmhradh* demonstrates not only how the use of the genre had developed, but also how it had developed in the hands of a minister, in this case the Rev. Alexander MacGregor. Another example of an empowering *còmhradh* is 'Còmhradh eadar Cù Chulainn agus Calum Croitear' (*Còmhradh* 14), in which Cù Chulainn attacks the stance adopted by the *Scotsman* towards the Gaels and urges Calum to look to the Irish as an example if he wishes to change his circumstances.

Normally no reference is made to specific landlords and for this reason *Còmhradh* 12 is noteworthy, with the Duke of Argyll's estate management under discussion. Specific mention is made of the Duke, and his Chamberlain and Factor are also mentioned by name. To an extent the text is reminiscent of *Còmhradh* 8, with the characters discussing the possibility of emigrating to Manitoba, but that is where the similarity ends. The characters are less passively accepting of their situation, as they criticise both the practice of *mòrlanachd* (the estate extracting unpaid labour from tenants) and the fact that crofters have no incentive to improve their land when they have no security of tenure. The transformation in tone from the restraining one which characterised the texts of the 1830s and 1840s is underlined when the two characters concur 'gu bheil adhbhar gearain aig tuathanaich de gach seòrsa' (*that farmers of every sort have cause for complaint*).

An international perspective informs the *còmhraidhean* at times, looking to Ireland, as we have seen, but also placing the crofters' struggle for adequate land rights within the wider context of Britain's imperial conflicts. *Còmhradh* 11 alludes to the Ashanti War and to their deposed King Kofi Karikari when Calum says, 'tha na tuathanaich bheaga gu sònraichte air an càradh nas miosa na na tràillean dubha aig Rìgh Coffi Calcalli' (*the small tenants especially are in a worse position than the black slaves of King Kofi Karikari*). In 1885 a comparison is drawn with Egypt, where Britain had sent troops three years previously to quell a nationalist and military uprising which could have affected Britain's economic interests in the Suez Canal (*Còmhradh* 18).

Parallels are drawn with soldiers being sent to subdue Highland crofters, as had happened on both Lewis and Skye in the preceding months (MacPhail 1989: 115–19 & 130), and also between the Egyptian ruler and Highland landlords: 'Is e struidheas agus mì-ghàthachadh an uachdarain a b' adhbhar don chogadh an sin' (*the extravagance and misconduct of their ruler was the cause of that war*). Such comparisons provided alternative frameworks in which both writers and readers could consider the crofters' position and may have served to magnify it.

Closer to home, the *còmhraidhean* reflect the influence which the Irish Land League was having upon the crofters' campaign. This is seen as a positive by the anonymous writer of *Còmhradh 14*, which appeared in the pro-Irish *Highlander*; the *còmhraidhean* contributed to the conservative *Northern Chronicle* on the other hand are, unsurprisingly, more hostile to the cross-fertilisation of Highland and Irish politics. This is particularly evident in *Còmhradh 15*, which comprises a lengthy attack on Irish Land League founder Michael Davitt, and which was published immediately after his 1882 visit to Inverness, where he had delivered a lecture on land nationalisation. This *còmhradh*'s attempt to discredit Davitt by exposing him as a convicted criminal underlines the concern felt in conservative quarters about the potential of men such as Davitt to cause social unrest in the Highlands.

CÒMHRADH 11

Còmhradh eadar am Maighstir-Sgoile agus Calum a' Ghlinne

Maighstir-Sgoile: Ciod i a' ghaoth a shèid an car seo thu, a Chaluim, oir is fhad' on uair sin?

Calum: Ma-tà, a Mhaighstir-Sgoile chòir, chan fhios dhòmhsa ciod a' ghaoth a shèid an seo mi, ach o chionn mhìosa air ais bha gaothannan againne sa ghleann a shèideadh nithean na bu truime na Calum a' Ghlinne don iarmailt, mura biodh neart eile gan ceangladh ris an talamh.

M.-S.: Bha gun teagamh iomadh ànradh agus doineann ann o chionn beagan sheachdain air ais, ach bu chòir dhuinn a bhith taingeil gu bheil sinn fhathast air uachdar na talmhainn, agus a' sealbhachadh tomhais slàinte air nach cil sinn airidh.

Calum: Ro cheart gun teagamh, ach an dèidh sin rinn na stoirmean a bha againn mòran calldach sa ghleann. Rùisg iad am beagan thaighean a bh' againn, spìon iad na craobhan às an làr, agus chuir iad crodh 's caoraich a dhìth.

M.-S.: Cha bheag an dochann a rinn iad, tha mi glè chinnteach, ach an dèidh sin feumaidh sinn cur suas le foighidinn leis gach nì a bheir am Freastal mun cuairt den ghnè sin.

Calum: Labhair thu an fhìrinn an sin, a Mhaighstir, ach tha mi faicinn aon nì, agus 's e sin nach eil doineann idir a' teachd a chuireas às do na fèidh, do na geàrran, agus do na fiadh-bheathaichean sin eile a tha milleadh toradh na talmhainn oirnne gach bliadhna, agus chan eil a chridhe againn ar beul fhosgladh.

M.-S.: An e sin a tha thu 'g radh, a Chaluim? Nach eil spùtan agad a chuireadh às dhaibh le fùdar agus luaidh?

Calum: Fùdar agus luaidh! B' e latha na h-imrich an latha air an loisginn aon srad orra, ged a dh'itheadh iad na pàistean cho math ri toradh na talmhainn a tha cumail nam pàistean suas. Agus, a Mhaighstir, 's e sin a' cheart ghnothach a thug mise an seo an-diugh.

M.-S.: Chan eil mi faicinn no tuigsinn ciod a tha san amharc agad, le teachd nam ionnsaigh-sa a thaobh a' ghnothaich sin, ach leig ris dhomh e.

Calum: Air do shocair, a Mhaighstir, tha mi 'g iarraidh maitheanais, innsidh mi sin dhut ann am beagan bhriathraibh. Tha mi air mo shàrachadh agus air mo chlaoidh cho mòr le toradh mo dhìchill a bhith air a mhilleadh gu buileach leis na fèidh gun do chuir mi romham litir a sgrìobhadh dh'ionnsaigh caraid nan Gàidheal, an t-*Àrd-Albannach*,[1] ann an Inbhir Nis, a dhèanamh mo ghearan ris; agus do bhrìgh nach eil sgoil agam chum a' Ghàidhlig a sgrìobhadh cho còmhnard, ceart, rèidh 's a bu mhath leam, thàinig mi aon sgrìob nad ionnsaigh-sa chum gun ceartaicheadh, agus gun ath-leasaicheadh, tu mo litir don *Àrd-Albannach* ghràdhach.

M.-S.: Tha mi gad thuigsinn a-nis, a Chaluim, ach is meallta mo bharail mura cuir thu do litir an altaibh a chèile ceart cho freagarrach ri maighstir-sgoile sam bith san t-siorramachd gu lèir.

Calum: Chan eil aogas air sin, a charaid, chan eil idir; agus na biodh dùil agad gun tèid a leithid sin de bhrosgal sìos agam idir. Chan fhaod thu, mar sin, a bhith dèanamh fochaid agus tàir air duine bochd, gun sgil gun sgoil mar Chalum a' Ghlinne, mar a their iad rium.

M.-S.: Guma fada uamsa, a Chaluim; tha fios nas fheàrr agam na sin air do ghliocas, do thuigse agus do bhreithneachadh; agus ma sgrìobhas tu a' Ghàidhlig cho ealanta 's a labhras tu i, a Chaluim, chan eil feum agad air maighstir-sgoile, no air neach sam bith eile, chum do sheòladh, Ach faiceam an litir a sgrìobh thu don *Àrd-Albannach* chòir.

Calum: Seo agad i, ma-tà. Chan eil i ach goirid, do bhrìgh gur e mo chiad oidhirp i, ach, a Mhaighstir, ma thèid a' chùis leatha, mo làmh-sa gum bi an ath tè nas fhaide.

M.-S.: Is laghach, glan, soilleir do làmh-sgrìobhaidh, ach faiceam ciod a thubhairt thu:–

Àrd-Albannaich Ionmhainn,
Tha deagh fhios agam gur tu caraid nan Gàidheal, agus gur e do rùn gach nì mearachdach agus millteach a tha nan aghaidh a cheartachadh; agus gun robh buaidh leat. Tha mise gu searbh air

mo shàrachadh, agus air mo mhilleadh. Tha sgòd fearainn agam
sa ghleann seo, far an robh an toiseach slios beinne agam airson
chaorach. Tha 'm màl trom, tha 'n teaghlach lìonmhor (ochdnar
chloinne) agus tha na cùisean searbh nam aghaidh, le giùlan an
uachdarain dam thaobh. An uair a bha mi òg gun phòsadh, chuir
e ìmpidh orm dol don ghleann gu sùil a chumail air meanbh-
chrodh ràith. An uair sin cha robh màl orm, agus bha dà mhart
agus còig fichead caora agam, a bharrachd air beagan airgid mar
dhuais. Ach dh'fhalbh mo dheagh Mhaighstir, a bha na
uachdaran cho teò-chridheach, truacanta 's a chuir riamh cas air
làr. Dh'fhalbh e, mo leòn, agus thàinig a mhac na aite – balach,
caol, àrd, greannach, feusagach aig nach eil sùim do nì fon ghrèin
ach an t-sealg. Tha na fèidh, na maighichean, agus na cearcan-
fraoich mar iodhalaibh na chridhe, agus is coma leis ciod a
dh'èireas do gach mac màthar air an oighreachd aige, ma bhios
iad sin ceart. Tha mise air mo chreachadh – tha na ficheadan eile
air an creachadh – leis gach pòr agus bàrr a bhuineas dhaibh a
bhith air am milleadh; agus chan fhaodar guth gearain a thogail.
Tha gach earb, eilid, agus damh-cròcach cho eòlach a-nis air an
saorsa fhèin 's gun tig iad agus gun toir iad am bad ach beag às
mo làimh, agus chan eil a chridhe agam fiù an càineadh, no
dòirneag-cloiche a thilgeadh nan dèidh. Agus chan e sin a-mhàin,
ach ann an àm an fhogharaidh bidh fir, agus eich, agus coin nan
deann-ruith gu tric tro mheadhan an arbhair, agus chan fhaodar a
ràdh gur olc a rinneadh. Gun teagamh, *Àrd-Albannaich*, tha na
tuathanaich bheaga gu sònraichte air an càradh nas miosa na na
tràillean dubha aig Rìgh Coffi Calcalli,[2] le uachdaranaibh cruaidh-
chridheach, agus le luchd na seilg' air na h-oighreachdaibh aca.
Tha mi cur mo dhòchais annadsa, a charaid nan Gàidheal, gum
faic thu ceartas aig sliochd nam beann, le bhith o àm gu àm a'
rùsgadh suas gach cruaidh-chàs a tha iad a' fulang, le bhith
dèanamh am fulangais follaiseach don a h-uile, agus le bhith
brosnachadh luchd-riaghlaidh na rìoghachd chum reachdan
freagarrach a dhealbhadh, trìd am faigh luchd-àiteachaidh na
Gàidhealtachd saorsa o chuibhrichibh cruaidh nan uachdaran,
agus trìd am bi an tìr air a beannachadh às ùr le suaimhneas,

dìlseachd agus deagh ghean. Air dhomh a bhith cinnteach nach fhàg thu clach gun charachadh chum na crìche seo, chan abair mi tuilleadh aig an àm ach

Gur mi, *Àrd-Albannaich,*

Do charaid deagh-rùnach

CALUM A' GHLINNE.

M.-S.: Tha do litir gun dìth gun deireas, a Chaluim. Is deagh litir i gun teagamh, agus nì *An t-Àrd-Albannach* sòlas rithe. Tha thu glè gheur, cruaidh air tighearnaibh an fhearainn, agus thoill mòran dhiubh e. A thaobh chuid, labhair thu an fhìrinn, agus tha 'n fhìrinn searbh air amannaibh, ach tha uachdaranan eile ann nach eil cho toilltinneach air smachdachadh do gheur-slait. Is cinnteach aon nì, gidheadh, gum feum a-nis Àrd-Chomhairle na dùthcha an gnothach a ghabhail os làimh, agus na tuathanaich chòir a theanachdadh o aintighearnas nan uachdaran sin dan robh na Gàidheil riamh dìleas, agus ris an robh iad, anns na linntibh a dh'fhalbh, a' sealltainn suas airson gach sochair agus saorsa.

NOTES AND REFERENCES

Publication details: *Highlander,* 2 May 1874

Author: Sgiathanach (Rev. Alexander MacGregor)

Background: The aim of this *còmhradh* seems to have been to demonstrate to readers of the *Highlander* how they could use the newspaper as a means for airing their grievances and thus instigating change. Highland landlords began to devote an increasing amount of their land to deer forests in the second half of the nineteenth century, seeing this as a means of increasing their estate income by renting land out as shooting estates. By the early 1880s almost two million acres of land could be described as deer forest, most of this being on the mainland (*PP* 1884 XXII: 530–32). This expansion of deer-forests in the Highlands was strongly criticised by John Murdoch's *Highlander.* Calum's complaint of deer and other game damaging his crops, and yet his being unable to shoot them, is a grievance which was to feature prominently in the evidence of witnesses to the Napier Commission nine years later. John Nicolson, a crofter and fisherman from Sconser, recounted:

> At half valuation we would calculate that during the past forty years the value of £2000 of crops has been destroyed upon us by the deer. The English sportsman would be shooting them in our corn. The women who would be quietly herding would have to fly home for fear of bullets. I could not tell the history of it. It would give the apostle Paul himself enough to do to tell it; I leave it to some of the others to tell. (PP 1884 XXII: 32)

Charles McKenzie, a crofter from Torrin, was asked what would happen if he killed a deer and he replied, 'I would be evicted out of the place, for the first thing. They would not hang me for it, I believe' (*ibid.*: 233).

   1 an t-Àrd-Albannach: The *Highlander*, see notes to *Còmhradh* 4.
   2 Righ Coffi Calcalli: Kofi Karikari, King of the Asante in West Africa (now southern Ghana), deposed in 1874 after the British brought the Ashanti War to an end. The Asante had been heavily involved in the slave trade. The Black Watch was involved in this military campaign (Keegan 1994: 175ff).

CÒMHRADH 12

Còmhradh eadar am Bàrd agus an Dòmhnallach

Bàrd: An tu tha siud, a Dhòmhnallaich?

Dòmhnallach: Dìreach gabh mu chùl do ghnothaich – tha e ceart cho math dhut.

Bàrd: Carson? Dè rinn mise ort, a charaid?

Dòmhnallach: Dè nach d' rinn thu orm? Nach tug thu mo nàire asam an latha dh'innis thu don *Àrd-Albannach*[1] gach facal a thuirt mi riut o chionn fichead latha ann an Glac nan Smeur? Air dhomh dol a-staigh do bhùth Sgairinnis an latha dh'fhalbh na h-eilthirich, 's e chiad fhacal a thuirt Eòghann rium, 'An do reic thu bhean fhathast, a Dhomhnallaich?' agus aig taigh Eòghainn na Pacaid ghlaoidh Calum MacEòraidh,[2] 'Na reic a' bhean gun fhios dhòmhsa, oir tha tè gam dhìth.' Aig tobar Chrosaboil dh'fheòraich Calum Òg, 'An do phàigh thu màl an taighe, fhir-chinnidh?', air chor agus gur ann air èiginn a ràinig mi 'n taigh.

Bàrd: Dè chuireadh nàire ort? Cha tuirt thu nì nàrach sam bith. Suidheamaid air a' bhaca ann an seo agus innis dhomh an do rinn thu suas d' inntinn airson falbh?

Dòmhnallach: Tha eagal orm romhad – tha thu cho innseaganach. Feannaidh Dòmhnall MacEòghainn thu.

Bàrd: Coma leam sin. A bheil thu dol do Mhanitoba?

Dòmhnallach: Chan eil dòigh agam air am faradh a phàigheadh.

Bàrd: Pàighidh an Diùc leth an fharaidh, 's seasaidh am bàta beag an leth eile.

Dòmhnallach: Gasta! Chan eil an Diùc còir cho dona 's a bha thusa 'g ràdh.

Bàrd: Cha tuirt mise gun robh gach nì a tha e dèanamh dona, ach gu bheil staid nan croitearan cho dona 's a b' urrainn dhi bhith. Ach a bheil thu 'g aithneachadh an fhir a tha nall an Sruth Ruadh?

Dòmhnallach: Chan eil, tha mise air m' ais ann am fhradharc. Cò th' ann?

166

Bàrd: Tha Gilleasbaig Ruadh MacPhàil.³ Bruidhinn thusa ris.

Dòmhnallach: Ur beatha don bhaile, Ghilleasbaig.

Gilleasbaig: Taing dhuibhse, a bheil daoine gu math agaibh?

Dòmhnallach: Tha, tapadh leibh. Dè tha sibh a' cur ris?

Gilleasbaig: Chan ann a thoirt droch fhreagairt oirbh, tha mi fhìn coma dè tha mi 'cur ris' – tha ris an truas a' sgàineadh mo chridhe ag obair do dhaoin' eile gun dad air a shon, nuair a tha 'm buntàta agam fhìn gun chur uime fhathast – a' mòrlanachd.

Bàrd: Carson a tha thu caogadh riumsa, a Dhòmhnallaich? Dè tha thu ciallachadh?

Dòmhnallach: Tha mi cuimhneachadh air an rud a thuirt thu rium o chionn fichead latha – 'Cuir cuairt air Tiridhe 's gheibh thu 'n aon sgeul'. Ach, a Ghilleasbaig, innis dhomh an fhìrinn: a bheil thu faotainn dad airson na mòrlanachd? Mur eil, an robh e ann an cumhachaibh an fhearainn thu bhith 'g obair don Diùc an-asgaidh?

Gilleasbaig: Chan eil eadhon taing agam airson na mòrlanachd, nas motha bha e sna cumhachaibh. Chan e sin a-mhàin, ach nuair a chuireas am Bàillidh fios thugam dol a mhòrlanachd feumaidh mi falbh neo bidh a' bhàirlinn agam mun tèid a' ghrian fodha.

Dòmhnallach: Obh, obh! Tha sin uabhasach; ach am bi luchd nan aontachan a' mòrlanachd?

Gilleasbaig: Cha bhi; chan eil a chridhe aig na h-uachdarain saltairt air na daoine mòra mar tha iad a' dèanamh oirnne.

Dòmhnallach: Nach math an aonta? Nan robh aonta agaibhse, cha bhiodh sibh fhèin a' mòrlanachd.

Gilleasbaig: Chan eil thu ga thuigsinn; chan eil a' mhòrlanachd anns na cumhachaibh againne nas motha na tha i acasan.

Dòmhnallach: O, seadh; leis a sin nan seasadh na croitearan a-mach cha ruigeadh iad leas a bhith nan tràillibh mar sin.

Gilleasbaig: Cha ruigeadh; ach dh'fhalbh an latha anns an seasadh 'Clann nan Gàidheal an guaillibh a chèile'.

Dòmhnallach: M' fhacal fhìn nach d' fhalbh; ged tha foighidinn aig na Gàidheil, tha crìoch aice.

Gilleasbaig: Mo laochan thu! Ach feuch nach gabh thu beachd ceàrr air cor luchd nan aontachan. Tha da-rìribh an aonta math agus bhiodh i na buannachd dhuinne, ach chan eil iadsan aig a bheil i riaraichte.

Dòmhnallach: Dh'fhaodte gu bheil iad do-riaraichte.

Gilleasbaig: Chan eil idir, agus gabh beachd air a seo: abair gu bheil duine a' gabhail fearainn air aonta, a tha ann am feum dhìgean agus ghàrraidhean. Tha 'n duine sin a' cosg mòran airigid agus saothrach ann a bhith dèanamh nan dìgean 's nan gàrraidhean sin, agus mum bi iad crìochnaichte, co-dhiù mu bheil e mealtainn ach glè bheag thoraidh na h-oibre sin, tha 'n aonta mach. Nuair tha i mach tha e toileach aonta eile a ghabhail ach chan fhaigh e sin gus an àrdaich e 'm màl. Mar seo 's e th' aig an tuathanach airson a chosgais ris na dìgean 's na gàrraidhean màl dùbailte a phàigheadh fad na h-ath aonta. A bheil thu tuigsinn?

Dòmhnallach: 'S mise thà, agus da-rìribh 's e sin rud nach fhaca mi riamh! Tha mi nis a' faicinn gu bheil adhbhar-gearain aig tuathanaich de gach seòrsa.

Gilleasbaig: Tha thu faicinn gu ceart, ged tha thu air d' ais nad fhradharc. Thoir fa-near croit a' bhàird ann an seo. Tha i air grodadh a chion dhìgean, agus cha dèan e na dìgean air eagal, air dha cosgais mhòr a dhèanamh, gun toirear do Chalum Mac Iain Bhàin i, mar thuirt e fhèin riut fhichead latha gus an-diugh an Glac nan Smeur.

Dòmnallach: Nach truagh nach tugadh an Diùc aonta dhuibh chum gun dèanadh sibh dìgean 's gàrraidhean, nithean às eugmhais nach meal sibh mòran den toradh a bheireadh na croitean seachad? A bheil sùil agaibh fhèin, a Ghilleasbaig, dol do Mhanitoba?

Gilleasbaig: 'S ann agam a thà. Dè nì dhomh fuireach an seo, no do chroitear eile an Tiridhe? Dè tha muinntir Bhail' a' Phuill a' dol a dhèanamh? A bheil Eòghann Mac Ghilleasbaig a' falbh?

Dòmhnallach: Cha chuala mise, ach bidh fios aig a' bhàrd, oir bidh e a' dol an rathad sin a dh'fhaicinn nan nighean.

Gilleasbaig: Tha Eòghann Mac Ghilleasbaig ag ràdh nach falbh esan gus am falbh Niall Òg. A thaobh Dhomhnaill Dhùghallaich,[4] chan eil e fhathast ach a' feitheamh 's ag èisteachd.

Bàrd: Chan ann a chur casg air do chainnt: chuala mi gun

robh gach coitear an ceann a deas an eilein aig Taigh an Eilein[5] an latha roimhe a' bruidhinn ri Mr Wyllie[6] mu thimcheall a' mhàil. A bheil sin fìor?

Dòmhnallach: Tha e fìor gu leòr. Bha mise an làthair agus a bharrachd air sin bha mi air mo cheasnachadh leis an duine – bha Mr MacDhiarmaid[7] ag eadar-theangachadh.

Gilleasbaig: An do gheall thu 'm màl a phàigheadh?

Dòmhnallach: Cha do gheall 's cha gheall.

Gilleasbaig: Agus dè thuirt thu ris!

Dòmhnallach: Chan innis mi sin dhut air eagal gun innis am Bàrd e don *Àrd-Albannach*, ach innsidh mi dhut rud a thuirt coitear còir eile. Thuirt e nuair a fhuair e a' chiad chroit o chionn mòran bhliadhnachan gun do thog e aitreabh thaighean ann air dùil gun robh am fearann dol a sheasamh ris; ach ann an ceann beagan bhliadhnachan gun do chuir am Bàillidh às a sin e, agus gun tug e dha croit eile, air am b' èiginn dha taighean eile thogail. Ann an ceann bliadhna no dhà chuireadh aiste sin, agus chuireadh air a' bhaca e.

Gilleasbaig: Ach an robh e faotainn dad airson nan taighean a bha e togail nuair a dh'fhàg e iad?

Dòmhnallach: Cha robh sgillinn. Tha 'n taigh aig an duine chòir seo a-nis mar dheich slatan o bhile na fairge!

Gilleasbaig: Seadh, dìreach; ach an aidich aon dhiubh gum pàigheadh iad e?

Dòmhnallach: Chan eil mi 'n dùil gun aidich, ach phàigh fear na dhà e roimhe sin.

Bàrd: A bheil an ainmean agad? Ma tha, thoir dhòmhsa iad a chum gun cuir mi a dh'ionnsaigh an *Àrd-Albannaich* iad.

Dòmhnallach: Cha chuir! Cha chuir! Nach math thuirt mi gun robh thu innseaganach? Gidheadh, ma phàigheas tuilleadh e bheir mi dhut an ainm.

Gilleasbaig: Tha mise tuigsinn nach pàigh thusa e co-dhiù, ach, ged nach eil mi idir sgìth de do chòmhradh, feumaidh mi falbh, oir tha 'n t-astar fada. Mo bheannachd leibh.

Dòmhnallach: Mar sin leibhse!

Bàrd: Nach tuirt mi riut! Shaoil thusa gun robh mise air leth air na bha 'n Tiridhe.

Dòmhnallach: Ma-tà, shaoil, ach a-nis tha mi faicinn atharrachadh. Càit a bheil thu dol leis a' chairt, mur eil e mì-mhodhail dhomh fharraid?

Bàrd: Tha mi dol do Sgairinnis a thoirt guail à bàta Ailein Bhàin. An ath uair a chì mi thu tha toil agam mòran eile a ràdh riut.

Dòmhnallach: 'S taitneach leamsa do chòmhradh agus, ann an dòchas nach fhada gus am faic mi thu, tha mi fàgail mo bheannachd agad.

Bàrd: Beannachd leatsa!

NOTES AND REFERENCES

Publication details: *Highlander*, 5 October 1875

Author: Anonymous

Background: This *còmhradh*, which follows on from one printed some months earlier in the *Highlander* (27/7/1878), is unusual in so far as it deals with a specific area, as opposed to a fictional setting, as was common practice in *còmhraidhean*, and its characters may also be based on recognisable Tiree worthies. The dialogue is clearly located on Tiree, not only in terms of the main townships mentioned, but also other place-names, Glac nan Smeur (Balephuil) and An Sruth(an) Ruadh (Crossapol). Similarly, there are references to a number of individuals belonging to, or connected with, the island. The appearance of a poet as a character is unusual, but perhaps unsurprising given that Balephuil was known as 'Baile nam Bàrd' due to the unusually high number of poets living there, at least thirty known to have been actively composing verse in the township in the course of the nineteenth century (Cregeen and Mackenzie, 1978: 13). Although there is no indication of the author's identity, it is not inconceivable, given the frequency with which *còmhraidhean* were written by clergymen, and the writer's very detailed acquaintance with Tiree, that this could have been penned by either the Rev. Archibald Farquharson (1800–78), Congregational minister on Tiree, or the Rev. John Gregorson Campbell (1836–91), Free Church minister of Tiree and Coll, the former being a prominent composer of hymns and the latter a collector of folklore.

Tiree belonged to George Douglas Campbell (1823–1900), the 8th Duke of Argyll. The experiences of Tiree were similar to many other parts of the Highlands during and after the famines of the 1830s and 1840s and, despite many choosing to emigrate as a result of these hardships, land and the availability of land remained an issue through the 1870s and 1880s as tenants were cleared to make way for larger holdings.

The grievances voiced by these characters were to be borne out eight years later by those Tiree crofters and cottars who gave evidence to the Napier Commission in 1883. The complaints of having to carry out work for the factor when required to do so (*mòrlanachd*), high rents, and lack of compensation for improvements carried out, all feature in the witnesses' evidence. In this text An Dòmhnallach tells of a cottar who has received no compensation for houses he had built when evicted from first one piece of land and then another, and whose house is now ten yards from the sea. That this is based firmly on events on Tiree is evident when it is compared with the evidence given by more than one of the island's witnesses to the Napier Commission, who testify to the fact that a cottar being evicted, and receiving no compensation for the house which he had to abandon, was not an unknown occurrence. Ronald Macdonald, Cottar, Heanish, stated in 1883:

> many of the cottars of Heanish and Baugh were deprived of their holdings, either directly or indirectly, to make room for tacks, as in the case of one party who was deprived of his holding at Baugh, then partly cleared to make an addition to the tack of Reef, and same party again was evicted from his croft at Heanish to make room for a blind man and his family from Hylipool [...] This party never received a penny for his

outlay in house erection, but had to build another house at his own expense down at the sea-shore (*PP* 1884 XXXII: 2175).

Similarly the reference in the text to *a' mòrlanachd*, work carried out without payment by tenants for their landlord, is borne out by the statement read to the Napier Commission on behalf of the crofters of Caolis, Ruaig and Salum by John MacFadyen, who complained, amongst other things, of their 'having had formerly to work about twelve days a year on the estate without payment of any kind, and that at any time of the year the factor saw proper to send for us; if we refused, we would be fined' (*PP* 1884 XXXII: 2132).

Emigration from Tiree was also very topical. Margaret Mackay has discussed the three phases of emigration from Tiree, the final one being in the last quarter of the nineteenth century, and which saw Tiree emigrants settling in Manitoba, Saskatchewan and Alberta. This is commemorated in the song 'Manitoba' by John MacLean (Bàrd Bhaile Mhàrtainn) (Meek 1995: 80–81), composed to departing emigrants, and in the later song 'Oran Mhanitoba', composed in Canada in 1880 by John MacLean (*Iain mac Dhòmhnuill 'ic Eachainn*) who had emigrated from Balephuil in 1878 with his brother and nephew (Mackay 2014: 189–93; Cameron 1932: 227).

1 an t-Àrd-Albannach: The *Highlander*, see notes to *Còmhradh* 4.

2 Calum MacEòraidh: In the notes accompanying John MacLean's (Bàrd Thighearna Cholla) poem 'Moladh Dhomh'uill MhicUalraig', Hector Cameron writes 'Tearlach MacCeoraidh mentioned was a Tiree man. The name suggests Mac Dheoraich, Dewar' (Cameron, 1932: 62).

3 Gilleasbaig Ruadh MacPhàil: There is a reference to this individual in Iain MacIlleathain's (Bàrd Bhaile Mhàrtainn) song 'An Glùineineach': ''S ann aig Gilleasbuig Ruadh MacPhàil / Bha 'n gearran a b' àille 's an tìr' (*Red-haired Archibald MacPhail / had the finest horse in the land*) (Cameron, 1932: 165). It is likely that this is the individual on whom the writer based this character. The 1881 Census suggests two possible individuals: Archibald MacPhail (53), Heylipol, farmer; Archibald MacPhail (63) Kirkapol, farmer. The 'Bàrd' in this *còmhradh* may be Iain MacIlleathain.

4 Dòmhnall Dùghallach: Donald MacDougall was the son of the Rev. Duncan MacDougall, the Baptist minister on Tiree. He emigrated to the south-western part of Saskatchewan (my thanks to Dr Margaret Mackay for this information).

5 Taigh an Eilein: The Factor's house on Tiree, situated on Loch an Eilein in the township of Heylipol.

6 Mr Wyllie: James Wyllie, the Duke of Argyll's Chamberlain for the entire Argyll Estate. Born in 1831, he was a native of Dumfries-shire and before working for the Duke of Argyll had been employed as factor on the Breadalbane Estate. He had been in the employment of the Duke of Argyll from the late 1860s. His evidence to the Napier Commission in 1883 can be found in the published volumes (*PP* 1884 XXXV: 2208–2221; *PP* 1884 VI: 3098–3109).

7 Mr MacDhiarmaid: Hugh MacDiarmid, the Duke of Argyll's sub-factor on Tiree from 1875, the year in which this *còmhradh* was published. He succeeded John Geikie, who emigrated to Manitoba along with others from Tiree in 1876 (Mackay 1998: 123). MacDiarmid was known as 'am Bàillidh Dubh', not because of his deeds but because of his appearance, and he seems to have compared favourably with his predecessors in the post (Meek 1980: 24). He was a native of Perthshire, born in Blair Atholl in 1846, and a Gaelic speaker, as the reference to him acting as interpreter between the tenants and James Wyllie confirms. His evidence given before the Napier Commission on Tiree in 1883 can be found in Volume 3 (*PP* 1884 XXXV: 2157–65).

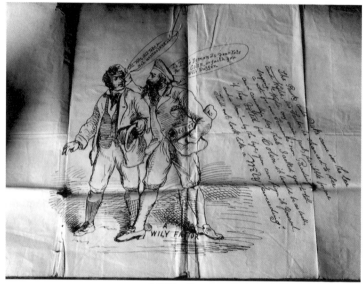

A Wily Factor

The Pawky auld Duke came o'er the lea
and Wylie, His Factor, he chanced to see
Saying 'Wylie, my man, just scribble for me
a note for our Tennents' own Reading
and casually say that I asked you to tell
if they voted for Colin it would be as well,
and – Hem! – by the bye, you can Sign it Yoursel,
'Twill not look like a Wily proceeding.'

The character on the left: 'All Vote, All Vote, ach air taobh Malcolm'
 [*but on Malcolm's side*].
A Wily Factor: 'Te Tuke Demands your Vote for Wee Colin, or faith
 you Will Suffer'

This drawing, from a 'Collection of Gaelic Songs' from Caolas, Tiree, in the possession of Donald Meek, relates to either the Argyllshire by-election of 1878 or the election of 1880. In both elections the Liberal Lord Colin Campbell, fifth son of the Duke of Argyll, stood (and won) against the Conservative, Colonel John Malcolm of Poltalloch. I am grateful to Professor Meek for allowing me to use this image.

CÒMHRADH 13

Còmhradh: Dòmhnall Donn agus Eachann Ruadh

Eachann: Fàilte ort fhèin, a Dhòmhnaill. An saoil mi fhìn an e bodach nan glainneachan a ghluais on bhaile an-diugh thu?

Dòmhnall: Ma-tà, charaid, cuiridh am bodach biorach, beura sin, le a shùilean glainne, air uairean cabhaig orm, ged nach e gu h-uile a thug an seo an-diugh mi. A bheil sgeul ùr agad dhomh an-diugh?

Eachann: Bidh sgeul ùr againne daonnan. Tha cumhachdan na h-Eòrpa dol a thoirt air an Tuirc reachdan cneasta a chur an cèill.[1]

Dòmhnall: Fan aig a' bhaile leam, agus thoir dhomh naidheachdan air tìr mo dhùthchais: faodaidh e bhith gu bheil sochairean is saorsa cogais againne leis nach giùlaineadh lagh na Tuirce; ma tha sin againn, tha droch riaghlaidhean ann air iomadh dòigh an lorg sin, leis nach furasta giùlan.

Eachann: Tha thu ceart: cha ruig sinn a leas a dhol don Tuirc airson riaghladh aintighearnail. Gheibh sinn aig a' bhaile e; oir cò an duthaich fo nèamh anns an d' fhuair uabhar dhaoine mòra uimhir de shrian fhuasgailte 's a fhuair e air a' Ghàidhealtachd! A bheil do nàbaidh ann an Suardail a' fàs reamhar air buannachd an fhearainn dhen do sgiùrs e an tuath chòir?

Dòmhnall: Chan eil teagamh nach nì ro chruaidh-chridheach a bhith bleith gnùis nam bochd; ach nuair a thèid an troigh a thomhas gu cùramach am fad 's an leud den talamh dhaibh,[2] an saoil thu nach bi iongantas airsan agus air a leithid?

Eachann: Is e mo bharail nach bi mòran rùm san oighreachd sin airson àrach fèidh is cearcan-fraoich; 's tha mi cinnteach nach abrar mu aon dhiubh, 'Thuit an-diugh Prionnsa agus duine mòr ann an Israel'.[3]

Dòmhnall: Is ro-choltaiche leam gur e bhios ann san latha sin, mar a chuala mi uaireigin mu sheumarlan an-iochdmhor a chaochail air a' Ghàidhealtachd – aig a thiodhlac nuair a thòisich an tuath ri cur an talaimh air, theireadh iad, 'Cuiribh air! Cuiribh air! 'S esan a chuireadh oirnne'.[4] Is fìor an ràdh gur fheàrr deagh ainm na ola-ungaidh; ach nach ann o ghnìomharan math a thig deagh ainm.

Eachann: 'S tu thuirt an fhìrinn. Cluinn am moladh a tha air an Diùc Chatach airson a dheagh ghnìomharan, ged as iomadh olc a rinn a shinnsear.[5]

Dòmhnall: Is èiginn dhomh a bhith dol a dh'fhaicinn bodach na geòlamais, airson paidhir do Sheònaid. Tha mi cinnteach, ged tha an fheòil daor agaibh sa bhaile, gum faigh sibh pailteas sithinn a-nis air seann phort feadaireachd.

Eachann: Cha bu cheist e, Dhòmhnaill. Chan eil thu saoilsinn uiread dhe mult a' chùil duibh agad 's a shaoileas iad de dh'aon eun, ged a tha iad uile làn de ghalar gun ainm.

Dòmhnall: Thèid mi leat an sin ach is èiginn dhòmhsa bhith cur m' aghaidh air na cnuic.

Eachann: Feuch nach bi thu cho fad' gun tighinn a choimhead orm a-rithist, oir tha mi ag ràdh riut gur fheàirrde mi d' fhaicinn.

NOTES AND REFERENCES

Publication details: *Highlander*, 25 November 1876

Author: 'Gaidheal', identity unknown

Background: Swordale, referred to in the text, was part of the Skibo estate in Sutherland, and was owned by an improving landlord, Evan Sutherland Walker. The *Highlander* devoted much space in its English columns to the Skibo Estate during 1876. Sutherland Walker was criticised for riding roughshod over the rights of his tenants: raising rents, evicting some tenants and replacing the existing leases of others with new, less favourable ones. For some this meant having to part with land on one side of their croft and receive new land on the other side, resulting in extra labour and expense in shifting stone dykes (*H* 25/3/1876).

1 An Tuirc: The allusion to Turkey at the opening of the conversation is to the April Uprising of the Bulgarians against their Turkish rulers in 1876, an uprising which was brutally suppressed with thousands being killed. This prompted an outcry in Europe and resulted in the Conference of Constantinople later the same year which attempted to reconfigure boundaries within the Balkan Peninsula.

2 nuair a thèid an troigh a thomhas gu cùramach am fad 's an leud den talamh dhaibh: i.e. when their grave is measured out.

3 'Thuit an-diugh Prionnsa agus duine mòr ann an Israel': 2 Samuel 3: 38.

4 'Cuiribh air! Cuiribh air! 'S esan a chuireadh oirnne': The first issue of the Canadian newspaper *Mac-Talla* contains the full version of this verse with a brief explanatory note:

Aig tiodhlacadh droch uachdarain anns a Ghaeltachd, 'nuair a bha iad a cur na h-urach air, thuirt fear dhe na croitearan a bha lathair (*At the burial of a bad landlord in the Highlands, when they were putting the soil on top of him, one of the crofters who was present said*):—
'Cuiribh air! cuiribh air!
'Se chuireadh oirnne;
'S ma dh'eireas e rithist,
Cuiridh e an coir oirnn!" (1:1, 28 /5/1892)
(*Put it on him! Put it on him! / It's he who put on us; / And if he rises again / He'll put more on us!*)

The Macdonald Collection of Gaelic Poetry (Macdonald & Macdonald 1911: xlvi), prefaces 'Oran do dhroch bhailidh (*sic*)' with the information that this satire was believed to have been composed on an Ardnamurchan factor and suggests, as the *Mac-Talla* account does, that the four lines beginning 'Cuiribh air, cuiribh air' may have been recited at his grave. Other references to these lines include 'Fionn' (Henry Whyte) in his 'Glasgow Letter' to the *Oban Times* (25/12/1886).

5 an Diùc Catach: the Duke of Sutherland referred to here was the third Duke of Sutherland (1828–92). Unlike ·his predecessors alluded to here, under whom the infamous Sutherland Clearances took place in the second decade of the nineteenth century (see Richards 1999; Hunter 2015), the third Duke was a more enlightened landlord and was praised by John Murdoch's *Highlander*, in which this *còmhradh* was published. Mary MacPherson ('Màiri Mhòr nan Òran') composed a eulogy to him, 'Òran an Diùc Chataich' (Meek 1998: 91–95).

CÒMHRADH 14

Còmhradh eadar Cù Chulainn agus Calum Croitear

Cù Chulainn: Ciod seo do naidheachd an-diugh, a Chaluim?

Calum: Ma-tà, le ur cead, chan eil ach gu fortanach gun deach smachd a chur air Comann an Fhearainn ann an Èirinn[1] leis an lagh ùr a rinn a' Phàrlamaid.

Cù Chulainn: A bheil thusa, a Chaluim, a' saoilsinn na fhortan gun rachadh stad a chur air Comann an Fhearainn ann an Èirinn?

Calum: Tha mi saoilsinn gum bu chòir don a h-uile air a bheil eagal Nì Math a bhith toilichte stad a chur air na daoine fiadhaich ris an can iad na *Land Leaguers*, agus an duine mì-ainmeil a tha air an ceann; is e sin Parnell.[2]

Cù Chulainn: O, Chaluim, a Chaluim, tha thu coltach ris a' chaillich mun deachaidh an uinneag ùr san taigh aice: chan fhaiceadh i a dòrn agus tha e coltach gum feumar uinneag a chur anns an eanchainn agadsa mun dèan thu cus feum dhut fhèin no dhaoine eile. Nach eil fios agad gu bheil na Gàidheil agus na h-Èireannaich den aon seòrsa sluaigh?

Calum: Ge-tà, 's e Papanaich a th' annta.

Cù Chulainn: Cha ghabh an leasachadh, a charaid, tha còir aca air an rud a thogras iad fhèin a chreidsinn cho math riutsa. Ciod na pàipearan a tha thu leughadh?

Calum: Mar as trice an *Scotsman*.

Cù Chulainn: Chan iongnadh thusa bhith mar tha thu. Nach eil fios agad gur e an *Scotsman* nàmhaid as motha th' aig an Èireannach agus aig a' chroitear Ghàidhealach? Nach eil fios agad gu bheil e sparradh anns na h-uachdarain gabhalaichean mòra dhèanamh de fhearann nan croitearan agus tha sin air tachairt anns an dùthaich seo a-cheana, gu ìre bheag.

Calum: Cha tug mi an aire riamh gun robh an *Scotsman* cho fad' an aghaidh nan croitearan.

Cù Chulainn: Cha tug nuair a dhall 's a bhodhair e thu le naidheachdan cogaidh agus droch ghnìomh nan Èireannach; ach ma tha thusa airson atharrachadh a dhèanamh air do staid fhèin, agus air lagh an fhearainn, coimhead air na h-Èireannaich mar na càirdean as motha th' agad anns an rìoghachd. Is ann bu chòir dhutsa agus don a h-uile duine eile tha air a shàrachadh cobhair a dhèanamh riutha, 's cha b' e bhith sealltainn sìos orra. Bha Èirinn air a saltairt fo chasan Shasainn bho chionn sia ceud bliadhna anns a h-uile dòigh bu tràilleile na chèile, agus cha ruig thusa no neach eile leas a bhith gabhail iongantais ged a bhitheadh na h-Èireannaich airson iad fhèin fhuasgladh bhon fhear a bha a chas air an amhaich cho fada. Ach eadar dhà sgeul, a bheil thu faighinn an *Àrd-Albannaich*?[3]

Calum: Ma-tà, chan eil; chan eil dad de naidheachd ann.

Cù Chulainn: Ma-tà, a Chaluim, tha thu na do chùis-mhaslaidh. Nach eil fios agad gur ann air do shon-sa agus airson do leithid a tha am pàipear air a chumail suas? Nach bochd an taing a th' aig an duine chòir a tha cur a mhaoin, a phearsa agus a bheatha ann an cunnart air muir 's air tìr air do shon-sa,[4] nuair nach eil thusa agus do leithid a' gabhail sùim dheth? Tha an t-*Àrd-Albannach* a' dèanamh faire, agus, cho fad' 's tha na chomas, a' cur bacaidh air na h-uachdarain bho bhith dèanamh fòirneirt air an t-sluagh; ag iarraidh còir a thoirt do na bochdan air an fhearann le màil so-iomchar, agus 's math a chreideas mise tràth thig sin timcheall gum bi do bheul cho farsaing ri fear san t-sreath.

Calum: Cha bhi sin agad ri chantainn à seo suas.

NOTES AND REFERENCES
Publication details: *Highlander*, 13 April 1881

Author: Anonymous

Background: The new law referred to at the beginning of the *còmhradh* is the Protection of Person and Property Act 1881 passed by Parliament on 2 March 1881. This was an attempt to quell increasing levels of agrarian unrest in Ireland in the wake of the founding of the Irish National Land League in 1879, and its campaign to reduce rack-renting and the acquisition of land by its occupiers. The Act allowed for the imprisonment of individuals without trial and Charles Stewart Parnell, the President of the Land League, was to be among those incarcerated under this legislation in October 1881 (Comerford 2010: 42–48). The Land Law (Ireland) Act was also passed in 1881, an Act upon which the Crofters Holdings (Scotland) Act of 1886 would be modelled.

It was during his time working for the excise service in Ireland in the middle decades of the nineteenth century that John Murdoch, the *Highlander*'s editor, came to take an increasing interest in the issue of Irish land reform, recognising the similarity between the positions in which Irish smallholders and Highland crofters found themselves (Hunter 1986: 22) He was to ensure that Irish politics were well-represented in the pages of his own newspaper and this is reflected in the Gaelic, as well as the English, columns of the *Highlander*.

The *Scotsman*, a resolute supporter of Highland landlords, has been described by Hunter as 'the most widely hated newspaper in the Highlands of the 1880s' (1976: 93), a stance which it had held long before the 1880s. Krisztina Fenyő's study of the mid-nineteenth-century Lowland press's attitude to the Highlanders demonstrates the hostility and contempt with which the paper viewed the inhabitants of the famine-stricken Highlands (Fenyő 2000).

The year after this *còmhradh* was published, the *Scotsman* was to attack Murdoch for his acceptance of money from Irish-Americans to help the cash-strapped *Highlander* during his tour in the United States in 1879–80, money which it was later claimed came from the 'fenian skirmishing fund', intended for funding attacks on Britain. On receiving this information, the *Scotsman* accused Murdoch of having been given this money to finance attacks on Britain and, despite Murdoch's attempts to vindicate himself, the newspaper would not publish his letters (Hunter 1986: 170–71).

1 **Comann an Fhearainn**: The Irish National Land League (Conradh na Talún), was established in 1879 to reduce rack-

renting and to help the occupiers of land acquire ownership of it.

2 Parnell: Charles Stewart Parnell (1846–91), President of the Irish National Land League when it was founded in 1879; he was leader of the Irish nationalist movement and Member of Parliament from 1875 until 1891 (Lyons 1977).

3 an t-*Àrd-Albannach*: The *Highlander*, see notes to *Còmhradh* 4.

4 … an duine chòir a tha cur a mhaoin, a phearsa, agus a bheatha ann an cunnart air muir 's air tìr air do shon-sa: This is a reference to John Murdoch and to both the financial risks to which he exposed himself by investing so heavily in his own newspaper, and also the physical risks he faced as he travelled the Highlands, often on foot and in all weathers, drumming up support for the newspaper and attending land reform meetings (Hunter 1986: 149, 159–60).

CÒMHRADH 15

Michael Davitt's Visit to Inverness Discussed in Gaelic

Dàibhidh: Ciod iad a-nis na nithean mòra a thaobh Ghladstone[1] a bhagair thu toirt ri m' aghaidh an oidhche mu dheireadh a thachair sinn, agus mas e fìor, a chuireadh iongantas orm, a Theàrlaich.

Teàrlach: Tha gu leòr agam a dh'fhaodainn a ràdh, agus ma bhios mi fada beò, their mi fhathast e, mu dheidhinn an duine uasail sin; ach tha duine eile, a thug sgrios don Ghàidhealtachd againn an latha roimhe, mum bu mhath leam beagan conaltraidh a bhith agam riut fhèin is ri Uilleam.

Uilleam: Cò nis am fear air a bheil thu tighinn?

Iain: Is math tha fios agad cò th' aige san amharc; agus chuala mi gun robh thusa gu mòr air do lìonadh leis an duine.

Teàrlach: Tha mi tighinn air Michael Davitt, am fear-buairidh cuilbheartach, agus am fear co-bhann comharraichte sin an fhearainn (*that political agitator and notorious land leaguer*) a tha dol mun cuairt o àite gu àite, a' cur sìol na h-eas-aonachd agus a' mhì-thoileachaidh ann an inntinnean muinntir a bha, gus o chionn glè ghoirid, a' tighinn beò gu sìochainteach, taingeil, toilichte len staid.

Dàibhidh: Shaoil leamsa gur e duine eireachdail fiùghail a bha ann – gur e fìor charaid an duine bhochd a bha ann cuideachd; ach 's bochd an teist a tha thusa toirt air – nach e Gàidheal a tha ann?

Teàrlach: Is fhad' uaithe ghabh e; 's e th' ann smior an Èireannaich, agus mur biodh ri ràdh na aghaidh ach sin cha bhiodh comas air, ach, fheara, 's e tha 'n seo duine cunnartach – duine calldach, cunnartach, ann an làn-seagh nam briathran sin!

Dàibhidh: Mas aithne dhutsa eachdraidh agus caitheamh-beatha an duine, nach fhaod thu beagan innse dhuinn dhe seo ach seas air an fhìrinn, gun a dhol a-null no a-nall.

Teàrlach: An cuala tu riamh mu na *Fenians*,[2] a Dhàibhidh?

Dàibhidh: Chuala an saoghal gu h-iomlan ach beag mun a'

mhuinntir sin, ach tha dùil agam nach robh cuid no pàirt aig Davitt ann an dèanadas nan creutairean an-diadhaidh, ceannairceach sin.

Teàrlach: Ma-tà, a Dhàibhidh, b' fheàrr leam gun robh a h-uile Gàidheal, sean is òg, bochd is beairteach, a tha còmhnaidh san taobh tuath gam èisteachd, agus dh'innsinn-sa dhaibh nach e mhàin gun robh cuid is pàirt aige ann an dèanadas nam *Fenians* ach gun robh e air aon dhe prìomh chinn-fheadhna nan reubaltach sgriosail sin. Nan dèanadh sin feum, rachainn gu mullach Càrn na Cuinneig, agus ghlaodhainn le guth cho àrd, làidir nan gabhadh dèanamh air, 's gun cluinneadh iad mi air feadh gach gleann is srath, gach monadh is machair, gach baile beag is baile mòr, gach lùchairt rìomhach is bothan iriosal, tro fad is leud mòr-thìr agus eileanan na h-Alba! Chuirinn an cèill, le guth tàirneanaich, an call eagalach a rinneadh a-cheana, agus a tha fhathast ga dhèanamh, le Davitt agus a leithid – an teagasg nimheil, puinnseanta a tha iad a' cagair ann an cluasan, agus a' feuchainn ri sparradh ann an inntinnean an t-sluaigh len seanchas aimhleasach aig coinneamhan, agus leis an fheallsanachd (*literature*) mhallaichte a tha iad cho dìcheallach, saothrachail a' craobh-sgaoileadh feadh na dùthcha; nithean a bheir an toradh fhèin a-mach an Alba cho math ri Èirinn, mura cuir Freastal grabadh air!

Uilleam: Stad, stad, a sheòid! Na bi cho buileach cabhagach sin – nach fheum thu aideachadh gun d' rinn an troimh-a-chèile a bh' ann feum dha na h-Èireannaich bhochd.

Teàrlach: Chan fheum, 's chan aidich mi nì de leithid; air an làimh eile, dearbhaidh mi dhut, mus tèid crìoch air an latha, gur e call mòr thar tomhais a tha 'n sluagh sin a' tarraing orra fhèin – ach togaidh sinn a' phuing seo fhathast.

Iain: Tha mi faicinn gu bheil Dàibhidh car mì-fhoiseil gus an cluinn e ciod e an seòrsa duine th' ann an Davitt seo – nach innis thu beagan dhe chliù dha!

Teàrlach: B' e sin an cliù rapach, nam biodh e uile air a dhèanamh aithnichte, ach tha fios againn air gu leòr gu breith a thoirt air ciod e a' chàil tha aigesan, nam faigheadh e a thoil fhèin gu bhith ga riarachadh. 'S e duine mòr fad-chasach a th' ann, a Dhàibhidh, teann air sia troighean a dh'àirde agus e air leth-làimh. 'S e fear-giùlain litrichean a bh' ann an làithean òige, is lean e ri seo còig no sia bliadhnachan, ach an uair a thog e inntinn ri beachdan nam *Fenians*, chuir e cùl ris a' cheàird seo, agus thòisich e mar fhear-siubhail malairteach ann an airm-theine (*commercial traveller in fire-arms*), agus faodaidh sibh fhèin a thuigsinn carson a roghnaich e an dreuchd seo, ma bheir sibh fa-near e. Timcheall do bhliadhna an dèidh dha tòiseachadh air an obair seo – 's e sin ri ràdh, air a' cheathramh latha deug den Mhàigh, 1870 – bha e air a ghlacadh, le làimh-làidir an lagh, airson coire-bàis (*felony*), agus foill an aghaidh na Banrighinn, agus air an aon latha deug dhe mìos dheireannach an t-samhraidh sa bhliadhna sin, fhuaradh ciontach e de na nithean a bhathar a' cur às a leth, agus chaidh a dhìteadh gu daorsa pheanasach rè chòig bliadhna deug.

Dàibhidh: Is iomadh duine còir a bha 'm prìosan, a Theàrlaich, agus is mòr am feum a rinn iad dhan co-chreutairean fhad 's a bha iad ann cuideachd!

Teàrlach: Tha fios agam gu math air sin, ach bha diùbhras eadar iad sin agus am fear seo – cha robh aon de na daoine a th' air do bheachd-sa nan crochairean coslach ris-san. Agus ma bha e cunnartach fhad 's a bha e ma sgaoil, bha e 'n t-aon rud mar phrìosanach. Mar dhearbhadh air seo, faodaidh mi ainmeachadh, rè aon chòig mìosan deug den ùine chaith e sa phrìosan, nach robh uair den oidhche anns nach robh doras-dìomhair an t-sluic anns an robh e dùinte air fhosgladh le fear-faire. Tuigidh sibh fhèin carson a bha seo air a dhèanamh. Mar a rinn e ceannairc an aghaidh lagh na rìoghachd nuair a bha e na ìochdaran saor, rinn e mar an ceudna, uair is uair, ceannairc an aghaidh lagh agus riaghailtean gach prìosain anns an robh e. Dhiùlt e aon uair suidhe gus an rachadh fhalt agus fheusag a bhearradh, gus am b' fheudar dha sianar dhaoine a chur na shuidhe ann an cathair agus a chumail an sin gus an d' rinn iad a pheirceallan cho lom ri deargad agus a chlaigeann cho maol 's cho geal ri snèap.

Uilleam: Nach b' iad na trustairean cruaidh-chridheach gun truas, gun iochd iad!

Iain: A bheil thu 'n dùil nach fheumadh na daoine an dleastanas a dhèanamh – chan eil mi faotainn coire sam bith dhaibh; oir 'An leann a nì duine dha fhèin, òladh e a theannadh dhith'? Ach cha chreid mi nach d' innis thu gu leòr dhe chliù dhuinn, gu bhith leigeil ris ciod e an seòrsa fear a th' ann.

Teàrlach: Cha d' innis mi ach neoni dhe na dh'fhaodainn innse dhuibh, ach chan eil mi deas buileach fhathast dheth. Tha fios agaibh gur e còig bliadhna deug de phrìosan a fhuair e, ach nuair a riaraich e seachd bliadhna is seachd mìosan den ùine sin, fhuair e rud ris an can iad *ticket-of-leave*, agus chaidh a leigeil ma sgaoil. Nach abair sibh gum bu chòir dha bhith glè thaingeil airson seo, agus gun taisbeanadh e a thaingealachd le a chaitheamh-beatha stiùireadh gu suairce, faicilleach, neo-lochdach agus umhail do lagh na rìoghachd. An àite seo a dhèanamh, cha robh e fad' air a chomraich fhèin nuair a thòisich e, le mòr-ladarnas, agus sin gu follaiseach, air a luchd-dùthcha agus muinntir eile a bhrosnachadh gu ceannairc a thaobh laghan an fhearainn. Bha a chainnt agus a sgrìobhainnean air am meas cho fealltach agus cho cunnartach 's gun deach a ghlacadh a-rithist agus a chur air ais gu sheann chairtealan ann am Portland,[3] airson còig mìosan deug! Ach ged a chaidh a bheul a dhùnadh rè na h-ùine sin, thoiribh dìreach fa-near airson tiotan a liuthad murt oillteil is nì maslach, grathail a chaidh a chur an gnìomh ann an co-cheangal ris an fhuaim 's an ùpraid seo mun fhearann; agus chan eil beò na bheir à m' inntinn-sa nach eil Davitt, agus a chuid chompanach, gu mòr ri choireachadh airson a' chuid as motha de na chaidh de dh'fhuil neoichiontaich a dhòrtadh ann an Èirinn!

Uilleam: Tha thu tuilleadh 's cruaidh air Michael Davitt bochd; faodaidh esan a bhith onarach, cogaiseach gu leòr anns na h-oidhirpean a tha e toirt gu bhith dèanamh math dha luchd-dùthcha.

Teàrlach: *Behold the end!* Thuirt mi riut mar-thà gun dearbhainn dhut, mus cuir sinn ceann air a' chùis, gur e cron a tha e dèanamh dhaibh an àite math.

Dàibhidh: Ach 's cinnteach mis', fheara, nach robh fios aig muinntir Inbhir Nis gur e duine den t-seòrsa seo a bh' aca, leis an fhàilte chridheil agus an èisteachd fhurachail a thug iad dha. Chan e sin a-mhàin, ach tha e air innse dhòmhsa gun robh iad a' bualadh nam bas, 's a' breabadh nan cas, agus a' dèanamh luath-ghàire gu bhith toirt misneachd dha an ceann a h-uile tiotan – 'n e 'n fhìrinn a tha sin?

Teàrlach: O, gu dearbh fhèin, 's e! Ach thoireadh sibhse fa-near gur e oidhche Disathairne a bh' ann – gun robh 'n oidhche fliuch, agus tha amharas agam gun robh cuibhreann mhath de na bha ag èisteachd, agus a bha dèanamh leithid a thairirich len làmhan 's len casan agus len teanga, fliuch a-muigh 's a-staigh. Ach obh, obh! Nam biodh e gan èisteachd, mar a bha mise, mus deach iad trì slat o dhoras Talla a' Chiùil – cha tèid mis' a luaidh nan ainmean a bha iad a' gairm dheth; ach b' urrainn dhomh sanas beag a chur na chluais agus ann an cluasan an dithis no thriùir a bha còmhla ris, nan tachradh iad rium. Cha robh …

Dàibhidh: Ach fhad 's a bhios cuimhne agam air, cò na daoine a bha còmhla ris air an aghaidh dealbh (*platform*)?

Teàrlach: Cha robh ann ach dithis Ghàidheal agus dithis Èireannach uile-gu-lèir. Bidh beagan agam ri chantainn mun deidhinn-san agus mun a' 'Chlach'[4] cuideachd mus tig deireadh an latha. Ach 's e bha mi dol a ràdh, nuair a chuir Dàibhidh stad orm, nach robh Davitt 's na bha còmhla ris riamh nas fhaide am mearachd, ma bha iad an dùil gun robh co-fhulangas no tlachd sam bith aig muinntir Inbhir Nis anns na beachdan a bha e, cho seòlta, feuchainn ri bhith mìneachadh a thaobh an fhearainn – b' e sin …

Uilleam: Feumaidh mi aideachadh gur anabarrach an t-iongantas a tha thu cur orm, a Theàrlaich; tha thu cur dhìot dhen oidhche an sin mar nach biodh nì dochair mun fhearann idir – mar nach rachadh fòirneart no ainneart a dhèanamh riamh air na Gàidheil le uachdaranan an fhearainn; a dh'aon fhacal, tha thu bruidhinn mar gum biodh na h-uile nì ceart agus cothromach, dìreach mar bu chòir a bhith.

Teàrlach: Is mi nach eil, Uilleim, ged nach d' fhuair mi mo sgàldadh san aon dòigh riutsa. Chan eil teagamh sam bith nach eil e iomchaidh agus feumail gun rachadh na laghan fearainn a tha làthair ann an cuid rudan atharrachadh, ach cha tuirt sinn gu bheil sinn gu dòighean mì-laghail a ghabhail gu sin a thoirt mun cuairt. Thèid leinn mòran nas fheàrr le dhol ann an rathad ciallach, rianail, glic timcheall a' ghnothaich; agus is duilich leam a ràdh nach e seo an dòigh a tha muinntir nach eil a' fuireach glè fhada uainn a' gabhail aig an dearbh àm seo. Ach mo thruaighe! Tha 'n droch luchd-comhairlich aca, agus tha eagal orm gum bi bhuil orra air a' cheann thall, mura toir iad an aire dhaibh fhèin.

Uilleam: Tha mi den a' bheachd gur luaithe a ghabhas iad comhairle o McHugh[5] no uatsa, Theàrlaich.

Dàibhidh: Nach innis thu dhuinn ciod e an seòrsa *plan* a bha Daffy comhairleachadh dha muinntir Inbhir Nis a ghabhail gus am fearann a chur ceart.

Teàrlach: Gabhaidh sinn oidhche eile dha sin – ach 'n do bhuail e dà-reug fhathast?

Iain: Is fhada o sin – tiugainn, tiugainn, a Theàrlaich.

NOTES AND REFERENCES

Publication details: *Northern Chronicle*, 15 November 1882

Author: Anonymous

Background: This *còmhradh*, the first of three on the same subject, was published eleven days after Michael Davitt had addresssed a large crowd in the Music Hall in Inverness, on 4 November 1882 (Newby 2007: 78–80). In his lecture Davitt expounded his belief, based on the theory of American Henry George, that land nationalisation was the solution to the land problem in the Highlands. The acerbic tone of this text echoes the tone of the *Northern Chronicle*'s report in English on the lecture, which describes Davitt as 'a recklessly revolutionary and destructive character' (*NC* 8/11/1882). The *Inverness Courier* was similarly, if not quite so vitriolically, negative about Davitt, while the *Inverness Advertiser* takes the opposite view, referring to him as 'the warm-hearted young Irishman' (*IA* 10/11/1882: 6).

Michael Davitt (1846–1906) founded the Irish Land League in 1879. He was born in County Mayo, but his family moved to Lancashire after being evicted from their home. He began working in a cotton-mill at the age of eleven and was badly injured in an accident which resulted in the amputation of his arm. He became involved with the Irish republican movement Fenians and, as detailed in this *còmhradh*, he was arrested in 1870 and convicted of arms smuggling. He was sentenced to fifteen years in prison, although he was released from Dartmoor on a ticket-of-leave after seven years. This ticket-of-leave was revoked in 1882 due to his public speeches being viewed as seditious. He was released again later in the same year (Moody 1981).

As Andrew Newby has discussed in *Ireland, Radicalism and the Scottish Highlands, c. 1870–1912*, the Highland press in general, with the exception of John Murdoch's *Highlander* which had ceased publication in 1881, was hostile towards Irish influence being brought to bear upon the Highland land situation, fearing the levels of unrest and violence witnessed in Ireland. The *Oban Times*, although pro-crofter, was among those to discourage Highlanders from looking to the Irish example (Newby 2007: 33). With the Battle of the Braes having taken place earlier in the year, and also the Phoenix Park murders in Dublin of both the Chief Secretary and Under Secretary for Ireland, there was a high degree of unease about the direction which Highland land agitation might take and this *còmhradh* reflects the *Northern Chronicle*'s strongly anti-Irish stance.

1 Gladstone: William Ewart Gladstone (1809–98), Liberal politician and Prime Minister in 1868–74, 1880–85, 1886 and 1892–94.

2 Fenians: a disparaging reference to the contemporary Irish nationalist movement.

3 Portland: Portland Prison in Dorset.

4 'a' Chlach': Alexander Mackenzie (1838–98), born and raised in Gairloch, was an Inverness businessman, historian and editor of the *Celtic Magazine* and the *Scottish Highlander*, as well as being a prominent land campaigner. The name 'a' Chlach' comes from Clachnacuddin House on Inverness's High Street, where he and his brother William established a clothier's shop (*SH* 27/1/1898).

5 McHugh: Edward McHugh (1853–1915), born in Tyrone and brought up in Greenock, was a very active land and social reformer. In the wake of the Battle of the Braes in April 1882 he spent three months on Skye on behalf of the National Land League of Great Britain making inquiries into the condition of the crofters, delivering speeches and distributing Land League literature (Newby 2007: 68).

Electioneering
Còmhraidhean 16–20

The Third Reform Act of 1884 substantially expanded the electorate in advance of the 1885 parliamentary election. This, combined with the increasing politicisation of the Highland land debate, resulted in a vigorous election campaign being conducted in the pages of Highland newspapers (MacPhail 1989: 100–02). This is as evident in the Gaelic columns of newspapers as it is in the English columns, and nowhere more so than in the *còmhraidhean*, which had become the prose genre *par excellence* for the discussion of land issues in Gaelic. In 1885 the *Scottish Highlander* took up where the *Highlander* had left off in 1882 and it is in its Gaelic column that most of the pro-crofter *còmhraidhean* of the election period are to be found (*Còmhraidhean* 17 & 20). On an opposing footing was the conservative *Northern Chronicle* and it too used *còmhraidhean* to press home its political points to its Gaelic readership (*Còmhraidhean* 16 & 19).

Còmhradh 20 makes specific reference to the use of Gaelic in the election campaign of 1885, with a number of the parliamentary candidates being mentioned as having provided electioneering material in Gaelic in an effort to reach the newly enfranchised crofters. The printing of Gaelic election propaganda was an interesting development which dates back to the 1830s, but which became a particular feature of this election, with so much attention focused on the newly enfranchised Gaelic-speaking crofters, and we can see here the *còmhradh* playing its own part in extending and developing political discourse in Gaelic.

A small number of *còmhraidhean* in the *Northern Chronicle* focus on criticising individual pro-crofting candidates. *Còmhradh* 16 attacks Donald Horne MacFarlane, candidate for Argyll in the election of 1885, using his Catholicism in an attempt to discredit

him in the eyes of readers. *Còmhradh* 19 attacks Angus
Sutherland, who stood as crofting candidate in Sutherland against
the Marquis of Stafford, the sitting MP who had become more
radical in advance of the election. The latter is of additional
interest for its inclusion of an electioneering song, demonstrating
the range and flexibility which the *còmhradh* afforded writers.

The *Scottish Highlander's* election *còmhraidhean*, on the other
hand, lack some of the power of the *Chronicle's* polemics, with
little mention of individual candidates, but instead offer a more
general exhortation to vote for the pro-crofting ones (*Còmhradh*
17), or deploy a mix of real and fictional candidates, as we see in
Còmhradh 20.

CÒMHRADH 16

Còmhradh anns a' Cheàrdaich

Gobha: Ciamar a tha sibh 'n-diugh, a Sheumais?

Seumas: Tha gu slàn, fallain, gun robh math agaibh. Am faigh mi naidheachd ùr agaibh an-diugh?

Gobha: Ma-tà, chan eil diog de naidheachd ùir agam an-diugh, mura cluinn mi uaibh fhèin i.

Seumas: Tha naidheachd glè mhì-choltach air a h-aithris am measg dhaoine o chionn ghoirid, agus tha mi fhìn an dòchas nach eil i fìor – 's e sin gu bheil muinntir Earra-Ghàidheal air thuar rag-Phàpanach a chur don Phàrlamaid. An cuala sibh fhèin idir guth no iomradh air a' chùis?

Gobha: Is mì chuala. Creid thusa mise, cha tig an latha 's cha chiar an tràth anns am faic thusa no mise rag-Phàpanach air a chur don Phàrlamaid le Pròstanaich Earra-Ghàidheal. Tha cuid ag iarraidh a chur ann, ach 's e fìor bheagan. Gabh thusa beachd air a' chùis, agus chì thu gu soilleir gur e daoine gun a' bheag de thùr no de mhothachadh a tha 'g iarraidh a chur don Phàrlamaid. Chan fhaigh thu aon duine diadhaidh am measg na muinntir a tha 'g ràdh gum bi iad air a thaobh. Tha gu leòr dhiubh ag aideachadh a bhith diadhaidh, ach tha iad ag àicheadh a cumhachd le bhith toirt cuideachaidh don Phàpa.

Seumas: A bheil sibh ag ràdh rium gu bheil a' mhuinntir a tha 'g iarraidh am Pàpanach a chur don Phàrlamaid a' cuideachadh leis a' Phàpa? Shaoil mi nach robh cuid no gnothach aig a' Phàpa ris an rìoghachd againne.

Gobha: Aig àm an Ath-leasachaidh chaill am Pàpa an t-ùghdarras a bh' aige thairis air an rìoghachd againn ann an seagh aimsireil, ach tha e ag iarraidh a bhith gabhail a h-uile cothrom airson gum faigh e a-rithist an nì a chaill e. Le bhith cur Phàpanach don Phàrlamaid Bhreatannaich tha làmhan a' Phàpa air an neartachadh. Agus tha cùis nam Pròstanach air a lagachadh. Mar as motha a neartaicheas tu do nàimhdean 's ann as motha a mheudaicheas tu do chunnart. Fhad 's a bhios sinne

beò, chan fhaigh am Pàpa na bheil a dhìth air. Cha tuirt sinn nach
e dleastanas gach neach, aig a bheil toil gach uile choltas uilc a
sheachnadh agus sìth is soirbheachadh a chur air adhart anns an
t-saoghal, an dubh-chùl a chur ris a' Phàpanach.

Seumas: Tha iad ag innse dhòmhsa gu bheil e gealltainn
mòran math a dhèanamh don duine bhochd. Tha mi smaointinn,
ma tha e ga ghealltainn seo, gum bu chòir a chur don Phàrlamaid.

Gobha: Tha mi a' làn-chreidsinn gu bheil e gealltainn gu leòr a
dhèanamh. Tha h-uile fear de sheòrsa glè mhath gu gealltanais a
thoirt, ach am bitheantas 's e fìor bheagan de na gealltanais as
urrainn iad a cho-ghealladh. A thuilleadh air a sin, bheir iad
seachad geallaidhean an àm a bhith gan cur don Phàrlamaid air
ghaol daoine a thoileachadh ged a bhios fios aig an cridheachan 's
aig an inntinnean nach urrainn iad an co-ghealladh. Ghealladh
cuid dhiubh ged a dh'iarradh tu orra cat is naoi earbaill air. Tha
thusa, Sheumais, agus gu leòr a bharrachd ort, cho aineolach air
na dòighean a tha aig Buill na Pàrlamaid 's gu bheil sibh a' dol a
chreidsinn gach facail a their iad. An cuala tu riamh an seanfhacal
seo: 'Ge b' e chreideas na chluinn e, faodaidh e na chì e ithe.'
Chan eil mi cur teagaimh sam bith nach bi MacPhàrlain ag
iarraidh atharrachadh a thoirt air iomadh nì, ach 's i cheist ciod a
thig às a chuid iarraidh. Ged a chuireadh muinntir Earra-
Ghàidheal don Phàrlamaid e, bhiodh cuid dhiubh, tha mi glè
chinnteach, a cheart cho mì-riaraichte leis 's a tha iad le mac an
Diùc.[1]

Seumas: Ach on a thug sibh iomradh air mac an Diùc, b'
fheàrr leam gun innseadh sibh ciod a th' aig cuid na aghaidh. Tha
mòran air a thaobh agus mòran na aghaidh. Cha d' fhuair mi
riamh a-mach ceart ciod an t-olc mòr a rinn e nuair a tha cuid a'
labhairt cho searbh na aghaidh.

Gobha: Innsidh mi dhut an rud a nì thu. A h-uile fear a
chluinneas tu labhairt an aghaidh mhic an Diùc, feòraich dheth sa
mhionaid ciod e a th' aige na aghaidh; agus fuilingidh mi a' chluas
a thoirt on chlaigeann agam mas urrainn fear seach fear a ràdh
gun do dhearmaid e aon seach aon de na dleastanais a bh' aige
mar Bhall Parlamaid ri choileanadh. Chan eil nì aca na aghaidh

ach a chionn gun do sheas e gu duineil air taobh Eaglais
Stèidhichte na h-Alba[2] nuair a bha 'm beadagan beag, suarach ris
an abrar Dick Peddie[3] a' tagradh anns a' Phàrlamaid airson buille-
bhàis a thoirt dhi. Mar bu dual dha, sheas e gu dìleas air taobh na
h-eaglais, agus an adhbhair, airson an d' fhuiling Marcas Earra-
Ghàidheal am bàs aig àm an Ath-leasachaidh.[4] Mar a tha fhios
agad, tha mòran de mhinistearan agus de shluagh na h-Eaglaise
Saoire agus na h-Eaglais U.P.[5] ag iarraidh an Eaglais Stèidhichte a
chur às, a chionn gu bheil i a' soirbheachadh gu mòr o chionn
iomadh bliadhna seach mar a bha i nuair a dh'fhàg iad fhèin i.
Tha iad ro dhiombach de mhac an Diùc, agus is iad sin a tha
brosnachadh an t-sluaigh na aghaidh. Tha làn-fhios aca nach seas
am Pàpanach air taobh Eaglais na h-Alba. Is i Eaglais na h-Alba
am balla-dìona as treise a th' aig a' Chreideamh Phròstanach ann
an Alba, agus air an adhbhar sin chan urrainn Pàpanach sam bith,
às eugmhais gun trèig e a chreideamh fhèin, seasamh air a taobh.
Sin agad an t-adhbhar sònraichte airson a bheil cuid ann an
Earra-Ghàidheal ag iarraidh Pàpanach a chur don Phàrlamaid.
Gun teagamh sam bith tha cuid eile na aghaidh a chionn gu bheil
mòran fearainn aig athair. Is e mac duine bochd a b' fheàrr leotha
fhaicinn anns a' Phàrlamaid. Tha fuath aig a' mhuinntir seo do
gach neach aig a bheil beairteas gu leòr aca air tàillibh chàich. Tha
a' cheart mhuinntir seo glè ullamh air a bhith saltairt an duine as
bochdainne na iad fhèin fo na casan.

Seumas: Ma-tà, Ghobha, tha sibh ag ràdh na fìrinn. O nach eil
annam fhìn ach duine bochd, tha na daoine a bha aon uair a
cheart cho bochd rium, ach a fhuair air adhart na b' fheàrr na mi,
an-diugh ag amharc orm le suarachas. Tha mi gun phloc fearainn,
agus chan eil duine anns a' bhaile a their gum bu chòir dhomh
fearann fhaighinn. Fearann agam no uam, cha chuidich mi air
dhòigh sam bith leis a' mhuinntir a tha deònach Pàpanach a chur
don Phàrlamaid.

Gobha: Tha thu glè cheart, a Sheumais; chan fhiach a bhith
dèanamh uilc a chum gun tig math às. Chan aithne dhomh gu
bheil e comasach do dhuine beò math a thoirt às an olc. An ann a'
falbh a tha thu? Feuch nach bi thu fada gun tighinn.

NOTES AND REFERENCES

Publication details: *Northern Chronicle*, 8 October 1884

Author: 'Mac a Luin', identity unknown. Mac an Luin was the name of Fionn mac Cumhaill's sword.

Background: This *còmhradh* marks the very early stages of campaigning for the election which would take place in November–December 1885. Although not mentioned by name until half-way through the text, it is evident that the focus of this anti-Catholic attack was Donald Horne MacFarlane (1830–1904), who had declared himself as a pro-crofting candidate for the parliamentary constituency of Argyll. Caithness-born MacFarlane, who was MP for County Carlow between 1880 and 1885, had the credentials to stand as a crofting candidate, having involved himself in parliamentary questions relating to the Highlands and having been elected President of the Highland Land Law Reform Association when it was established in 1883. He was returned by the Argyll electorate in the parliamentary election of November–December 1885, polling 3,340 votes compared with the 2,856 of his Liberal opponent, William MacKinnon (*SH* 4/12/1885). Although brought up in the Free Church, MacFarlane converted to Roman Catholicism and began to take an interest in Irish politics after meeting his wife, Mary Isabella Bagshawe. MacFarlane may not have been a member of the landed gentry, but as a result of a successful career as a merchant in Calcutta he was a man of some means. He had the resources to allow him to use yachts to travel the Hebrides when electioneering. For further details on MacFarlane's life and his involvement with the crofters' cause see Meek 2005.

While the *Oban Times* was supportive of MacFarlane, the Conservative *Northern Chronicle*, in which this *còmhradh* was published, was not. Meek's study of MacFarlane has shown that at least fourteen Gaelic poems were composed which relate to his involvement in Highland politics, and that, with one exception, these were all in praise of him. This exception, 'Òran na h-Election' ('*Election Song*') by 'An Tàillear Crùbach', like this *còmhradh*, was also published in the *Northern Chronicle*. Meek suggests that this pen-name may have concealed the identity of the Rev. Neil Taylor. In terms similar to those of this *còmhradh* the poem attacks MacFarlane's faith:

Nuair bha Dòmhnall 'na òigfhear,
Siud an t-òlach bha cràbhach;
Bhiodh e an cuideachd nan 'Daoine',
'S b' i an Eaglais Shaor bu lag-tàimh dha;
Ach b' fheàrr le Dòmhnallan diadhaidh
A bhith fo sgiathan a' Phàpa;
Dh'fhàg e uaithe na 'Daoine'
'S an Eaglais Shaor, 's lean e Pàrnell
'S chan ann gu rath. (Meek, 1995: 101)

The author of this *còmhradh*, however, puts far more emphasis on MacFarlane's Catholicism and uses this, rather than politics, as a means of undermining him in the eyes of readers. As Meek has demonstrated, MacFarlane's supporters were not entirely delineated on the basis of faith, with one of the most notable to lend him his support being the Rev. Duncan MacGregor, a Baptist minister.

1 mac an Diùc: Lord Colin Campbell (1853–95), second son of the Duke of Argyll, who had been Liberal MP for the constituency since 1878, but who did not contest the seat in 1885 (see p. 174).

2 sheas e gu duineil air taobh Eaglais Stèidhichte na h-Alba: The reference here is to the campaign for the disestablishment of the Established Church. The *Northern Chronicle*, from its inception, robustly defended the Established Church.

3 Dick Peddie: John Dick Peddie (1824–91), an architect by profession, was elected Liberal MP for the Kilmarnock Burghs in 1880 and was a strong supporter of the disestablishment campaign. He lost his seat in 1885 (Dictionary of Scottish Architects: http://www.scottisharchitects.org.uk/architect_full.php?id=202360).

4 Marcas Earra-Ghàidheal: Archibald Campbell (1629–85), 9th Earl of Argyll, a staunch defender of Protestantism who was executed in Edinburgh in 1685 for treason, as his father, 'Gilleasbaig Gruamach', had also been in 1661. His standard proclaimed 'For God and Religion against Poperie, Tyrrany, Arbitrary Government, and Erastianisme', chiming with the anti-Catholic sentiments of this *còmhradh* (http://www.oxforddnb.com/view/article/4473). 'Is maith mo leaba, is olc mo shuain', a ballad composed upon his execution and dating to between 1685 and 1693, was published by John Francis Campbell in *Leabhar na Feinne* in 1872 (Campbell 1872: 211). The Rev. Donald MacLean notes in *Typographia Scoto-Gadelica* that this poem was reprinted in 1880 and 'circulated in the interest of Lord Colin Campbell while contesting the County of Argyll in the Liberal interest' (MacLean 1915: 61).

5 Eaglais U.P.: The United Presbyterian Church formed in 1847 when the United Secession Church merged with most of the congregations of the Relief Churches. It would later unite in 1900 with most of the Free Church to form the United Free Church of Scotland (Ansdell 1998: 160–63; 183 ff).

CÒMHRADH 17

Cèilidh Dhùn Chonaill eadar Donnchadh, Fear Dhùn Chonaill; Anna, a Bhean; agus Dòmhnall MacAonghais, Fear Rubha nam Faoileann

Anna (aig an doras): Mo dheireadh agus mo dhiù! Seo agad Fear Rubha nam Faoileann a' tighinn. Mur eil mo shùilean gam mhealladh is i geòla bhuidhe an t-siùil bhàin a chì mi a' tighinn a-staigh an caol, agus leis an t-sruth agus leis a' ghaoith a tha aige a-nochd bidh e an seo mun cunntadh tu seachd. Thig a-mach feuch an iad a tha ann.

Donnchadh: Ma-tà, is mì tha toilichte. Cha deachaidh mìos cho fadalach thar mo chinn bhon rugadh mi ris a' mhìos a chuir mi seachad bhon bha e an seo mu dheireadh. Cha b' iongantach mi ràdh cùil iomallach ris an àite seo, far nach faic 's nach cluinn duine sìon saoghalta bho cheann gu ceann den bhliadhna.

Anna: Is ciatach am meas a tha agad air cuideachd muinntir do thaighe fhèin! A bheil cuimhne agad air an àm anns am b' àbhaist dhut a bhith a' cagair ann an cluais tè-eigin nach ainmich sinn nach iarradh tu cuideachd fon ghrèin ach i, agus gur ann a mhilleadh cuideachd do shonas leatha.

Donnchadh: Is math a thà; ach dh'fhalbh sin agus thàinig seo! Ach gabh mo leisgeul, a bhean mo ghaoil; is fada ghabhadh e uamsa cur sìos air an tè bho nach cuala mi riamh cànran-teallaich. Tha sinn ro dheas – tha mi a' smaoineachadh gu bheil e nàdarra do mhac an duine – a bhith car suarach mun chuideachd a bhios aig' a h-uile latha, agus a bhith ri sìor-iarraidh airson cuideachd agus còmhradh agus naidheachdan choigreach, ach:

> Nuair as coma le sionnach an fhuil tha san uan,
> Nuair sguireas an talamh seo dh'iomain mun cuairt,
> Nuair stadas Loch Fìne a lìonadh 's a thràgh';
> 'N sin sguiridh mi, Anna, a thoirt dhut gràidh.[1]

Anna: Sguir de d' amaideachd; tha Dòmhnall agus a dhà ghiullan gad chluinntinn agus a' fochaid ort.

Donnchadh: Ma tha, bitheadh:

'S tric mi sealltainn on chnoc as àirde
Dh'fheuch am faic mi fear a' bhàta;
An tig thu 'n-diugh no an tig thu màireach?
'S mur tig thu idir gur truagh a ta mi.

Fhir a' bhàta, na hò ro èile,
Fhir a' bhàta, na hò ro èile,
Fhir a' bhàta, na hò ro èile ...[2]

Dòmhnall (a' togail an fhuinn):
    Gum bu slàn dhut 's gach àite 'n tèid thu.

Gun cuidich am Fortan thu, a Dhonnchaidh, dè tha air dol eadar thu agus do chiall? Agus ciamar a tha Bean an Taighe?

Anna: Tha gu slàn, fallain; ach dh'fhaodamaid a bhith anns a' chill air do shon-sa.

Dòmhnall: Cha chreid mise gur i a' chill as motha a tha air bhur n-aire – a' seinn luinneag aig doras an taighe.

Anna: Ma-tà, a dh'innse na fìrinn dhut, 's e bhith gad fhaicinn fhèin a' tighinn a thog ar cridhealas; bha sinn an impis toirt thairis leis an fhadal gus an tigeadh tu.

Donnchadh: Cha chreid mise nach e 'Bàta Phort Rìgh'[3] a bu chòir a bhith againn ga sheinn dhutsa. Chuala mi gun robh thu air falbh an sin aig coinneimh mhòir air choreigin o chionn beagan làithean. Dèan suidhe agus innis dhuinn na chunnaic agus na chuala tu – cò h-uile duine bha ann?

Dòmhnall: A mhic chridhe! B' e sin an sgeul fada! A h-uile duine bha ann! An cuala tu riamh, 'A h-uile duine 's muinntir Mhuile'?[4] Sin agad cò bha ann.

Donnchadh: Agus ciod a bha sibh ris? Bha am *factor* ag innse do dh'Anna agus dhòmhsa an latha roimhe, agus ged nach robh sinn ga thuigsinn leis gur i a' Bheurla a bha aige, cha robh e doirbh ri aithneachadh gun robh mì-thlachd air. Is math dhutsa nach ann uaithesan a tha am fearann agad.

Dòmhnall: Chan eil mòran cùraim dha sin. Thug mise an aire gur ainmig a chailleas duine air a bhith fìrinneach fosgailte leis gach nì a their agus a nì e; agus ged a tha na *factoran* cruaidh, teann iomadh uair, tha feadhainn dhiubh nan daoine cho cothromach, ceart 's a tha air an t-saoghal. Ach tha cuid dhiubh aig a bheil droch long ri stiùireadh – tighearnan thar mullach a' chinn ann am fiachan, agus aig a' cheart àm a' glaodhaich airson airgid, agus chan eil air a' chùis ach na màil a chur an-àird agus an tuath fhàsgadh gus an gann a tha mòran dhiubh comasach air biadh a chumail rin cuid cloinne.

Donnchadh: Is fìor dhut sin. Ach tha mòran den choire aig daoine agus aig laghannan a tha a' ceadachadh gun rachadh fòirneart a dhèanamh air daoine bochd a chumail a-suas thighearnan agus *fhactoran*.

Dòmhnall: 'S e 'm fòirneart as motha gu bheil mòran de na croitearan, chan e mhàin air am fàsgadh gu màil a phàigheadh, ach air an cùbadh suas ann an oisnean cruaidh fearainn far nach fhaigh am famh fhèin comas gluasad. Agus 's ann a dh'fheuchainn ciod a ghabhadh dèanamh às an leth a choinnich an comann greadhnach a bha am Port Rìgh an latha roimhe.

Donnchadh: Seadh, agus ciod a' bharail a bha aca?

Dòmhnall: Is iomadh sin. 'S e a dh'aontaich iad gu sònraichte taing a thoirt don Uachdaranachd airson na h-oidhirp a thug iad air lagh a dhealbh a chur cor nan croitearan am feabhas,[5] ach aig a' cheart àm thug iad am barail gu daingeann nach biodh buannachd ann an lagh sam bith mura rachadh am fearann a tha fo fhrìthean a thoirt air ais don t-sluagh; agus mura biodh ceangal teann aca air an talamh air alt agus nach gabhadh iad cur às gun adhbhar ceart air a shon.

Donnchadh: Glè mhath, ach an saoil thusa an aontaich a' Phàrlamaid ri leithid sin de lagh?

Dòmhnall: Chan eil fhios agamsa, ach dh'earailich a' choinneamh air an luchd-taghaidh gun a' *vote* a thoirt do dh'fhear air bith a bha ag iarraidh dol do Phàrlamaid mur gealladh e a ghuth a thogail às leth gun rachadh leasachadh ceart a dhèanamh ann an laghannan an fhearainn. Chan e mhàin sin, ach dh'ainmich a' choinneamh na daoine a bu chòir a chur don Phàrlamaid aig an àm seo. Bha còignear dhiubh an làthair, agus mo làmh-sa dhut gur foghainteach a labhair iad às leth ar luchd-dùthcha.

Anna: Chuala mi gur Pàpanach a tha ann am fear dhiubh. Cha bu chòir a leithid sin a dhuine bhith ann am Pàrlamaid.

Dòmhnall: Tha mi coma ciod an creideamh a tha aige; 's e coltas duine còir agus duine tapaidh a tha ann. Chan eil sinne a' dol ga cheasnachadh mu eaglaisean – tha rathad aigesan agus rathad againne – ach ann an dùrachd às leth nan croitearan bochda thug e dearbhadh mar-thà, agus thug e gealladh an latha sin gun seasadh e an còraichean gu duineil.

Donnchadh: Nach bochd nach robh mi ann.

Dòmhnall: Gu dearbh, seadh. Nam faiceadh tusa a' choinneamh mhòr a bha againn air an dàrna latha. Bha iad an sin air achadh mòr, gorm, os cionn dà mhìle sluaigh fad sheachd uairean an uaireadair ag èisteachd ri labhairt cho deas agus cho brìoghmhor 's a chuala mise riamh ann am Beurla agus an Gàidhlig.

Donnchadh: Cò a rinn an labhairt?

Dòmhnall: Chan urrainn dhòmhsa trian den ainmeannan a thoirt dhut. Bha fear no dhà ann a dh'aithnich mi. Air thùs agus air thoiseach mo charaid an seann *Àrd-Albannach*, cho gramail, èasgaidh 's a bha e riamh. An sin a-rithist bha MacCoinnich mòr a' *Ghaidheil*,[6] agus gu dearbh is ann aige fhèin a tha an t-urram air labhairt, aon chuid an Gàidhlig no am Beurla. Ach ghabhadh e dhòmhsa mìos a dh'innse gach nì a chunnaic agus a chuala mi am Port Rìgh. Is i mo bharail nach deachaidh coinneamh a chumail riamh ann an Gàidhealtachd na h-Alba nas motha a thug de sporadh do chùis na tuatha. Agus is iongantach leamsa mur tig laghannan nas cothromaiche an lorg na coinneimh.

Anna: Cha chreid mise nach cuala sinn gu leòr mu Phort Rìgh. Cluinneamaid a-nis mu Rubha nam Faoileann. Ciamar a tha a' bhean agus an teaghlach?

Dòmhnall: Tha iad uile nan slàinte. Nach eil coltas na slàinte air an dà ghille bheag seo?

Anna: Gu dearbh is ann orra tha sin. Am Freastal gam beannachadh!

Dòmhnall: Is fheudar dhuinn a bhith a' togail nan seòl ris a' bhàta. Bidh am feasgar dorcha, agus bidh iad gar n-ionndrainn aig an Rubha. Cuin a thig sibh gar faicinn?

Donnchadh: Chan fhada gu sin; thoir ar beannachdan do na bhuineas dhut.

Dòmhnall: Slàn leibh.

> Leis an *Lurgainn*, o hì,
> Leis an *Lurgainn*, o hò,
> Beul an anmoich, o hì,
>   'S fheudar falbh le cuid seòl.

> Suas a h-aodach, o hì,
> Ri croinn chaola, o hò,
> Snàmh cho aotrom, o hì,
>   Ris an fhaoilinn air lòn.[7]

NOTES AND REFERENCES

Publication details: *Scottish Highlander*, 25 September 1885

Author: 'Fear Farchluais', identity unknown

Background: The meeting discussed in this *còmhradh* was the annual meeting of the Highland Land Law Reform Association held on 2 and 3 September 1885 in Portree. The *Scottish Highlander* suggests that in the region of 4,000 must have been present for the public demonstration which formed part of the event (*SH* 11/9/1885). The reference to the 'achadh mòr gorm' where the second day of the event was held is to a field at the Home Farm, Portree. As detailed in the text, one of the motions which was passed at the meeting was that all land being used as deer-forests should be restored to crofters. The six prospective parliamentary candidates who were present and who would stand in the election later in the year were: Dr Roderick MacDonald, Donald Horne MacFarlane, Dr Gavin B. Clark, Angus Sutherland, Charles Fraser Mackintosh and W. S. Bright-MacLaren. It is slightly surprising that these individuals are not named when readers are exhorted to vote for pro-crofting candidates, but it may be that the writer felt readers were already sufficiently aware of who they were, or that he did not intend this *còmhradh* as electioneering propaganda.

The indifference expressed over Donald Horne MacFarlane's Catholicism, when this is commented upon, is in marked contrast to the anti-Catholic stance of *Còmhradh* 16.

1 Nuair as coma le sionnach an fhuil tha san uan: the last verse from 'Mo Rùn air a' Chaileig as Loinneile Sùil', composed by Argyllshire poet Evan MacColl (1808–1898) (MacColl 1836: 161–62).

2 'S tric mi sealltainn on chnoc as àirde: from the anonymous song 'Fear a' Bhàta' (see Gillies 2005: 65–67).

3 'Bàta Phort Rìgh': an anonymous song relating a sea journey by steamboat from Portree to Glasgow and then by train to Edinburgh (Sinclair 1879: 34–36).

4 'A h-uile duine 's muinntir Mhuile': everyone and his dog.

5 … lagh a dhealbh a chur cor nan croitearan am feabhas: This refers to the Crofters' Holdings (Scotland) Bill introduced in May 1885 but which did not progress as a result of the fall of Gladstone's government the following month.

6 an seann *Àrd-Albannach* and **MacCoinnich mòr a' *Ghaidheil***: John Murdoch, editor of the, by then, defunct *Highlander*, and Alexander MacKenzie, editor of the *Scottish Highlander* and the *Celtic Magazine*, respectively.

7 'Leis an *Lurgainn*, o hì': an anonymous seafaring song which recalls a rough voyage from Ireland back to the west coast of Scotland and contains references to passing Islay and Mull. A printed version exists in Archibald Sinclair's *An t-Oranaiche* (1879: 483–84). A number of recorded versions exist including:
from Peigi Boyd in Barra recorded in 1936
(www.tobarandualchais.co.uk/fullrecord/39189/1);
from Nan MacKinnon, Vatersay
(www.tobarandualchais.co.uk/fullrecord/93536/1);
and from the Rev. William Matheson, North Uist
(www.tobarandualchais.co.uk/fullrecord/85941/1).

CÒMHRADH 18

Cèilidh Dhùn Chonaill eadar Donnchadh, Fear Dhùn Chonaill; Anna, a Bhean; Dòmhnall, Fear Rubha nam Faoileann; am Maighstir-Sgoile; agus Fear na Farchluais.

Anna: Dèanaibh suidhe a chòir an teine. Tha sibh fliuch, fuar. Is gann a bha fiughair agam ribh air a leithid a dh'fheasgar greannach; ach tha a' gheòla bhuidhe tapaidh, agus bha làmh theòma air an stiùir.

Dòmhnall: Bha e glè mhosach againn a' togail a-mach bhon rubha, ach bha a' ghaoth a leth-char leinn aon uair agus gun d' fhuair sinn a-mach bhon eilean. Càit an deachaidh fear-an-taighe?

Anna: Ma-tà, a dh'innse na fìrinn, an oidhche bha am Maighstir-Sgoile an seo mu dheireadh gheall mi gun leiginn fios dha an ath uair a thigeadh sibhse, agus an uair a chunna mi an seòl bàn chuir mi air falbh Donnchadh air a thòir. Bidh iad an seo gun dàil. Tha toil aig a' Mhaighstir-Sgoile cèilidh a bhith aige leibh.

Dòmhnall: Nach ann aige a tha a' bhathais an dèidh a h-uile sgeig a bhios aige orm; agus Fear na Farchluais, chan e as fheàrr.

Fear na Farchluais: An e mise? Nach math a tha fios agaibh nach tugadh sibh bonn-a-h-ochd air a' *Ghàidheal* mura bhith na tha mi a' cur ann de Ghàidhlig mur timcheall fhèin agus m' athar. B' fheàrr leam gun sgrìobhadh sibh fhèin sgeulachd no rudeigin ga ionnsaigh. Tha mi seachd sgìth den chèilidh. Ma dh'innseas sibh dhuinn naidheachd fhada, ghasta, sgrìobhaidh mi fhèin a-sìos a h-uile facal dhith air bhur son.

Anna: Chan fhaigh thu sgeulachd a-nochd, tha eagal ormsa; nach eil cuimhne agad dè gheall am Maighster-Sgoile dhuinn an oidhche roimhe? Rudeigin mun chogadh anns an Èipheit. Cha chreid mi nach eil mi gan cluinntinn aig an doras.

Maighstir-Sgoile (*a' fosgladh an dorais*): A bheil a' chuideachd air dòigh? Agus ciamar a tha mo charaid, Fear Rubha nam Faoileann?

Dòmhnall: Tha gu slàn, fallain; ciamar a tha thu fhèin?

M.-S.: Chan eil deireas orm. Tha mi fìor thoilichte bhur faicinn an dèidh an teàrnaidh chaoil a bha agaibh fhèin agus aig a' *Ghàidheal* air Gob an Rubha.

Anna: An sguir sibhse, a Mhaighstir-Sgoile; cha robh e a' bheag na bu mhiosa na sibh fhèin an latha a theich sibh a-nuas don chraoibh agus an tarbh dubh againne gur ruagadh. Sheas e dàrna taobh a' mheadhain-latha a' bùirich aig bun na craoibh, agus gun fhios aig na sgoilearan càit an robh sibh. Tha mi a' creidsinn, ged chùm e an sin sibh gus an do liath sibh, gur iad na sgoilearan a bhiodh glè choma.

Dòmhnall: Tapadh leibh, Anna. Feuch, Fhir na Farchluais, an cuir thu anns a' *Ghàidheal* mun Mhaighstir-Sgoile agus mun tarbh dhubh.

Donnchadh: Tha beagan ri dhèanamh aig a' *Ghàidheal* an uair a chuireas e a-mach goileam den t-seòrsa sin. Tha mi toilichte gu bheil thu 'n seo, a Dhòmhnaill; cumaidh tu ris a' Mhaighstir-Sgoile, oir tha thu eòlach air na pàipearan-naidheachd agus air eachdraidh an t-saoghail. Bha am Maighstir-Sgoile ag ràdh rinn aig a' chèilidh mu dheireadh gur e an t-aon adhbhar a thug na saighdearan Breatannach don Èipheit agus do na h-Eileanan Gàidhealach.

Domhnall: Tha mi a' creidsinn sin air aon dòigh ma chreideas tu iadsan a chuir ann iad. Tha iad ag ràdh gur ann a chumail fodha ceannairc a chaidh an cur don dà àite. Ach cha b' ionann idir don dà cheannairc.

M.-S.: Sin dìreach far a bheil sibh am mearachd. Cha robh eatarra ach gur iad Gàidheil a thog am buaireas anns an aon aite agus Afraganaich anns an àite eile.

Dòmhnall: Ach cha robh nì aig na Gàidheil an aghaidh an àrd-luchd-riaghlaidh; bha iad riamh tairiseach don Chrùn.

M.-S.: Mur robh, bha gu leòr aca an aghaidh nan laghannan cruaidh a bha os an cionn; agus thachair a leithid eile anns an Èipheit. Tha fhios agaibhse glè mhath gur iad na fiachan troma a tha air mòran de na tighearnan Gàidhealach, cho math rin cuid stròdhalachd, 's adhbhar air mar tha iad a' fàsgadh na tuatha le màil throma, agus a' cur an cuid oighreachdan fo chaoraich agus fo sheilg, an dùil mar seo gum faigh iad màil nas àirde. Agus tha fios agaibh gur e a bha anns a' bhuaireas a dh'èirich anns na h-Eileanan Gàidhealach an guth a bha ag èirigh bho theanntachd agus bho chruaidh-chàs an t-sluaigh an geall air saorsainn agus fuasgladh. Cinnteach gu leòr, bhrist iad an lagh, agus chan eil sinn a' dol gam fìrinneachadh air a shon; ach mura biodh an teinn ann cha robh aon chuid ceannairc no bristeadh lagha ann. Agus tha bhuil; nach d' aidich na h-uachdarain iad fhèin, agus nach d' aidich a' Phàrlamaid, nach robh an sluagh a' faighinn ceartais.

Dòmhnall: Ceart gu leòr, agus tha choltas oirnn gum faigh sinn gun dàil laghannan nas fheàrr; agus ma thig sonas is soirbheachadh às a dhèidh sin, mo làmh-sa dhut nach bi a leithid a ghluasad tuilleadh ann no feum air saighdearan a chumail smachd air na Gàidheil. Nach iad fhèin a b' aon saighdearan ann? Agus nach minig a sheas iad a' chòir agus a dhìon iad an rìoghachd an aghaidh a cuid nàimhdean; agus nì iad an nì ceudna fhathast, mas fheudar e.

Donnchadh: Is beag a dhìon gach cliù agus glòir a choisinn na Gàidheil len gaisge, agus is bochd an duais a bhith air an cumail fodha agus air am fògairt thar aghaidh an domhain. Is fada on chuala mi nach dèan a' ghlòir bhòidheach an t-amadan sàthach. Cha chuir an onair sin a' mhin air a' bhrochan dhaibh.

M.-S.: Tha sibh glè cheart an sin. Cha chreid mise nach do rinn na Gàidheil tuilleadh 's a' chòir de chogaidhean amaideach na rìoghachd seo. Ach gu tilleadh don Èipheit. Is e struidheas agus mì-ghnàthachadh an uachdarain a b' adhbhar don chogadh an sin. Bha an dùthaich aige air a cur cho fada fodha ann am fiachan agus gum b' fheudar dha cìsean cho trom a chur air an t-sluagh 's nach b' urrainn dhaibh an giùlan, agus is e bu deireadh gun d' èirich iad ann an ceannairc an aghaidh na h-uachdaranachd.

Donnchadh: Ach ciod an gnothach a bha againne, ma-tà, dol san eadraiginn? Carson nach do leig sinn leotha a bhith ga chluich? 'Is minig a gheibh fear na h-eadraiginn dòrn.'

Dòmhnall: Tha mise a' tuigsinn gur e a chuir Breatainn a ghabhail gnothaich riutha gun robh iad a' bagar stad a chur air ar cuid malairt tron Eileach mhòr aig Suez, agus mar sin gun dùineadh iad an rathad as deise a tha againn do na h-Innsean an Ear.

M.-S.: Is e sin a bha na h-uachdarain agus a' chuid mhòr de na pàipearan-naidheachd a' cumail a-mach, ach is e am fìor adhbhar aig a' chogadh cumhachd an sporain aig fear no dhà de dhaoine mòra beairteach na rìoghachd seo.

Dòmhnall: Chan eil mi gu ro cheart gad thuigsinn.

M.-S.: An uair a mhothaich Uachdaran na h-Èipheit gun robh na fiachan a' brath a chur fodha uile-gu-lèir, ciod ach gun do ghabh e suim mhòr airgid mar iasad bho chuid de dhaoine beairteach na rìoghachd seo agus thug e dhaibh cìsean na h-Èipheite mar urras. An sin, nuair a thòisich e air fàsgadh a chuid sluaigh a phàigheadh riadh agus cuid de chalpa an iasaid, chaidh na h-ìochdarain bhochda gu ar-a-mach agus gu ceannairc, agus bha a shaod orra gun cuireadh iad an dùthaich fòdhpa.

Anna: Mo laochain iad!

M.-S.: Nuair a chunnaic na h-uaislean againne mar bha cùisean a' dol, thuig iad mura rachadh stad a chur air na h-Èipheitich agus an cur fo smachd agus fo riaghladh, nach b' fhiach na h-urrais puinneag chàil agus gun cailleadh iadsan an cuid. Cha robh an sin ach hòro-gheallaidh a thogail, agus ma b' fhìor gun robh na h-Èipheitich a' bagar siud agus seo a dhèanamh, 's gum feumar an t-arm Breatannach a chur a-nunn don Èipheit; agus tha fios aig an t-saoghal mar thachair.

Dòmhnall: Ma-tà, cha chuala mi riamh a leithid! Cha robh ach sinne a' cur iomchoire a chionn gun deachaidh na saighdearan a chur don Eilean Sgiathanach aig iarrtas aon no dhà de na h-uachdarain, nuair a bha na mìltean saighdear gan cur a-mach, agus na milleanan punnd Sasannach gan cost air cogadh anns an Èipheit, air sgàth beagan dhaoine sanntach, agus a' chuid mhòr den chall agus den chostas a' tighinn air an duine bhochd.

Donnchadh: Ach bha e nàdarra gu leòr gum biodh cùram air na daoine sin nach rachadh an cuid a chall.

M.-S.: Bha, ach ciod an gnothach a bha aig an rìoghachd seo air dol gu costas a thoirt a-mach an cuid dhaibhsan? Cha robh an rìoghachd dol a bhuidhinn aon sgillinn air, ach an àite sin call sgriosail agus dòrtadh-fala a bha oillteil.

Donnchadh: Moire, a Mhaighstir-Sgoile, thug sibh soilleireachadh dhuinn air a' chùis air dhòigh nach robh sùil againn; ach rachaibh air ur n-adhart. An dèan thu suidhe, Anna, agus tog de d' starram; cha chluinn sinn an dàrna facal leat. Ciod am plocadh a tha agad?

Anna: Tha mise a' plocadh buntàta, rud mòran nas feumaile na a bhith a' pronnadh nan Èipheiteach. An robh mise dol a leigeil Dhòmhnaill air falbh gun làn beòil de bhiadh air oidhche fhuair mar seo. Faodaidh sibh sgur de na h-Èipheitich; tha an t-suipear ullamh. Chan eil nì annasach agam – dìreach buntàta agus bainne.

Dòmhnall: Cha b' urrainn a bhith na b' fheàrr; ach tha mi duilich gun do ghabh sibh an dragh.

Anna: Cha bu draghl e. Nan robh sinne an Rubha nam Faoileann is i an tè tha an sin nach leigeadh air falbh air acras sinn. Thugaibh dhi mo mhìle beannachd.

Donnchadh: Seo, ma-tà, a Dhòmhnaill: abraibh facal altachaidh, agus thèid sinn an caraibh a' bhuntàta. Feuch nach bi sibh fada gus an till sibh uile.

NOTES AND REFERENCES

Publication details: *Scottish Highlander*, 6 November 1885

Author: 'Fear-Farchluais' (*eavesdropper*), identity unknown

Background: This was the second dialogue by this writer to draw a comparison between the British military occupation of Egypt and the use of the military to control land agitation in the Highlands, the previous one having been published two weeks earlier (*SH* 23/10/1885). With the opening of the Suez Canal in 1869, and the resulting significant reduction in travel time between Britain and its Far Eastern colonies, Egypt had become of strategic economic interest to the country, and this is reflected in its purchase of a controlling interest in the Canal in 1875. When Egypt found itself in economic chaos, Britain, in conjunction with France, took control of the country's economy as a means of protecting their own interests. When a nationalist uprising took place in 1882 the British used military force to suppress it (Levine 2007: 89–91).

This *còmhradh* was not the first comparison made between the Highlanders and the Egyptians in the 1880s. When Hugh Macrae, a farmer from Lettermore, gave evidence to the Napier Commission in Portree he suggested: 'Let the Liberal Government, who has shown so much solicitude concerning the Egyptians, grapple with this question and restore their rights to a noble, loyal, patriotic, law-abiding, but down-trodden people (*PP* 1884 XXXII: 642).

The use of the military to contain land protests in the Hebrides was sanctioned by the Home Secretary on a number of occasions in the course of the 1880s. The first occasion was in November 1884 when two gunboats and a troopship carrying 350 marines arrived in Portree to deal with unrest on the Glendale and Kilmuir estates where police had been driven out. These troops were to stay until June 1885. In December 1884 a gunboat arrived in Loch Roag, Lewis, to arrest nine men from Valtos and Kneep for allegedly deforcing a messenger-at-arms (MacPhail 1989: 115–25 & 130–31).

CÒMHRADH 19

Cataibh: Còmhradh nan Croitearan

Ruairidh: Coma chòmhdhail oirbh! A bheil sibh romham an seo? Shaoil leam nan tiginn an taobh seo nach tachrainn ribhse gu ceann seachdain co-dhiù, ach tha e coltach gu bheil mi air mo mhealladh aon uair eile.

Calum: Obh, obh! A dhuine, is doicheallach a' chainnt sin; 's ann a tha sinne glè thoilicht' thus' fhaicinn, agus sinn nar triùir cho fada on dachaigh. Ach, gus an fhìrinn innse, cha toil leam idir an obair chùiltearachd seo a tha air d' aire. Carson nach biodh tu coltach rinne – coma cò a thachradh riut?

Uilleam: Ge-tà, thoir thus' an aire, a Chaluim, gur e sin aon de comharran nan *Land Leaguers* anns gach àit' anns a bheil iad. Is toil leotha bhith an-còmhnaidh anns na cùiltean 's anns na h-oisnean, na gealtairean bochd.

Ruairidh: Feuch am faigh thu ainm nas miosa na sin dhaibh, ma tha e air do chomas.

Uilleam: 'S e 'n taobh air a bheil thusa tha ciontach de bhith glaodhaich ainmean de muinntir, is b' e sin na h-ainmean salach uairean – mèirlich, luchd-brathaidh, fir leam-leat, agus a leithid sin. A bheil thu fhèin an dùil gun dèan cainnt den t-seòrsa sin feum dha Aonghas Sutharlan?

Calum: Feum dha! Chì e mus tig ceann deich latha an call a rinn cuid de luchd-leanmhainn dha anns an dòigh seo, oir cha chuala mi fhìn daoine riamh a thug iad fhèin thairis do mhàbadh, do chàineadh 's do ana-cainnt coltach riutha. Obh, obh! Chaidh sinne mach!

Uilleam: Cuir thus', a Chaluim, luchd-leanmhainn Lord Stafford air aon chnoc agus luchd-leanmhainn Mhgr Sutharlan air cnoc eil', agus gabh beachd air an diùbhras a tha eatarra anns a h-uile dòigh an gabh thu iad.

Ruairidh: Bidh diùbhras mòr eatarra ann an àireamh co-dhiù.

Uilleam: Cò aige tha thu 'n dùil bhios an àireamh as motha?

Ruairidh: Cò ach Mgr Sutharlan.

Uilleam: O, a bhàilisteir bhochd! Nach tu tha air do dhalladh seach duine chuala mi idir. Thoir air falbh den a' chnoc sin a h-uile gille òg agus a h-uile neach aig nach eil *vote*, agus thoir an ceann de m' amhaich mur bi pailt dithis mu choinneamh 'n aon air taobh Lord Stafford.

Ruairidh: Is fhada sin on a' bheachd a tha aig Mgr Murdoch[1] agus Gartymore,[2] gun luaidh air an dà fheòladair a tha aig Drochaid a' Bhanna.[3]

Calum: Càit an d' fhàg thu MacBeath nan uaireadairean?[4]

Uilleam: Is math a thachair am bannal còmhla, 'a h-uile uan nas duibhe na mhàthair'. Bu mhòr am beud, ann an aon seagh, nach robh daoine air a bheil deagh mheas air taobh Mhgr Sutharlan. Ach mhill a luchd-leanmhinn gu buileach o chionn ghoirid e. Mhaslaich iad a-muigh 's a-mach e – an creid thu sin, a Ruairidh?

Ruairidh: Cha chreid mi sin fhathast, agus tha e cho math dhutsa gun bheantainn ri cliù na muinntir a tha air taobh Mhgr Sutharlan – tha iad cho math riutsa, nach eil?

Uilleam: Chan eil, no thusa còmhla riutha; ach cha bhi mi cumail bruidhinn riut anns an dòigh seo. Fhad 's a bhios tu lìonadh na pìoba, a Chaluim, their mi duanag dha Ruairidh, a rèir 's mar a gheall mi an oidhche roimhe. Is aithne dhut am fonn – 'Gabhaidh sinn' an rathad mòr' – a Ruairidh, nach aithne? *Well*, ma-tà èist ri seo:

> A dhaoine Chataibh! Bithibh cruaidh –
> Seasaibh dìleas 'Gual ri guail,'
> Air taobh a' Mharcais mar as dual,
> Is cumaibh suas sa bhlàr e.
>
> Ge b' oil le Murdoch 's Gartymore,
> Is leis gach sgeilmeadair den seòrs',
> Bidh 'm Marcas uasal, mar bu chòir,
> Air bràighe *pholl* gun àicheadh!
>
> Tha fios nach d' fhuair sibh cothrom riamh,
> Air iomadh nì tha 'n-diugh de rian
> A chur an òrdugh rèir bhur miann,
> Ma bheir sibh 'n riaghladh dhàsan.
> Ge b' oil le Murdoch, &c.

Is tha mi 'n dòchas nach eil aon
A chòmhnaidh 'n Cataibh nis cho baoth
'S gun tèid, le seòltachd, thoirt gu taobh,
'S le briathran faoine dàicheil.
Ge b' oil le Murdoch, &c.

Cò their nach fìrinn seo co-dhiù
Gum bi sibh 'n eisimeil an Diùc?
'S nach fheàrr dhuibh caraid anns a' chùirt
Na sporan 's crùn no dhà ann.[5]
Ge b' oil le Murdoch, &c.

Cò leis no ciamar fon a' ghrèin
A nì an Sutharlach dhuinn feum;
Cha chreid mi fhèin, mur dèan mi breug,
Nach mòr a spèis do Phàrnell.[6]
Ge b' oil le Murdoch, &c.

Chan eil airgead aig' no òr –
Chan eil fearann aig' nas mò;
'S ciod e am math a nì e dhòmhs',
Ged bheir mi m' bhòta dhàsan?
Ge b' oil le Murdoch, &c.

A chàirdean dìleas! Tha mi 'n dùil,
Gum bi sibh daingeann anns a' chùis,
Oir cuimhnichibh, tha math na dùthch'
An earbsa ribhse 'n tràth seo.
Ge b' oil le Murdoch, &c.

Thigibh, tionailibh mar aon
An guailibh chèile moch Dihaoin',
Is cuiribh **X** a-mhàin air taobh
A' Mharcais chaoimh gun fhàillinn.

Ge b' oil le Murdoch 's Gartymore,
Is leis gach sgeilmeadair den seòrs',
Bheir sinne 'n **X** don Mharcas òg,
'S ann dha as còir gun àicheadh.

Ruairidh: An droch shùil air do theanga, is ann oirre tha sgilleas na mallachd! Ach ged a stràcadh tu, tha 'n àireamh as motha air taobh Mhgr Sutharlan, ged a bha thus' a' ràdh gun robh e gu tarraing air ais gu buileach.

Calum: Chì thu gun dèan e sin mus tig Dihaoine seo tighinn. Cha leig am feagal leis aghaidh fheuchainn, no bheul fhosgladh, ann an cuid a dh'àitean de Chataibh a-nis; ach tha pàirt de luchd-leanmhainn gu mòr rin coireachadh airson sin.

Uilleam: Is fhìor sin – an cuala tu gum b' fheudar dha Iain Murdoch Cataibh fhàgail na ruith 's na dheann-ruith – tha e air a ràdh gur e muinntir Luirg a chuir an t-eagal buileach air – buaidh is piseach orra!

Calum: Tha mise 'g amharas nan d' fhuair iad grèim air ann an Luirg gum fàgadh e gun bhonaid leathainn no fèileadh; ach bha e na bu ghlice na sin

Uilleam: Cha b' e sin idir a bha iad gu dhèanamh air.

Ruairidh: Ciod eile?

Uilleam: Bha iad a' dol ga smeuradh thairis is thairis le uighean grod, min-chruithneachd, suthaich, ruadh-chailc (*ochre*) agus rudan eile nach ainmich mi.

Calum: Fhuair e gu leòr dhe sin an Goillspidh o chionn seachdain.

Ruairidh: Ma-tà, an duine còir, tha mi duilich air a shon, ach bu shuarach an obair sin dha muinntir Ghoillspidh.

Uilleam: Agus nach iad na *Land Leaguers* a thòisich air an obair an toiseach – gabhadh iad a-nis an teannadh dheth.

Ruairidh: 'S e 'n òigridh, 'n òigridh a shìn air a leithid sin.

Calum: Agus nach eil sinn a' sìor-innse dhut gur e 'n òigridh agus a' mhuinntir aig nach eil dad ri chall no bhuannachd a tha air taobh Mhgr Sutharlan – ach cò seo a tha ri leithid a dh'fhuaim leis a' ghlagan-dorais (*knocker*)? Thig air d' aghaidh ge b' e cò thu.

Teàrlach: Gun robh math agaibh airson gun tàinig mi a-staigh, mun tuirt 'Bàthadh.' Tha mi dìreach an coinneamh tuiteam de mo dhà chois; ach am fear ud ceum eile a nì mi air an turas cheudna – obair gun dealbh, a bhith 'n dùil Aonghas Sutharlan a chur don a' Phàrlamaid!

Ruairidh: Bu docha leam do theanga a bhith sgìth na do chasan mas e sin naidheachd as fheàrr a tha agad.

Teàrlach: Och, a Ruairidh, Ruairidh! Ged a chaithinn-sa mo theanga an dèidh mo bhrògan, agus tusa cuideachd, cha toir sinn ach air glè bheag de mhuinntir Chataibh *vote* a thoirt dha Aonghas Sutharlan – tha 'n dearbh fheadhainn a chuir an ainm ri pàipear air a shon ga fhàgail a-nis, agus air tionndadh ris a' Mharcas, anns a h-uile ceum feadh Chataibh.

Uilleam: Tha iad a' ràdh gur 'luaithe deoch na sgeula' – seo dhut, a Theàrlaich, sguab às e.

Ge b' oil le Murdoch 's Gartymore,
Is leis gach sgeilmeadair dhen seòrs',
Bheir sluagh an **X** don Mharcas òg
'S ann dha as còir gun àicheadh!

Ruairidh: An do thòisich thu a-rithist air an òran chuagach sin – b' e sin òran gun bhlas, ach . . .

Uilleam: Cò their nach fìrinn seo co-dhiù
Gum bi sibh 'n eisimeil an Diùc?
'S nach fheàrr dhuibh caraid anns a' chùirt
Na sporan 's crùn no dhà ann.

Teàrlach: Ma-tà, gu dearbh fhèin is eadh – is fheàrr fàbhar agus deagh ghean an Diùc Chataich na Achd Pàrlamaid sam bith; agus cò as nadarraich agus as dualtaich sin fhaotainn air ur son na am Marcas.

Uilleam: Tha dà mhìle dhe *electors* Chataibh air an aon bheachd riut, a Theàrlaich!

Ruairidh: Oidhche mhath dhuibh, fheara.

NOTES AND REFERENCES

Publication details: *Northern Chronicle*, 25 November 1885

Author: Anonymous

Background: This *còmhradh* appeared in print as the parliamentary election of November–December 1885 got under way. This was the first election since the Third Reform Act of

1884, which had further extended the franchise. Sutherland found itself with two pro-crofting candidates standing in this election. The Marquis of Stafford, eldest son and heir to the 3rd Duke of Sutherland, had been Liberal M.P. for Sutherland since 1874. He had demonstrated no particular interest in crofters' rights until 1884 when, faced with a pro-crofter candidate as an opponent in the form of Angus Sutherland, a native of Helmsdale and teacher in Glasgow, he adopted a more radical stance and began to take an active interest in crofting issues. Angus Sutherland's backing of Irish Home Rule lost him support which he might otherwise have expected, notably that of John MacKay of Hereford, president of the Sutherlandshire Association and a vice-president of the Highland Land Law Reform Association (HLLRA). MacKay addressed a number of meetings of electors in Sutherland to voice his support for the 'Radical Marquis' in the run-up to the 1885 election. The Marquis won the election with 1,701 votes to Angus Sutherland's 1,058 (Tindley 2008: 179–85).

The reference to *Land Leaguers*, in the context of Sutherland, is to those involved in the Sutherlandshire Association, which had been formed in 1882 in response to threatened evictions around Helmsdale. The Sutherlandshire Association, the London-founded HLLRA and the Edinburgh HLLRA were established on a similar footing to the Irish Land League, and the three bodies would later amalgamate in 1887 to form the Highland Land League (MacPhail 1989: 90–93). The reference underscores Angus Sutherland's support for Irish Home Rule.

The political tone of this *còmhradh* is very much in tune with the stance of the Conservative *Northern Chronicle* in which it was published, being anti-Land League and supporting the Marquis of Stafford. As Donald Meek has demonstrated in *Tuath is Tighearna*, songs played an important part in election campaigns of the 1880s and it is interesting to find a political song, not known to have been published elsewhere, incorporated into this dialogue, a song which in fact has as much visual impact as it does aural with its use of the **X**. Further underlining the place of song in the Sutherland election campaign, and in Highland electioneering in general, the *Inverness Courier* reports that after Angus Sutherland addressed a meeting in Spinningdale, 'Mr George Ross, Kincardine, next sang a song composed in Gaelic in praise of Mr Sutherland' (*IC* 24/11/1885).

John Murdoch was by this time living in Glasgow and of the opinion that the HLLRA was not radical enough (Hunter, 1986: 37), and so stood as parliamentary candidate for the Scottish Land Restoration League in Partick in 1885, although he failed to be elected. He addressed various meetings of electors in Sutherland during November 1885, urging them to support Angus Sutherland. One such meeting which he addressed is referred to in a letter published in the *Invergordon Times*, although the location of the meeting is not given. The correspondent – 'An Exposer of Wrong' – complains of the 'conceited ignoramuses who came to the meeting for the sole purpose of creating a disturbance. Shortly after nine o' clock the gas was suddenly turned off [...] The roughs opened a fire of rotten eggs [...] Fortunately, or unfortunately, none of Mr Sutherland's supporters whom the eggs evidently were meant for were struck, but several of his lordship's committee were besmeared with the offensive missiles (18/11/1885). It may be this event which is being referred to in the *còmhradh*. Heckling of candidates and the disruption of meetings was commonplace on both sides of the political divide during this election campaign.

1 Murdoch: John Murdoch, editor of the *Highlander*. As noted above, he too stood for election to Parliament, unsuccessfully, as a candidate for the Scottish Land Restoration League in Partick.

2 Gartymore: John Macleod of Gartymore, near Helmsdale (1863-?) was editor of the *Highland News* and organiser of Angus Sutherland's 1885 electoral campaign. He was appointed to the 1893–94 Royal Commission (Highlands and Islands), commonly referred to as the 'Deer Forest Commission', and would subsequently be elected as crofting MP for Sutherland from 1894–1900 (MacLeod 1917: 157).

3 dà fheòladair a tha aig Drochaid a' Bhanna: I have been unable to identify these individuals, although it may be that one of these butchers was the 'Mr Mackay, cattle dealer' who is listed, alongside Mr Macbeath (see below) as attending a meeting of the electors of Bonar Bridge in November 1885 (*IC* 17/11/1885).

4 MacBeath nan uaireadairean: Thomas MacBeath, a watchmaker from Creich, was Secretary of the Sutherlandshire Association. He was actively involved in the land campaign and was one of three men found guilty at Dornoch Sheriff Court of breach of the peace and malicious mischief, having been accused of damaging gates and dykes during a Land Law Reform demonstration in September 1886 (*SH* 14/10/186).

5 'S nach fheàrr dhuibh caraid anns a' chùirt / Na sporan 's crùn no dhà ann: Proverb: 'S fheàrr caraid sa chùirt na crùn san sporan, *A friend in the court is better than a crown in the purse.*

6 Pàrnell: Charles Stewart Parnell (1846–91): Leader of the Irish nationalist movement and land reformer who was a Member of Parliament from 1875 to 1891. See also *Còmhradh* 14.

CÒMHRADH 20

**Cèilidh Dhùn Chonaill eadar Donnchadh, Fear Dhùn Chonaill;
Anna, a Bhean; Dòmhnall MacAonghais,
Fear Rubha nam Faoileann; agus am Maighstir-Sgoile**

Donnchadh: Thig a-staigh, cha ruig thu a leas bualadh aig an doras mar gum bu choigreach thu; ach gu dearbh cha mhòr nach fhaodar coigreach a ràdh riut leis an ùine bhon a chunnaic sinn roimhe thu.

Dòmhnall: Chan eil cho fada uaithe. A bheil sibh uile gu math? Agus ciamar a tha am Maighstir-Sgoile?

Anna: Tha sinn an eatarras.

Maighstir-Sgoile: Chan eil adhbhar-gearain agam fhìn. A bheil a' chuideachd gu slàn an Rubha nam Faoileann?

Dòmhnall: Tha, gun robh math agaibh.

Anna: Cò e an duin'-uasal a bha agad anns a' bhàta bhuidhe a' dol seachad anns a' mhadainn?

Dòmhnall: Nach d' aithnich sibh e? Mr Macdonald, M.P., am fear a chaidh a thaghadh gu bhith na Fhear-Pàrlamaid airson na siorramachd seo – Gàidheal grinn, ceanalta. Nach tug Donnchadh dha *vote* an latha roimhe?

Donnchadh: Is mi a thug, agus ged robh fichead agam, fhuair e uile iad. Thog am Ministear Caol agus mi fhìn oirnn moch air madainn thar muir agus monadh. Thug esan *vote* do Shir Iain agus thug mise *vote* don Dòmhnallach.

M.-S.: Ma-tà, bu sibh an dà amadan dol gur cur fhèin gu a leithid de dhragh. Cha dèanadh e luach prìne de mhùthadh aig deireadh an latha nan d' fhuirich sibh le chèile aig baile.

Donnchadh: Ciamar sin?

M.-S.: Nach eil sibh a' faicinn leis gun tug aon agaibh *vote* don *Tory* agus am fear eile don *Liberal*, nan do thuig sibh a chèile mun d' fhalbh sibh, agus na *votaichean* a chumail agaibh fhèin, bhiodh an àireamh a bha aig an Dòmhnallach os cionn Shir Iain dìreach mar a bha e. Nan robh sibh a' tomhas mine, agus gun cuireadh am Ministear punnd air aon cheann na meidhe agus sibhse punnd air a' cheann eile, nach biodh an tomhas dìreach mar a bha e roimhe?

Donnchadh: Is sibh fhèin sgoilear nas fheàrr na mise. Tha mi a' creidsinn gu bheil sibh ceart. Ach nach neònach nach do bhreithnich am Ministear air sin?

Anna: Coma-co-dhiù, is math dhòmhsa gun d' fhalbh iad; fhuair mi am *paraffin lamp* grinn sin bho Dhonnchadh an dèidh tilleadh; chuir mi air falbh gu bràth tuilleadh an seana chrùisgean, agus cha ruig mi a leas a bhith a' call ùine a' deanamh choinnlean. Is math an airidh mur cuir sinn na luingeis às an cùrsa leis a' bhraidseal-sholais a bhios againn; saoilidh iad gur e taigh-solais Creag an t-Sagairt a bhios ann.

M.-S.: Bidh am Ministear duilich gun deachaidh an latha an aghaidh Shir Iain.

Donnchadh: Tha mi fhìn duilich cuideachd, ged chuir mi na aghaidh. Is iomadh fear nas miosa na e a bhios anns a' Phàrlamaid.

Anna: Moire, is math a thàinig e air adhart leis a' Ghàidhlig fo theagasg a' Mhinisteir.

M.-S.: Chan eil deich facail de Ghàidhlig aig an duine chòir.

Anna: Ciod a tha sibh ag ràdh? Nach tug an Dròbhair Mòr gam ionnsaigh an latha chaidh e seachad mu dheireadh làn cumain de litrichean Gàidhlig air an cur a-mach leis na h-uaislean a bha a' sireadh a-staigh don Phàrlamaid. Cha do shaoil mi riamh gun robh Gàidhlig aig na h-uachdarain againn anns a' Ghàidhealtachd. 'S i litir Shir Iain tè cho mòr 's a tha nam measg. Tha litrichean ann bho Mhoraire Stafford, agus bho Aonghas Sutharlan mo ghaoil; bho Fhear Taigh an Fhamhair agus an Dr Dòmhnallach; bho Shir Coinneach Gheàrrloch, bho Mgr Friseal Mac an Tòisich, bho Mgr Raghnall MacLeòid Dhùn Bheagain, agus bho Mgr MacPhàrlain à Earra-Ghàidheal. Chan eil fhios agam ciod a b' adhbhar, ach cha do theòth mi riutha; tha blas na Beurla orra.

M.-S.: Chan iongantach sin; cuiridh mi geall gur ann air an eadar-theangachadh bhon Bheurla a tha iad uile. Chan eil smid Ghàidhlig aig mòran de na h-uaislean a chuir a-mach litrichean;

cha do rinn iad e ach a chur ìmpidh air na Gàidheil gu *votaichean* a thoirt dhaibh, agus cha chluinn sinn guth tuilleadh air a' Ghàidhlig gus am bi Pàrlamaid ùr ri thaghadh a-rithist.

Anna: Nach seòlta iad!

M.-S.: Coma-co-dhiù, tha mi am barail nach robh riamh roimhe anns a' Phàrlamaid Bhreatannach uiread de dhaoine aig a bheil comas Gàidhlig a bhruidhinn. Tha iad ann an Dr Dòmhnallach, Mr. Iain Dòmhnallach-Camshron, Mgr Friseal Mac an Tòisich agus, mur eil mi am mearachd, Mgr Gilbeart Beith ann an Glaschu, mac an deagh athar.

Donnchadh: Cò esan?

M.-S.: Mac don Urramach Dr Beith a bha o chionn fhada an Gleann Eilg, agus a tha a-nis na sheann làithean, tha mi an dùil, an Dùn Èideann.

Donnchadh: Is math a tha cuimhne agam air. Ma tha Gilbeart na dhuine cho smiorail ri athair, cluinnidh a' Phàrlamaid air a' chluais as buidhre mur dèan iad an dleastanas.

M.-S.: Tha Gilbeart na dheagh charaid do na Gàidheil.

Donnchadh: Bu dual athar dha sin. B' e fhèin mo mhinistear foghainteach, dìleas, deas-chainnteach, an Gàidhlig no am Beurla!

Dòmhnall: Seadh, agus ciamar chaidh dhut fhèin agus don Mhinistear? Nach robh e a' feuchainn ri *Tory* a dheanamh dhìot?

Donnchadh: Cha ruigeadh e fhèin a leas. Ach, a dhuine chridhe, nach ann air cùisean a thàinig an dà latha! Chaidh gach nì air adhart cho mìn rèidh agus ged a b' e Didòmhnaich a bhiodh ann. Is fhada ghabh e bho sin anns an t-seann linn. Thachair dhomh a bhith ann am baile-mòr na siorramachd aig an àm – bidh cuimhne agad air, a Dhòmhnaill – anns an robh a' choidhirp eadar Fear Sguir-a-nis agus an Còirneal Friseal cò 'm fear dhiubh a rachadh a chur don Phàrlamaid.

Dòmhnall: Is math a tha cuimhne agam air. Ma bha duine anns an t-siorramachd nach d' òl gus an do laigh e, cha b' ann le cion a' chothruim. Chitheadh tu nan laighe thall agus a-bhos iad fad seachdain an dèidh latha an Taghaidh. Chan fhaca mi duine am-bliadhna a thairg uiread agus deoch an uisge dhomh.

M.-S.: Tha e an aghaidh an lagh nì a thairgse do dhuine a-nis agus is math gu bheil.

Donnchadh: Mar bha mi ag ràdh, b' e an latha a thuit dhomh a bhith anns a' bhaile mhòr an latha a bha aig Fear Sguir-a-nis agus an Còirneal ri iad fhèin a nochdadh an làthair an t-sluaigh agus òraid a thoirt dhaibh. Chan eil fhios agamsa ciod a bha aca an aghaidh Fear Sguir-a-nis, ach cho luath 's a chunnaic iad e thòisich an ulfhartaich, agus ghabh iad dha le uighean groda gus nach tugadh tu dà sgillinn air na bha mu chorp. Chan fhaca mise a leithid de dhìol ga dhèanamh air duine riamh. Ach dh'fhalbh na seann chleachdaidhean gràineil sin, agus tha daoine a-nis air fàs nas measarra. Cha chluinnear a-nis guth mòr no droch fhacal, ach gach nì ga chur tro làimh gu ciallach grinn.

M.-S.: Tha sin fìor ann an aon seagh; coma co-dhiù, tha rudan a cheart cho gràineil gan dèanamh an-diugh; ach an àite muinntir a bhith a' tilgeadh uighean groda iad fhèin, tha daoine fo phàigheadh aig an t-sluagh agus iad fad na h-ùine a' sìneadh air nithean mòran nas sailche na uighean groda a thilgeadh air daoine fìrinneach, onarach.

Donnchadh: Chan eil mi gur tuigsinn; ciod a tha sibh a' ciallachadh?

M.-S.: An àite aodaichean dhaoine a shalachadh le uighean briste, 's ann a tha na pàipearan-naidheachd a-nis air gabhail gu cliù dhaoine a mhilleadh agus a thruailleadh le breugan a chur orra. Nach fhaca sinn gu leòr de sin an co-cheangal ris an t-siorramachd seo fhèin. Nan robh an seachdamh cuid de na chuir am pàipear truaillidh, tràilleil sin, an *Sodalaiche*, às leth Mhr. MacDonald fìor, cha b' airidh e air a chur a chumail mhuc, gun ghuth air a chur don Phàrlamaid.

Dòmhnall: Is fhìor dhuibh sin; ach cha do chreid duine facal dheth, agus tha bhuil: fhuair e uiread dhaoine air a thaobh air latha an Taghaidh agus a chuireadh a-staigh don Phàrlamaid dà uair e. Is mise tha cinnteach gur e an *Sodalaiche* a tha ag ithe a chorrag leis an aimheal. Cha chreid mise gum buidhinn e mòran air a mhì-mhodhalachd.

Anna (a' tighinn a-staigh an dèidh an crodh a bhleoghann): Cinnteach gu leòr, chan e falaisg a tha mi a' faicinn air a'

Ghrianan; chan e seo an t-àm de bhliadhna airson falaisg, agus dh'fhalbh an latha anns am biodh smùdan ga chur air a' Ghrianan nuair a bhiodh duine ag iarraidh an aiseig. Chan eil an-diugh daoine rin aiseag ann. Chan urrainn dhomh a thuigsinn ciod am braidseal mòr teine a tha an siud.

Dòmhnall: Is math a tha mise ga thuigsinn. Tha a-nis *telegraph* ann am *Post Office* a' Chlachain Duibh, agus gheall an sgalag agamsa nan tigeadh fios leis an dealan a-nochd gun deachaidh caraid nan croitearan ann an Siorramachd Ghallabh a roghnachadh mar Fhear-Pàrlamaid gun cuireadh e smùdan air a' Ghrianan. Is mi a tha toilichte fhaicinn. Tha an sin buille eile don t-*Sodalaiche*, sùil mun t-sròin, agus fear-cuideachaidh eile aig na croitearan ann am Pàrlamaid Bhreatainn.

Donnchadh: Seo, Anna, feuch an toir thu dhuinn rudeigin leis an òl sinn soirbheachadh do luchd-tagraidh nan croitearan.

Anna: Ma-tà, gheibh sibh sin, bainne blàth às a' bhuaile, agus mur còrd sin ribh cha truagh leamsa sibh.

A' Chuideachd gu lèir: Seo, ma-tà! Soirbheachadh math do luchd-tagraidh còraichean nan Gàidheal!

Dòmhnall: Is grinn a chuir sinn crìoch air ar cèilidh. Is mithich dhòmhsa a bhith a' cur nam brèid ris na crannaibh.

Anna: Beannachd leibh, agus gum bu slàn a thilleas sibh.

NOTES AND REFERENCES

Publication details: *Scottish Highlander*, 11 December 1885

Author: 'Fear-Farchluais', identity unknown

Background: This *còmhradh* was published in the wake of the general election of 1885, a topic which had dominated the pages of the Highland press in the preceding weeks and months. The *Scottish Highlander* had been established by Alexander MacKenzie in July 1885, six months ahead of the election, as a campaigning organ for the crofters' cause. This *còmhradh* is a blend of electoral fact and fiction. The successful 'Mr Macdonald M. P.' and his opponent 'Sir Iain' are creations of the writer, as they do not correspond directly with any of those who stood as candidates in the Highlands, and so too are the amusingly named 'Fear Sguir-a-nis' (*the Laird of Stop Now*) and 'an Còirneal Friseal' (*Colonel Fraser*). The remaining individuals did, however, stand in the election with the crofting candidate, Dr Roderick Macdonald, returned for Ross and Cromarty with 4,942 votes, ahead of the sitting Liberal candidate, Ronald Munro-Ferguson of Raith and Novar; Charles Fraser Mackintosh, the sitting MP for Inverness Burghs, who was elected for Inverness-shire on 3,555 votes, ahead of the Conservative, Reginald Macleod, on 2,031 votes and the Liberal, Sir Kenneth MacKenzie, on 1,897 votes; the Liberal Marquis of Stafford was returned for Sutherlandshire on 1,701 votes, ahead of the Crofting candidate, Angus Sutherland, on 1,058; in Argyllshire Donald Horne MacFarlane, the crofting candidate, was returned on 3,340 votes ahead of the Independent, William MacKinnon, on 2,856 and the other crofting candidate, John S. MacCaig, on 674 (*SH* 4/12/1885). Two further Liberal politicians mentioned who were returned in the election were John MacDonald-Cameron, for the Wick Burghs, and Gilbert Beith for Glasgow Central. Beith was the son of the Rev. Alexander Beith (1799–1891), a native of Campbeltown who had been minister of Glenelg from 1830 to 1839 and of Stirling North Free Church from 1843 to 1891 (Scott 1923: 322–23). The news at the end of the conversation, that the cofters' candidate has won in Caithness, refers to Gavin Brown Clark who polled 2,110 votes ahead of the Liberal, Clarence Granville Sinclair, on 1,218.

It had been a feature of electioneering in the Highlands since the Reform Act of 1832 that some of the candidates in Gaelic-speaking areas would produce electioneering material in Gaelic, with examples surviving from Perthshire in 1832 and 1834 (Kidd 2010). As Gaelic literacy increased and the franchise was extended in the course of the century, so too did the quantity of Gaelic election propaganda directed at voters. A few examples of this ephemeral material survive in the collections of the National Library of Scotland and include: William Stirling Maxwell's *Electors Shiorramachd Pheairt* (1874); Malcolm of Poltalloch's *Do*

Luchd-taghaidh Siorramachd Earraghaidheal (1880); Sir Kenneth Mackenzie's *Da-aobhar-dhiag air son Sir Coinneach Ghearrloch a chur do 'n Pharlamaid* (1880); Sir Donald Currie's *Chum luchd-taghaidh fear ard-chomhairle ann an Siorramachd Pheairt* (1880).

The point made in the *còmhradh* about the number of Gaelic-speakers in the Houses of Parliament, while interesting, may be overstating the number, as the census of 1891, which recorded both those who spoke Gaelic only and those who were bilingual, does not show Gilbert Beith as being a Gaelic speaker, nor does the less reliable 1881 census which records those who spoke Gaelic 'habitually'. Although this may simply be an error, it seems equally likely to reflect that Beith, although spending the first twelve years of his life in the Gaelic-speaking parishes of Kilbrandon (until 1830) and Glenelg (1830–39), was not brought up in a wholly Gaelic-speaking household, his mother's name, Julia Robson, suggesting that she was probably not a Gaelic-speaker.

As noted in the dialogue, newspapers played an increasingly important part in election campaigning in the Highlands in the 1880s. It is not clear whether *An Sodalaiche* ('the Fawner') refers to the *Inverness Courier* or the *Northern Chronicle*, both of which were staunch supporters of landlords, although the formerly seems to be criticised with more frequency in the pages of MacKenzie's *Scottish Highlander*. On the other hand, MacKenzie had found cause to threaten the *Chronicle* with legal action for alleged libel in 1883 (see pp. 50-51), and so it may equally well be the *Northern Chronicle* which is being referred to. For a more detailed discussion of the Highland press and the 1885 election campaign see Kidd 2008.

The reference to a fire being visible, on what is presumably an imaginary hill, reflects the common practice of lighting fires to celebrate the electoral victory of pro-crofting candidates (Kidd 2008: 301).

Ecclesiastical
Còmhraidhean 21–25

Given the prominence of the clergy in the development of the genre, it is unsurprising to find *còmhraidhean* being commonly used to respond to, and discuss, contemporary ecclesiastical matters. This is particularly noticeable at times of intense ecclesiastical debate and is evident both during and after the Disruption of 1843, and then again during the 1880s as the campaign for disestablishment gathered momentum. These texts provided an opportunity for writers to outline the position of one or other side of the ecclesiastical debate in response to the questions or doubts of characters who represent the writers' target audience. *Còmhradh* 21 by Norman MacLeod presents the Established Church viewpoint and is the lengthiest *còmhradh* published in any Gaelic periodical or newspaper, running to some 27 pages of *Cuairtear nan Gleann* in 1843. It is striking for its lack of opening pleasantries, with the characters cutting straight to the chase. The Elder's opening words are 'A bheil thu dol a dh'fhàgail na h-Eaglais, a Chaluim?' (*Are you going to leave the Church, Calum?*), hinting at the urgency and importance of the topic in the period immediately preceding the 18 May meeting of the General Assembly of the Church of Scotland; a meeting which would result in a third of the ministers leaving to form the new Free Church. While the discussion incorporates the views of both sides, MacLeod ensures that the moderate, establishment-supporting voice is the guiding one. *Còmhraidhean* 22 and 23 present a counter-balance to this, published in the wake of the Disruption in the Free Church's Gaelic journal *An Fhianuis*, and discussing for readers' benefits the principles of the new Church through the authoritative voice of Dòmhnall Deucon. *Còmhradh* 23 addresses some of the challenges faced by its clergy and members, and aims to bolster readers' convictions in the face of such threats, not least the threat of eviction by landlords who opposed the Free Church.

The two remaining texts in this section, both from the 1880s and published in the *Northern Chronicle*, show how the ecclesiastical debate had moved on from the 1840s with *Còmhradh* 24 focusing on the campaign seeking the disestablishment of the Established Church of Scotland and *Còmhradh* 25 discussing the involvement of ministers in the land reform campaign. Both are pared down compared with the lengthy expounding of views in the immediately post-Disruption dialogues, no doubt in part due to the limitations of space in the columns of the Inverness newspaper.

Còmhradh 24 is an immediate response to a disestablishment meeting in Inverness, and combines both reporting of, and commentary upon, the event, reflecting the views of the *Northern Chronicle* in which it appeared, a newspaper which stood firmly behind the Established Church. There is no clearly recognisable figure of authority for readers and, on the surface, this would seem to present more of an even-handed discussion than a polemic against disestablishment, again demonstrating the development of the genre over the decades. *Còmhradh* 25 is also a response to contemporary debate which was playing out in the pages of newspapers, and demonstrates the way in which the Gaelic columns of Highland newspapers reacted not only to current events, but to the English content of the publications. It is situated at the interface between ecclesiastical and land politics with its criticism of those ministers who were openly supportive of the crofters' campaign for improved rights. Again echoing the Conservative *Northern Chronicle*'s pro-landlord stance, the writer's insistence on ministers' obligation being to their spiritual duties rather than to involvement in secular matters, reinforced by Biblical exemplum, was intended to undermine, albeit tangentially, the land reform campaign.

CÒMHRADH 21

Còmhradh mu Chor na h-Eaglais:
Am Foirfeach, an Gobhainn, am Maighstir-Sgoile agus Calum

Foirfeach: A bheil thu dol a dh'fhàgail na h-Eaglais, a Chaluim?

Calum: Ma-tà, ghoistidh, chan eil mi dìreach uile-gu-lèir cinnteach co-dhiù tha no nach eil. Bheil thu fhèin a' dol a-mach?

Foirfeach: Chan eil fhathast – carson a rachadh? Tha mi nis, air an Fhèill Màrtainn[1] seo tighinn, dà bhliadhna dheug a' foirfeach innte; agus, an àit' i bhith bheag nas miosa na bha i nuair thàinig mise staigh, tha i air iomadh dòigh mòran nas fheàrr; agus gus am faic mise gu bheil i fàs nas miosa, agus a' dol air a h-ais, fuirichidh mi innte. Bhaisteadh mi innte – thogadh mi innte – cheangail mi mi fhìn rithe air iomadach dòigh; agus an uair a cho-aontaich mi a bhith nam fhoirfeach innte, thàinig mi fo bhòidean cudromach, an làthair Dhia 's dhaoine, eas-aonachd a sheachnadh 's sìth a chur air aghaidh; agus gus am faic mise mearachd nach lèir dhomh fhathast, cha tèid mi mach, 's cha sgar mi mi fhìn o a comann. Dèanadh feadhainn eile mar as àill leotha fhèin.

Calum: Cha chual' thu, 's dòcha, na ministearan siùbhlach a bha 'n seo o chionn ghoirid, a shoilleireachadh dhaoine mu na nithe seo – na triallairean deas-chainnteach a chuireadh a-mach a thogail na dùthcha?

Foirfeach: Nach cuala? 'S mi rinn sin. Mur eil sinn eòlach mu na nithe sin a-nis, agus gach adhbhar-casaid a th' aca, chan ann le dìth innse dhuinn. 'S leòr e gu ceann duine chur na bhreislich, a' ghlaodhaich 's an rànaich tha orra o àite gu h-àite.

Calum: 'S iongantach leam fhìn an aimhreit 's a' chòmhstri tha 'm measg na clèire – an smàdadh 's an iorghail! Cò as binne glòir na iadsan mu shìth, agus rèite, agus gràdh bràthaircil, mu mhodh agus mu shìobhaltachd-cainnte? Ach cò as sgaitiche na iad an aghaidh a chèile, aon uair 's gun tig nì air bith eatarra?

Foirfeach: Faodaidh tu a ràdh. Ach, coma co-dhiù, chan eil

229

annta ach daoine. Tha laigsinn fuaighte ri nàdar mhic an duine; 's chan eil saorsa acasan nas fheàrr on cuid fhèin de fhàillnibh.

Calum: Tha sin fior, ach nach truagh nach b' urrainn dhaibh na nithean tha tighinn eatarra a shocrachadh, agus cùisean na h-Eaglais a rèiteachadh, gun uiread othail 's chonnsachaidh ann an seiseanaibh, seanadh 's Àrd-Chomhairle na h-Eaglais? Agus chan fhoghain seo, ach 's èiginn dhaibh coinneamh a chumail an siud 's an seo – chan e a-mhàin nan sgìreachda fhèin, ach an sgìreachda dhaoin' eile. 'S cha dèan sin a' chùis: 's èiginn *committees* (comainn-riaghlaidh) a shuidheachadh anns gach àite, den a h-uile duine nas briathraiche na chèile san àite – a h-uile h-òganach dian, bras, bathaiseach aig a bheil comas na teanga agus, a chum an cumail gun fhuarachadh, agus am fiabhras buaireasach a chumail suas, tha pàipearan-naidheachd, 's litrichean, 's leabhragan beaga, 's òraidean, air an sgaoileadh nam measg; agus mur can gach duine mar a chanas iadsan, no ma tha de dhànadas aig neach barail a thoirt an aghaidh am barail-san, tha iad ga chàineadh 's ga ruith sìos mar neach nach eil na airidh air ainm Crìosdaidh. Chan eil a chridh' aig neach facal a ràdh, mas fior, ach mar a chuirear nam beul leothasan. Coma leinn fhìn an gnothach – chan eil ach fìor bheag de spiorad ciùin an t-Soisgeil ri fhaicinn nam measg.

Foirfeach: Chan eil thu fada 'm mearachd, a Chaluim. Bitheadh nithean cho olc 's a tha iad ag ràdh, agus anacothrom ga dhèanamh air an Eaglais; ach is mì-chiatach, mì-chneasta, droch-mhùineach an spiorad leis a bheil daoine feuchainn na gnothaichean seo a shocrachadh. Tha e làn-cheart do gach duine a bharail fhèin innse gu neo-eisimeileach; ach chan urrainn mi a chreidsinn gu bheil an dòigh tha cuid de dhaoine gabhail air na cùisean sin a rèiteachadh idir, idir a rèir an spioraid a thigeadh do luchd-leanmhainn Chrìosd àrach. Chan eil an spiorad connspaideach, conasach sin a tha cuid de mhinistearan a' leigeil ris, nam bharail-sa, idir cosmhail ri spiorad nan abstol, a thug iad fhèin suas gu buileach do ùrnaigh agus do shearmonachadh an fhacail, agus a bha taingeil nuair a bha cead aca sin a dhèanamh; agus tha fios againn cò e a thuirt, 'Chan fhaod òglach an Tighearna a bhith connspaideach, ach ciùin ris na h-uile dhaoine, ealamh a chum teagaisg, foighidneach' (2 Tìm. ii. 24); agus mar an ceudna, 's ann ann am facal Dè tha e air a ràdh, 'Ged bheirinn mo chorp chum a losgadh, agus gun an gràdh sin agam tha fad-fhulangach agus coibhneil – an gràdh nach eil air a shèideadh suas – an gràdh nach smaointich olc – an gràdh a dh'fhuilingeas a h-uile nì – a tha gun fharmad, agus gun fhèin-uaill – chan eil annam ach neoni.'[2] A-nis, is duilich leam a ràdh nach eil mòran de sin rim faicinn nam measg; agus, na dhèidh sin uile, 's daoine math, ionraic, treibhdhireach mòran dhiubh; ach tha an dòigh a tha iad a' gabhail a' cur mòr-iongantas orm.

Calum: Theagamh gu bheil; ach, bitheadh iad cho math 's as urrainn dhaibh, tha iad air am breith às len sèidrich 's len smàdadh. Thog iad falaisg san dùthaich nach bi furasta stad – a' dùsgadh iorghail 's aimhreit, 's mì-rùn – a' cur ìslean an aghaidh uachdaran, 's a' roinn theaghlaichean an aghaidh a chèile – poball an aghaidh clèire. Cha toil leam fhìn an dòigh tha iad a' gabhail, a' toirt air daoine bochd an làmh a chur ri pàipear – a' toirt orra a chreidsinn gu bheil eucoir mhòr ga dhèanamh orra – gan lasadh suas an aghaidh lagh na dùthcha – 's a' diomoladh na h-Eaglaise sin dam buin iad fhèin, agus a bhòidich iad a sheasamh. Chan fhaod beannachd no soirbheachadh a bhith an lorg a leithid seo de ghiùlan. Bu chòir dhaibh a bhith ciùin, foighidneach, ciallach.

Foirfeach: Chan eil thu fhèin ciùin, a Chaluim. Tha mi faicinn mhearachdan air gach taobh, ged nach eil mi nam dhuine foghlaimte. Tha iomadh nì san Eaglais a b' fheàirrde atharrachadh; ach chan ionann sin 's a milleadh gu buileach. Ach stad; chì mi am Maighstir-Sgoile 's an Gobhainn Mòr a' tighinn. Feith ort, a Chaluim! Thugad a-nis, mur faigh thus' e! Tha thu an làmhan nam Philisteach.

Calum: Thugadsa thu fhèin! Chan eil annamsa ach duine bochd gun mhòran sgoile; ach thusa, 's foirfeach-eaglais thu; agus is tusa 's èiginn an cath a chumail, agus an Eaglais a sheasamh. Seo, seo! Feuchamaid airson fasgadh Creig an Fhithich – cùl gaoithe 's aodann grèine. Cùm riutha nis, a ghoistidh!

Maighstir-Sgoile: Tha sibh an seo, fheara, a' leigeil ur sgìths.

Nach b' e sin latha 'n àigh? Fàilt' oirbh!

Calum: Mar sin dhuibh fhèin. Latha an àigh, da-rìribh! Latha Buidhe Bealltainn.[3] Ciamar tha 'n Gobhainn Mòr an-diugh?

Gobhainn: Tha mi nam shlàinte, Chaluim. Bha mi dìreach ag ràdh ris a' Mhaighstir-Sgoile 'n seo gun robh mi cinnteach gun robh thu fhèin 's am Foirfeach a' seasamh cùis na h-Eaglais, agus a' diomoladh gach aon a tha air chaochladh baralach.

Calum: Nach eil uiread chòir againne a seasamh 's a tha agadsa agus aigesan a smàdadh? Nach eil uiread chòir againn a cumail suas 's a tha agaibhse a bristeadh 's a leagail? Bha sinn dìreach a' seanchas mu ghnothaichean Eaglais Stèidhichte na h-Alba. 'S beag a shaoil mi gun tigeadh an latha anns an cluinninn thusa no fear eile a' labhairt mu a tilgeadh gu làr 's an aitreabh àlainn urramach fhàgail na làrach luim. Chan fhaod e bhith nach eil nì-eigin gu fada 'm mearachd mum maoidheadh neach air bith a leithid de ghnìomh dòlasach a dhèanamh: ach 's i cheist, cò as coireach?

M.-S.: Faodaidh tu da-rìribh a ràdh gu bheil nì-eigin fada 'm mearachd. Ciod an nì as dòlasaiche 's as dèisniche na gum biodh ministearan nach eil taitneach air am fòirneadh a-staigh thar amhachannan an t-sluaigh a dheòin no dh'aindeoin? Nuair tha lagh na rìoghachd, agus cùirtean an lagha, a' cur grabadh air ministearan an t-soisgeil ann an coileanadh an dleastanasan spioradail, nuair tha lagh na rìoghachd a' spìonadh a' chrùin rìoghail o cheann Chrìosd, ag àicheadh a cheannais agus uachdaranachd – nuair nach eil nas fhaide comas aig cùirtean na h-Eaglais smachd agus riaghailtean na h-Eaglais a chur gu buil – nuair a dh'fhaodar Ichabod, 'Tha do ghlòir air d' fhàgail,' a sgrìobhadh air a ballachan.[4]

Gobhainn: Seadh, faodaidh tu da-rìribh a ràdh gu bheil nì-eigin olc nuair tha Cùirt an t-Seisein, na morairean dearga, tighinn eadar a' chlèir agus gach dleastanas spioradail air bith – nuair nach fhaod iad comharra comanaich no baistidh a thoirt do neach gun a bhith ann an cunnart sumanadh uapasan, agus càin a chur orra air a shon.

Calum: Sin thu, Ghobhainn! Leig thu ruith do do theangaidh.

B' e do dhòigh riamh ruith air falbh leis a' chlèith-chliata. Ach dèan air d' athais. 'S fhada on chuala tu, 'Tha dà thaobh air bàta 'n aiseig.' Tha mise 'g ràdhainn riut nach eil anns na thuirt thu ach goileam agus spleadhachas gun bhunchar.

Foirfeach: Air ur n-athais le chèile, 's togaibh den dòigh chainnte sin. 'S gnothach cudromach e: labhraidh mi gu stòlda, suidhichte, ciallach mun chùis. Gun teagamh, a Mhaighstir-Sgoile, bu mhiann leam ur barail fhèin a chluinntinn. Thuirt sibh air an àm iomadh nì mun Eaglais a bha searbh ri èisteachd, agus bu dèisinneach, dòlasach nam b' ann mar sin a bha a' chùis, agus da-rìribh, nam biodh an dara leth de na thuirt sibh fìor, chan fhuirichinn latha na b' fhaide san Eaglais, mura b' urrainn dhuinn a' chùis a rèiteachadh, agus gach adhbhar-ghearain a thoirt às an rathad. Ach ma tha thusa ceart, tha mise fada 'm mearachd. Innis dhomh ciod e do bharail mun nì ris an abair iad *non-intrusion*? Mìnich dhomh ciod an seagh anns a bheil thusa togail na cùise.

M.-S.: Nì mi sin: tha dìreach nach bi fear-teagaisg no ministear air fhòirneadh a-staigh air coitheanal no sgìreachd air bith an aghaidh toil a' phobaill. Sin agad mo bharail-sa, agus is duilich leam thusa bhith aineolach mu dheidhinn seagh an fhacail.

Foirfeach: Chan eil mi, 's math dh'fhaodte, cho aineolach 's a tha thu air bharail. Ach innis seo dhomh: am b' àill leat a ràdh nach bu chòir do mhinistear a chur a-staigh air sgìreachd (oir 's ann mu sgìreachdan suidhichte tha an connsachadh uile, agus chan ann mu eaglaisean a thog daoine air an son fhèin, ris an abrar *Chapels*), nuair a their na daoine a-mhàin, 'Cha ghabh sinn thu,' gun innse carson, gun adhbhar, gun fhàth, gun uiread 's a ràdh, ''S dubh do shùil,' ach dìreach, 'Cha toil leinn thu, ach chan innis sinn carson.' An e sin, nad bharail-sa, lagh na h-Eaglais?

M.-S.: Gun teagamh, 's e. Ma their an sluagh, 'Air falbh leis!' bu chòir dha sin a bhith na 's leòr. Cò 's cridheach a ràdh gur h-olc, ma their iadsan dìreach, 'Cha ghabh sinn thu gun fhios carson?'

Foirfeach: Tha fios agam gu math gur e sin an lagh am measg nan *Dissenters*, iadsan a tha air dol gu taobh on Eaglais shuidhichte; ach cha chuala mi riamh gum b' e sin lagh suidhichte

Eaglais Stèidhichte na h-Alba, air chor 's nach faodadh i bhith na h-Eaglais idir gun a bhith air a togail air an riaghailt bhunchar sin. Chan eil mi air an àm ag ràdh co-dhiù bhiodh a leithid de riaghailt math no olc, ach b' e lagh na h-Eaglais e 'n latha air na shuidhicheadh i.

M.-S.: 'S e 'n lagh e, mar a chì thu ma leughas tu Ciad Leabhar agus Dara Leabhar Riaghailtean na h-Eaglais (*First and Second Books of Discipline*).

Foirfeach: Leugh mi iad le chèile uair 's uair, agus leugh mi iad le cùram. Ach 's èiginn dhomh aideachadh nach d' amais mi riamh air an lagh air a bheil thusa labhairt: lagh bunait na h-Eaglais – 's e sin, gum faodadh an sluagh ministear a thairgeadh dhaibh a chumail a-mach gun a ràdh carson a tha iad ga dhiùltadh, no gun reusan no cion-fàth an diùltaidh sin a chur an cèill. Ma tha a leithid seo de lagh innte, a dh'aona chuid cha do cho-aontaich lagh na rìoghachd leis agus, mar sin, cha bu lagh na h-Eaglais Stèidhichte riamh e.

Gobhainn: A-mach leabhraichean-riaghailt na h-Eaglais, agus leugh beagan asta don Fhoirfeach agus do Chalum. Tha iadsan, agus mòran cosmhail riutha, air an cumail ann an dorchadas mu na nithean sin. Dearbh thusa dhaibh, a-mach asta sin, gur lagh bunchar na h-Eaglais nach bi ministear air fhòirneadh air sgìreachd gun chead an t-sluaigh agus nach eil e mar fhiachaibh orra fàth, no reusan, no adhbhar sam bith, a thoirt na aghaidh, ach a-mhàin 'Cha ghabh sinn thu.'

Calum: Chan urrainn dhuinn a bhith an dorchadas nas fhaide, a Ghobhainn, agus na sradan lainnreach tha leum o d' innean-sa againn chum ar soillseachadh.

M.-S.: Seo, ma-tà, leabhraichean-riaghailt na h-Eaglais. Seo a' Chiad Leabhar. Leughaidh mi dhuibh on IV Caibideil far a bheil e air a ràdh, 'Buinidh e don t-sluagh, no don phoball, agus do gach coitheanal fa leth, am ministearan a thaghadh.'

Foirfeach: Cha robh an nì ris an can sinn *patronage* ann san àm sin; agus innis dhomh an robh Eaglais na h-Alba air a suidheachadh san àm sin? Ach gabh air d' aghaidh. Leugh na leanas, na ceil nì air bith. Sin a' choire tha agam dhuibh, gun leugh sibh dìreach na sheasas an taobh agaibh fhèin, ach gun cleith sibh gu seòlta na tha nur n-aghaidh. Gabh air d' aghaidh. Thuirt thu gun robh comas aig an t-sluagh air am ministearan fhèin a thaghadh – ciod tuilleadh?

M.-S.: Bha, ach mura dèanadh iad sin taobh a-staigh de dhà fhichead latha, gun cailleadh iad a' chòir, agus bha còir aig an Riaghladair (*Superintendent*) – am fear a bha thairis orra – ministear a thaghadh, agus a shuidheadh nam measg, gun chead iarraidh no fhaotainn.

Foirfeach: Cò esan, an Riaghladair, no an *Superintendent*? Nach seòrsa de dh'Easbaig a th' ann?

M.-S.: Gun teagamh, tha thu ceart, ach bhuineadh e dhàsan a cheasnachadh, agus ma bha e riaraichte leis, a shocrachadh nam measg. Nis, tha e air a ràdh an seo, 'Chan eil, air dòigh air bith, ministear ri bhith air fhòirneadh air coitheanal an aghaidh an toile.' Sin agad an nì ris an abair sinn *non-intrusion* an Ciad Leabhar-Riaghailt na h-Eaglais.

Foirfeach: Gabh air d' adhart; leugh na leanas.

M.-S.: Nì mi sin. Tha air a chur ris na leugh mi: 'Ach chan fhaodar a ràdh gu bheil ministear air fhòirneadh air sluagh nuair a tha luchd-comhairle na h-Eaglais ann an eagal Dhè, agus, airson math anmanna dhaoine, a' tairgse dhaibh duine math chum an teagasg – duine nach ruig iad a leas a ghabhail, agus nach sparrar thairis orra, gus an ceasnaichear e, agus am faighear gu bheil e iomchaidh freagarrach.'

Foirfeach: Sin agad a' chùis. Thoir fa-near na leugh thu. Cha robh ministear ri bhith air a chur a-staigh an aghaidh ar toile, ach ma bha esan air a cheasnachadh leis a' chlèir, no leis an Easbaig, agus air fhaotainn iomchaidh, freagarrach, cha robh diog aca ri ràdh – b' èiginn dhaibh gabhail ris. Nach b' e sin an lagh? Nach eil e gu pongail air a ràdh, chan fhòirneadh e, nuair a cheasnaichear e, agus a gheibh a' chlèir gu bheil e na mhinistear iomchaidh? Aon uair 's gun robh e air fhaotainn freagarrach leis a' chlèir, olc no math, b' èiginn dhaibh gabhail ris. Nach b' e sin an lagh! Cha b' ionann sin agus Lagh an Toirmisg (*Veto Law*), tha toirt comas do na daoine a chur gu taobh gun adhbhar idir, biodh a' chlèir

toilichte no gun bhith. Agus, a thuilleadh air seo, tha iad ag ràdh
riumsa nach robh an leabhar sin ('s e sin Ciad Leabhar-
Riaghlaidh na h-Eaglais) riamh air aideachadh leis an rìoghachd,
no leis a' Phàrlamaid – gur leabhar e a rinn an Eaglais i fhèin, ach
ris nach do cho-aontaich a' Phàrlamaid riamh; agus leabhar a
rinneadh mun robh Eaglais na h-Alba riamh air a socrachadh.
Bheil mi ceart nam bharail? Nach robh an Eaglais san àm sin
dìreach mar tha na *Dissenters*, iadsan nach buin do eaglais
shuidhichte idir, agus a dh'fhaodas aon lagh a thogras iad a
dhèanamh.

   M.-S.: Ma-tà, chan fhaod mi ràdh gu bheil thu fada 'm
mearachd.

                           [...]

Foirfeach: Creid thusa mise, a charaid, chan eil anns an
t-saorsa spioradail air a bheil mòran a-nis a' labhairt, agus ag
iarraidh fhaotainn don Eaglais, ach cead a dhèanamh mar as àill
leatha fhèin, no mar as àill le seòrsa de dhaoine uaibhreach, fèin-
ghlòrmhor tha a' riaghladh na cùise ann an Dùn Èideann, agus a
tha toirt air càch an leantainn mar a thogras iad. Chan fhaigh i gu
dìlinn an cead seo. Nam faigheadh, ciod a bhacadh i o
shochairean a' phobaill a shaltairt fo casan, mar a tha i a' saltairt
air gach binn a thugadh o chionn ghoirid a-mach na h-aghaidh. 'S
e a' cheart chomas a bha aig Eaglais na Ròimhe, dèanamh mar a b'
àill leatha fhèin, a thug a-staigh gach mearachd tha innte; agus 's
ann fo ainm saorsa spioradail (*spiritual independence*) a thug i am
fìon on luchd-comanaich – a thairg i gach ùrnaigh ann an
Laideann – a thoirmisg i facal Dè – agus a thoirmisg i do dhaoine
barail air bith a bhith aca fhèin ann an nithibh spioradail, ach mar
a cheadaicheadh ise dhaibh. Fo ainm saorsa spioradail, agus i
bhith os cionn gach lagh ach a lagh fhèin, thàinig gach
truailleachd a-staigh, agus 's e an aon nàdar tha fhathast aig mac
an duine; agus tha dòchas againn, agus tha sinn làn-chinnteach,
nach tig an latha anns am faigh na daoine sin an dòigh fhèin, a
tha 'g iarraidh cumhachd nach robh riamh aig Eaglais gun droch
fheum a dhèanamh dheth. Aon uair 's gu bheil an Eaglais

ceangailte ris an Staid fo chùmhnant, 's èiginn dhi an cùmhnant sin a sheasamh agus chan eil ach amaideachd dhi a bhith labhairt mu làn-shaorsa a toil fhèin a dhèanamh nas fhaide, nas motha na dh'fhaodas bean a tha pòsta bhith labhairt mu toil fhèin a dhèanamh anns gach nì, mar nach biodh i fo chùmhnant-pòsaidh idir. Tilgeadh an Eaglais dhith an lagh a tha ga ceangal, agus gach sochair a tha aice na lorg, agus an sin faodaidh i bhith cho saor 's a thogras i.

M.-S.: Cha chreid mi nach dèanadh tusa 's do sheòrsa nì air bith a dh'iarradh cumhachdan an t-saoghail sa ort; seadh, ged a robh e 'n aghaidh facal Dhè.

Foirfeach: Uist! Na labhair mar sin riumsa! Tha dòchas agam nach eil neach san Eaglais, no ann an co-chomann maille rithe, nach fuilingeadh geur-leanmhainn, agus bochdainn, agus gach olc, mun strìochdadh iad a dh'aona chùirt air thalamh a dh'iarradh orra a' bheag a dhèanamh an aghaidh facal Dhè.

M.-S.: Agus ciod a dhèanadh tu nan iarradh na cùirtean seo ort nì air bith a dhèanamh mu phears'-eaglais a bha nad bheachd-sa an aghaidh facal Dhè?

Foirfeach: Dh'fhàgainn an Eaglais – chuidhtichinn i gu buileach – rachainn air m' aghaidh, agus theirinn, 'Tha mi air faotainn a-mach gun d' rinn mi droch bhargan; fàgaidh mi an Eaglais shuidhichte, agus bidh mi ann am '*Voluntary*', 's e sin, leanaidh mi iadsan nach eil fo ghealladh air bith – as urrainn lagh ùr a dhèanamh nuair as àill leotha; oir tha iomadh nì as urrainn eaglais a tha air a làimh fhèin a dhèanamh nach urrainn eaglais stèidhichte no shuidhichte.

M.-S.: Dearbh sin, mas urrainn dhut.

Foirfeach: Bheil comas aig an Eaglais shuidhichte aona phong de dh'aidmheil a creideimh atharrachadh? A bheil comas aice taghadh nam ministearan a thoirt do chinn theaghlaichean, no do luchd-comanaich? Bheil comas aig ministearan an *stipend* a tharraing, agus searmonachadh far an togair iad, no mar a thogras iad? Cò ach burraidh a b' urrainn sin a smaoineachadh? 'S e 'n nì tha dhìth orra am beathachadh agus gach sochair eile bhith aca, agus cead dèanamh mar as àill leotha.

M.-S.: Ach chan eil iad a' dol ga dhèanamh. Tha na daoine math ri dol a-mach; tha iad ri dealachadh ris gach nì tha aca air uachdar an t-saoghail – geur-leanmhainn a sheasamh, ged a b' ann gu bàs.

Foirfeach: Geur-leanmhainn, seadh, seadh! 'S math tha fios aca gun deachaidh làithean na geur-leanmhainn seachad. Cha chuirear làmh orra. Cha ruig iad a leas dìomhaireachd nam beann iarraidh, agus àite-fasgaidh am measg chreag; faodaidh iad searmonachadh mar rinn iad riamh. Cha chuirear làmh air ròinean nan ceann mura dèan iad fhèin nì-eigin chum corraich an lagha dhùsgadh nan aghaidh. Cò tha dèanamh geur-leanmhainn air na *Dissenters*? Chan eil duine beò agus bidh iadsan cho saor thèarainte riuthasan, ma bhios iad cho ciùin, shìobhalta, agus cho umhail do reachdan na dùthcha. Ach chan eil dùil agam gun tèid an còig ceud a-mach fhathast.

M.-S.: Gun teagamh air bith, thèid. Nach tuirt iad, nan diùltadh a' Phàrlamaid dhaibh na dh'iarr iad, nach fuiricheadh iad latha na b' fhaide? Cha dhaoine iad a bhriseas am facal.

Foirfeach: Air d' athais a-nis. Nach d' innis a' Phàrlamaid dhaibh, cho pongail 's as urrainn cainnt a chur an cèill, nach faigh iad na tha iad ag iarraidh, agus nach eil math dhaibh a bhith smaoineachadh air? Chual' iad seo o chionn iomadh latha a-nis, agus carson nach eil iad a' dol a-mach? Cò tha gam bacail? Ciod a' bhùirich, 's a' ghleadhraich, 's an othail a th' air an aire? Nach eil an saoghal fada farsaing fon ceann? Am bi iad ach mar tha iomadh ministear eile cho math riuthasan? Am bi iad ach mar tha na ministearan Gàidhealach a tha sna bailtean mòra, mar a tha Mr Rose[8] agus Dr MacLeòid,[9] a dh'fhàg sgìreachdan, agus a thilg iad fhèin air càirdeas agus còmhnadh an t-sluaigh. Shaoileadh neach, leis a' ghearan mhòr a tha iad a' dèanamh, gun robhar brath am feannadh. Ge bu duilich leamsa an ceathramh cuid dhiubh dhol a-mach, b' fheàrr leam gu mòr iad a dh'fhalbh a dh'aona bheum na bhith fuireach mar a tha iad, a' tolladh 's a' bùirich fo bhallachan na h-Eaglais, a bhòid iad a sheasamh; agus gu dàna, dalma ag ràdh nach eil dìcheall as urrainn iad a chleachdadh nach dèan iad chum làrach lom a dhèanamh dhith nuair a dh'fhàgas iad fhèin i.

M.-S.: Coma ciamar a tha sin, tha na daoine math a' toirt dearbhadh làidir air an treibhdhireas a tha air an àm seo a' toirt iad fhèin 's an teaghlaichean gu bochdainn.

Foirfeach: Bochdainn! Leig leotha. Nach faic thu cho dian 's a tha iad a' cruinneachadh airgid air feadh na dùthcha? Chan eil iad a' dol seachad air doras a' bhothain as ìsle. Gabhaidh iad an sgillinn ruadh on bhanntraich 's an còta-bàn, ma thairgear dhaibh e, on dìol-dèirce. 'S e 'Airgead, airgead!' a-nis an glaodh. Tha ciste-mhòr an ionmhais ann an Dùn Èideann ga lìonadh a-nis leis a' chìs a tha a' chlèir seo nis a' togail; agus às an sporan choitcheannta seo tha iad ri ceud sa bhliadhna thoirt do gach aon a thig a-mach, a bharrachd air dara leth na choisneas e air a làmh fhèin. Ach ged tha iad a' togail an airgid seo gu furasta air an àm, 's mì tha cinnteach gum bi iad air am mealladh ann an ùine ghoirid. Den a h-uile amaideachd a dh'fheuch daoine riamh, 's i 'n t-aon as neònaiche, ann am bharail-sa, a' smaoineachadh gum faod na Gàidheil bhochda mòran a thoirt uapa anns a' chùis seo. Ach chan e an t-suim uile-gu-lèir a tha iad a' togail air a bheil mi gearan, ach an dòigh a tha iad a' gabhail, agus a' chainnt thoibheumach a tha iad a' cleachdadh.

M.-S.: Na toir thusa feart air mòran de na chluinneas tu.

Foirfeach: Chan eil mise cur às an leth ach na tha fios agam tha ceart. Am faod thu àicheadh nach eil ainm àrd an t-Slànaigheir aca nam beul air gach àm? 'S i an inntinn fhèin, mas fior, inntinn-san; 's e 'n iarrtas fhèin iarrtas an Tighearna; agus a h-uile aon aig a bheil a' mhisneach cur nan aghaidh, nach eil iad gan smàdadh mar nach b' airidh iad a bhith air am faotainn ann an comann nan Crìosdaidhean? Ciod a' chainnt a chleachd cuid dhiubh seo, bho chionn ghoirid, ann an labhairt ri muinntir Àird Ghobhar 's Loch Abair? 'Roghnaichibh,' ars iadsan, 'an-diugh eadar Mac 'ic Eòghainn[5] agus Crìosd!' agus ann an àit' eile, 'eadar Loch Iall[6] 's an Slànaighear!' An robh a' chainnt sin freagarrach a bhith air a cleachdadh ann an labhairt ri Crìosdaidhean tuigseach, a bha nan tuath a' suidhe fo na tighearnan measail sin? Seo giùlan a tha nàrach ri chluinntinn, agus mura bitheadh muinntir na dùthcha sin ciallach, tairis, òrdughail, bhiodh iad air am brosnachadh gu ar-a-mach an aghaidh an uachdarain shaoghalta, nach faodadh gun bhochdainn a tharraing a-nuas air an cinn fhèin. Mo nàire! A' togail airgid o na Gàidheil bhochda, agus gun aig cuid dhiubh na chuireas aodach air an druim, agus a bha, o chionn bheagan bhliadhnaichean, a' bàsachadh le gort, nuair nach deachaidh na ceart mhinistearan seo fad an lùdaig air an son. Ach a-nis, 'Thugaibh dhuinn! Thugaibh dhuinn!' Sin an glaodh a tha Mac-talla a' freagairt o gach creig 's càrn. Ach ge dona seo, 's i chainnt a tha iad a' cleachdadh a' chuid as brònaiche. Chan ann idir air an son fhèin, mas fìor, a tha iad ga iarraidh, ach airson Chrìosd. Coma leam a leithid seo! Chan abair mi diog tuilleadh mu dheidhinn.

M.-S.: Ach nach sgainnealach an nì nach eil a' Phàrlamaid a' socrachadh na cùise? Carson nach eil iad a' toirt a-staigh achd ùr, a chum gach cùis a rèiteachadh? Nach bu ghnothach soirbh dhaibh seo a dhèanamh?

Foirfeach: Nach d' fheuch iad sin uair 's uair, ach cha luaithe bha a' chùis an impis a bhith air a rèiteachadh na tha a' bhuidheann sin ann an Dùn Èideann a tha os cionn a' ghnothaich seo a' tarraing air an ais; agus mar as motha a thairgear dhaibh, 's ann as motha a dh'iarras iad. Nach d' fheuch Morair Obar Dheathain[7] a' chùis a shocrachadh? Agus cò a b' àirde nam barail na esan, fad ùine mhòr? Mhol iad e le gach cainnt bhrosgalach a b' urrainn daoine a chleachdadh; ach smaoinich iad gum faodadh iad barrachd fhaotainn na thug an t-achd aigesan dhaibh. Thàinig an sin an duine diadhaidh, Sir Deòrsa Sinclair,[10] san eadraiginn. Dh'fheuch esan tuilleadh fhaotainn na thug am fear eile dhaibh. Bha coinneamh aige riutha fichead agus fichead uair. Cò an sin a b' àirde cliù na esan? Chòrd iad mun chùis. Tharraing iad a-mach leasachadh a chuir iad ri achd Morair Obar Dheathain. Mhol iad Sir Deòrsa chum nan speuraibh. Chuir iad suas do Lunnainn e chum an t-achd seo fhaotainn. Chuir iad Dr Candlish[11] na dhèidh. Thairg an ceann-stuic sin an socrachadh seo a ghabhail. Na dìochuimhnichibh seo. Seadh, thairg esan, agus iadsan a chuir a-suas e, an socrachadh seo a ghabhail agus thuirt luchd-

comhairle na rìoghachd, 'Gheibh sibh e.' Bha a' chùis a-nis, a rèir
gach coslais, làn-shuidhichte, ach ciod a thuirt Candlish?
'Gabhaidh sinn an socrachadh seo, ma gheibh sinn air a' cheart
àm sa e, agus mun èirich a' Pàrlamaid; ach ma chuireas dàil latha
ann, tha sinn rèidh 's e.' Dh'innis iad dha nach robh e comasach
achd ùr a dhèanamh mun èireadh a' Phàrlamaid, gun deachaidh
an latha seachad anns am b' urrainnear achd ùr a thoirt a-staigh,
'ach cho luath 's a chruinnicheas sinn a-rithist, geallaidh sinn gum
faigh an Eaglais na tha i nis toileach a ghabhail. Ma tha 'n
socrachadh math a-nis,' ars iadsan, 'nach bi e a cheart cho math
trì mìosan na dhèidh seo?' Ach coma, cha ghabhadh esan seo.
Phill e air a shàil, agus chaidh e dhachaigh do Dhùn Èideann.
A-nis, tha 'n lagh seo a thairg a' bhuidheann sin don chlèir a
ghabhail, a tha nis a' smàdadh na Pàrlamaid – tha a' cheart lagh
fhathast nan tairgse, cho luath 's a their an Eaglais gun gabh i e.

M.-S.: Tha eagal orm fhìn, gus an tèid Sir Robert Peel[12] agus na
Tories a-mach, nach faigh iad e.

Foirfeach: Ciod a rinn càch nuair a bha iad a-staigh? Cha do
thairg iadsan uiread agus lagh a dhèanamh. 'S i chuid as duilghe
dhaibhsan a tha air ceann na h-ùpraid seo, gu bheil na h-uile
buidheann nan aghaidh – cùirtean àrd an lagha ann an Albainn,
agus cùirtean àrd an lagha an Sasainn – Taigh a' Chumanta anns
a' Phàrlamaid, agus Taigh nam Morairean; agus chan eil os cionn
leth-dusan, ma tha sin fhèin ann, anns a' Phàrlamaid uile a
dhùraigeadh a thoirt dhaibh na tha iad ag iarraidh – 's e sin, an
toil fhèin a leantainn anns gach cùis a thogras iadsan a ràdh tha
spioradail, agus an cur os cionn gach lagha. Cia mòr an
amaideachd dhaibh, ma-tà, a bhith còmhstri airson comas nach
robh riamh aig Eaglais na h-Alba, no aig eaglais stèidhichte eile, 's
nach bi!

M.-S.: Tha mi faicinn nach tig thusa mach aiste, a dh'aona chuid.

Foirfeach: A rèir aona bharail as urrainn dhòmhsa air an àm
àrach, gu dearbh cha tig. Chan fhàg mi mo shcann Eaglais
mhàthaireil gus am faic mi ciod an seòrsa thig na h-àite. Ma
dh'atharraicheas mi mo bharail, atharraichidh mi mo ghiùlan.
Tha dòchas agam gu bheil cogais agam cho math riuthasan a tha

cho fèin-spèiseil, agus a tha dèanamh na h-uiread thàir air barailean dhaoin' eile. Da-rìribh, chan e 'n fhaoineachd a bheireadh ormsa dealachadh ri pàilleanaibh an Tighearna, a bhuilich air dùthaich mo chridhe 's mo ghràidh gach sochair spioradail a bh' aca riamh, gu saor, gun airgead 's gun luach. 'S gràdhach le m' anam Eaglais na h-Alba, agus chan fhàg mi i:

> Oir d' òglaich tha a' gabhail tlachd
>   Da chlachaibh siud gach uair;
> Tha deagh thoil aig do sheirbhisich
>   Da luaithre is da h-ùir.[13]

Rugadh mi innte agus, glòir Dhàsan a thug mi mun cuairt e (cha cheil mi a ghràs), bha mi air mo bhreith às ùr innte. Rugadh mo phàistean lurach innte, bhaisteadh iad innte, thog iad maille rium fonn nan Salm 's nan Laoidhean milis innte; agus tha cuid dhiubh nan sìneadh dlùth dhi, fon fhòid. Chan fhàg mi i. 'S minig a bha mi air mo neartachadh le a h-òrduighean prìseil; cha sgar mi mi fhìn uaipe; 's nar leigeadh Dia gum brosnaichinn feadhainn eile chum sin a dhèanamh. Fhad 's a tha Crìosd air a shearmonachadh gu dìleas taobh a-staigh de a ballachan, fuirichidh mi innte; agus cleachdaidh mi na h-uile dìcheall a tha nam chomas a chum a h-ath-leasachadh a thoirt mun cuairt, agus a riaghailtean ath-ùrachadh, fhad 's a tha sin feumail agus comasach a dhèanamh. Fhad 's as urrainn na seann ghlùinean seo agamsa lùbadh aig cathair-gràis, no mo chridhe 's mo shùil a thogail gu nèamh, guidhidh mi gum beannaicheadh Dia i. Seadh, togaidh mi an ùrnaigh ann an cainnt Rìgh Dàibhidh:

> Sìor ghuidhibh do Ierusalem
>   Sìth-shàimh is sonas mòr:
> A' mhuinntir sin len ionmhainn thu,
>   Soirbhicheadh iad gu leòr.

> An taobh a-staigh do d' bhallaibh fhèin
>   Biodh sìth is sonas math;
> Deagh-shoirbheas fòs gun robh gu bràth
>   Ad lùchairt àrd a-staigh.

Air sgàth mo bhràithrean 's luchd mo ghaoil,
  Dhut guidheam sìth do ghnàth;
Air sgàth taigh naomh an Tighearna Dia,
  Iarram do leas gu bràth.[14]

NOTES AND REFERENCES

Publication details: *Cuairtear nan Gleann* 39 1843: 57–84. This *còmhradh* was subsequently published twice in pamphlet form in 1843 by J. & P. Campbell, Glasgow, the publishers of *Cuairtear nan Gleann*. Due to the length of the text it has been reproduced here in part only.

Author: Rev. Dr Norman MacLeod

Background: Published at the beginning of May 1843, the full version of this text occupies twenty-seven of the thirty pages devoted to articles in the May issue of *Cuairtear nan Gleann*. The *còmhradh* anticipates the Disruption which would take place on 18 May 1843. This cataclysmic event which split the Church of Scotland was the culmination of a ten year struggle – known as the 'Ten Years' Conflict' – between Church and State and between the evangelical and moderate factions within the Church. At the heart of the struggle was the issue of the Church's spiritual independence from the State. This was to manifest itself in the form of an evangelical campaign to abolish patronage, the right of a landlord to present a minister to a charge even if this presentation should be against the will of the congregation. The non-intrusionist, evangelical majority in the General Assembly passed the Veto Act in 1834, allowing congregations to reject a patron's presentee. This act was first challenged in 1835 when Auchterarder's congregation vetoed Robert Young, who had been presented to the parish by the Earl of Kinnoull. Young appealed to the General Assembly and, after this was rejected, he appealed to the Court of Session, who upheld his appeal on the basis that the Veto Act had no legal standing, a view supported by the House of Lords. Similar cases were upheld in favour of presentees to Lethendy and Marnoch, the latter being particularly divisive when the ministers of the Presbytery of Strathbogie obeyed the Court of Session's ruling, only to be deposed by the General Assembly. These cases fuelled the evangelicals' demands for spiritual independence whereby the State would not be permitted to over-rule the Church on spiritual matters and led to the Disruption when 475 out of 1,195 ministers left the Church of Scotland to form the Free Church of Scotland (Brown 1993; Hamilton 1993).

Norman MacLeod remained with the Established Church and was supported in this decision by his congregation. In the week preceding the Disruption the elders of his St Columba's congregation met with him and expressed their support 'and to crown all an address, subscribed by upwards of 1200 seat-holders, expressing satisfaction with his conduct throughout the painful controversy was presented along with a handsome service of plate in name of the congregation' (MacLeod 1898: 192). His son wrote that amidst all this controversy he was 'never bitter towards his opponents, never personal in his animosities, moderate in the best sense of the term, more desirous of reconciling parties and bringing about a mutual understanding than given to controversy' (ibid.: 111).

This *còmhradh* shows MacLeod using the genre to lay out the arguments on both sides of the ecclesiastical divide, using the Elder to dismiss those of the evangelicals in favour of those who would remain in the Established Church. The reference to the '*First and Second Books of Discipline*' is to the fact that the Scottish Reformation's *First Book of Discipline* (1560) gave preference to congregations over patrons in the selection of ministers and that the *Second Book of Discipline* (1578) reaffirmed non-intrusion (Brown 1993: 6).

1 **Fèill Màrtainn**: Martinmas, 11 November, one of the quarter days.
2 **Ged bheirinn mo chorp …**: 1 Corinthians 13: 2–7.
3 **Latha Buidhe Bealltainn**: May Day.

4 Ichabod: Ichabod's mother died in childbirth after hearing of the loss of the Ark of the Covenant to the Philistines and of the death of her husband and father-in-law. Her last words were 'Dh'fhalbh a' ghlòir o Israel' (1 Samuel 4: 21).

5 Mac 'ic Eòghainn: patronymic of the MacLeans of Ardgour; the individual referred to here was Alexander MacLean (1764–1855), a Highland soldier and proprietor.

6 Loch Iall: Donald Cameron of Lochiel (1796–1858), chief of Clan Cameron, who held substantial estates in Lochaber.

7 Morair Obar Dheathain: George Hamilton-Gordon, 4th Earl of Aberdeen (1784–1860), a Conservative politician who would later serve as Prime Minister between 1852 and 1855. In 1840 he introduced a Bill which aimed to resolve the issue of the settlement of ministers against congregations' wishes, but which was attacked by evangelicals for not going far enough and was subsequently withdrawn (Brown 1993: 16).

8 Mr Rose: the Rev. Lewis Rose (1791–1876), minister of the Gaelic Chapel, Duke Street, Glasgow, between 1836 and 1843. Rose remained with the Church of Scotland and was translated to Kincardine, Ross-shire in 1843 and then, in 1844, to Tain where he remained until his death (Scott 1928: 73).

9 Dr MacLeòid: the author of the text, the Rev. Dr Norman MacLeod of St Columba's Gaelic Church in Glasgow.

10 Sir George Sinclair: Sir George Sinclair of Ulbster (1790–1868), Whig politician and Member of Parliament for Caithness at various points from 1811, including between 1832 and 1841. He was a supporter of the non-intrusion movement and became a member of the Free Church (http://www.oxforddnb.com/view/article/25617).

11 Dr Candlish: The Rev. Dr Robert Smith Candlish (1806–73), minister of St George's Edinburgh and one of the leaders of the evangelical movement in the Church and subsequently in the Free Church of Scotland (http://www.oxforddnb.com/view/article/4547)

12 Sir Robert Peel (1788–1850): Conservative politician who served as Prime Minister between 1834 and 1835 and again between 1841 and 1846 (see *Còmhradh 27*).

13 Oir d' òglach tha a' gabhail tlachd: Verse 14 of the 102nd Psalm (Smith 1835: 218).

14 Sìor ghuidhibh do Ierusalem: Verses 6–9 of the 122nd Psalm (Smith 1835: 286).

CÒMHRADH 22

An Eaglais Shaor:
Còmhradh eadar Dòmhnall Deucon agus a Choimhearsnach,
Cailean Ruadh Mac an Uidhir, 's iad nan
suidhe le chèile an taigh Dhòmhnaill

Cailean: 'S ann as mithich falbh! An dèan thu guth beag rium, a Dhòmhnaill, leinn fhèin, 's nì àraid air m' aire?

Dòmhnall: Ma-tà, nì; fan tiota, 's bidh mi leat an ceartuair. (*'S iad air tighinn a-mach.*) Ach ciod e seo, a Chailein, a tha air d' aire a-nochd, air nach faod thu tighinn an làthair chàich. Shaoil mi gun robh nì-eigin a' cur ort o thàinig thu a-staigh. Chan fhaod e bhith gu bheil calldach air tighinn nad charaibh.

Cailean: O, cha cheadaichte a ràdh gu bheil dochann air bith mar sin. Ach coma, a mhic cridhe, is ann dìreach as nàr leam na tha air m' aire bhith tighinn air; agus fhios agam nach nì faoin e cuideachd. 'S ann, ma-tà, ma nì mi an fhìrinn ghlan – 's ann tha cùisean seo na h-Eaglais nan eallach orm. Mar as beò dhomh, a choimhearsnaich, chan eil mi a' faotainn fois na h-oidhche leotha. Tha 'n nì a thuirt am fear ud, 's an nì a their am fear ud eile. 'S aithne dhut fhèin, fhir mo chridhe, gu bheil iorghail nach beag am measg sluaigh mun deidhinn, 's nach soirbh an gnothach solas bhith aig duine mu dhà thaobh gach sgèil. Bu mhath leam fhìn bhith soilleir sa ghnothach, nan gabhadh sin dèanamh dhomh. Is dearbhte leam nach nì beag an gnothach a th' ann. Is làn-fhiosrach mi mu mo thimcheall fhìn, mi bhith 'n dèidh làimh ann an soilleireachd orra. 'S aithne dhomh gu bheil tuilleadh soilleireachd agadsa na th' agamsa. Agus mar their iad gu faighear deireadh gach sgèil an-asgaidh, 's ann bha mi dìreach an geall air gum buaileadh tu fhèin agus mi fhìn air a' ghnothach, gun coinnicheamaid a chèile feasgar no dhà, 's gum buaileadh sinn air. Tha thusa, mhic cridhe, air tighinn *a-mach*; chan eil mise, mar as math as aithne dhut fhèin. Na biomaid coimheach do chèile ged a tha sinn mar sin. Bu mhath leam dìreach – tha mi ag innse na fìrinn – bhith soilleir anns gach ceum. Agus mo làmh-sa dhut, ma leigear ris dhòmhsa e, cia b' e taobh air a bheil fìrinn na cùise, gun lean mise an taobh sin. A-nis 's ann dh'èirich e nam smuain a-raoir gun tiginn a-nall far a bheil thu, 's gun iarrainn ort a' chead bhith a' labhairt riut mun chùis. Agus a-nis, ma bheir thu a' chead seo dhomh, tha mi an dòchas nach meall mi thu; ach a dh'aon chuid, gun leig thu dhomh a leithid de bheachdan 's a th' agam a chur an cèill gu saor. Ceadaichidh mi fhìn an nì ceudna dhutsa. Tha mi fhìn gu math bras nam nàdar, tha mi ag aideachadh. Ach tha mi a' faicinn gur h-amaideach an gnothach dhomh sin a cheadachadh, 's a leithid seo am measg làmh againn. Tha thusa, a ghoistidh, foighidneach, 's chan abair mi nach bi feum agad air, ma thig thu cas nam aghaidh, ach gabh mo leisgeul.

Dòmhnall: Nach tu fhèin a chuir dhìot! Cha do shaoil mi uiread bhith air d' inntinn mun Eaglais, Saor no Daor i! Ach, fhir mo chridhe, 's ann as sòlasach leam seo fhaotainn air d' aire. Ach carson nach do labhair thu ro dhuinn tighinn a-mach? Chan àite seasaimh no suidhe seo dhuinn, 's an oidhche ri sileadh. Nach ann as fheàrr dhuinn pilleadh? Chan eil mise, a mhic cridhe, gam fhaotainn fhèin ro thapaidh ann a leithid de ghnothach farsaing, cudromach 's a th' agad nad aire, ge b' i air bith do bharail-sa orm; oir gu cinnteach, a Chailein, mar thuirt thu fhèin, *cha* nì beag no faoin an gnothach a th' ann. Ach cho fad 's a fhuaradh solas leamsa air nàdar na cùise, bheir mi mo bharail dhut, no freagradh, a rèir mar as aithne dhomh, do cheist sam bith as math leat, timcheall a leithid, 's chì sinn ciamar a thèid dhuinn ann an rathad tòiseachaidh.

Cailean: Och, cha phill, cha phill – fhaic thu fhèin; tha mi ag aideachadh nach ro dhuineil an cliù dhomh e; ach cha toil leam a leithid seo de chonaltradh an làthair nam ban 's nam pàistean; chan eil mi ach gu math aineolach; agus 's ann bhiodh iad ach beag ri magadh orm. Tha thusa gu math soilleir air gach taobh, agus is coma dhut cò a dh'èisteas riut. Chan ionann sin agus mise. 'S ann a dh'fhalbhas mi dhachaigh a-nochd. Thig-sa a-nall far a bheil mise an ath-oidhch', 's dèan do chèilidh agamsa. 'S ann a tha aotromachadh mòr a-nis agam mar-thà, 's gu bheil thu a' gealltainn dhomh gum bi sinn a' coinneachadh agus ar conaltradh againn mun ghnothach. Dhuine, 's ann nach urrainn mi innse dhut na tha e air togail a smuaintean dhomh.

Dòmhnall: A Chailein, fhir mo chridhe, tha thu ceàrr sa ghnothach seo, nach eil? An saoil thu fhèin, mas gnothach cudromach e, nach ann bu chòir gach soidealtas a chur a thaobh, agus bhith gun athadh? Mas nàr leinn an fhìrinn, cha bhuaidh sin dhuinn, ach is trom-chall e. Cha nàr leat tighinn air nithibh eile, 's chan olc thig sin dhut. Agus carson as athach leat labhairt mu nithibh mu bheil thu ag aideachadh gur h-iad na nithean as luachmhoire iad? Seo, 's ann a philleas sinn!

Cailean: Chan ann. Na bi, a-nis, tuilleadh is trom orm. Tha fios agam gu bheil an fhìrinn anns na tha thu ag ràdh; ach ceàrr no deas e, cha seas mi an gnothach. 'S ann a thig thu nall, a ghoistidh, an ath-oidhch'.

Dòmhnall: Ro mhath, ma-tà, Ma gheibh mi an cothrom, thig; ach cuimhnich seo: pillidh tusa leamsa an ath-oidhch' a-rithist.

Cailean: Cha tèid mi nad aghaidh, ach nam faigheamaid aon uair tòiseachadh.

Dòmhnall: Agus càit no cionnas, no ciod e air a bheil thu fhèin a' dol a thòiseachadh ann? Ciod i an imcheist àraid anns a bheil thu? Ciod e fa leth a tha thu a' faotainn dorch' ort?

Cailean: Dorcha! 'S beag nach eil na h-uile nì ris an oidhirpich mi smaoineachadh air. Nach ann tha iad air mo cheann a chur na bhreislich! Tha an Eaglais Shaor mar seo, 's tha an Eaglais Dhaor mar siud: 's e seo an Soisgeul; 's e siud an Lagh! 'S e seo còir na h-Eaglais, chan *e* siud còir na h-Eaglais! Tha a' bhuidheann a-staigh clì – 's chan eil a' bhuidheann a chaidh a-mach ach clì – tha an fhìrinn aca siud – chan eil i aca seo. 'S chan urrainn i bhith aca le chèile. 'An dubh-phàpanachd!' their am fear seo: 'Càit a bheil i?' their am fear eile. Ach am measg seo uile 's e a smaoinich mi, feumaidh gu bheil bonn aig gach cùis. Nach bochd co-dhiù mar thachair, daoine air an roinn an aghaidh a chèile! Nach e sìth agus beannachd a thigeadh don Eaglais a bhith a' cur air an aghaidh am measg dhaoine? Agus an e sin a chì sinn an-diugh! Nach ann a tha mòran den t-sluagh mar gum biodh iad ann an amhachaibh a chèile cho tric 's a dh'fhosglar beul mun ghnothach. 'S ann a tha mi ag innse dhut, a choimhearsnaich, gur muladach an gnothach e! Ach, nach ann a tha e air tighinn a-staigh orm: nam faighinn-sa aon uair ruigsinn air bun an stuic, agus dol a-mach nan cùisean air fad a sgoltadh gu rèidh, bhiodh e na shìth dhomh; 's cheadaichinn an sin dhaibh uile bhith ag ràdh mar thogradh iad. Tha mi a' faicinn gur mòr an nì solas bhith aig duine na inntinn fhèin. Nis, tha thusa air tighinn *a-mach*; agus tha thu nis agus dreuchd agad san Eaglais Shaor, agus gun ainm dhut ach Dòmhnall Deucon thall 's a-bhos. Chan eil mi idir, a ghoistidh, a' toirt an ainme dhut mar aithis. Ach …

Dòmhnall: Stad, stad, air do shocair, a Chailein. Tha eagal orm gum bi sinne cuideachd am muinealaibh a chèile mur dèan thu socair! Tha thu ag ràdh gun tàinig mise a-mach! Ciod às an tàinig mi mach? Cha tàinig …

Cailean: A-mach! An e nach tàinig? Chan fhaod e bhith gu bheil thu air pilleadh, a bheil? Ma-tà, ma phill thusa, chan abair mi.

Dòmhnall: O, a Chailein, nach socair thu! Stad ort tiota. Ciod e às an tàinig mi a-mach?

Cailean: Nis, nach neònach leam fhìn do cheist! Às an Eaglais! A-mach à Eaglais d' athraichean; a-mach à Eaglais na h-Alba! A-mach! Mur tàinig *thusa* a-mach chan aithne dhomh cò a thàinig. Ach an do phill thu? Innis dhomh!

Dòmhnall: Dà nì, a-nis, a Chailein, cha tàinig mi a-mach, agus cha mhotha a phill mi a-staigh. Cha tàinig mi a-mach à Eaglais ar n-athraichean, cha tàinig mi a-mach à Eaglais na h-Alba.

Cailean: Sin agad, a-nis! Sin mar a their sibh! Sin bhur naidheachd! An cuala duine riamh a leithid seo! Truas riumsa a-nochd! Daoine ciallach a' labhairt ghiseagan – chan eil iad a-staigh, cha tàinig iad a-mach; agus thàinig iad a-mach! Càit, ma-tà, a bheil sibh? 'S ann tha mi ag innse dhut gur h-ann a tha tuainealaich nam eanchainn le a leithid sin. Cha tuig mi e. Cha lèir dhomh e. Tha thu ag ràdh nach eil thusa air tighinn a-mach! Tha mise ag ràdh gu *bheil* thu air tighinn a-mach! Cionnas nach eil? Mìnich sin dhomh, am mìnich? Geall nach mìnich! An-diugh mise![1] ma chualas riamh a leithid eile o bha 'n Eaglais na h-Eaglais. 'S ma thèid an gnothach air aghaidh mar seo, mas math mo thùr-sa, chan fhada bhios Eaglais ann. Tha mi ag innse dhut nach seas m' fhoighidinn ri seo. Shaoil mi gur h-ann a gheibhinn solas uat, ach 's ann tha e coslach nach faigh ach an dubh-bhuaireadh cinn, den robh mi tuilleadh is sgìth a-cheana. 'S ann bheir mi an gnothach thairis!

Dòmhnall: A Chailein, is prìseil an nì an fhoighidinn. 'S math as aithne dhutsa nach eil aon ghnothach ris an cuir thu do làimh nach eil feum agad oirre. Mur bitheadh i, chan aithne dhomh ciod an gnothach nach feumadh sinn a thoirt thairis a dh'aon leum ach beag. Ciod ris an robh thu an-diugh?

Cailean: Ciod ris an robh mi an-diugh? Agus ciod mu dheidhinn sin? Bha mi a' bualadh a' ghràinnein-coirce th' againn am-bliadhna; ach nach b' fhèarr bhith ri bualadh nan clach, na bhith . . .

Dòmhnall: Foighidinn bheag a-nis, a Chailein. Nach fheum thu foighidinn a dhèanamh ris a' ghràinnean-choirce? Cha trusadh tu don mhuileann e, eadar mholl is fharpas an ceann a chèile. Mo thruaighe, Bean an Taighe an ceann na mine nan trusadh. Tha car no dhà dh'fheumas tu a thoirt don t-sìol. Feumaidh gach ceum foighidinn. Agus mas math eòlas na fìrinn, 's ann o cheum gu ceum a gheibhear e. Is luach-saothrach eòlas na fìrinn. Tha an duine glic ag ràdh ann an Leabhar Eclesiastes, 'Gu deimhinn is milis an solas, agus is taitneach do na sùilean sealltainn air a' ghrèin'.[2] Agus mar sin tha eòlas air nithibh mòra agus luachmhor na beatha maireannaich. Tha thu fhèin, a charaid, ag aideachadh dèidh bhith agad air a leithid de eòlas. Tha mi gad chreidsinn. 'S ann as sòlasach leam thu bhith ga shireadh. Chan e gum bi rogha fir-teagaisg agad annamsa; ach a dh'aindeoin comasan an fhir-theagaisg, 's ann tro fhoighidinn a gheibhear an t-eòlas. Tha mi a' làn-chreidsinn gu bheil cuid a' dèanamh coire, agus a' cur mìghean agus imcheist air cuid eile, le bhith a' labhairt gu bras agus gu cabhagach, agus faodaidh e bhith a' dol thar an eòlais fhèin. Tha na nithean mu bheil d' imcheist-sa nan nithibh as fiach bhith gan rannsachadh a-mach. Feumar dol nan ceann gu stòlda, rianail, suidhichte. Tha, gun teagamh, mar dh'ainmich thu fhèin, bun agus freumh aig na nithibh seo. Agus 's ann le saothair, agus le deagh fhoighidinn, a ruigear air sin, gus an greimich do bhreithneachadh ris. Tha iomadh, mo thruaighe, a' dèanamh an coire fhèin, le bhith a' dol gu h-aotrom agus gu cabhagach nan ceann; agus gun reum, gun fhoighidinn, co-dhùinidh iad seo no siud bhith ceart no mì-cheart, a rèir mar thaitneas riutha fhèin; gun rannsachadh a-mach cionnas a fhuair iad an cuid eòlais. Nis, a charaid, na bi-sa mar sin, mas math leat soilleireachd a ghlacadh; cha dèan e an gnothach dhut leum o aon nì gu nì eile, mar chì thu an t-eun air meanglanaibh nan craobh san t-samhradh. Leag d' inntinn ris. Agus os cionn gach nì eile, amhairc ris-san aig a bheil uil' ionmhasan a' ghliocais; agus iarr a theagasg agus a bheannachd.

Cailean: Ro cheart, ro cheart. Ach innis dhomh cionnas nach tàinig thu a-mach, agus tu air *tighinn* a-mach. Mìnich sin dhomh.

Dòmhnall: Dh'fhaodte nan rachainn a mhìneachadh sin dhut gur h-ann a dh'fheumainn tòiseachadh dìreach aig *bun* na cùise, mar thuirt thu fhèin; agus …

Cailean: Eadar bharran is bun, tha eagal orm nach bi m' eòlas-sa ach gann, an dèidh na h-uile car.

Dòmhnall: Na h-abair mar sin; ach …

Cailean: Na h-abair mar sin! Cionnas a their mi, ma-tà. No *ciod* a their mi?

Dòmhnall: Chan eil mi a' smaoineachadh nach fheàrr dhuinn a-nochd toirt thairis, agus dol dhachaigh le chèile. 'S ma chaomhnar sinn gus an ath-oidhch' 's gur math leat, bithidh mise thall agad mu bheul an anmoich. Ach a bheil ceist sam bith àraid eile air d' inntinn? 'S ann uam fhìn a thuit facal no dhà a thog a' cheist mu thimcheall tighinn a-mach. A bheil nì air leth eile sam bith air d' aire tha na mhì-ghean dhut?

Cailean: Nì eile! Nach d' innis mi dhut gun robh ach beag gach nì a bhuineas don ghnothach air fad na mhì-ghean dhomh. Ach, coma, innsidh mi aon nì dhut nach eil mi a' tuigsinn agus 's e sin – An Eaglais Shaor. Carson a theirear an Eaglais Shaor rithe? 'S ann a their cuid gur ann a tha i na h-Eaglais Dhaoir, air chor no dhà. Nis, cionnas a their thusa, 's a leigeas tu fhaicinn dhomh, gu bheil i na h-Eaglais Shaoir. 'S e tha uam brìgh an ainme, gun tuiginn gu glan, rèidh e. Am mìnich thu sin dhomh?

Dòmhnall: An Eaglais Shaor – chan ainm sin, ach sloinneadh. 'S i an Eaglais …

Cailean: Sin, sin! Dìreach sin! Air d' aghaidh, sloinneadh! 'S nach cho dorcha dhòmhsa an sloinneadh 's an t-ainm! 'S e tha mi a' faicinn nach bi dhòmhsa ach an t-aon bhuaireadh cinn co-dhiù.

Dòmhnall: Bha mi a' dol a mhìneachadh dhut nam biodh foighidinn agad. Ach 's ann a dhealaicheas sinn a-nochd. Coinnichidh sinn, ma cheadaichear san Fhreastal, an ath-oidhch'.

Cailean: Mar sin bitheadh, ma-tà. Ach thoir an aire, Dhòmhnaill, nach dearmaid thu tighinn. Tha mi fhathast an dòchas gum faighear mo leas o do chonaltradh. Oidhche mhath leat, agus is mi fhìn nach eil ach neo-fhoisneach.

Dòmhnall: A' bheannachd agad, a Chailein; 's faic nach tèid thu do do leabaidh a-nochd gus an gairm thu air an Uile-chumhachdach, 's gun iarr thu air do threòrachadh, agus solas-iùil thoirt dhut nad inntinn, agus gum biodh a bheannachd fhèin a' tighinn an cois ar conaltraidh.

An Ath Fheasgar
Dòmhnall Deucon agus Cailean Mac an Uidhir an taigh
Chailein agus Dòmhnall air chèilidh ann;
an teaghlach uile cruinn gan garadh

Dòmhnall: Beannaich an fhàrdach! A bheil sibh uile gu tapaidh?

Cailean: A' bheannachd dhutsa, a mhic chridhe! Is buidhe leam d' fhaicinn nam fhàrdaich a-nochd. Gabh cathair. A bhean, leasaich an gealbhan.

Dòmhnall: Tha am feasgar gu math fionnar, ach 's prìseil an uair gheamhraidh i.

Cailean: Ma-tà, seadh. Tha 'n uair fàbharach. A bheil naidheachd ùr an-diugh air falbh?

Tè de na pàistean (a' leth-chagar ri màthair): Sin Dòmhnall

Deucon! An ann a shireadh airgid oirnn airson na h-Eaglais a thàinig e?

Cailean: Uist, a mhosag na cloinne, neo pàighidh mise gun airgead thu! 'S math a rinn thu tighinn, a Dhòmhnaill. Ciamar seo bha sinn ag ràdh a-raoir nuair a dhealaich sinn? Nach ann a bha mi a' farraid mun Eaglais Shaoir? Ciod e bu sheagh don *ainm*. Am mìnich thu dhomh a-nis e?

Dòmhnall: Nach tuirt mi riut gum bu shloinneadh a-mhàin, 'an Eaglais Shaor'?

Cailean: Thubhairt. Ach cha d' fhuair mi mòr-èifeachd nad fhreagradh.

Dòmhnall: Ma-tà, oidhirpichidh mi. Tha an sloinneadh a' nochdadh i bhith saor o nithibh àraid as fheàrr uaipe na aice, a rèir mo bheachd-sa.

Cailean: Cia iad, ma-tà, na nithean o bheil i saor?

Dòmhnall: Nach eil i saor on bheathachadh bha aig na ministearaibh – on stìpein, on taighean-còmhnaidh grinne, 's on glìb? 'S nach saorsa sin?

Cailean: Ma-tà, 's iongantach leam fhìn na daoine sibh! Cionnas a nì thu a-mach dhomh sin bhith na shaorsa? Mas math an t-saorsa sin ...

Bean an Taighe: O, cuidich leinn! Ach, a Dhòmhnaill, a bheil na their iad fìor gun do thog am ministear agaibh uat fichead punnd Sasannach a thogail na h-Eaglais ùire, no gun tug thu dhaibh siud? 'S ann as neònach leam fhìn duine de do thuigse-sa a leithid de spùinneadh a dhèanamh air a theaghlach fhèin, agus an deagh Eaglais agad air do chùl, às an deachaidh tu a-mach gun adhbhar.

Cailean: Cead a chois, a bhean, de do sheanchas! Leig eadar Dòmhnall 's mi fhìn. 'S iomadh seanchas gun seagh bhios am measg dhaoine. Ach, a Dhòmhnaill, a charaid, an e gun d' rinn thu siud? An tug iad an rùsg dhìot?

Dòmhnall: Ma-tà, cha tug, rùsg no craiceann. Nam biodh tuilleadh den airgead air falbh 's a tha, chan abrainn ciod e a chithinn na dhleastanas orm. Ach mar thachair, thug mi ceithir no còig làithean de sheirbheis mo làmh air togail na h-Eaglais;

agus dh'fhaodte nam faicinn sibh fhèin nur cabhaig ann an àite-còmhnaidh chur suas gun dèanainn a leithid ceudna dhuibhse cuideachd.

Cailean: Tapadh leat fhèin, a Dhòmhnaill! 'S ann còir, còir, coibhneil a b' àbhaist dhut a bhith. Ach a-nis, cionnas a thuirt thu mu shaorsa d' Eaglais?

Dòmhnall: Thuirt gum bu shaorsa dhi bhith saor o na nithibh ud uile a dh'ainmich mi.

Cailean: Agus cionnas a dh'fhaodas sin a bhith? Nach soilleirich thu sin dhomh? A bheil thu ag ràdh gum bu pheacadh do na ministearaibh bhith a' gabhail an cuid beathachaidh, an taighean, 's am fearann?

Dòmhnall: Chan eil mi ag ràdh gur h-ann sa bheathachadh bha am peacadh, no nan taighibh, no nam fearann. Ach faodaidh a leithid sin de nithibh bhith nan adhbharaibh peacaidh, air dòigh no dhà. Faodaidh iad bhith nam buaireadh.

Cailean: Nach faod nì sam bith bhith na adhbhar peacaidh? Chan fhaic mi gur dleastanas a thoirt thairis, gun d' rinneadh na adhbhar peacaidh e.

Dòmhnall: Tha thu ro cheart, a Chailein. Tha mi ag aideachadh gu bheil an fhìrinn agad an sin. Ach nuair tha dleastanasa sònraichte rin coileanadh tha ag agairt uile-chomasan an duine, nach math bhith saor o nithibh a bhiodh nam bacadh don dleastanas? Nach eil dleastanasa luchd-teagaisg na h-Eaglais ro chudromach?

Cailean: Ma-tà, 's dearbhte gu bheil. Ach chan fhaic mi cionnas nach ann a bhiodh an teachd-a-staigh air gach dòigh na chuideachadh dhaibh.

Dòmhnall: Chan abair mi nach faodadh sin a bhith. Ach ma cheanglar cuing àraid orra an lorg an teachd-a-staigh, nach fheàrr an teachd-a-staigh a thoirt thairis na a' chuing a ghabhail, agus gèilleadh dhi?

Cailean: Cuing! Càit a bheil i? Cha lèir dhòmh fhìn, tha mi ag innse dhut, càit a bheil cuing sam bith sa ghnothach.

Dòmhnall: A Chailein, a charaid, tha agad fhèin gabhail bheag fearainn agus …

Cailean: Agus ma tha, chan eil mi ag iarraidh mo chuid fearainn, daor mar tha e, a thoirt thairis. Bu bhochd an t-saorsa sin dhomh!

Dòmhnall: Foighidinn a-nis, a Chailein! Ach nan tigeadh uachdaran an fhearainn far a bheil thu, agus gun abradh e riut mar seo, 'A Chailein, tha do chuid fearainn tuilleadh agus saor agad. Feumaidh mi tuilleadh màil a chur ort. Agus mur toil leat an t-airgead a thoirt, gabhaidh mi seirbheis uat. Ach feumaidh tu seirbheis a dhèanamh dhomh air an t-Sàbaid, an àit' thu bhith dol don Eaglais. Mura dèan thu sin dhomh chan fhaod do chuid fearainn bhith agad nas fhaide. Mura dèan thusa an t-seirbheis Shàbaid dhomh, nì fear eile i. Agus mar sin, gabh do roghainn.' Ciod e a theireadh tu ri sin, a Chailein?

Cailean: A theirinn ri sin! Na bi ri magadh orm, a dhuine: chan iarrar a leithid sin ormsa am-feast! Cha bhiodh sin cneasta.

Dòmhnall: Faodaidh nach iarrar. Ach, nan iarrte ort e, ciod a theireadh tu?

Cailean: Ma-tà, a ghoistidh, feumaidh mi aideachadh nach fhaic mi brìgh nad sheanchas. Chan fhaod a bhith gun deachaidh a leithid sin a chur fa chomhair mhinistearan na h-Eaglais.

Dòmhnall: Ach chan i sin a' cheist. Ach dìreach, nam b' e agus gun tigeadh a leithid fad choinneamh fhèin, ciod e a theireadh tu, no ciod e a dhèanadh tu? Nach biodh air an dara làimh àithne an uachdarain fad chomhair, agus air an làimh eile àithne Dhè? Cò den dithis don gèilleadh tu?

Cailean: Chan eil mi a' creidsinn gun tig a leithid idir mu mo choinneamh-sa, fhad 's as beò dhomh.

Dòmhnall: Faodaidh nach tig. Cha tuirt mi gun tigeadh. Ach nam b' e agus *gun tigeadh*, ciod e a dhèanadh tu?

Cailean: Nuair thig a leithid, chì sinn. Ach is dearbhte leam nach tig e; chan eil mi a' smaoineachadh nach ann a tha thu ri magadh orm!

Dòmhnall: Is fada uam e! 'S mi nach eil. Smaoinich ort fhèin: ciod a dhèanadh tu nam b' e agus gun tigeadh?

Cailean: Ma-tà, ma leanas tu ris, tha mi ag innse dhut nach rachainn-sa a chur mo làimh ri seirbheis rè na Sàbaid air àilgheas duine beò. Ud, ud, 's ann an sin a bhiodh an gnothach!

Dòmhnall: Ma-tà, tha mi an dòchas nach dèanadh tu e, a Chailein. Ach nam b' e, a-rithist, gun tigeadh a leithid mu do choinneamh, agus gun diùltadh tu, ciod e a-nis a theireadh tu ris an uachdaran? Ciod an t-adhbhar bhiodh agad?

Cailean: Uainn à seo e, an gnothach dona, mì-chneasta! Is gann a ruiginn a leas adhbhar sam bith a thoirt seachad mu thimcheall.

Dòmhnall: Chan fhaic mi sin, air chor sam bith. Ma tha thusa, agus thu gun adhbhar agad – adhbhar-diùltaidh – 's ann a chithinn gum faodadh an t-uachdaran do chur thuige, agus gun leanadh e an gnothach.

Bean an Taighe: Seo, a Chailein, Ailean Bàn air tighinn gad shireadh, 's ag iarraidh guth dhìot.

Cailean: Ailean Bàn, agus nach abair thu ris tighinn a-staigh?

Bean an Taighe: Cha tig e a-staigh aon cheum. Dèan-sa guth ris.

Cailean: A Dhòmhnaill, a mhic chridhe, air do shocair a-nis; agus fan gu 'n dèan mi guth ris an duine.

Dh'fhan Dòmhnall gu math fada, 's chan eil Cailean air pilleadh.

Dòmhnall: 'S ann a thogas mi orm, a Bhean an Taighe. 'S mithich dhomh pilleadh dhachaigh a-nochd. Abair ri Cailean a thighinn a-nall an ath-oidhche.

Bean an Taighe: 'S mi a their. 'S ann as iongantach leam agus e a' fantainn a-mach cho fada.

Dòmhnall: Beannachd leibh a-nochd air fad.

NOTES AND REFERENCES

Publication details: *An Fhianuis* 1, 1845: 11–15

Author: Anonymous

Background: *An Fhianuis* was a monthly Free Church periodical, established within eighteen months of the Disruption of 1843 (see *Còmhradh* 21) and edited by the Rev. Dr Mackintosh Mackay.

This is the first in a series of *còmhraidhean* to appear in the journal which reflect the ongoing ecclesiastical debate in the wake of the Disruption. All of the *còmhraidhean* feature the characters Dòmhnall Deucon and Cailean Mac an Uidhir. Dòmhnall Deucon, with his role in the new church apparent from his name, is the authoritative figure who declaims Free Church doctrine in the face of the doubts of Cailean and who, in the course of the series of *còmhraidhean*, leads Cailean towards the Free Church. In denying that his adherence to the Free Church means that he has 'come out', Dòmhnall expounds upon the Free Church's belief that its severing of the connection between Church and State meant that it was the true Church of Scotland (Brown 1993: 21). The ministers who left the Established Church sacrificed their manses, glebes and stipends, giving rise to a need for a fundraising programme. The creation of a Sustentation Fund, which received a significant portion of its money from urban middle-class congregations, allowed the new Church to pay stipends to its ministers and to embark on a programme of church building which would see over 700 new places of worship built in Scotland within four years of the Disruption (*ibid.*: 22–23).

1 **An-diugh mise**: Mise 'n-diugh, meaning 'Goodness me'. The reversal of the usual word order is used to indicate the character's heightened emotional state.

2 **'Gu deimhinn is milis an solas, agus is taitneach do na sùilean sealltainn air a' ghrèin'**: Ecclesiastes 11.7.

CÒMHRADH 23

An Còmhradh:
Dòmhnall Deucon air tighinn do thaigh Chailein;
agus Cailean gun bhith an làthair.
Tha Bean Chailein a' toirt na h-aghaidh air Dòmhnall.

Dòmhnall: Sìth don fhàrdaich! Nach eil Cailean …
Bean an Taighe: Sìth! An e sin a thuirt thu! Mo thruaighe thu! A Dhòmhnaill, nach i an aisith agus am buaireadh tha thu a' togail don fhàrdaich bhochd seo! Tha thu dìreach air Cailean againne a chur thar a bheachd le do chuid bòilich mun Eaglais! Saoil thu a bheil e a' faotainn fois na h-oidhche! Nach ann a tha e mar dhuine fo mhearan-cèille – ri bruadar 's ri iomairt! Agus a-nis, nach eil fios air tighinn air e dhol suas don Taigh Mhòr – dh'fhalbh e ann; agus cho cinnteach 's a tha 'n anail annamsa, bidh mi fhìn 's mo chuid cloinne gun taigh, gun teallach, nar dilleachdaibh-dèirce, gun fhàrdach gun fhasgadh! Och, och, mise an-diugh! Sin agad, a Dhòmhnaill, na chinnich leat a dhèanamh oirnn! Sin agad d' Eaglais! Falbh dhachaigh, tha mi a' guidhe 's ag athchuingeadh ort; agus na tog tuilleadh buairidh san fhàrdaich seo!
Dòmhnall: Càit, an tuirt thu, a bhean, a bheil Cailean?
Bean an Taighe: Coma sin dhutsa càit a bheil e! Leig-sa leis; agus na bi a' tighinn an seo a thogail na trioblaid dhuinn! Ailean Bàn 's an Grèidhear mòr Gallta a' mionnachadh mur toir iad air Cailean gun cuirear a-mach à taigh 's à fearann sinn!
Dòmhnall: A bhean, na creid-sa na chluinneas tu – na biodh a leithid de eagal ort. Fan stòlda gus an cluinn thu mar bhitheas. Chan ann do Ailean Bàn no don Ghrèidhear Ghallta a bhuineas am fearann no 'n fhàrdach; agus ma nì thu …
Bean an Taighe: Leig dhìot, a-nis, a Dhòmhnaill, agus bi nad thost. Chan èist mi ri facal a their thu. Tha mi ag innse dhut nach toil leam idir do choluadar, no d' aghaidh fhaicinn an taobh staigh na fàrdaich seo. Gabh dhachaigh, agus leig dhìot an gnothach aimhleasach, dona! Chan ion dhuinne, a-nis, tha

259

coltach, ach leabhraichean, agus leughadh, agus trioblaid nan ceann. Bha sìth againn gus a-nis.

Dòmhnall: Nach leig thu suidhe dhomh gus am pill Cailean. Theagamh nach bi e fada.

Bean an Taighe: Ma-tà, *cha leig*! Mar as luaithe a philleas tu 's ann as fheàrr – gabh cùram do theaghlaich fhèin; agus an nì nach buin dhut, na buin dha.

Dòmhnall: Bha thu a' tighinn air leabhraichibh agus air leughadh. Ciod na leabhraichean air a bheil do ghearan, a bhean? An e Cailean a bha riutha?

Bean an Taighe: 'S e Cailein a bha riutha. Cha leòr a-nis ach Bìoball agus leabhar Shalm, agus an leithid sin. B' fheàrr do dhaoinibh an gnothach fhèin a leantainn.

Dòmhnall: A bhean, a bhean, nach e am Bìoball leabhar Dhè? Agus a bheil thu fhèin ag ràdh nach toil leat gun tugadh d' fhear-pòsta làmh air idir? Cha do shaoil mi sin mu do dheidhinn.

Bean an Taighe: Thoir thusa an aire dhut fhèin, cha mhaighstir thusa oirnn. Cha mhotha as britheamh os cionn chàich thu. Dh'iarradh tusa gum biodh tu nad fhear-teagaisg!

Dòmhnall: Chan iarradh. Ach bu mhath leam, a-cheana, gun gabhadh gach bean agus gach duine teagasg o leabhar Dhè, on fhacal bheannaichte. Is uabhasach, a bhean, neach a bhith na nàmhaid don fhìrinn. Thoir an aire, a bhean, nach faighear a' cogadh thu an aghaidh a' Chruthaidheir, agus nach coisinn thu dìoghaltas dhut fhèin agus do do theaghlach. Na bi, a bhean, na bi-sa an aghaidh na fìrinn. 'S i an fhìrinn a' bheannachd. Far nach eil i, chan eil a' bheannachd.

(*Dh'fhosgail an doras agus bhuail Cailein a-staigh na tharraing – anail na uchd – agus e a' glaodhaich mun tàinig e an làthair.*)

Cailean: An tàinig Dòmhnall? Geall gun tàinig 's gun d' fhalbh e!

Dòmhnall: Cha d' fhalbh! Tha e fhathast an seo. Ciod e seo, a mhic chridhe, 's tu tha nad tharraing? Càit an robh thu, 's tu nad chabhaig?

Cailean: (*A' tighinn air aghaidh; agus deagh ghean air, air dha Dòmhnall fhaicinn – e a' tighinn agus a' beirsinn air làimh air.*) A

ghoistidh, a ghoistidh, 's ann leam as sona thu a thighinn a-
nochd. 'S mi a tha am feum do chomhairle. Suidh, suidh; agus
bheir mi naidheachd dhut. A bhean, cha d' rinn thu mar
thubhairt thu; agus 's ann as buidhe leam ar deagh
choimhearsnach bhith na shuidhe far a bheil e. Bha fhios agam
gum bu mhiosa do ghuth na do ghnìomh. Saoil thu, a ghoistidh,
nach ann a thuirt i nan tigeadh tu, gun cuireadh i a-mach air an
doras thu. (*Dh'fhalbh Bean an Taighe a-mach 's dh'fhàg i Cailean
agus Dòmhnall nan suidhe cuideachd.*)

Dòmhnall: Ciod i an naidheachd seo tha agad, a Chailein? A
bheil thu air ioma-chomhairle? Ciod a thachair dhut?

Cailean: Thachair nì no dhà o chunnaic mi thu a-raoir. An
saoil thu nach ann a thàinig an Gall mòr ud a-rithist, agus Ailean
Bàn, a-nuas an rathad, am beul an anmoich, le fios gun robh am
maighstir ag iarraidh m' fhaicinn agus mi a dhol suas air ball far
an robh e, iad ag ràdh gun cuala e thu fhèin agus mise bhith a'
cumail choinneamhan mun Eaglais Shaoir, mise bhith dol a
dh'fhàgail na h-Eaglais acasan, agus am maighstir bhith ag ràdh
gum b' e mo latha mu dheireadh e air a chuid fearainn-sa nam
fàgainn Eaglais na Sgìreachd. Chaidh mi ann agus tha mi a-nis an
seo!

Dòmhnall: Seadh, agus ciamar a thachair dhut?

Cailean: Innsidh mi sin dhut. Dh'fhalbh an dithis ud leam, air
aghaidh chaidh sinn. Bha iad a' cur dhiubh le chèile fad na slighe
's mur h-ann aca fhèin bha a' chànan! Cha do labhair mi aon smid
riutha, a dh'aindeoin na rinn iad orm, gus an d' ràinig sinn an
Taigh Mòr. Ghabh sinn a-staigh. Thàinig fios orm fhìn, dh'fhalbh
mi a-staigh don t-seòmar far an robh e. 'A bheil thusa, a Chailein,'
ars esan, 'air fàgail na h-Eaglais?' 'Chan eil fhathast,' arsa mi fhìn.
'Nach eil,' ars esan? 'Chan eil,' ars mise. ''S a bheil thu a' dol ga
fàgail,' ars esan, 'nach tuirt thu gun robh?' 'Cha tuirt mise ri aon
duine gun robh,' arsa mise. 'A bheil thu cinnteach à sin,' ars esan?
'*Tha*,' arsa mise. Thug e sin an tarraing ud air srcing mhòir –
thàinig balach a-staigh don t-seòmar. 'Faigh a-staigh an seo
Ailean,' ars esan. Dh'fhalbh am balach, agus thug e Ailean a-
staigh. 'Nach tuirt thusa,' ars esan ri Ailean, 'gun d' fhàg Cailean

an Eaglais?' 'Cha tubhairt,' ars Ailean. 'Thubhairt,' ars esan. 'Cha tubhairt,' ars Ailean. Thug e sin an ath tharraing fhiadhaich air an ròpa – thàinig am balach a-staigh; 'Faigh an seo an Grèidhear,' ars esan. Dh'fhalbh am balach agus thug e an Grèidhear a-staigh. 'Nach d' innis thusa dhomh,' ars esan ris a' Ghrèidhear, 'gun tuirt Ailean riut gun robh Cailean Mac an Uidhir air fàgail na h-Eaglais?' ''S e thuirt mise,' ars am fear ruadh, 'gun d' innis Ailean dhòmhsa gun robh Cailean a' *dol* a dh'fhàgail na h-Eaglais.' 'Chan e,' ars esan. ''S e,' ars an Gall mòr. 'A bhalaich, chan e,' ars esan. 'Às mo shealladh sibh le chèile,' ars esan ris a' Ghall mhòr agus ri Ailean; agus dh'fhalbh iad a-mach le chèile, gun aon smid às an ceann. Ars esan, an sin, rium fhìn, 'A Chailein, shaoil mi gum bu duine sìobhalta, còir thu. Cha d' fhàg thu Eaglais d' athraichean fhathast. Tha thu ceart, a dhuine. Ach tha mi cluinntinn gu bheil thu fhèin agus do choimhearsnach, Dòmhnall, gu tric an coluadar a chèile. Tha esan, an duine bochd, air dol fad air aimhreidh. Dh'fhàg e an Eaglais. Comhairlichidh e dhutsa a fàgail. Ach na h-èist-sa ris, gabh mo chomhairle-sa. Feumar an Eaglais a chumail suas. Tha na daoine sin a theich on Eaglais air dol às am beachd: tha iad a' cur an aghaidh lagh na tìre – bheir iad a' bhochdainn orra fhèin agus oirnne. Na biodh gnothach agad riutha. An geall thu dhomh an seo nach bi?' 'Tha Dòmhnall na dheagh choimhearsnach,' arsa mi fhìn. 'Na dheagh choimhearsnach!' ars esan, 'agus is deagh mhaighstir dhut mise? An i comhairle Dhòmhnaill, no an i mo chomhairle-sa a ghabhas tu?' 'Bu mhath leam,' ars mi fhìn, 'comhairle na *fìrinn* a ghabhail.' 'Fìrinn!' ars esan, 'fìrinn! Ciod e d' eòlas air fìrinn? Tha mi a' faicinn gu bheil thu a' dol clì. Mura geall thu dhòmhsa air ball gun lean thu ris an Eaglais, cuiridh mise thu fhèin agus Dòmhnall às bhur cuid fearainn le chèile, agus faic an sin an toir luchd na h-Eaglais Saoire plod fearainn no fàrdach dhuibh.' 'Tha sin gu math cruaidh,' arsa mise. 'Mar siud bithidh!' ars esan. 'Cha labhair mi tuilleadh riut,' ars esan. 'Falbh,' ars esan, 'agus gabh mo chomhairle-sa no èiridh nì as miosa dhut.' A-nis, a Dhòmhnaill bheannaichte, ciod a nì sinn le chèile? Tha thu a' faicinn ciamar a tha an gnothach gu bhith. Ciod e a nì thu fhèin sa ghnothach?

Dòmhnall: Ge b' e a nì mise, a Chailein, chì sinn sin nuair thig an gnothach beagan nas dlùithe dhomh. Ach ciod a their thu fhèin ris a' ghnothach, a Chailein?

Cailein: Theagamh nach dèan an duine mar thubhairt e.

Dòmhnall: Theagamh gun dèan.

Cailein: Tha fhios agad fhèin, a ghoistidh, nach tuirt mise gum fàgainn an Eaglais. Cha d' rinn iad ach an dubh-bhreug a chur orm. Dh'fheumadh duine sealltainn roimhe gu math faicilleach. Nach tuirt thu fhèin, a Dhòmhnaill, nach b' ann a dh'aon leum bu chòir dhuinn dol ann an ceann gnothaich sam bith.

Dòmhnall: 'S mi a thubhairt: agus is e sin a tha mi fhathast ag ràdh, agus ga ràdh riutsa. Smaoinich air. Agus faic, a Chailein, nach ann air mo chomhairle-sa airson mise bhith ga chur romhad a nì thu aon nì a bhuineas don chùis. Tha an fhìrinn seasmhach; agus shaoil leam gun d' aidich thu a-raoir thu bhith a' faicinn peacadh na h-Eaglais – i bhith a' dol an aghaidh àithne Chrìosd agus gum bu mhithich dhut fhèin teicheadh.

Cailean: Thuirt mi sin fhèin. Cha tèid mi às àicheadh. 'S aithne dhomh, a Dhòmhnaill, an fhìrinn bhith agad agus is e do chòmhradh a-raoir a thog an trioblaid nam chridhe. Nach ann a bhruadair mi thusa agus mi fhìn bhith air beulaibh nam morairean dearga agus iad a' dol a thoirt na binne mach nar aghaidh – fear mòr, mòr dhiubh agus aghaidh dhearg air, 's an droch stùic air, a' dol a ràdh, 'Crochaibh le chèile na balaich!' Thug e crith air m' fheòil, chlisg mi agus dhùisg mi. 'S e seo a chuir an trioblaid air a' mhnaoi. Ach a-nis, tha mi a' smaoineachadh gu bheil mìneachadh a' bhruadair agam, anns na tha air tachairt dhomh a-cheana.

Dòmhnall: A Chailein, bi glic, a-nis, tha mi a' guidhe ort. Ciod e bruadar ach faoineas gun seagh! Tha britheamh eile fa choinneamh am feum thusa agus mise bhith air ar nochdadh fhathast ann am breitheanas. 'S e sin an gnothach as motha cùram. Agus is truagh dhaibhsan nach bi air an dèanamh rèidh ris a' bhritheamh mhòr sin fhad 's a ghoirear an-diugh dheth. Cuimhnich, a Chailein, 's ann ris a' bhritheamh sin tha againn ri dhèanamh.

Cailean: Tha mi ag aideachadh sin. Agus tha e na thrioblaid dhomh. Chan urrainn mi chur uam gu bheil an t-Uile-chumhachdach ag amharc orm, agus ciod a nì mi? Bha mi a' leughadh on raoir cuid de na h-earrannaibh mun robh sinn a' labhairt; agus tha mo chogais ag innse dhomh gu bheil an fhìrinn agadsa air do thaobh.

Dòmhnall: Agus an cuir thu na h-aghaidh? Agus an aghaidh guth do chogais fhèin?

Cailean: 'S ann a tha mi a' smaoineachadh nach bi an duine cho olc 's a thubhairt e, agus …

Dòmhnall: Faodaidh nach bi, agus chan abrainn idir *nach* bi. Ach chan ann ris an duine sin no ri mac duine air talamh tha agadsa ri dhèanamh. Chan i a' cheist dhutsa ciod a nì *esan*, ach ciod a nì thu fhèin.

Cailean: Ciod, ma-tà, a nì thu fhèin, a Dhòmhnaill, ma thig e agus gun abair e riut, mura pill thu a-staigh don Eaglais, bheir mi uat do chuid fearainn – innis dhomh a-nis ciod a nì thu.

Dòmhnall: Chan i sin idir a' cheist dhutsa, a Chailein. Chan ann …

Cailean: Dè ach, a Dhòmhnaill, tha an droch eagal ort fhèin, a ghoistidh, tha mi a' faicinn! Pillidh tu fhathast, nach pill?

Dòmhnall: Socraich thusa an gnothach dhut fhèin, nad uchd fhèin, ciod e do dhleastanas an làthair an Tì sin ris a bheil do ghnothach. Faodaidh gach duine peacachadh. Agus ged pheacaichinn-sa sa chùis, 's ged phillinn-sa, chan fhàgadh sin an gnothach na b' aotruime dhutsa. Chan ion dhuinn bhith cinnteach asainn fhìn. Is amadan esan a chuireas dòigh na chridhe fhèin. Ach a rèir mo bheachd, agus a rèir faireachdainn mo chridhe, chan e a-mhàin nach pillinn ged bheirteadh uam mo chuid fearainn; ach ged a bheireadh an duine sin oighreachd dhomh, 's i mo bheachd nach pillinn; agus le pilleadh, ged a choisninn eadhon an saoghal seo uile, nach biodh agam ach a' mhallachd na cheann; agus gun dèanainn dìmeas agus tàir air an neach sin a tha os cionn an t-saoghail seo uile, mar tha na nèamhan os cionn na talmhainn, agus a thug e fhèin airson mo leithid-sa de chreutairibh truaillidh, gràineil, ciontach, a chum agus gum faigheadh iad oighreachd nas fheàrr na an saoghal gu lèir. A Chailein, a Chailein, chan e bhith ag ainmeachadh ainm Chrìosd leis an toirear a-staigh do Rìoghachd nèimhe sinn, ach aithne agus eòlas ar n-anama bhith againn air agus air a leithid de dhòigh agus gum faic sinn gur h-Esan a-mhàin a tha fiùghail air ar n-ùmhlachd fhaotainn, agus ar gràdh. Agus nam biodh an t-eòlas sin againn air, nan cuirteadh air chois nar cridhe e, chan ann gu h-aotrom a b' urrainn dhuinn labhairt air gnìomh sam bith leis am faigheadh ainm beannaichte-sa eas-urram.

Cailean: Chan ann gu h-aotrom, a Dhòmhnaill, a dh'iarrainn-sa labhairt uime. Chunnaic mi, tha mi ag aideachadh, nuair bha thu a' labhairt a-raoir, gun robh an fhìrinn ghlan agad. Tha mo chogais ag innse dhomh gur h-e an Tighearna Ìosa Crìosd dam buin na h-uile ùghdarras na Eaglais fhèin. Thuig mi an àithne a thug e. Tha mi a' faicinn gun do bhris an Eaglais Shuidhichte an àithne sin; agus gu bheil seo na nì ro throm, eagalach, a bhith a' cur ùghdarras duine an àit ùghdarras Chrìosd. Tha mi a' faicinn nas fhaide nach e mhàin luchd-riaghlaidh na h-Eaglais a gheibhear sa chionta seo, ach gum bi an nì ceudna air làimh gach aon neach a thèid leotha sin. Smaoinich mi mòran a-raoir mu thimcheall. Dh'iarr agus ghuidh mi, a Dhòmhnaill, gum faighinn tuilleadh solais air nam chridhe; agus chan àicheidh mi dhut nach eil an gnothach nas soilleire dhomh a-nis na bha e. Tha, gun teagamh. Tha mi ga fhaicinn na nì toirmisgte dhomh dol a-staigh do Eaglais anns a bheil ùghdarras an Tì bheannaichte sin air àicheadh. Ach a-nis, 's ann tha iomadh smuain ag èirigh nam chridhe. A bheil thu fhèin a' smaoineachadh nach biodh e na pheacadh dhomh an gnìomh a dhèanamh tha mi faicinn bhith air mhearachd? Cha dèan mi e. Cha tèid cas dhìomsa a-staigh don Eaglais – dèanadh iad an àilgheas.

Dòmhnall: Agus a bheil thu a' faicinn, a Chailein, gum biodh e na pheacadh dhut?

Cailein: Tha, nam chridhe, le m' *uile* chridhe. Ach thig an saoghal a-staigh orm; agus ciod a nì mi, ma chuirear mo theaghlach bochd agus mi fhìn air faontraigh? Càit am faighinn-sa clach no làrach? Tha seo a' tighinn a-staigh orm. Agus mo thruaighe mi! Ciod a nì mi?

Dòmhnall: A Chailein, a chaomhain, èist mionaid rium. Tha mi ro thoilichte thu bhith ga fhaicinn na pheacadh dhut dol an aghaidh àithne Chrìosd. Ach cha leòr sin dhut. 'S e tha prìseil eòlas Chrìosd bhith againn nar n-anamaibh. Nam faiceadh tusa, gu soilleir, nam biodh fear-bhreithneachadh agad, mu na tha am Facal a' cur an cèill mu Chrìosd – gur leis-san an talamh agus an làn – gu bheil e a' riaghladh os cionn nan uile, a bheil thu fhèin am barail nach earbadh tu thu fhèin agus d' uile chùisean ris? Dh'earbadh. A-nis, sir thusa, agus guidh air an Tighearna gum faigh thu an sealladh seo air; gun toirear dhut nad anam comas bhith gad earbsadh fhèin ris, gun eagal, gun imcheist. 'S ceart gun an nì a dhèanamh as aithne dhuinn bhith na pheacadh. Ach tha sinn a' peacachadh nuair nach eil sinn ag earbsadh ris an Tighearna. Tha ar neo-earbsa na dhìmeas airsan: tha ar n-as-creideamh a' dèanamh tàir air. Nach mòr-chionta dhuinn nach creid sinn an nì a their e?

Cailean: Tha làn-fhios agam, a Dhòmhnaill, gur leis an Tighearn na h-uile nì, agus gur comasach dhàsan mo chumail suas. Ach tha droch eagal orm.

Dòmhnall: Ach 's e eagal peacaidh an t-eagal as fheàrr, agus nach eil …

Cailean: Tha eagal agus oillt ron pheacadh ud orm a-nis. Bha mi aineolach, cha do thuig mi an gnothach gus an do nochd thu dhomh às an Leabhar e. Agus a-nis, cha dealaich e rium. Cha tèid mi am-feast don Eaglais ud! Ach, a Dhòmhnaill, nach eil nì-eigin eagal mu shàrachadh agus mu dhò-bheart ort fhèin, ma chuireas iad a-mach à taigh agus à fearann thu?

Dòmhnall: Cha d' rinn iad fhathast e. Tha sin ann an làmhaibh an Tighearna. Cha dèan iad ach mar cheadaichear dhaibh. Ma tha an Tighearn' a' faicinn iomchaidh sin a chur nam charaibh, gun teagamh idir bithidh e cruaidh orm; 's cha mhotha as lèir dhomh sa cheart àm càit an tionndaidh mi; ach tha làn-dòchas agam, ma thig an deuchainn sin orm, gun tig furtachd ann an deagh àm.

Cailean: Càit am faigh thu àit' eile dhut fhèin?

Dòmhnall: Chan aithne dhomh càit, no cuin no cionnas. Ach tha fios agam nach fàgar falamh gu tur mi; agus ged rachadh m' fhàgail falamh fhèin, cha b' eagal. Ach cha do chreid mi fhathast gu h-iomlan gun tig an deuchainn sin orm.

Cailean: An e nach tig? Creid mise, tha an duin' ud gu math dian. Tha an fhìor dhroch ghnùis air. 'S i mo làn-bharail gun dèan e mar thubhairt e. Chì thu gun cuir e fios ortsa cuideachd, agus gun cuir e an nì ceudna mu do choinneamh-sa. Agus ciod a their thu ris?

Dòmhnall: Nuair thig an teachdaireachd sin dam ionnsaigh, bheirear seòladh. Ach, a Chailein, chan eil mi tur toilichte leis an fhreagradh a thug thu fhèin dha sa ghnothach.

Cailean: Ciamar nach eil? Ciod a theirinn ris?

Dòmhnall: Nach tuirt thu ris nach d' fhàg thu an Eaglais fhathast? Tha fhios agam nach d' fhàg thu, ann an seagh àraid. Ach ma bha e nad chridhe a fàgail, cha robh e tuilleadh agus cothromach dhut sin a cheiltinn. Nach robh siud na àicheadh …

Cailean: Nach do chuir e an t-eagal orm; agus e cho fiadhaich ri tarbh! Geall gun gabh thu fhèin eagal nuair a thèid thu ann!

Dòmhnall: Ma tha làn-dearbhadh na fìrinn aig duine, chan ion dha eagal, oir chan eagal *dha*. Nan cuireadh sinn an Tighearna romhainn, bheireadh sin misneach dhuinn. Chunnaic an duine gun robh thusa fo eagal, agus thug sin misneach *dhàsan*. Agus 's ann mar sin, mo thruaighe, tha daoine a' dèanamh an calla fhèin, agus anabarr calla do adhbhar na fìrinn nar latha. Tha an cogaisean ag innse na fìrinn dhaibh; agus is nàr leotha a h-aideachadh: tha iad a' cromadh sìos mar gum biodh mì-ghnìomh dhaibh san fhìrinn a leantainn. Tha seo a' dèanamh dìmeas air an fhìrinn; tha iad a' truailleadh an cogaisean fhèin, a' toirt maslaidh don fhìrinn, eadhon mar nach b' fhìrinn idir i. Tha iad a' toirt an urraim do dhuine a bhuineas a-mhàin do Dhia; a' peacachadh gu trom agus gu muladach, agus le siud tha iad a' misneachadh dhaoine an t-saoghail an aghaidh na fìrinn agus a' toirt cuideachaidh dhaibh gu bhith ri geur-leanmhainn. Nan seasadh gach neach gu neo-sgàthach ris an fhìrinn, 's ann bu lugha dragh a chuireadh na daoine mòra ud orra fhèin agus air daoinibh eile. Na h-uile duine tha a' gabhail an eagail sin, tha e a' misneachadh agus a' neartachadh làmhan na dreama a tha a' cur an aghaidh na fìrinn.

Cailean: Tha mi a' faicinn sin. Glacaidh sinn tuilleadh misnich an ath uair.

Dòmhnall: Tha thu a' cur romhad seasamh ris a' ghnothach, a Chailein, a bheil?

Cailein: 'S e as coslaiche gu bheil. Cha tèid mi aon cheum don Eaglais air an àilgheas. Chan *fhaigh* mi dol ann. 'S ann a tha mi a' smaoineachadh gun tigeadh breitheanas orm! A bheil thu fhèin am barail nach tigeadh?

Dòmhnall: Is iomadh duine, a Chailein, a tha a' dèanamh an uilc air nach eil breitheanas follaiseach a' tighinn sa bheatha seo. Agus cha ro thoil leam an t-eagal sin. Cha …

Cailean: Chan eil mi a' faotainn ach cronachadh uat air gach làimh! Eagal! An saoil thu fhèin nach faod duine eagal sam bith bhith air, gun e bhith a' dol clì?

Dòmhnall: Chan eil mi idir a' dìteadh na h-uile eagail; 's mi nach eil. Ach b' fheàrr leam eagal peacaidh bhith air duine na eagal breitheanais an lorg a' pheacaidh. Far a bheil fìor mhothachadh mu olc a' pheacaidh – far a bheil fìor urram agus fìor ghràdh do Chrìosd – 's e chithear an sin gur h-e am peacadh fhèin an t-olc; agus ged bhiodh an neach aig a bheil am fìor mhothachadh sin cinnteach nach tigeadh breitheanas sam bith air, gidheadh bhiodh eagal air ron pheacadh fhèin agus sheachnadh e e.

Cailean: Tha thu a' dol tuilleadh 's domhainn sa ghnothach, a ghoistidh. Chan eil mi a' tuigsinn sin.

Dòmhnall: Tuigidh tu fhathast e, tha mi an dòchas.

Cailean: Nach mìnich thu dhomh e? Na bi a' fàgail na cùise air leth-mhàis.

Dòmhnall: Bha thu san Taigh Mhòr ud shuas a-nochd, a Chailein, nach robh?

Cailean: 'S math tha fios agad gun robh: agus ma thèid thu fhèin ann air a' ghnothach cheudna, theagamh gum bu roghnaiche leat bhith aig a' bhaile.

Dòmhnall: Theagamh. Ach a-nis, a Chailein, smaoinich mar seo: nan tigeadh Ailean Bàn 's an Grèidhear Gallta, agus an àite na teachdaireachd air an tàinig iad a-nochd, gun robh iad air a ràdh riut mar seo: tha meall mòr airgid an siud san Taigh Mhòr, tha fios againn càit a bheil e. 'S ann a thèid thusa leinn, agus *goididh* sinn air falbh e. Roinnidh sinn eadarainn fhèin e, agus fàgaidh e sinn beairteach rè ar beatha nar triùir, agus chan eagal dhuinn. Chan fhaighear a-mach oirnn am-feast e. Seo! 'S ann a thèid thu ann agus togaidh sinn a' chreach, nach …

Cailean: 'N e mise, mise! 'S ann a tha thu air boile, a Dhòmhnaill – 'n e mise! Gun gabhadh iad orra a leithid a chur mu mo choinneamh-sa! 'S ann tha thu a-nis ri fealla-dhà; 'n e gu?

Dòmhnall: Socair, socair ort. Chan eil mi ach a' labhairt seo mar choimeas. Chan eil mi idir ag ràdh gun dèanadh na daoine sin a leithid, no gun dèanadh tusa. Ach ann an rathad coimeas: nam b' e agus gun *rachadh* a leithid a chur mu do choinneamh – ciod den dà nì a b' oillteil leat, an gnìomh fhèin, no gum faighteadh a-mach sa ghnìomh thu, agus gun rachadh do mhaslachadh?

Cailean: Gnìomh an uilc! Cha dèanainn-sa an gnìomh, eadar gum faighteadh a-mach orm e no nach faighteadh. Gnìomh nam mallachd – a' mhèirle! Cha tuirt duine riamh riumsa gun smaoinichinn air a leithid.

Dòmhnall: Cha mhotha a thuirt mise. Tha mi dearbhte nach dèanadh tu no coslach ris idir. Ach tha thu a' faicinn a-nise gur e *an gnìomh fhèin* a bhiodh na adhbhar oillte dhut agus nach b' e eagal a' pheanais a thigeadh na lorg nam faighteadh a-mach thu. Chriothnaicheadh tu ron ghnìomh fhèin. Agus 's ann mar sin bu mhath leam gum biodh d' fhaireachdainn mun ghnothach eile – a bhith a' dol an aghaidh àithne Chrìosd. Chan e am breitheanas a dh'fhaodadh tighinn na dhèidh, ach an gnìomh fhèin mum bu chòir d' eagal a bhith, fuath a bhith agad dha.

Cailean: Agus nach eil sin agam, tha! Tha fios agam gum feum cionta bhith ann an àithne Chrìosd àicheadh.

Dòmhnall: Ach, a Chailein, cha d' innis mi fhathast dhut ach ro bheagan de iomradh na h-Eaglais agus den t suidheachadh sa bheil an Eaglais Shuidhichte. Cha robh sinn a' labhairt ach air aon phunc. Ach tha mòran tuilleadh ri innse. Ciod i seo a' phunc air an robh sinn?

Cailean: Tha gun do ghèill an Eaglais don chùmhnant seo, nach rachadh an luchd-teagaisg a shearmonachadh an t-soisgeil, far am biodh feum air, mur faigheadh iad cead dol ann o dhaoinibh mòra an t-saoghail; agus Crìosd ag àithneadh dhaibh dol agus an soisgeul a shearmonachadh do gach dùil. Tha sin an aghaidh na h-àithne a thug Esan gu soilleir. Agus tha am peacadh an sin. Tha an Eaglais, le siud, ag àicheadh ùghdarras Chrìosd.

Dòmhnall: Dìreach mar sin. Ach tha tuilleadh na sin ann. A-nis smaoinich air seo …

Cailean: Stad, socair ort, a chaomhain, seo a' bhean a' tighinn a-staigh. Càit an robh thu, a bhean? 'S ann a shaoil mi gun tug thu am monadh ort.

Bean an Taighe: Am monadh! Gheibh thu fhèin am monadh fo do cheann an aithghearr, 's e as coslaiche! Am monadh orm! Na smaoinichibh gun ceil sibh ormsa na tha air bhur n-aire le chèile. Chaidh mise a-suas do thaigh Ailein. B' fheàrr do dhaoinibh bhith ciallach, glic na bhith a' cur an guth agus an làmh ri gnothach gun bhuaidh. Mise 's mo theaghlach truagh, is sinn gun taigh, gun fhàrdach a-nochd! Bidh na maoir aig bhur dorsaibh a-màireach. Chì sinn gu h-aithghearr càit an sguir an gnothach dona. Tha coltach gum b' i sin an Eaglais. A Dhòmhnaill, tha mi ag innse dhut ri d' aghaidh gu bheil thu air truaighe a thoirt a-staigh don fhàrdaich seo, a dh'agrar ort. Agus thusa, a dhuine thruaigh, a Chailein, ag èisteachd ri faoineis cainnte gun seagh, agus gad chreachadh fhèin, agus a' milleadh do theaghlaich. Mas *creideamh* sin dhut, faiceadh an saoghal e. Och, och, och!

Cailean: A bhean mo chridhe, mur h-eil agad ach cunntas Ailein mun chùis, dèan air do shocair. Nach cuala 's nach faca mi fhìn nas motha na chual' esan mun chùis.

Bean an Taighe: Dh'innis Ailean an fhìrinn dhòmhsa: tha an gnothach rèidh. Cuirear a-mach sibh le chèile. Thug sibh seo oirbh fhèin. Bha fios gun toireadh. An Eaglais Shaor! Bidh i daor na 's leòr dhuibh!

Cailean: Cha mhòr a bhuilich sinn fhathast oirre, a bhean! Dèan foighidinn. Gràinichidh tu mo dheagh choimhearsnach uam.

Dòmhnall: Cha bhi mise, a Chailein, a' fantainn. Ach, a Bhean an Taighe, na biodh a leithid de eagal ort. 'S math an saoghal seo na àite fhèin, ach, O, is droch mhaighstir e! Cuimhnicheamaid gun teirig e agus gun teirig sinne. Faodaidh mise, faodaidh tusa, no faodaidh Cailean agus faodaidh sinn uile bhith rèidh den t-saoghal seo mun tig eadhon na maoir dar n-ionnsaigh. Faodaidh Cailean a chuid fearainn a ghlèidheil, ach cò a bheir aonta a bheatha dhàsan no dhòmhsa? An toir uachdarain fearainn dhaibh fhèin no dhuinne e? Agus an seas iad air ar son, an làthair a' bhritheimh mhòir? An dìon iad ar n-anama o fhearg an Uile-chumhachdaich? O, na smaoinicheamaid gur h-ann airson an t-saoghail seo a chruthaicheadh sinn! Thig an t-àm, agus gun fhios nach eil e dlùth dhuinn, anns am faighear an saoghal truagh seo na amaideachd agus na mhealladh dhuinn, ma bhuanaicheas ar n-anama fuaighte ris. A Chailein, chan eil mise ag iarraidh bhith a' togail buairidh nad fhàrdaich – 's ann a bhios mi a-nis a' guidhe beannachd leibh a-nochd.

Cailean: Chan fhalbh thu ceum fhathast, agus 's ann a thig thu nall an ath-oidhch'. Agus, a bhean, na bi-sa fo ghruaman. Chan eagal dhutsa no dhòmhsa. 'S ann a ghlacas tu an Leabhar, a Dhòmhnaill, agus nì thu dleastanas teaghlaich leinn a-nochd, mum falbh thu.

NOTES AND REFERENCES

Publication details: *An Fhianuis* 5, 1845: 74–79

Author: Anonymous

Background: This was the fifth in the series of *còmhraidhean* published in the Free Church's *An Fhianuis*. One of the fundamental issues which led to the Disruption of 1843 and the formation of the Free Church was that of landlords' patronage in the appointment of ministers. The situation depicted here, of adherents to the new Free Church being threatened with eviction by their proprietor, was directly addressing contemporary events, and attempting to bolster readers' resolve in the face of threats of eviction. In some areas in the wake of the Disruption landlords who were hostile to the new Church used their hold over tenants to try to undermine support for it. Tenants in Ballachulish were reported as having been evicted for their adherence to the Free Church in 1844 and on Harris its supporters were threatened with eviction (MacColl, 2006: 22–23). On Skye a number of tenants were evicted for collecting money for the Free Church and so too were some of those who helped build a temporary new place of worship on North Uist (Ansdell 1998: 68–69). Similarly, many landlords refused the Free Church sites to build new churches (ibid: 76–82). Although most Highland proprietors were not supporters of the new Free Church, notable exceptions included the Earl of Breadalbane and the Duke of Argyll (ibid: 84).

CÒMHRADH 24

The Inverness Conference Discussed in Gaelic:
Còmhradh eadar Dàibhidh, Iain, Uilleam agus Teàrlach
mun choinneamh bh' aig ministearan na h-Eaglais Saoire
ann an Inbhir Nis o chionn ghoirid

Dàibhidh: Fàilte air na daoine! Tha mi anabarrach toilichte gun tàinig sibh an rathad aig an dearbh àm seo – tha Iain 's mi fhìn nar seasamh an seo o chionn fhada, a' cruaidh-dheasbaireachd mun choinneamh ud a bha 'n Inbhir Nis an latha roimhe. Chan eil sinn idir a' còrdadh mun chùis, agus do bhrìgh 's gur daoine tuigseach, ciallach sibhse mar-aon, bu mhath leinn ur beachd a chluinntinn – ciod a tha thu fhèin ag ràdh, Uilleim, seadh a-nis!

Uilleam: Ma-tà, a dhuine, gus an fhìrinn ghlan innse, 's e mo bharail-sa nach robh mòran ciall aca dhol a chumail na coinneimh ud idir aig an àm seo. Bha Teàrlach 's mi fhìn a' bruidhinn air seo h-uile ceum o na thàinig sinn seachad air an Allt Dhomhainn, agus cha mhòr nach eil sinn dhen aon bheachd mun chùis. 'S e sin seo: nach robh iad glic a dhol a chumail na coinneimh, agus nach motha na sin a thig mòran math aiste an dèidh a cumail, ge bith dè an cron a thig aiste. Seo, gabh ceò às a' phìob, a Dhàibhidh, tha i dol gu math, 's cuiridh i blàths ort.

Teàrlach: Chan eil e coltach gun robh muinntir Inbhir Nis air an togail glè mhòr ris a' choinneamh seo. Tha mi cluinntinn nach luaithe a dh'fheuch an t-Ollamh Rainy aghaidh nuair a thàinig e air carbad na smùid na thog an sluagh a bha cruinn an sin iolach sgreataidh, oillteil, cuid a' feadail, cuid a' sgreadail; 's dòcha leam gun robh nuallanaich, borbhanaich 's gnothaichean mì-chneasta nam measg. Chuala mi gun d' rinn iad seo uile gu bhith taisbeanadh am mì-thlachd dhe Rainy a thaobh an turais air an tàinig e. B' fheudar dha e fhèin a dhùnadh ann an carbad, 's teicheadh cho luath 's a bheireadh ceithir chasan eich e còmhla ris an Dotair Dubh.[1]

Iain: Coma leinn dha sin an tràth seo, a Theàrlaich, ach tha e

273

cur fìor iongantas orm, Uilleim, gun tuirt thusa nach robh na ministearan againn glic a leithid siud a choinneamh a chumail aig an àm seo. Feuch an innis thu dhomh ciamar nach eil an t-àm seo freagarrach?

Uilleam: Dh'fhaodainn-sa cheist sin a fhreagairt le bhith feòrach ceist eile, agus 's e sin: ciod e an nì àraidh a th' aig an Eaglais Shaoir an aghaidh na h-Eaglais Stèidhichte aig an dearbh àm seo? Ciod e an cron sònraichte dhe bheil i ciontach, a ghluais mar seo gu h-obann na h-aghaidh iad? Bu mhath leam fios fhaotainn air sin. Ach gu bhith freagradh na ceist a chuir thu orm. Ciamar nach eil an t-àm seo freagarrach? Nach fheum thu fhèin aideachadh gu bheil an Eaglais Shaor againn gu mòr air a gluasad 's air a luasgadh a-nunn agus a-nall le connspaid 's le còmhrag, ann an aon dòigh no 'n dòigh eile, o chionn còrr is deich bliadhna nis? Nach do theab i bhith air a milleadh an toiseach – agus gun teagamh 's mòr am milleadh a rinn e oirre – leis an 'Aonadh'[2] a bha siud, agus cha luaithe chaidh crìoch air sin na thòisich an deasbaireachd agus an aimhreit uabhasach ud mu dheidhinn an Fhir-theagaisg a bha 'n Obar Dheathain – Maighstir Robertson-Smith,[3] mar a their iad ris – nì muladach cianail, a chuir mòr-bhruaidlean air an Eaglais gu lèir, 's a chùm i fad chòig bliadhna co-dhiù ann an imcheist 's ann an ioma-chomhairle; nis, nach aidich thu fhèin gun robh e 'n dà chuid iomchaidh agus freagarrach gun gabhadh i beagan fois, 's gun sealladh i 'n dèidh gnothaichean a bha, math dh'fhaodt', air an leigeil air dhearmad leis na h-adhbharan a dh'ainmich mi, an àite dhol an comhair a cinn an sàs anns a' chùis seo?

Teàrlach: Ach a bheil e fìor gun robh pìobaire, na làn-dheise Ghàidhealach, le sporan is biodag, le breacan is fèileadh, aca aig a' choinneamh? Nach bu neònach am port a tha iad a' ràdh a chluich e – 'Bha mi air banais am baile Inbhir Aora'.[4] Obh, obh! Chaidh sinne mach; tha 'm port sin nas freagarraiche airson bàl'-dannsa na airson coinneamh shòlaimte dhen t-seòrs' ud.

Iain: Mo nàire, mo nàire, a Theàrlaich! Chan fhiach a' chainnt air a bheil thu labhairt a togail às a pholl. 'S e bha sin obair an Fhir-mhillidh. Chan eil teagamh sam bith à sin, ach leigidh sinn dhinn sin an-dràsta, tha mi airson Uilleam a chur ceart anns na thubhairt e. Tha mi ag aideachadh gu saor gu bheil feum aig an Eaglais air fois, ach tha adhbharan sònraichte ga gluasad anns a' cheum a tha i a' gabhail aig an àm seo, agus ceadaichibh dhomh aon no dhà dhiubh ainmeachadh.

Dàibhidh: Na bi bruidhinn cho mòr, Iain, gun fhios cò dh'fhaodas a bhith gar n-èisteachd: labhair le guth ìosal mar gum biodh tu sanas.

Iain: Tha sin ceart agus cha bhithinn airson gun tigeadh aon agaibh thairis air an nì tha mi dol a chantainn. 'S e aon dhe na h-adhbharan a ghluais an Eaglais Shaor aig an àm seo an aghaidh na h-Eaglais Stèidhichte …

Teàrlach: Ach innsibh seo dhomh, fheara. A bheil e fìor gun do lean am pìobaire 'n dèidh a' charbaid 'n-àirde 'n t-sràid, 's gun do chuir Rainy a cheann a-mach air an uinneag 's gun do ghlaodh e – tha fhios agaibh gur e Pòl as ainm don a' phìobaire – 'A Phòil, a Phòil, carson a tha thu ga mo gheur-leanmhainn?'[5]

Iain: An duine eireachdail, còir, 's math leam gun robh e cho sgiobalta le theanga – nach glan a thubhairt e – gabhadh am pìobaire siud.

Dàibhidh: Thud, a dhuine! Cha robh 'n rud a thuirt e idir cho sgiobalta no cho freagarrach ma smaoinicheas tu air. Cha b' e Pòl idir ainm an Abstoil nuair a bha e na fhear geur-leanmhainn, 's e Saul a b' ainm dha. Ach tha sinn a' caitheamh an fheasgair air nithibh faoine, rachamaid gu bonn a' ghnothaich; seadh, Iain, bha thu dol a dh'innse dhuinn …

Iain: Bha mi dol a dh'innse dhuibh aon adhbhar a tha gluasad na h-Eaglais Shaoir anns a' chùis seo, agus 's e sin gu bheil i a' faicinn gu bheil an Eaglais eile fàs làidir o chionn beagan bhliadhnachan – 'n dà chuid ann an àireamh sluaigh agus ann an airgead; tha i soirbheachadh gu mòr, gu h-àraidh san taobh deas, am feadh a tha 'n Eaglais Shaor a' dol air ais, 's mo chreach, cha ghabh sin àicheadh. Uaithe seo tha i falcinn, mur toir i oidhirp theòma, ghramail aig an dearbh àm seo gu cur às don Eaglais Stèidhichte nach bi i gu bràth nas comasaich air seo a dhèanamh. A dh'aon fhacal, tha spìd, eudach agus farmad ga gluasad anns a' chùis, ged nach eil e freagarrach bhith glaodhaich seo air mullach nan taighean.

Dàibhidh: Och, och, Iain, an tàinig thu gu seo leis: na cluinneam diog tuilleadh à do bheul a-nochd air a' phuing seo – nì maslach, gràineil, mì-chiatach, gum biodh an Eaglais Shaor air a ghluasad le eudach 's le farmad anns a' chùis chudromach seo: mearachd mhòr – chan eil facal firinn ann. Ciod e an t-adhbhar eile bha thu dol a dh'ainmeachadh?

Uilleam: Air do shocair, a Dhàibhidh, cha mhòr nach eil mi cur mo làn-aonta ris gu bheil na thuirt Iain fior gu leòr, agus innsidh mise dhut ciamar: tha cuimhn' agaibh uile air an 'Aonadh', 's faodaidh sibh sin; a bheil fhios agad, a Dhàibhidh, carson a bha 'n Eaglais Shaor agus na U.P.s[6] airson a dhol cuideachd? Bha dìreach gus am biodh iad na bu treise gu …

Teàrlach: Tàmh tiotan beag, Uilleim – thoir dhomh snaoisean. Chan eil fhios dhomh air an t-saoghal ciamar a tha thu glèidheadh a' bhogsa sin cho fada. Ach am faca aon agaibh a' Bhalantin a fhuair Rainy mun d' fhàg e Inbhir Nis – nach b' iad na h-eucoraich muinntir a' bhaile-mhòir – nach bochd nach fhaigheadh sinn a-mach cò rinn i.

Uilleam: Chunna mis', is leugh mi le mo shùilean i, agus nam biodh duine a bha uaireigin a' tàmh am bun a' Chùirn Mhòir fhathast air feadh na dùthcha, cha rachainn uair an ràthan nach e a sgrìobh i.

Iain: Tha mi faicinn nach eil sibh toileach fior bhun na cùise a rannsachadh a-nochd; tha mi fhìn a' fàs fuar, 's tha mi creidsinn gu bheil feum agaibhs' air blasad bìdh, 'n dèidh thighinn à bun an t-srath.

Teàrlach: Ma-tà, tha agam fhìn co-dhiù, agus tha agam ri fodar a bhualadh an dèidh dhol dhachaigh, ach ciod e ur barail air an Dòmhnallach, ministear Queen Street, an Inbhir Nis?[7]

Iain: An fhìora phisean ladarna a tha e ann, a ghabhadh air fhèin labhairt mar a rinn e 's e dhol a dh'iarraidh orra dhol dhachaigh; maitheanas dhòmhsa – 's ann a thoill e 'n deagh sgailc san lethcheann!

Dàibhidh: Ma-tà, bu mhòr am beud – 's e thug an deagh

chomhairle dhaibh – m' fhìor seud! A sheas gu duineil, dìleas, diongmhalta, mo bheannachd aig a h-uile cnàimh na chorp.

Uilleam: Tha mi ràdh, fheara, thigibh gus an taigh agamsa oidhche Dihaoine 's cha mhòr nach eil mi cinnteach gun tig Iain 's mi fhìn gu bhith còrdadh nas fheàrr na tha sinn a-nochd. Tha mo bharail fhìn agams' air an Dòmhnallach, 's air MacThàmhais cuideachd.[8]

Teàrlach: MacThàmhais! B' e sin an duine gun ghliocas, gun mhòr-bhreithneachadh.

Iain: Tha thu cur uabhas oirm, a Theàrlaich; bi dol dhachaigh a-nochd, smaoinich ceart air a' chùis, 's ma bhios sinn beò gu oidhche Dihaoine bheir mise dhut e, agus 's e chiad chronachadh a bheir mi dhut na thuirt thu airson MhicThàmhais.

Teàrlach: Their mi 'n còrr fhathast. Oidhche mhath leibh uile.

NOTES AND REFERENCES

Publication details: *Northern Chronicle*, 1 March 1882

Author: Anonymous

Background: The issue of disestablishment was a prominent topic during the 1870s and 1880s in political, as well as ecclesiastical, debate (see *Còmhradh* 16). The *Northern Chronicle* was a staunch defender of the Church of Scotland, stating unequivocally in its very first editorial, 'the *Northern Chronicle* will oppose Disestablishment' (5/1/1881), and this stance is reflected in the tenor of this *còmhradh*.

The Inverness Conference under discussion was a meeting of the Highland Free Church clergy held on 14 February 1882 to discuss the disestablishment of the Church of Scotland. This meeting had been called by the Rev. Dr Robert Rainy (1826–1906), Principal of New College and leader of the Free Church. Rainy was a strong advocate of disestablishment. This meeting seems to have been a highly-anticipated one, with the *Northern Chronicle*'s report claiming that disestablishment had been the favourite conversation topic in and around Inverness for the preceding fortnight, thanks to ministers and the press publicising it (*NC* 15/2/1882). Of 140 Highland ministers invited, sixty-one attended, all but six of whom were in favour of disestablishment. Of the fifty-one who sent apologies, nine indicated that they were against disestablishment (*IA* 17/2/1882).

Newspaper accounts confirm much of the description of events given in this text. When Principal Rainy arrived by train from Edinburgh there was a considerable crowd awaiting him and 'among these was Seargent Paul Mackillop of the Militia who, attired in his Highland dress, had his pipes in readiness – greeted the Principal with "The Campbells are coming"'. Upon his departure that evening, 'as he stepped from the hall a letter awaited him, which turned out to be a Valentine in the form of verses condemnatory of his policy as a Free Churchman' (*IC* 16/2/1882). The *Northern Chronicle* reports that this consisted of six verses, three of which were published in the *Inverness Courier*:

> Beware! Dr Rainy, take care what you say
> When you come to the North on St Valentine's Day.
> The same 'Highland Host' that upset your old schemes
> Are bestirring themselves to oppose you it seems.
>
> And remember they thoroughly know your career,
> Since first as a leader you tried to appear –
> Your dodgings and doublings, your plottings and plans,
> Are well understood in the land of the 'clans'.
>
> They most carefully studied the part that you played
> At the time of the 'Union' when you first assayed
> To mislead our Assembly – a dismal dark day,
> To which may be traced our acknowledged decay.

Valentine cards became increasingly common in Britain from the early decades of the nineteenth century with the expansion of the printing press and the increased ease of sending them. While those expressing affection were most popular, insulting cards were also common (Staff 1969).

1 An Dotair Dubh: This is a reference to Principal Robert Rainy (see above) who was sometimes referred to as 'Black Rainy'.

2 An t-Aonadh: There were discussions in the 1860s and early 1870s between the Free Church of Scotland and the United Presbyterian Church about a possible union, a union which did not come to fruition until 1900 (see *Còmhradh* 16) (Ansdell 1998: 160–63).

3 Maighstir Robertson-Smith: William Robertson Smith (1846–94), Professor of Hebrew at the Free Church College, Aberdeen, whose approach to Biblical criticism was seen as undermining the authority of the Bible and led to his being removed from his chair in 1881 (Maier 2009: 150–86).

4 'Bha mi air banais am baile Inbhir Aora': The chorus from 'Luinneag nan Iasgair' composed by John MacFadyen (1850–1935), a Mull-born poet who spent much of his life in Glasgow (MacFadyen 1902: 236–38).

5 'A Phòil, a Phòil, carson a tha thu ga mo gheur-leanmhainn?': Acts 9:4. As Dàibhidh comments, Paul was still called Saul when these words were said to him on the road to Damascus by Christ.

6 Na U.P.s: United Presbyterian Church (see above and also *Còmhradh* 16).

7 an Dòmhnallach, ministear Queen Street: the Rev. Alexander Chisholm MacDonald (d. 1910) of Inverness's Queen Street Free Church, an opponent of disestablishment.

8 MacThàmhais: the Rev. John MacTavish (1816–97), minister of the East Church, Inverness and a supporter of disestablishment.

CÒMHRADH 25

Còmhradh

Seumas: Nach iongantach mar a tha mòran mhinistearan anns an Eaglais Shaoir a tha toirt seachad an cuid eaglaisean do na daoine gus a bhith gleidheadh choinneamhan mu thimcheall cùisean an fhearainn. Shaoil mi fhìn, gu dearbh, nach bu chòir coinneamhan den t-seòrsa ud a bhith air an gleidheadh ann an Taigh an Tighearna. Bha mi fhìn aig tè no dhà de na coinneamhan a bh' aca anns an eaglais agus feumaidh mi ràdh gun robh an dol air adhart a bha aig cuid de na daoine a' cur uabhais orm. Bha briathran air an labhairt a bha gràineil; agus a bharrachd air sin bha cuid a' gabhail na pìob thombaca agus a' cur a-mach de smugaidean air an ùrlar, rud a bha mì-chiatach ri fhaicinn.

Eachann: Innsidh mise dhuibh an t-adhbhar airson a bheil iomadh minister, araon anns an Eaglais Shaoir agus anns an Eaglais Stèidhichte, a' togail an aire bhàrr searmonachadh an t-soisgeil agus a' suidheachadh an aire air gnothaichean na beatha seo. Chuala sibh an seanfhacal, ''S ann air a shon fhèin a nì an cat an crònan'. Tha ministearan na h-Eaglaise Saoire a' cumail a-mach gu bheil gràdh mòr aca air an t-sluagh, agus air an adhbhar sin gu bheil iad a' feuchainn ri cuideachadh a dhèanamh leotha. Cha robh iad riamh cho mòr gràdh do dhaoine 's a bha Crìosd. Mar a thug mise fo ur comhair, ma-tà, cha tug Crìosd aon oidhirp air atharrachadh sam bith a thoirt air na droch laghannan a bha ann an Iudèa agus an Galile. Am faod mise no sibhse a ràdh nach bu mhath leis ceartas, tròcair agus fìrinn fhaicinn anns gach aite fon ghrèin? Chan fhaod. 'S e eagal ron t-sluagh agus chan e gràdh don t-sluagh a tha toirt orra seo a bhith dol air adhart mar a tha iad. Tha iad air am pàigheadh leis an t-sluagh, agus ged a bhiodh an cogais ag iarraidh orra fuireach sàmhach, tha eagal orra gun diùlt an sluagh am pàigheadh. O chionn beagan ùine bha mi leughadh anns a' phàipear-naidheachd gun robh fear is fear ag iarraidh gun sgillinn a chur ann an ionmhas na h-Eaglaise Saoire on a dhiùlt am ministear araon a dhol maille riutha agus an eaglais a thoirt dhaibh airson an cuid choinneamhan. Tha nì eile a tha 'g adhbharachadh cùisean a bhith mar a tha iad, agus 's e sin gu bheil toil aig cuid dhiubh an sluagh a tharraing orra. Tha mòran den mhuinntir òig air thuar am fàgail, agus a dhol don Eaglais Stèidhichte. Tha 'm fuachd 's an gamhlas a dh'èirich aig an àm anns an do dhealaich an dà Eaglais ri chèile air dol air dìochuimhne, agus air an adhbhar sin chan eil sluagh òg na dùthcha a' faicinn ciod an t-adhbhar a th' air gum biodh iad na b' fhaide a' fuireach o chèile. Ged a tha cuid a bhiodh toileach gu leòr an dà Eaglais fhaicinn a-rithist air an dlùth-cheangal ri chèile, tha cuid eile a tha strì ris a' chùis a dhèanamh nas miosa na tha i.

Seumas: Is olc, an dòigh, a rèir mo bharail fhìn, a th' aig iasgairean an t-soisgeil ma tha iad, mar a tha sibh ag ràdh, a' biathadh nan dubhan le talamh. Tha mi creidsinn gu bheil mòran anns an dùthaich a ghabhas am biathadh sin glè thoilichte. Nuair a bha 'n Diabhal a' buaireadh ar Tighearna Ìosa Crìosd agus a chunnaic e nach dèanadh nì sam bith a thoirt a thaobh, chuir e uile rìoghachdan an domhain air an dubhan an dùil gun glacadh e Crìosd.[1] Cha chreid mi gun robh fhios aige cò ris a bha ghnothach. On latha sin is iomadh fear agus tè a thuit sìos agus a rinn adhradh agus seirbheis don droch Aon airson beagan de mhaoin an t-saoghail seo. Cha ruig Sàtan a leas rìoghachd a thairgse do neach sam bith, oir gheibh e gu leòr a nì gu toileach ùmhlachd dha airson duais mòran nas lugha.

Eachann: Ma-tà, Sheumais, tha sibh ag innse na fìrinn. Chan urrainn soirbheachadh spioradail a bhith air eaglais sam bith a tha ga neartachadh le nithibh talmhaidh. Tha Crìosd ag ràdh: 'Thigibh am ionnsaigh-sa, sibhse uile a tha ri saothair, agus fo throm uallach, agus bheir mise suaimhneas dhuibh. Gabhaibh mo chuing oirbh agus foghlaimibh uam, oir tha mise macanta agus iriosal ann an cridhe; agus gheibh sibh fois do ur n-anaman.'[2] Cha do gheall Crìosd buannachd aimsireil do neach riamh mar dhuais airson gèill a thoirt don t-soisgeul. Bha e fhèin na dhuine bochd on latha rugadh e gus an latha bhàsaich e. Gheall e saidhbhreas fìor agus chan e maoin an t-saoghail seo do gach neach a chreideas ann. Tha ministearan araon den Eaglais Stèidhichte agus den Eaglais Shaoir a tha 'g ràdh mar seo: 'Thigibh don eaglais againne sibhse uile tha gann a dh'fhearann agus aig nach eil fearann idir, agus feuchaidh sinne ri fearann fhaotainn dhuibh.' Seo a-nis an soisgeul ùr a tha còrdadh cho math ri mòran air an latha 'n-diugh. Tha 'n t-Abstol Pòl a' labhairt mar seo anns an litir a chum nan Galatianach: 'Is iongnadh leam gun d' atharraicheadh sibh cho luath uaithesan, a ghairm sibh tre ghràs Chrìosd, gu soisgeul eile. Nì nach soisgeul eile; ach tha dream àraidh gur buaireadh len àill soisgeul Chrìosd a thilgeadh bun-os-cionn. Ach nan dèanamaid-ne, no aingeal o nèamh soisgeul eile a shearmonachadh dhuibh, ach an soisgeul a shearmonaich sinne dhuibh, biodh e mallaichte … Oir a bheil mi a-nis a' cur impidh air daoine, no air Dia? No a bheil mi ag iarraidh daoine thoileachadh? Oir nam bithinn fhathast a' toileachadh dhaoine, cha bhithinn am sheirbhiseach aig Crìosd.'[3] Tha 'n t-Abstol gu soilleir a' cur far comhair nach e bhith toileachadh dhaoine as còir do mhinistear sam bith a chur roimhe fhèin mar a dhleastanas, ach a bhith dèanamh seirbheis do Chrìosd. Is e ùmhlachd a thoirt do Chrìosd a' chiad nì a dh'fheumas a sheirbheisich a dhèanamh. 'Ma thig neach sam bith nam dhèidh-sa, àicheadh e e fhèin agus togadh e a chrann-ceusaidh agus leanadh e mise.'[4] Their cuid mar seo: Is èiginn gu bheil e ceart do gach ministear feuchainn ri laghannan an fhearainn a chur ceart, oir tha cuid de na ministearean as ainmeile san dùthaich, agus cuid den luchd-teagaisg a tha anns na h-oilthighean, a' gabhail gnothaich ris a' chùis. 'S e reusanachadh meallta a tha 'n seo. Nach b' ainmeil an duine an t-Abstol Pòl? Nach mòr an t-urram a bu chòir a thoirt do na h-aingil naomha sin a tha a-ghnàth a' frithealadh air obair Dhè, araon air nèamh 's air an talamh? Is mòr e gun teagamh. Tha 'n t-Abstol ag ràdh ged a bhiodh e fhèin agus aingeal o nèamh a' toirt teagaisg seachad nach eil a rèir fìrinn Dhè gum biodh an teagasg sin mallaichte. Air a h-uile cor, a Sheumais, biodh gach lagh ceàrr a tha anns an rìoghachd (agus tha iomadh nì ceàrr) air an cur ceart, ach thugadh gach ministear a' cheart aire air an obair mhòir a thug

Dia dha ri dèanamh. Nuair a sheasas na ministearan anns a' chùbaid roinneadh iad facal na fìrinn gu ceart. Comharraicheadh iad a-mach an nì sin a tha olc, agus nochdadh iad gur còir an t-olc a sheachnadh agus am math a leantainn.

Seumas: Tha iad ag ràdh gur ann air ghaol fàbhar nan daoine mòra ghleidheadh a tha mòran de na ministearan a' fuireach sàmhach.

Eachann: Chan eil mi fhìn a' creidsinn sin idir. Faodaidh gu bheil cuid ga dhèanamh sin dìreach mar a tha cuid a' labhairt air ghaol fàbhar nan daoine bochd a ghleidheadh. Mar a thuirt sibh fhèin mar-thà, b' e Iùdas Iscariot an t-Abstol bu mhiosa a bh' aig Crìosd, agus 's e an aon fhear dhiubh a bha cumail a-mach gun robh sùim mhòr aige do na bochdaibh. Saoil sibhse an e air ghaol a bhith staigh air na h-uachdarain a thug air Crìosd agus air na h-Abstoil gun gnothach a ghabhail ri laghannan an fhearainn? Nach eil e sgrìobhte nach eil spèis aig Dia do phearsa seach a chèile? Dh'innis mi dhuibh, ma-tà, mar a dhiùlt Crìosd gnothach a ghabhail ri laghannan fearainn, agus mar a thuirt e, 'Dhuine, cò a rinn mise nam bhritheamh no nam fhear-roinn eadraibh?'⁵ Nuair a chuir na Pharasaich dearbhadh air ag ràdh, 'A bheil e ceadaichte cìs a thoirt do Cheasar no nach eil?' thuirt e, 'Thugaibh do Cheasar na nithean as le Ceasar; agus do Dhia na nithean as le Dia.'⁶ Chan fhiosraich mi gun do labhair e diog an aghaidh an uachdarain aimsireil. Cha b' ann a chàineadh dhaoine air chul an cinn a thàinig e. Bha e anabarrach fada 'n aghaidh nam Pharasach agus nan sgrìobhaichean, a chionn iad a bhith cho dèidheil air muinntir a thoirt a dh'ionnsaigh am beachdan fhèin. 'Is an-aoibhinn duibh, a sgrìobhaichean agus Pharasachan, a chealgairean, oir cuairtichidh sibh muir agus tìr a chum aon duine a dhèanamh de bhur creideamh fèin; agus an uair a nithear e, nì sibh mac ifrinn dheth dà uair nas mò na sibh fhèin.'⁷ Nach iomadh uair a chunnaic mise agus sibhse na briathran seo air an dearbhadh nar measg fhin. Nuair a dh'fhàgas duine aon eaglais agus a thèid e do eaglais eile, tòisichidh e air càineadh na h-eaglais a dh'fhàg e, agus air moladh na h-eaglais don deachaidh e, agus bithidh an aimhreit an uair sin air a bonn. Nach uabhasach ri thoirt fa-near na chaidh a labhairt de chainnt mhì-naomha aig àm dealachadh nan eaglaisean, agus on uair sin. Tha dearbhaidhean làidir againn gur iad a' mhuinntir a lean an Eaglais Shaor bu mhotha a thug seachad de dhroch chainnt na iadsan a dh'fhuirich anns an Eaglais Stèidhichte. Is iomadh uair a chuir an nì seo mòr-iongnadh orm, gu h-àraidh nuair a chuimhnichinn mar a bha, agus mar a tha, àireamh mhòr anns an Eaglais Shaoir a' cumail a-mach gur ann san Eaglais acasan a-mhàin a tha gràs Dhè ri fhaotainn. Is olc an comharra air muinntir a tha ann an staid gràis a bhith dèanamh uaill às am maitheas fhèin. Tha Pòl ag ràdh, 'Measadh gach neach gur fheàrr duine eile na e fhèin.'[8] 'S ann a tha mòran an-diugh a' meas gur fheàrr iad fhèin na h-uile neach eile. Mu thimcheall a bhith toirt seachad nan eaglaisean airson coinneamhan ceartachaidh an fhearainn a chumail annta, faodaidh mi ràdh gu bheil e tur an aghaidh teagaisg agus eisimpleir Chrìosd. Dh'fhuadaich e mach às an Teampall an crodh, 's na caoraich, 's na calmain, agus thilg e thairis bùird luchd-malairt an airgid dà uair fad nan trì bliadhna a bha e dol mun cuairt a' dèanamh math. A' chiad uair thuirt e, 'Na dèanaibh taigh m' Athar-sa na thaigh marsantachd.' An dara uair labhair e mar gum biodh corraich air agus thuirt e, 'Goirear taigh-ùrnaigh do m' thaigh-sa leis gach uile chinneach, ach rinn sibhse na gharaidh luchd-reubainn e.'[9] Tha mise làn-chinnteach, a Sheumais, nan do chuir Crìosd air a' bhonn, Comann-ceartachaidh an Fhearainn, an àite daoine a bhith cur cùl ris mar a rinn mòran beagan mun do cheusadh e, gur ann a bha sluagh na dùthcha o Dhan gu Beersheba air èirigh leis. Bha fhios aige glè mhath staid inntinn agus cridhe gach neach ach cha b' ann den t-saoghal sa a bha a rìoghachd.

NOTES AND REFERENCES

Publication details: *Northern Chronicle*, 11 March 1885

Author: Mac an Luin: same unidentified author as *Còmhradh* 16

Background: This text follows on from a *còmhradh* published a month previously in the *Northern Chronicle* (4/2/1885). In it Seumas had sought Eachann's opinion as to whether a minister should be involving himself in the land debate rather than in preaching the gospel, and the pair agreed that ministers should not become involved in issues of land legislation: 'Dhiùlt Criosd gnothach sam bith a ghabhail ri roinn no ri riaghladh fearainn.' The anti-Free Church tone of this, and the previous *còmhradh*, is consistent with the newspaper's pro-establishment stance, as evidenced in *Còmhraidhean* 15, 17 & 24.

Allan MacColl (2006) has demonstrated that support for the crofters' cause was stronger amongst the Free Church clergy than among those of the Established Church, one notable exception from the latter being the Rev. Donald MacCallum. This support was, unsurprisingly, particularly strong in the areas with the highest concentration of crofting commununities: seven out of the eight ministers in the Free Presbytery of Skye were pro-land reform; in the Free Presbytery of Lewis six out of eight were pro-land reform; and in the Presbytery of Dornoch eight of the ten Free Church ministers supported the Highland Land Law Reform Association (HLLRA) (MacColl 2006: 160). The formation of HLLRA branches was often instigated by Free Church ministers and meetings were frequently held in Free Churches with a minister in the chair (*ibid.*, 157).

This *còmhradh*'s attack on the politicisation of the Free Church clergy is indicative not only of this conservative newspaper's anti-Free Church sentiments, but also of unease about the validation which the clergy's support gave to the HLLRA and to the land reform movement as a whole.

The use of the Bible, and the Old Testament in particular, to substantiate the crofters' land reform claims has been discussed in Meek 1987. Here we have the converse, with Biblical authority, but this time the New Testament, being used to criticise clerical involvement in the politics of land reform, and to promote the separation of the spiritual and secular, drawing in the concluding section on Jesus's 'Cleansing of the Temple', when he drove the money-changers from the Temple.

1 **Nuair a bha 'n Diabhal a' buaireadh ar Tighearna Ìosa Crìosd**: Matthew 4: 8–10; Luke 4: 5–8.

2 **'Thigibh am ionnsaigh-sa, sibhse uile a tha ri saothair, …'**: Matthew 11: 28-30.

3 **'Is iongnadh leam gun d' atharraicheadh sibh …'**: Galatians 1: 6–10.

4 **'Ma thig neach sam bith nam dhèidh-sa …'**: Luke 9: 23.

5 **'Dhuine, cò a rinn mise nam bhritheamh …'**: Luke 12:14.

6 **'A bheil e ceadaichte cìs a thoirt do Cheasar no nach eil?...'**: Matthew 22:17–21.

7 **'Is an-aoibhinn duibh, a sgriobhaichean agus Pharasachan, a chealgairean …'**: Matthew 23: 15.

8 **'Measadh gach neach gur fheàrr duine eile na e fhèin'**: Phillipians 2: 3.

9 **'Dh'fhuadaich e mach às an Teampall an crodh, 's na caoraich …'**: Matthew 21: 12; Mark 11: 15–17; John 2: 14–16.

News and Information
Còmhraidhean 26–30

Improvement was one of the guiding philosophies of the Victorian era and this was reflected in the type of reading material published in journals aimed at working-class readers. In Scotland, periodicals such as *Chambers's Edinburgh Journal* were at the forefront of the movement to disseminate useful knowledge to the population at large. Therefore, when Norman MacLeod in the first issue of *An Teachdaire Gae'lach* wrote of 'gach gnè fhiosrachaidh feumail a bha chuige so glaiste o Ghàidheil ann an leabhraichibh Beurla, a chraobh-sgaoileadh air feadh gach gleann as tìoraile agus gach Eilean as uaigniche (*disseminating through each land-locked glen and remote island every type of useful information which has until now been kept from Gaels in English books*) (*TG* 1, 1829: 3), he was very much in step with contemporary trends. A glance at the index for his periodical's first year reveals such diverse topics as the management of bees, an account of the Great Wall of China, treatment recommended for the bite of a mad dog, an account of the telescope, and a description of sugar cane cultivation. MacLeod ensured that the world presented to his Gaelic-speaking readers reached far beyond the Highlands, and indeed Scotland. His readers were to be made aware of a world far wider than that which they experienced on a daily basis, a world which, thanks to advances in transport and technology more generally, and to the exigencies of life in the Highlands, many of his readers would be encountering first-hand. This introduction to the world at large was continued by *Cuairtear nan Gleann*, with its emphasis on ensuring readers were equipped with useful information about emigrant destinations (Kidd 2002).

The *còmhradh* was one of the vehicles used by MacLeod to impart this 'useful' information. *Còmhradh* 26 presented volcanoes to readers in an authoritative yet personal manner, while *Còmhradh* 28 explains the workings of modern inventions, such as the telegraph, with which readers may have been familiar, but with relatively little understanding of its workings. Coinneach's experience of gas lighting in Glasgow may have had its humorous side, but also, at a very practical level, served as a warning to readers of the dangers of gas. In *Còmhradh* 27 MacLeod's 'Cuairtear' acts as an intermediary between readers and the news, not simply informing readers about a new taxation system, but discussing it in the context of the Highlands and therefore in terms meaningful to them.

Còmhraidhean 29 and 30, both published in the *Highlander*, reflect the conviction of John Murdoch, the newspaper's proprietor, that Gaelic-speakers would benefit greatly from 'what we have so often mentioned, a small class book in Gaelic on Agriculture and Domestic Economy – something which ought to be used in every highland school' (Hunter 1986: 156). Since no such book was available until the publication in 1885 of Dr John MacKenzie's *Croft Cultivation*, with its accompanying Gaelic translation, a series of *còmhraidhean* in the *Highlander*, of which these are two examples, offered advice and information to Gaelic readers on best agricultural practice.

CÒMHRADH 26

Còmhradh eadar Cuairtear nan Gleann
agus Eachann Tiristeach

Cuairtear: Na phill thu, Eachainn? Cha riaghailtiche thig a' ghealach ùr oirnn uair sa mhìos na chithear thusa ann an Glaschu.

Eachann: Chithear mise, le ur cead; ach cò chunnaic a' ghealach? Ma tha gealach agaibh, 's e mo bharail gu bheil i am bitheantas san earra-dhubh.'S minig a thog mi mo shùil air a tòir, ach sin sealladh nach faca mi fhathast, 's chan iongantach leam 's iomadh neul tiugh dorcha, salach tha eadar sibhse 's a gnùis ghlan fhlathail. Saoil sibh nach do smaoinich mise 'n oidhche roimhe gum faca mi, mu dheireadh, gealach Ghlaschu. Bha mi gabhail air m' adhart gu ceann sràide, bha 'n oidhche dorcha duaichnidh; bha mi a' slugadh na toite mar a b' fheàrr a b' urrainn dhomh, agus faicear, mar a shaoil mise, a' ghealach làn na h-àirde shuas anns na speuraibh mum choinneamh. 'Tha seo,' arsa mise, 'na nì iongantach, gealach làn an Glaschu, 's nach eil aca ach a' ghealach ùr a-nochd an Tiridhe.' Ach ciod a th' agaibh air, ghabh mi air m' adhart. Dh'fheuch mi fhaicinn an robh bodach-na-gealaiche crom a' càradh a chuarain mar a b' àbhaist dha; ach an àite sin 's ann a chunnaic mi uaireadair mòr gu h-àrd sna speuraibh! Stad mi – shiab mi mo shùilean le muilicheann mo chota-mhòir, ach 's ann a bha 'n t-uaireadair air a shoilleireachadh leis an t-solas dhraoidheil sin ris an can sibh *gas*, agus an àite bhith crochte anns na speuraibh shuas 's ann a thuig mi gun robh e ann an turraid àrd eaglaise. 'Bu tu,' arsa mise, 'gealach nan tràth da-rìribh.'

Cuairtear: Na shocraich do cheann fhathast, Eachainn, an dèidh gleadhraich a' charbaid iarainn? Tha cuimhn' agad, bha do cheann san tuainealaich on latha mu dheireadh a bha thu san àite seo.

Eachann: Ma-tà, le ur cead, cha bu lugha a' bhreisleach anns an robh mi a-raoir – chunnaic mi sealladh a thug bàrr air an each-iarainn fhathast.

Cuairtear: Tha mi tuigsinn; bha thu 'g amharc Beinn Bhesùbhius, a' bheinn theine.

Eachann: Thachair sibh air – bha mi sa cheart àite. B' i beinn an uabhais i da-rìribh; ach 's math leam gun tàinig sibh thairis air a' chùis, oir cha do thuig mi gu ro mhath mòran den ghlòramas a bha ri fhaicinn, agus chuir mi romham mìneachadh iarraidh oirbh air cuid de na nithibh.

Cuairtear: 'S e do bheatha, Eachainn; innis dhomh na chunnaic thu.

Eachann: Chaidh mi le Niall mo mhac agus balach eile dh'amharc a' ghnothaich seo. Lean sinn sruth mòr de shluagh a bha gabhail an rathaid, gus an do ràinig sinn cachaileith mhòr, far na thog iad a' chìs. B' i sin a' chachaileith rionnagach! Ma bha aona chrùisgean crochte ri ursanna na cachaileith seo, agus air geugan nan craobh air gach taobh den t-slighe air an robh sinn a' siubhal, bha mìle ann, agus gach aon dhiubh laiste. Tha mise 'g ràdh ribh gum bu shealladh bòidheach e. Cha b' e 'm beagan ùillidh a chost iad.

Cuairtear: An ann de dh'iarann a bha sligean nan crùisgeanan?

Eachann: Iarann! Chan ann da-rìribh, ach de ghlainne lainnreach às am faodadh a' bhanrigh fhèin a fìon òl. Ghabh sinn air ar n-adhart. Thàinig a-nis oirnn ceòl milis fonnmhor, agus cha b' e sin ceòl an aon fheadain; bha còisridh chiùil le gach inneal a chunnacas no a chualas riamh a' cur dhiubh. Bha a' chuideachd a' cruinneachadh – anabarra sluaigh – thuirteadh rinn gun robh trì no ceithir de mhìltean ann, de gach seòrsa: cuideachd eireachdail, air m' fhacal. Thàinig sinn gu bruaich air na sheas sinn, calg-dhìreach mu choinneamh na beinne mòire, agus dluth do lochan mara àillidh air an robh iomadh birlinn chaol, rìomhach a' snàmh. Chuala mi ainm an lochain seo, ach dhìochuimhnich mi e.

Cuairtear: Bàgh Naples – caladh cho àillidh thèarainte 's a tha air uachdar an t-saoghail.

Eachann: Bha baile-mòr taobh eile a' chaoil seo, an cois na tràghad, cosmhail ris an Òban no Tobar Mhoire, nuair tha duine a' seòladh a-staigh do na h-àiteachan sin, ach gun robh na sràidean 's na taighean rìoghail air chumadh ro neònach, eucoslach ri aon taigh a chunnaic mi riamh.

Cuairtear: Na cuireadh sin iongantas ort, Eachainn. Thogadh cuid de na taighean sin air am faca tusa samhla no dealbh o chionn dà mhìle bliadhna, agus 's e ainm an dara baile-mòr Pompeii, facal tha ciallachadh 'Baile na h-Uaill'; agus ainm a' bhaile eile, Herculaneum – 's e sin ri ràdh, baile Hercules, duine bha ainmeil na linn 's na latha fhèin; gabh air d' adhart.

Eachann: A-suas o chùl a' bhaile-mhòir seo, thòisich Beinn Bhesùbhius air èirigh; agus ged a b' eòlach mise air beanntan Gàidhealtachd na h-Alba o m' òige ....

Cuairtear: Air d' athais, Eachainn; ciod a' bheinn as àirde tha 'n Tiridhe?

Eachann: Ud, ud! Cha ruig sibh a leas tighinn cho teann orm. Bha mise buachailleachd nam òige sa Chnoc Mhuileach, agus ag iasgach an sgadain an Loch Sgathabhaig san Eilean Sgitheanach; agus bha mi dol air m' adhart a ràdh gum bu duilich a thoirt orm a chreidsinn gum bu shamhla, no dealbh, a bh' ann idir. Chan fhaca mi riamh àite bu chosmhaile ri coir-uisg na Loch Sgathabhaig. Bha beinn os cionn beinne, 's iad ag èirigh gu àirde nan speur; bha glinn 's coireachan dorcha domhainn mun timcheall; ioma stuc àrd eagalach, ioma cas-chreag, agus garbhlaichean corrach on tionndadh fiadh nam beann air falbh le geilt. Bha mi dèanamh dheth gun gabhadh e leth-latha fada samhraidh dhomh dìreadh gu mullach na beinne a b' àirde.

Cuairtear: Chan iongantach sin, oir tha a' bheinn mu cheithir mìle troigh air àirde os cionn na fairge.

Eachann: Nach e sin a bha iad ag ràdh; ach 's e chùis-iongantais orm ciamar a b' urrainn iad a thoirt air an t-samhlachadh, no an dealbh, amharc cho àrd, agus ar fradharc a mhealladh mar a rinn iad. Cha b' urrainn dhomh thoirt orm fhèin a chreidsinn nach robh a' bheinn fhèin, agus an tìr mun cuairt dhith mu choinneamh mo shùl. Bha chuid eile mar obair dhraoidheachd dhòmhsa. Bha nis an deatach a' tòiseachadh, agus bha i a' cinntinn na bu duibhe agus na bu dòmhla, gus mu dheireadh an tàinig boillsgeadh dealanaich mu ghuala na beinne mòire, teine-adhair a shoilleirich o mhullach na beinne gu a bun. Na dhèidh sin thàinig tàirneanach cho àrd eagalach 's a chuala mi riamh. Chlisg mi! Cha do chuimhnich mi idir gur h-obair dhaoine bha ann; agus bha sgàth orm gun tàinig iad mar bhreitheanas, airson donadais na feadhnach a bha cho dalma agus samhlachadh a dhèanamh air oibribh mòr na cruitheachd. Ach thàinig dealanach air muin dealanaich, le torrann speur a dhùisg Mac-talla anns gach creag 's cnoc 's sliabh san t-sealladh; ach chan urrainn dhomh beachd a thoirt dhuibh air na leanas.

Cuairtear: Gabh air d' adhart, Eachainn, 's math a gheibhear thu.

Eachann: Thòisich a-nis turaraich oillteil am meadhan na beinne, beucaich agus torrann fìor uabhasach. 'Ma tha seo na shamhlachadh fìrinneach air a' chùis,' arsa mise rium fhèin, 'cha bu chulaidh-fharmaid na cluasan a bhiodh fada 'n coimhearsnachd na beinne seo fhèin.'

Cuairtear: Cha robh san turaraich a chual' thusa, agus anns an torrainn, ach faoineas an coimeas ri beucaich na beinne air an robh an samhlachadh. Dh'fhaodadh tu cho math srann an t-seillein riabhaich air feasgar samhraidh a choimeas ri gàir eagalach a' chuain ri gailleann a' gheamhraidh, no tathann a' choin a choimeas ri gunnacha-mòra Inbhir Lòchaidh air latha-breith an rìgh! Chan eil e comasach do neach beachd ceart a bhith aige air an fhuaim a thig on bheinn seo, nuair tha i brùchdadh a-mach teine. 'Smaoinichibh,' arsa fear a bha dlùth dhi nuair bu choimhiche i, 'gun robh doineann ghailbheach a' gheamhraidh, toirm atmhor a' chuain mhòir, torrann speur agus coileid ghunnachan-mòra, air an aon àm a' dèanamh co-fhuaim eagalach le chèile. Ged a bha sinn,' ars esan, 'dà mhìle-dheug air astar, bu chulaidh-uabhais an fhuaim; agus sia mìle bhon bheinn, chitheadh tu snàthad chaol air an t-sràid air mheadhan-oidhche!'

Eachann: Ma-tà, air m' fhacal, cha b' olc an fhochaid a rinn iad air a' chùis, ach gu h-àraidh nuair thòisich na sradan agus an lasair. Air uairibh bha mar gum biodh dòirneagan de chlachan dearga loisgeach air an tilgeil suas o mhullach na beinne àirde mhòr sna speuraibh le gleadhraich eagalach, agus bha stuth leaghta a' sruthadh a-nuas na chaoiribh dearga air slios na beinne, agus is ann an sin a bha 'n fhuaim thar tomhais; agus anns an neul os cionn beul an t-sluic chìte air uairibh 'gach dath bhios ann am breacan'. Bha mar gum biodh sruthan de stuth leaghta a' ruith a-nuas o mhullach gu bonn na beinne; agus le neart nach b' urrainnear a chasgadh a' milleadh, a' losgadh agus a' lom-sgrios gach nì a thàinig na rathad; agus chìteadh am maoim-slèibhe seo a' sgoltadh às a chèile na shruthaibh air gach taobh, mar bha creagan agus cnuic a' cur grabaidh air na dheann-ruith mhilltich.

Cuairtear: 'S ann ceart dìreach mar sin a tha Bhesùbhius, agus tha cuid de na sruthain theinnteach sin air am faca tusa samhla leth-mhìle air leud agus còig mìl' air fad. Tha luchd-turais ag innse dhuinn gu bheil na steallan lasrach agus na clachan teinnteach sin air am faca tu samhla air an tilgeadh os cionn mìle troigh, agus, air uairibh, os cionn mullach an t-slèibh.

Eachann: Ach, a Chuairteir rùnaich, 's e a' chuid den t-samhla seo as motha chuir gu smaoineachadh mi cor nam bailtean-mòra aig bun na beinne. Bha gach solas a-nis air a smàladh, agus sluagh nam bailtean-mòra nan suain – thàinig aon abhainn de stuth leaghta nuas air Herculaneum, agus lìon e gach sràid! Thiodhlaic e am baile gu buileach às an t-sealladh. Bha 'n stuth dìreach coslach ri ceilp dhearg leaghte air ruith. Thàinig aona mhaoim-slèibhe mòr den stuth uabhasach sin a-nuas air a' bhaile seo, agus cha robh mùr no turaid no mullach taighe ri fhaicinn ann am priobadh na sùl!

Cuairtear: 'S ann mar sin fhèin a thachair e. Thàinig lom-sgrios air a' bhaile-mhòr sin, mar tha thu ag ràdh, le stuth leaghta; agus bha e air an latha-màireach mar aon achadh lom, air a chòmhdachadh mar gum b' ann le brat iarainn, agus chaochail an sluagh a bha ga thuineachadh gu buileach. Leis a seo tha e cho duilich an stuth seo a chladhach air falbh, no tolladh a-staigh don bhaile seo 's ged a bhiodh daoine spealgadh nan creag. Ach chan ann mar sin a mhilleadh Pompeii.

Eachann: Chunnaic mi sin san t-samhla air a bheil sinn a' labhairt. Thàinig mar gum biodh cur 's cathadh do luaithre dheirg agus do dh'èibhlean loisgeach a-nuas air mullach a' bhaile sin, agus bha a shràidean agus a bhailtean rìomhach air an tiodhlacadh fon luaithre mar a chitheadh tu bothain bhuaile, air àirigh monaidh, air am falach fon t-sneachda. Thàinig an sin aona bhoillsgeadh mòr de theine lasrach a-nuas o mhullach gu bun na beinne. Ràinig an lasair na luingis a bha sa chaladh, agus chaidh iad ri theine; thug a' bheinn mhòr aon uspag uabhasach mar gum biodh i ann an spàirn a' bhàis. Gun teagamh chlisg mi air m' ais le seòrsa do gheilt. Ann an tiota chaidh an lasair às, sguir an tàirneanach agus an turaraich – phill dorchadas na h-oidhche – bha sàmhchair mhòr ann – tharraing an sluagh an anail, agus chluinneadh sibh osnaichean nam measg. Agus ghrad-thòisich a' chòisir-chiùil – chualas an gàire agus a' bhruidhinn agus dh'fhalbh iad uile dhachaigh, làn thoilichte leis an t-sealladh a chunnaic iad. Agus a-nis, a Chuairteir rùnaich, innis dhomh cuin a thachair seo? Cuin a mhilleadh Pompeii agus Herculaneum, agus cuin a fhuaradh a-rithist a-mach iad? Air m' fhacal, chuir e cianalas orm – oir b' uabhasach an sealladh e, eadhon ann an samhla fhèin.

Cuairtear: 'S tu dh'fhaodadh a ràdh. Thàinig sgrios air mar thàinig air Sòdom agus Gomorrah, agus dìreach mar thig fa-dheòidh air an t-saoghal. Chan eil ùin' agam an-dràsta air cùnntas thoirt dhut mu thimcheall na dòigh anns an d' fhuaradh a-mach Pompeii, mar a chladhaicheadh a-staigh ann, agus mar a rannsaicheadh e, agus na nithean a fhuaradh ann, an dèidh dha bhith seachd-ceud-deug bliadhna air a thiodhlacadh fon luaithre; ach feuchaidh mi seo a dhèanamh ann an litir ga ionnsaigh anns an ath àireamh don *Chuairtear*. Tha thu ag ràdh gun do dhùisg an sealladh a chunna tu iomadh smuain chràbhaidh nad inntinn. Ciamar a b' urrainn dha gun seo a dhèanamh, oir nach robh e ann an càileigin na shamhla air latha mòr eagalach an Tighearna, nuair thig an t-aingeal cumhachdach a-nuas o nèamh, air a sgeadachadh le neul agus bogha-frois ma cheann, aghaidh mar a' ghrian, agus a chasan mar phosta teine; cuiridh e a chas chlì air an talamh; glaodhaidh e le guth àrd mar sheachd tàirneanaich, agus togaidh e a làmh gu nèamh agus mionnaichidh e Airsan a tha beò gu saoghal nan saoghal nach bi aimsir ann nas motha.[1] Ach ciod an samhlachas as urrainnear a thairgseadh air uabhasan an latha mhòir sin? Cha tugadh Beinn Shinài fhèin, le a crith-thalmhainn agus a tàirneanaich agus a dealanaich, agus a dorchadas agus a doineann, ach mar shamhla faoin air – an latha am bi aibhnichean pronnaisg a' ruith anns na claisibh a thrèig na h-uisgeachan; an latha, mar tha Isaiah ag ràdh, 34 agus 9, anns an iompaichear na sruthan gu pic, agus an duslach gu pronnasg, agus am fearann uile na phic loisgich. Air an latha sin bidh na mìltean beann loisgeach, da bheil uamhas Beinn Bhesùbhius na làn-fheirg ach mar fhaileas, a' brùchdadh a-mach teine agus lasraichean. Teichidh gach eilean, agus cha bhi na beanntan rim faotainn; bidh an cuan mòr air ghoil mar abhainn; tha 'n t-adhar air a lasadh le anail an Uile-chumhachdaich; tha 'n teine-adhair a' ruith o cheann gu ceann de na speuraibh; leaghaidh na creagan fhèin le dian-theas, agus thèid an saoghal 's na bha air uachdar na chaoiribh dearga! Càit an seas daoine 'n sin a ghabhail seallaidh air atharraichean eagalach an latha mhòir, latha-bàis na cruinne? Càit am bi tèarainteachd an sin ri faotainn? O! Cha bhi còisir-chiùil no idir an gàire faoin ri chluinntinn. Ciod a theasraigeas sinn o dhealanach an Dè mhòir? Ciamar sheasas a' bheinn air a bheil sinn a' cur taic, nuair bhios na beanntan sìorraidh a' leaghadh? Càit am faigh sinn àirc on chuan ghailbheach? Nuair thig an latha mòr sin, O a Shlànaigheir ghlòrmhoir! Bi thusa dhuinn mar fhasgadh on doineann, mar thèarainteachd on lèirsgrios. Bi thusa càirdeil rinn, biomaid air ar faotainn annadsa; agus an sin thigeadh teine agus doineann agus bàs agus breitheanas, cha chuir iad uile smuairean no geilt oirnn, ma tha sinn air ar faotainn air ar n-aonadh riutsa, Slànaighear nam buadh!

NOTES AND REFERENCES

Publication details: *Cuairtear nan Gleann*, 9 October 1840: 173–77; *Highlanders' Friend*, 52–61

Author: 'C.' I have taken this to be the Rev. Dr Norman MacLeod given that the text was republished in the second collection of his writing, edited by George Henderson.

Background: Eachann's description of the eruption of a model of Mount Vesuvius in Glasgow must surely be based on Norman MacLeod's own experience of this grand spectacle, which was held in Cranston Hill Zoological Gardens, between July and October 1840. Designed by the renowned scenic artist George Danson (1799–1881), the event attracted large crowds, each paying one shilling admittance, and is described in the *Glasgow Herald*:

> The effect is so truly grand and sublime, bordering so nearly on reality, as to defy description, and which to appreciate and fully comprehend must be seen during the Eruption; the different Stages of this eventful occurrence are ingeniously displayed, finishing with a terrific rush of molten lava down the mountain, burying the ill fated city in one common ruin; the whole of the dreadful conflagration is beautifully reflected on the lake and distant mountains (*GH* 10 July 1840).

The interest in Vesuvius would undoubtedly have stemmed from the fact that the volcano was going through an active period, most recently erupting in 1839. The description of the Glasgow event may have seemed somewhat bizarre to a Highland audience, despite the writer's attempt to situate it within a Highland frame of reference, comparing Naples with Oban and Tobermory and drawing on Loch Scavaig in Skye to convey the grandeur of the mountainous scenery. The depiction of the event, however, serves as a springboard from which MacLeod is then able to expand on the eruption of Vesuvius in 79AD which destroyed Herculaneum and Pompeii, reflecting both the aim of journals such as *Cuairtear nan Gleann* to provide Gaels with the sort of reading material which was available to English speakers and the more general contemporary aim of providing an increasingly literate population with useful information. The *còmhradh* between Eachann and Cuairtear in the following issue of the journal continues where this one stops and provides a more wide-ranging discussion of European volcanoes and what causes them to erupt (*CnanG* 10, 1840: 217–22).

The subject of volcanoes had first been introduced to Gaelic readers over a decade earlier. 'Beinn Vesuvius' appeared in MacLeod's 1828 school textbook *Co'Chruinneachadh* (19–22) and was republished six years later in his second reader, *Leabhar nan Cnoc* (1834: 84–87). In the former MacLeod states that this is a translation of a text originally written in English in 1717 by Bishop George Berkeley (1685–1753), the eminent eighteenth-century philosopher and Anglican Bishop of Cloyne who had published an account of his climb up Mount Vesuvius in 1717 as it was erupting, and a description of which he sent to the Royal Society (Luce & Jessop 1951: 247–50). It is Berkeley who is quoted, in translation by 'Cuairtear', as 'fear a bha dlùth dhi nuair bu choimhiche i' (*a man who was close to it when it was at its fiercest*), and this section and also the later one which begins 'Bha mar gum biodh sruthan de stuth leaghta a' ruith a-nuas o mhullach gu bonn na beinne' (*It was although there were streams of molten material running down from the peak to the foot of the mountain*) draws on MacLeod's translation in the school reader (MacLeod 1828: 21, 22). 'Cuairtear''s concluding spiritual remarks show MacLeod moving effortlessly between informing and preaching, a common feature of these early dialogues.

1 nach robh e ann an càileigin na shamhla air latha mòr eagalach an Tighearna … nach bi aimsir ann nas motha: Revelation 10: 1–7.

CÒMHRADH 27

Còmhradh: Cuairtear nan Gleann agus Eachann Tiristeach

Cuairtear: An latha a chì 's nach fhaic, Eachainn Thiristich, fàilte 's furan! Ciod seo a' mhì-shealbh a dh'èirich dhut? 'S iomadh litir tha gam ruigheachd a' feòraich am beò Eachann.

Eachann: Cha d' èirich mì-shealbh no driod-fhortan air bith dhòmhsa, tha mi taingeil ri ràdh. Ach cò iad a bha 'g ionndrainn Eachainn?

Cuairtear: 'S i cheist, cò nach eil gad ionndrainn? Tha muinntir America a tha leughadh a' *Chuairtear* a' cantainn, mur bi sgeul air Eachann san ath àireamh, nach ruigear a leas chur a-null.[1] Saoil nach i do bhean a bhios moiteil nuair a chluinneas i seo?

Eachann: Cha bhi moit no stràic orra. Chan urrainn dhaibh barrachd meas a bhith aca ormsa na th' aice fhèin; 's chan iongnadh e, 's i 's eòlaich orm.

Cuairtear: Gum meall thu do pheiteag rìomhach! 'N ann air tàillibh na luinge mòir a chaidh air tìr air cladach Thiridhe sa gheamhradh a dh'fhalbh tha pheiteag bhastalach sin?[2]

Eachann: Sin sibh. An cuala sibhse mun luing mhòir?

Cuairtear: Tha eun beag cladaich ann an Tiridhe[3] tha air uairibh a' toirt sanas dhuinn air na tha dol air aghaidh san eilean; agus chuala sinn iomadach sgeul a thug gàire oirnn mun luing mhòir.

Eachann: Mur eil eun beag cladaich ann, tha ite eòin cladaich ann – ite a' gheòidh ghlais; 's mur eil mi meallta, tha fios agam cò tha 'g iomairt a' phinn. Saoil nach eil dùil aca 'n Tiridhe gur mise tha 'g innse gach nì tha sibh a' cur sa *Chuairtear* mu na dùthchannan sin! Nach e am facal mu dheireadh a thuirt mo bhean rium, 's mi falbh: 'Nis, Eachainn,' ars ise, 'thoir an aire nach abair thu facal ris a' *Chuairtear* mu dheidhinn na luinge mòir 's an *calico* Sasannach. Ma chluinneas e mu thimcheall an dithis mhnathan a bh' air an suaineadh fad na h-oidhche, is ceangal nan seachd dual orrasan sa *chalico* gu latha, faodar an

298

t-eilean fhàgail.' ''N e mise?' arsa mi fhìn; 'cha labhair mi diog ris. Ud, ud! Chaidh e uaithe sin. Tha mi nam earalas a-nis.' Ach, a Chuairteir rùnaich, fhad 's a tha sinn le chèile, tha iarrtas mòr orm naidheachdan na rìoghachd a chluinntinn uaibh. Chan eil fios aig duine bochd ciod a chreideas e, 's cha mhotha tha mise tuigsinn gu math na tha iad a' leughadh anns na pàipearan-naidheachd, leis an t-seòrsa de Bheurla luideach, bheàrnach a th' agam. Bheil e fìor gu bheil Bàillidh Mòr na Banrigh, Sir Robert Peel, dol a chur cìsean ùr, no *taxes*, mar a their an Gàidsear Buidhe, air daoine?

Cuairtear: Tha sin fìor gu leòr, 's cìsean trom cuideachd.

Eachann: Cùl mo làimh ris. Nach e sin a' cheart nì thuirt am Breabadair fad-chasach Gallta bha tighinn a-mach maille rium air soitheach na smùide: nach luaithe gheibheadh a' bhuidheann ùr seo staigh – na *Tories* – agus gnothaichean na dùthcha 'n earbsa riutha, na leagadh iad cìsean ùr air daoine. Nach truagh gun do dhealaich a' Bhanrigh ris an t-seann bhàillidh, Morair Melbourne, agus a chàirdean?

Cuairtear: Air d' athais, Eachainn. Èist gu fòil, 's innsidh mi dhut mar a tha chùis, 's chan eil Breabadair Gallta no Gàidsear Buidhe san tìr as urrainn cur nam aghaidh.

Eachann: Gabhaibh air ur n-aghaidh, 's mise nach cuir grabadh oirbh.

Cuairtear: Nuair a chaidh a' bhuidheann mu dheireadh a-mach, iadsan ris an robh gnothaichean na rìoghachd an earbsa (agus chan i a' Bhanrigh idir a chuir air falbh iad, ach a' Phàrlamaid), bha costas na rìoghachd fad' os cionn na bha tighinn a-staigh. Bha iad a' caitheamh milleann gu leth sa bhliadhn' a bharrachd air a' mhàl 's na cìsean a bha air an togail agus bha 'n t-anabarr mhilleannan de dh'ainfhiach an aghaidh na dùthcha airson nan deich bliadhna anns an robh stiùir na luinge mòir ris an canar Breatainn, ann an làimh Mhelbourne. Mu dheireadh, cha b' urrainn a' chùis dol na b' fhaide.

Eachann: Chan iongantach leam. Bha creideas math aig an rìoghachd nuair nach robh i cho briste ris an Dròbhair Chrùbach.

Cuairteur: Cha ghabhadh a' chùis obrachadh na b' fhaide.

Chan e mhàin gun robh an sporan mòr falamh; bha costas na rìoghachd a' meudachadh – cogadh air tòiseachadh ann an *China*, an rìoghachd as lìonmhoir sluagh air aghaidh an t-saoghail – cogadh eile ann an Innsean na h-Àird an Ear – agus deich milleannan de dh'ainfhiach ri dhìol. Cha robh e comasach àireamh 's costas ar luingis-cogaidh a lùghdachadh, no idir ar n-armailt. An àite seo, 's ann a bha e feumail gum biodh iad air am meudachadh gu mòr. Seo, ma-tà, an staid anns an robh an dùthaich nuair a thàinig na daoine tha nis os cionn gnothaichean na rìoghachd staigh gu oifig.

Eachann: Air m' fhacal onarach, fhuair iad iarna aimhreit ri rèiteachadh. Cha bu chulaidh-fharmaid a' bhàillidheachd a dh'fhàgadh aca. Tha e soilleir gum b' èiginn dhaibh airgead fhaotainn; ach 's i a' cheist, càite? Chan fhaodar leigeil leis an t-seann rìoghachd bristeadh, no leis na Frangaich no muinntir China saltairt oirnn, no tom-coin a dhèanamh den t-seann eilean. Ach cluinneamaid ciod a rinn Bàillidh Mòr Bhreatainn.

Cuairtear: Cha robh e freagarrach cìs a chur air nithean bha daoine ag ithe no caitheamh, do bhrìgh gum biodh seo na chruadal air daoine bochd, cho math is air daoine beairteach. Tha toil aig Sir Robert Peel an t-uallach ùr a chàramh air daoine saidhbhir na rìoghachd – na cìsean ùra leagail air dòigh a ruigeas orrasan, agus na cìsean bha daoine a' dìol airson nithean a bha tighinn a-staigh à rìoghachdan eile a lughdachadh. Seo an dòigh a tha na bheachd.

Eachann: Mo bheannachd air! Ach ciamar a dh'fheuch e sin a dhèanamh?

Cuairtear: Innsidh mi sin. Tha deich milleannan de dh'ainfhiach ri dhìol, agus chum seo a thogail, tha e dol a leagail chìsean air daoine aig a bheil teachd-a-staigh de sheòrsa sam bith os cionn ceud gu leth punnd Sasannach sa bhliadhna. A h-uile punnd Sasannach a th' aig neach air bith tighinn a-staigh dha sa bhliadhna os cionn ceud gu leth, tha e ri seachd sgillinn às a' phunnd dhe sin a dhìoladh 's a phàigheadh a-staigh do sporan mòr na rìoghachd. No, ann am briathran eile, tha dlùth do thrì puinnd Shasannach às a' cheud ri bhith air a chàramh mar chìs air a h-uile neach san rìoghachd aig a bheil os cionn ceud gu leth punnd Sasannach sa bhliadhna. Leis a seo, esan aig a bheil dà cheud punnd Sasannach sa bhliadhna, pàighidh e dlùth air sia puinnd Shasannach; esan aig a bheil còig ceud, dlùth air còig puinnd deug Shasannach; agus mar sin, trì puinnd às a' cheud. Ach chan eil peighinn ruadh, uiread agus còta-bàn, ri bhith air a chàramh air neach a tha fo cheud gu leth sa bhliadhna. Ciamar a tha sin a còrdadh riut, Eachainn?

Eachann: Buaidh agus piseach le Rob! Cha chuala mi riamh dòigh as fheàrr. 'S math mar a tha e dol a dhèanamh. Mo mhìle taing do luchd-comhairle na Banrigh! Tha dòchas agam gu bheil seo tighinn air Rob e fhèin, ged a tha e ann an seirbheis na dùthcha.

Cuairtear: Tha. Chan eil saorsa no dol às aig neach. 'S coma cò às a tha bheathachadh ag èirigh – co-dhiù 's ann à ceàird no malairt – à fearann saor, no à riadh airgead a tha air a chur seachad – co-dhiù as ministear, no lighiche, no oifigich-airm – chan eil mac màthar aig a bheil os cionn ceud gu leth punnd Sasannach sa bhliadhna de thighinn-a-staigh saor nach imir a' chìs seo a phàigheadh.

Eachann: Ma-tà, soirbheachadh leis! Ach seo rud tha tighinn nam bheachd – ged nach eil annamsa ach duine gun sgoil 's gun fhiosrachadh, gidheadh ar leam nach bu chòir dhaibhsan aig nach eil còir no dlighe air na bheil tighinn a-staigh dhaibh ach rè am beò – slàinte nam beatha fhèin – nach eil e, ar leam, ceart cìsean cho trom a chur orrasan 's a tha iad a' cur air tighearnan fearainn. Faodaidh còig ceud sa bhliadhna de theachd-a-staigh, no de bheathachadh, a bhith aig duine fhad 's as beò e fhèin; ach cho luath 's a thilgeas e an deò, tha sin uile caillte dha theaghlach. Ach fear na h-oighreachd, ged a chaochaileas esan, cha chaochail am fearann; faodaidh e cuid den mhàl fhàgail aig a bhanntraich 's aig na dìlleachdain, 's cha chuirear imrich no sgaoil orra. Bheirinn airsan tuilleadh cìs a phàigheadh na ladsan aig nach eil ceangal sam bith air na bheil aca ach am beatha fhèin; agus mar an ceudna iadsan tha tighinn suas air riadh-airgead – ged a dh'fhalbhas iadsan, tha 'n calpa 'n làthair airson an teaghlaich. Nam biodh cagar agamsa ann an cluais Rob, chomhairlichinn dha a dhà uiread a chur air an dàrna seòrsa seach na th' air an t-seòrsa eile. Mar an ceudna, thaobh luchd-malairt, faodaidh mòran a bhith ac' air a' bhliadhna seo, 's gun dad idir a bhith ac' air an ath-bhliadhn'. Faodaidh lighiche no fear-lagh a shlàinte a chall, agus, an lorg sin, dol air ais san t-saoghal. Chan eil e, uime sin, nam bharail fhìn, ceart a thoirt orrasan uiread a phàigheadh às na tha tighinn a-staigh dhaibh 's a phàigheas iadsan air nach toir tinneas caochladh sam bith air an cuid, agus nach eil an cunnart na bhuineas dhaibh a chall.

Cuairtear: Chan fhaod mi ràdh, Eachainn, nach eil mòran den fhìrinn agad; ach thoir thusa seo leat gur luchd-oighreachd fearainn a' chuid as motha dhiubhsan a tha sa Phàrlamaid, agus bheir iad sin làn-aire nach cuir iad orra fhèin ach cho beag 's as urrainn dhaibh. Seo, ma-tà, an dòigh air a bheil iad a' smaoineachadh na deich milleannan a dhìol. Tha a' chìs seo, trì puinnd Shasannach às a' cheud, ri seasamh fad trì bliadhnachan; agus ged a bheir seo staigh dlùth air ceithir muilleannan (£4,000,000) a bharrachd 's a tha dhìth orra an ceann gach bliadhn' airson an ainfhiach a dhìol, tha iad dol a lùghdachadh chìsean eile a rèir sin. Chan e mhàin nach eil cìsean ùr ri bhith air an càramh air an t-sluagh am bitheantas, ach tha na cìsean a th' orra ri bhith air an ìsleachadh gu mòr. Tha air an àm dà cheud deug nì a tha tighinn à dùthchannan eile a' pàigheadh cìs, agus tha chìs sin ri bhith air a lùghdachadh ann an suim cho mòr ri trì cheud mìle punnd Sasannach sa bhliadhna. Tha chìs a th' air seachd ceud gu leth de na nithean a tha tighinn à rìoghachdan eile gu bhith air an ìsleachadh gu mòr.

Eachann: An t-urram dha! Ach ciod iad na nithean air a bheil a' chìs gu bhith air a h-ìsleachadh? Na lùghdaich e a' chìs air an tombac?

Cuairtear: Cha do lùghdaich, no air an uisge-beatha.

Eachann: No air an tì no 'n t-siùcar? Sin a' chiad nì a dh'fheòraicheas mo bhean dhìom.

Cuairtear: Cha d' ìslich; ach dh'ìslich e chìs tha *coffee* a' pàigheadh.

Eachann: *Coffee*! Ma-tà, bha beag aige ri dhèanamh – an
seòrsa tì as miosa dh'fheuch mi riamh. Bha mi oidhche anns an
Taigh Gheal, ceann eile an eilean, agus bha tì aca de *choffee*; 's
mura bhith gun robh glugag mhath de dheagh uachdar 's làn-
spàine de siùcar donn sa chupa, le cead dhuibhse, cha tug mi
mach air doras-beòil an taighe a' phurgaid shalach. Tha mi 'm
barail gun dèanadh peasair no pònair, air an cruadhachadh ris an
teine, 's air am pronnadh ann an cloich-chrotail, tì cho math. Ach
ciod iad na nithean eile air a bheil iad brath a' chìs ìsleachadh?

Cuairtear: Ìslichidh iad na cìsean air seachd ceud gu leth nì
tha tighinn thairis – mar tha asail ….

Eachann: Asail! An cuala mi sibh gu ceart? Asail! Eich fhad-
chluasach nan ceàrd! Fheara 's a ghaoil! An robh cìs air an aon
cheithir-chasach as gràinde air thalamh? An cuala sibh asail
riamh ri raoiceil? Thug an Ceàrd Ruadh aon dhiubh aon uair do
Thiridhe, an àm faidhir na Bealltainn; 's nuair a thug a' bhèist a'
chiad raoic, saoil sibh an robh cailleach no bodach, balachan no
caileag, nach do theich – smaoinich iad gur e bh' ann am Fear
nach abair mi. Tha Sir Raibeart às a bheachd – cìs a thoirt dhe
choffee agus dhe asail! Fhalbh, fhalbh! Nam biodh cìs air na
dallagan-murlain, 's e an ath nì a lùghdaicheadh e. Ach gabhaibh
air ur n-aghaidh. *Coffee* 's asail – obh, obh!

Cuairtear: Tha iomadh nì eile ann, a ghabhadh ùine mhòr ri
innse – teàrr 's fiodh – giuthas America, agus giuthas à
rìoghachdan tuathach – agus iomadh nì eile.

Eachann: Tha sin math; togaidh sinn taighean 's bàtaichean, 's
gheibhear iasgach mòran nas saoire na b' àbhaist dhuinn. Mo
bheannachd air! Òlaidh mi a shlàinte anns gach cuideachd, a
dh'aindeoin nan asal, na trustair!

Cuairtear: Tha nì eile tha e dol a dhèanamh, a bheir mòran
toileachas-inntinn do mhuinntir nam bailtean-mòra; agus, mar a
thuirt thusa, soirbheachadh leis!

Eachann: Mar sin, an duine còir. Ach ciod an nì tha na
bheachd? Siud, tha sodan air mo chridhe bhith 'g èisteachd ris na
nithean sin!

Cuairtear: Ro sco, cha robh cead aig muinntir tìr-mòr na

Roinn-Eòrpa crodh no mairt bheò chur a-nall do Shasainn. Cha robh seo air a cheadachadh idir, idir; agus ged a robh an fheòil saillte, bha chìs cho trom 's nach robh feum a cur a-nall – cha ghabhadh i reic gun chall. Leis a seo, dh'èirich luach na feòla anns na bailtean-mòra cho àrd 's nach robh e comasach teaghlach a chumail suas; agus bha na tighearnan Gàidhealach a' dèanamh beairteas air tàillibh luchd-ithe na feòla. 'S e seo a thog prìs a' chruidh 's nan caorach cho àrd anns a' mhargadh. Ach ma thèid na riaghailtean ùr seo air an aghaidh, thig crodh agus feòil a-nall à rìoghachdan eile air na soithichean-smùid ann am pailteas cho mòr 's nach fhaod am margadh-feòla gun tuiteam.

Eachann: Stad dhuibh. Ciod seo tha sibh ag ràdh?

Cuairtear: Stad thusa cuideachd, Eachainn, agus leig leam …

Eachann: Cha leig mi leibhse no leothasan. Sin nì nach tèid aige air a dhèanamh – prìs na feòla ìsleachadh. Air d' athais, a Rob; bithidh dà fhacal uime sin.

Cuairtear: Ceannaichidh tu air an àm seo ann an cuid de dhùthchannan air tìr-mòr na Roinn-Eòrpa feòil air dà sgillinn am punnd, cho math ris an t-seòrsa tha tarraing ochd agus deich sgillinn ann an Glaschu. Faodaidh iad a-nis an damh as truime chur a-nall airson fichead sgillinn Shasannach a phàigheadh san Taigh-Chusbainn; agus mairt, 's gamhna, 's laoigh, airson dàrna leth sin. Cha b' iongantach leamsa ged a thuiteadh fiach a' chruidh anns a' Ghàidhealtachd an treas bonn air a' chuid as lugha. Mìle taing dhàsan a tha dol a thoirt dhuinn an toitein cho saor. Bha feum againn air.

Eachann: Fhalbh, fhalbh; millidh seo a' chùis gu buileach. Tha mise nam dhuine briste. Cheannaich mi fichead gamhainn air a' gheamhradh seo dh'fhalbh, agus tha mi an dèidh gabhail beag fhearainn fhaotainn; 's mar sin, mar sin, tha mise *gone*! Tubaist air Rob!

Cuairtear: 'S am b' àill leat sinn, an sluagh mòr tha còmhnaidh sna bailtean, a bhàsachadh, chum prìsean cruidh agus chaorach a chumail suas anns a' Ghàidhealtachd, 's na tighearnan fhàgail beairteach? Seo an riaghailt as fheàrr a thug e staigh, agus tha dòchas agam nach tarraing e air ais i. Ach, Eachainn, mur do

ghabh thusa an aonta, na biodh cabhag ort do làmh a chur ris a'
phàipear, gus am bi na gnothaichean seo air an socrachadh.

Eachann: Gun robh math agaibh. Cha tog mi deoch-slàinte
Shir Raibeart gus am bi margadh Dhùn Breatann a dh'aon chuid
seachad – gus am faic mi, mar a thuirt an dall, ciamar a
chrìochnaicheas gach cùis.

Cuairtear: Dhìochuimhnich mi innse dhut gun robh e mar an
ceudna dol a chur chìsean ùr air cuid de nithean – mar air gual …

Eachann: Air gual! Tubaist air! Cha leigear leis. Tha mhòine
ann an Tiridhe air ruith às; 's èiginn dhuinn gual a losgadh a-nis.[4]
Chan fhaod e bhith nach eil e às a bheachd smaoineachadh cìsean
a chur air gual! Tha Diùc Earra-Ghàidheal, Mac Cailein Mòr, air
an àm ann an Lunnainn, 's cuiridh sinn *petition* a-suas. Cha
leigear sin leis, olc air mhath.

Cuairtear: Air d' athais, Eachainn! Chan eil cìs ri bhith air a
chur ach air gual tha dol thairis às an dùthaich seo do
rìoghachdan eile – ceithir sgillinn Sasannach an tunna. Chan eil
sgillinn dol air na chaithear san dùthaich againn fhìn. Ach nach
ceart an nì thoirt air Frangaich, Dùitsich, agus feadhainn eile tha
caitheadh ar cuid guail pàigheadh air a shon?

Eachann: Gu ceart. Tha sin mar bu chòir dha bhith. Na
caomhaineadh e iad. Ach an saoil sibh an tèid a' chùis leis?

Cuairtear: 'S i mo bharail gun tèid. Tha mòran a' talachadh 's
a' gearan, mar as nàdarra a smaoineachadh – a h-uile fear a'
gearan nuair thig a' chìs dlùth air fhèin, mar tha thusa gearan
mun chrodh 's mun ghual; a h-uile aon ag iarraidh maor nan
cìsean a chur seachad air a dhoras fhèin, agus a' chìs a chur air a
choimhearsnach. Ach mura cuir esan cìs na uallach gus am bi na
h-uile aon riaraichte, chan eil fios cuin a shocraichear a' chùis.
Tha h-uile aon ag aideachadh gur èiginn dha airgead fhaotainn –
gur èiginn an t-ainfhiach a dhìol – gur èiginn an cogadh a
chrìochnachadh, agus onair na rìoghachd a sheasamh. Tha h-uile
aon ag aideachadh nach esan a chàirich an rìoghachd san staid
anns a bheil i; ach tha iad a' gearan 's ri monmhar – a h-uile aon
a' càineadh a' chuid sin de na riaghailtean a bheir sgillinn às a
phòca fhèin. Ach 's i mo bharail, mur toir a' Phàrlamaid do Shir

Raibeart dìreach a thoil fhèin sna h-uile nì mar a chuir e mu
coinneamh, gun tilg e uaithe an stiùir gu buileach, 's gun abair e,
'Sin agaibh i. Cha leig sibh leamsa mo dhòigh fhèin a ghabhail.
Sin i agaibh, agus dèanaibh leatha mar as àill leibh. Sibh a chàirich
an t-ainfhiach air an rìoghachd, sibh a dhùisg an dà chogadh
mhòr – mur leig sibh leams' a' chùis a shocrachadh mar as àill
leam, gabhaibh ur dòigh fhèin.'

Eachann: An gille! Seasaidh mi fhìn e, ged a thuiteas na
gamhna fireann deich tastain an ceann. 'S fheàrr leam sin na
Breatainn a bhith air a thàmailteachadh. Ciod tha Bhanrigh ag
ràdh?

Cuairtear: Cho luath 's a chual' i mar bha chùis, gun robh a
leithid seo de chìs feumail, mun d' fhuair Sir Raibeart crìoch a
chur air na bha e dol a ràdh, 'Cuimhnich,' ars ise, 'nach bi saorsa
agamsa o aon uallach den t-seòrsa sin nas motha na neach eile san
rìoghachd. 'S èiginn gun dìol mise trì punnd Sasannach às a'
cheud de na tha tighinn a-staigh dhomh cho math ri aon eile.'

Eachann: Mo ghalghad! Air m' fhacal, is tapaidh i; thuirt i sin
gu math 's gu ro mhath. Ach innsibh dhomh: am pàigh muinntir
na h-Èireann mar nì muinntir Shasainn agus Albann?

Cuairtear: Dhìochuimhnich mi innse gun robh tastan a
bharrachd cìs ri bhith air a chur air an uisge-beatha Èireannach
seach na bh' air riamh. Tha e nis a' dìol an aon chìs ri uisge-
beatha na h-Albann, 's carson nach bitheadh?

Eachann: 'S carson nach bitheadh, mar a thubhairt sibh?

Cuairtear: Èireannaich tha tarraing na th' aca de
bheathachadh, no de theachd-a-staigh sa bhliadhna, o
oighreachdan ann an Èirinn, fhad 's a dh'fhuireas iad nan
dùthaich fhèin, tha saorsa aca on chìs air an robh mi labhairt; ach
ma thig iad do Shasainn, pàighidh iad mar nì Sasannaich.

Eachann: Tha sin dìreach mar bu chòir dha bhith; agus 's mi
bhiodh làn-toilichte ged a chuireadh iad cìs dhùbailt air na
tighearnan Gàidhealach agus Gallta tha cost an cuid airgid ann an
rìoghachdan cèin – a' tarraing na 's urrainn dhaibh às an cuid
fearainn san dùthaich seo – fàsgadh smior an cnàimh-droma às
na daoine truagh aig a bheil àite uapa – ag earbsadh an cuid

fearainn agus an gnothaichean ri sgrìobhadairean neo-iochdmhor tha sgrios na dùthcha. Agus nuair a philleas iad dhachaigh às na dùthchannan cèin sin – na dùthchannan grianach sin – cha tig an t-aon latha bhios iad toilichte ann an tìr an òige nas motha. Peasain chaola, chrannach, liotach de mhic aca, gun fhacal Gàidhlig nan ceann; agus nigheanan caola, tais, glaisneulach air chrith le fuachd, 's a bhiodh air am mealachadh le aon fhrais. Nach truagh am fear a gheibh iad! Nach bu chàirdeas cìs mhòr a chur orra, a dh'èignicheadh iad fuireach aig an taigh? Air m' fhacal, a Chuairteir rùnaich, chuirinn cìs air gach tighearna Gàidhealach tha fàgail a dhùthcha gu dol do Dhùn Èideann le theaghlach. Agus siud feadhainn eile air an cuirinn cìs throm – na *flunkies* – luchd nam brògan tana, nan stocainnean geala, nam briogaisean buidhe, 's a' chuairt òir – obh, obh! – cuairt na h-amaideachd – mun aid. Ach 's èiginn dealachadh. Mìle taing. Air m' fhacal, ma thachras am Breabadair Gallta orm dol dhachaigh, cumaidh mi ris.

Cuairtear: Slàn leat, Eachainn. Cuimhnich gu bheil an *coffee* mach an seo airson dà sgillinn am punnd nas saoire, agus gun ceannaich thu asail Spainnteach ochd sgillinn deug nas saoire na b' urrainn dhut ro seo. Slàn leat!

Eachann: Nach tog sibh dheth. Tha mi fada nur comain. Mas urrainn mi, bidh mi mach toiseach an ath mhìos, a leigeil fios dham chàirdean gu bheil Eachann MacShiridh beò.

NOTES AND REFERENCES

Publication details: *Cuairtear nan Gleann* 26, April 1842: 51–56

Author: There is no name or initials attached to this text and it is not among the selections of Norman MacLeod's writings which appear in *Caraid nan Gaidheal* and *Highlanders' Friend*. It is likely, nonetheless, that this was written by him, given that he used these two characters in a number of *còmhraidhean*.

Background: This text reflects the Conservative leanings of its author in his attempt to explain the Government's fiscal policy.

The Conservative Sir Robert Peel (1788–1850) became Prime Minister for the second time in 1841, replacing the Whig, Viscount Melbourne. The catalyst for this *còmhradh* was Peel's 1842 Budget which introduced income tax as a five-year temporary measure. A tax on income had been established by William Pitt the Younger in 1798 as a means of financing the war against Napoleon and was repealed only in 1816 after the Napoleonic War had ended. In 1842 the country's finances were again stretched by the Anglo-Afghan War (1839–42) and the Anglo-Chinese War (Opium War) (1839–82), prompting Peel to revert to raising revenue through income-based taxation. He also began to liberalise trade by reducing the customs duties on many imports, a measure which he would later take further with the repeal of the Corn Laws in 1846 (McCord & Purdue 2007: 174–77).

The characters' predictions of a fall in the price being paid for Highland cattle did materialise, albeit not immediately. While cattle prices were still buoyant in 1846, prices were to fall significantly in 1847 (Devine 1988: 37). The *Scotsman* reported in 1847 that there were few buyers from England at the Falkirk Tryst in August 1847, since they could readily obtain cheaper Irish cattle (11/8/1847).

MacLeod's biography, written by his son John, reveals that MacLeod was acquainted with the Prime Minister. Peel was elected Lord Rector of Glasgow University, and when a public banquet was held to mark his inaugural address in January 1837, Norman MacLeod, Moderator of the Church of Scotland at the time, was among those to deliver a speech. He had further opportunities to meet Peel when in London on Church business and Peel is said to have referred to MacLeod as 'a clergyman, who (*sic*) I am proud to call my friend' (MacLeod 1898: 182).

1 Gaelic periodicals formed an important link beween emigrant Gaels and their homeland and, as discussed by both Dunbar (forthcoming) and Kidd (2013), the early periodicals of the 1830s and 1840s had both subscribers and contributors in

Canada. Among the agents for *Cuairtear nan Gleann* which are listed at the end of the issue in which this *còmhradh* appeared is one in Pictou and one in Prince Edward Island.

2 The reference to a shipwreck off Tiree the previous winter is presumably to the wreck of the 175 tons *Fleurs*, which struck rocks during a storm at Kenavara on the west side of Tiree on 11 December 1841. While no lives were lost, this text suggests that the surviving cargo, reported in the *Scotsman* as being 'calicoes, porcelain ware, cheese, porter, etc', was put to good use by the islanders. As the newspaper report notes, had the Skerryvore lighthouse been operational by then the accident might well not have occurred (*S* 1/1/1842). Work began on the lighthouse in 1838 under the supervision of Alan Stevenson, but due to the challenging nature of building in such a remote and exposed location, and with construction work often undone by the forces of nature, it was not until 1844 that Skerryvore lighthouse came into operation (Bathurst 1999: 148–79).

3 eun beag cladaich ann an Tiridhe tha air uairibh a' toirt sanas dhuinn air na tha dol air aghaidh san eilean: this reference seems highly likely to be to the Rev. Neil MacLean (1784–1859) who was minister on Tiree. MacLean, who shared lodgings with MacLeod during their time as divinity students in Edinburgh between 1804 and 1808, is recorded as being a contributor to MacLeod's periodicals (MacLeod 1898: 21, 85). His are presumably the contributions made under the initials 'N. McL.', one of which has 'Innis nan Tonn' appended.

4 Due to the peat-banks on Tiree being exhausted, coal had to be brought in to the island. At the end of the eighteenth century Tiree's minister, the Rev. Archibald McColl, observed:

> One end of Tiry can, for a few years, make peats, but in the other end near 200 families are reduced to the greatest distress […] they have now exposed the rocks in many places [ ] Sometimes in Spring they gather dried horse dung; they even burn straw and then comes the last shift burning the roofs of their houses or some of their furniture (*SA* Vol. 10: 405).

Similar observations are made in the *New Statistical Account of Scotland* which is contemporaneous with this *còmhradh* and which was written by the Rev. Neil MacLean (see note 3 above). He estimated that some 500 families, out of 768 on the island, were forced to pay for coal and for its transportation to the island at a cost to each family in the region of £4 per annum (*NSA* Vol 7: 218–19). By the time of the Napier Commission's visit to Tiree in August 1883, the cost was estimated to be around £6 per annum for island households (*PP* 1884 XXXIV: 2132, 2142).

CÒMHRADH 28

Còmhradh eadar Murchadh Bàn agus Coinneach Cìobair

Murchadh: Bha dùsal cadail orm, agus an àm dhomh dùsgadh suas, air dhomh na coin a chluinntinn a' comhartaich aig an doras, is beag dùil a bh' agam gur e Coinneach Cìobair a bha aig an stairsnich aig an uair anmoich seo dhen oidhche. Thig a-steach, fhir mo ghràidh, agus innis domh ciod as cor dhut, agus ciamar a dh'fhàg thu iad gu lèir sa Ghoirtean Fhraoich.

Coinneach: Ma-tà, a Mhurchaidh, is fear gun nàire chuireas dragh air teaghlach sam bith aig an uair neo-iomchaidh seo, agus uime sin is fear gun nàire mise, oir tha thu faicinn gun d' rinn mi sin.

Murchadh: Dùin do bheul, a charaid, agus na cluinneam smid tuilleadh dhe leithid sin de sheanchas, oir tha deagh fhios agad nach eil anam beò, a-mach o mo theaghlach fhìn, a bheireadh barrachd sòlais dom chridhe fhaicinn na Coinneach Cìobair aig uair sam bith dhen latha no dhen oidhche. Dèan suidhe, ma-tà, gus an dùisg mi Bean an Taighe.

Coinneach: Bean an Taighe! Cha dèan thu idir e – is tu nach dùisg – oir chan eil nì sam bith a dh'uireasbhaidh ormsa ach beagan bhriathra-seanchais, agus cùil bheag chum mo cheann a chur fodham gu madainn.

Murchadh: Bi nad thost, a Choinnich, tha e cianail mur eil comas aig duine bochd a thoil a dhèanamh na thaigh fhèin. Èirich, a bhean, èirich, agus faic cò a th' againn an seo.

Air ball, bha bean Mhurchaidh air a bonnaibh, agus an sàs ann an Coinneach, a' cur fàilt' is furain air.

Coinneach: Is obair gun adhbhar seo air fad …

Murchadh: Na cluinneam tuilleadh dhe sin, a ghràidh nam fear, oir ged nach deachaidh do chuid sa phoit, tha drùdhag san t-searraig dhuibh a fhliuchas do sgòrnan, agus cha mhist' thu boinne beag an dèidh do thurais, maille ri crioman às a' mhulachaig agus grèim dhen aran. Goilidh a' bhean an coire beag, agus is fheàirrd' thu diodag bhlàth mun cuir thu do cheann far

311

am bi dùil agad fhaotainn sa mhadainn.

Coinneach: Gu dearbh 's gu cinnteach cha ghabh mi boinne blàth a-nochd, agus chan eil stàth a bhith bruidhinn. An dèidh dhuinn an Leabhar a ghabhail, rachamaid le beannachd a chadal, agus gheibhear gach ùr-sgeul sa mhadainn.

Murchadh: Mura bi e air mo chomhairle fhìn, a rùin mo chridhe. Oidhche mhath agus deagh fhois dhut. Do bhrìgh gu bheil thu sgìth, na dèan cabhag sa mhadainn.

. . . . .

Coinneach: Fàilt' ort, a Mhurchaidh, is moch thu air do bhonnaibh mar a b' àbhaist. A bheil thu gu fallain, slàn, sùrdail an-diugh?

Murchadh: Is dàn a bhith talach, a Choinnich, ach carson a dh'èirich thu cho moch, air dhut a bhith airtnealach, sgìth a-raoir? Ach cha robh ùine agam fhaighneachd ciod an gnothach mun robh thu an-dè, an uair a thàinig thu, mar an sneachd, gun dùil riut?

Coinneach: Bha mi air Fèill Mo Chalmaig,[1] far an do reic mi trì cheud molt le Sir Seumas airson an tugadh dhomh dùbladh sin de phuinnd Shasannach.

Murchadh: Fhuair thu motha 's mòr, dà phunnd air a' cheann, ach is cinnteach gun robh iad ciatach.

Coinneach: Bha iad mar a bha am baile ann am Bàideanach, an eatarras, ach chuir duin'-uasal àraidh dom b' ainm Mac an Fhleisteir fios-dealain orra dh'ionnsaigh Shir Seumais, agus chòrd iad fhèin mun luach, ach thug e dhòmhsa òrdugh-banca do Shir Seumas airson sia ceud bonn òir, a chuir e nam làimh fhìn airson mo shaothrach.

Murchadh: B' e 'n duin'-uasal e da-rìribh, agus cha mhiste leam agad na cuid bhonn sin, is bòidheach iad, agus is math nan àite fhèin. Cuiridh iad brògan air Seònaid agus air na pàistibh.

Coinneach: Cha b' e sin an gnothach furast' an-diugh, a Mhurchaidh, na brògan! Ach coma co-dhiù, is taitnich' airgead nam bròg na duais an lèigh; agus is fheàrr a bhith caitheadh nam

bròg na nam plaidichean. Ach, a Mhurchaidh, chan eil mi
tuigsinn fon ghrèin ciod as ciall don *telegram* sin a thug Sir
Seumas o chionn mìos air ais dh'ionnsaigh a' Chaisteil aige. Tha e
dol os cionn mo sgil agus mo sgoil, agus chan eil dùil agam gur nì
e a tha cneasta. Tha òganach an siud ann an seòmar beag a' sìor-
amharc air aghaidh rud cosmhail ri uaireadair Gearmailteach, air
a bheil dà làimh bhig a' grad-chlisgeadh a-nall 's a-nall, agus tha
grèim aige air gnè iuchrach leis a bheil e a-ghnàth a' gliogarsaich,
agus a' cur nan làmh beaga air chrith-ghluasad gun sgur. Chan
aithne dhomh idir ciod as ciall dha.

Murchadh: Tha mi gad chreidsinn, a Choinnich, ach is e an
telegraph aon de na h-innleachdaibh mìorbhaileach sin a
fhuaradh a-mach o chionn beagan bhliadhnaichean, agus cha
lugha na ceithir no còig dhiubh, co-ionann iongantach annta
fhèin, a fhuaradh a-mach on bha d' athair na leanabh.

Coinneach: Ainmich iad sin, a Mhurchaidh, a chum 's gum bi
cuimhn' agam orra.

Murchadh: On as cuimhne leam fhìn fhuaradh a-mach an
telegraph, an toit-chumhachd, an gas-sholas, agus dealbh-
tharraing na grèine, a thuilleadh air iomadh ath-leasachadh
feumail eile.

Coinneach: Mìnich dhomh an *telegraph* an toiseach, a
Mhurchaidh, oir is minig a chunnaic mi na caol-shlatan iarainn
air an sìneadh, agus air an teannachadh air mullach nan crann
àrda, agus is tric a chuala mi na naidheachdan a' dol seachad le
srann-fhuaim air na slataibh, agus a' toirt orra a bhith seinn mar
air teudaibh fidhle. A rèir coslais is iad na deagh naidheachdan a
bheir a-mach binn-cheòl dhen t-seòrsa sin, oir chan eil nì sam
bith toilichte no taitneach mun droch naidheachd.

Murchadh: Tha thu gu tur air do mhealladh mu na nithibh
sin, a Choinnich, oir chan iad na naidheachdan a tha dèanamh na
fuaime, ach an osag ghaoithe a' gluasad nan slat a tha air an
teann-tharraing mar theudan na cruite-ciùil.

Coinneach: Ciamar, uime sin, a chuirear an naidheachd air
falbh?

Murchadh: Tha sin ga dhèanamh le dealanach nan speur. Tha

fios agad, a Choinnich, gu bheil e comasach an dealanach a
dhèanamh le stuthannaibh sònraichte, agus a ghleidheadh ann an
searragaibh àraidh a tha air an cumadh air a shon. An uair a
nithear an dealanach air an dòigh seo, tha comas aigesan a tha
gabhail cùraim dheth air a dhèanamh lag no làidir a rèir a thoil
fhèin. Leis an iuchair ud na làimh tha e cur an dealanaich tro na
cuibhlichean, agus tha na cuibhlichean sin a' gluasad nan làmh
beaga ud a chunnaic thu, agus a' comharrachadh a-mach
litrichean àraidh a tha, mar sin, a' dèanamh suas bhriathra na
teachdaireachd. Tha cumhachd an tein'-adhair sin a' ruith air na
slataibh a' ruigheachd ann am priobadh na sùla nan ionadan as
fhaide air falbh dh'ionnsaigh a bheil an teachdaireachd a' dol,
agus an sin a' cur làmhan eile air ghluasad a chuireas an
teachdaireachd air ball an cèill. Ach chan fhurasta sin a
mhìneachadh le briathraibh, às eugmhais sealladh nan sùl.

Coinneach: Is mìorbhaileach an nì cumhachd a bhith aig
duine peacach, dall, aineolach thairis air dealanach nan speur,
agus seirbheiseach a dhèanamh dheth. Dh'aindeoin gach cùis, tha
'n duine na chreutair innleachdach.

Murchadh: Ro cheart, a Choinnich, ach chan eil sinn ach na
thoiseach fhathast, oir gun teagamh meudaichear an innleachd
sin gu mòr latheigin, oir tha nithe ùra gam faighinn a-mach gach
latha. A bheil fios agad gu bheil gnè dhealanaich ach beag anns
gach nì mun cuairt dhut. Gabh cat ann an seòmar dorch, agus
slìob sìos bian a dhroma gu cruaidh rè mionaid no dhà, agus
a-rithist grad-shuath e an aghaidh a' chuilg, agus chì thu sradan
teine a' boillsgeadh às a dhruim, agus is gnè dhealanaich a tha an
sin.

Coinneach: Is mìorbhaileach gach nì a tha ann! Cò as urrainn
an gabhail gu lèir a-steach! Ach ciod mun toit-chumhachd?

Murchadh: Tha thu fhèin eòlach air an toit-chumhachd leis a
bheil na luingeasan air an greasadh, na h-eich-iarainn air an
gluasad, na h-achannan air an treabhadh agus air am buain, na
h-aodaichean de gach gnè air an snìomh agus air am figheadh, na
leabhraichean air an clò-bhualadh, agus na muilnean de gach gnè
air an greasadh. Tha 'n toit-chumhachd mar seo ga fhoillseachadh

fhèin fo mhìle riochd, agus ga chleachdadh chum ach beag gach obair agus ealaidh a chur air an aghaidh. Nan togadh do sheanair a cheann às an duslaich, ciod a theireadh e an uair a chitheadh e na carbadan a' ruith gun eich, na h-achannan gam buain le cumhachd teine agus uisge, agus na longan a' ruith air chuibhleachaibh, agus a' grad-shiubhal gun sheòl, gun ràmh, an aghaidh an t-sruth agus na gaoithe? Is cinnteach gun abradh do sheanair còir gun robh làmh aig do chàirdibh na sìthichean anns a' ghnothach, agus gun robh barrachd na cumhachd talmhaidh air fhoillseachadh anns a' chùis.

Coinneach: Tha mi fhìn a' dèanamh gnè thuigsinn air an toit-chumhachd, oir is minig a chunnaic mi, an uair a bhiodh Seònaid a' goil a' choire dhuibh, airson drùdhaige dhen tì a dhèanamh sa mhadainn, nach b' fhurast an ceann a chumail air a' choire le cumhachd na toit.

Murchadh: Tha thu glè cheart, oir 's ann le coire beag mar sin a fhuaradh an cumhachd sin a-mach an toiseach.

Coinneach: Ach ciod mun ghas-sholas? Chunnaic mi fhìn e sna bailtibh-mòra, agus gu cinnteach cha tug mi mo bheannachd air.

Murchadh: Ud, ud! Ciod seo a dh'èirich dhut, a charaid?

Coinneach: Ciod a dh'èirich dhomh? Innsidh mi sin, ach na dèan gàire rium, a ghràidh nam fear. Gun teagamh air oidhche àraidh theab e an gnothach a dhèanamh orm. 'N àm dhomh a bhith ann an Glaschu maille ri Sir Seumas – tha cuimhn' agad, air an turas a thug sinn a dh'Èirinn – chuireadh a-steach do sheòmar àlainn cadail mi, far an robh lasair mhòr dhen *ghas*, mar sgiathan eòin, a' gabhail gu soilleir. An dèidh dhomh mo bheannachadh fhìn, agus ochan, 's ann agamsa a bha feum air beannachadh on Àirde an oidhche sin, shèid mi às an solas, agus thilg mi mi fhìn sna plaideachaibh; shèid mi gu grad às e, mar a b' àbhaist dhomh coinnlean geir nam molt a chur às, agus thug mi mo leabaidh orm. Ann am meadhan na h-oidhche, bha mi 'n impis mo thachdadh; dh'èirich mi, ach cha robh anail agam, agus thòisich mi air gleadhraich a dhèanamh air feadh an t-seòmair, a' tilgeadh nam bòrd thairis, a' briseadh nan soithichean-ionnlaid, agus a' fairtleachadh orm doras no uinneag fhaotainn thall no bhos. Bha mo cheann na bhreislich, agus bhuail mi an t-ùrlar gu cruaidh airson furtachd. Mu dheireadh, dh'fhosgail neacheigin an doras, agus ghlaodh e mach – *Gracious, goodness! What is this?* – Ghlaodh e *Gas, gas, gas,* – agus ged a bha esan mar an ceudna an impis a thachdadh, rug e air ghualainn orm, agus threòraich e mi gu ceann na staidhreach, rùisgte mar a rugadh mi, agus dh'fhosgail e na h-uinneagan air ball. Bha 'n t-àite dubh, dorch, agus gaoth fhuar a' sèideadh air mo cholainn rùisgte. Dh'innis e dhomh gum bithinn ann an sìorraidheachd nam biodh esan leth-uair eile gun tighinn a-steach, agus gum biodh an taigh air a shèideadh suas mar le fùdar, nan tugte coinneal laiste don t-seòmar.

Murchadh: Fhuair thu cuimhneachan air cumhachd an t-solais sin, a Choinnich, a leanas riut am feadh as beò thu, oir is caol a theàrnadh thu gun teagamh. Tha fios agad gu bheil an *gas* air a dhèanamh às a' ghual. Gabh pìob-thombaca le cois fada, agus lìon sòrn na pìoba le gual gu mìn air a phronnadh, agus còmhdaich e le potaig de chrèadhaidh air a h-obrachadh gu rèidh. Càirich ceann na pìob anns an teine, a' fàgail na coise dìreach a-mach. Ann an ùine ghoirid chì thu ceò a' brùchdadh a-mach às a' chois, agus ma chuireas tu teine ris, loisgidh e gu soilleir, agus bheir e deagh sholas uaithe. Is ann air an dòigh cheudna, uime sin, a nithear an gas ann an tomhas mòr chum na bailtean a shoillseachadh, mar a chì thu iad anns gach àite.

Coinneach: Mòran taing dhut, a Mhurchaidh, is iongantach an t-eòlas a tha air a sparradh sa cheann sin agad, agus chan fhios dhomh idir ciamar a rinn thu grèim air. Ach ciod a-nis mu dhealbh-tharraing na grèine, a tha cho iongantach ri aon de na h-innleachdaibh a dh'ainmicheadh leat a-cheana?

Murchadh: Ma-tà, a Choinnich, chan fhurasta dhòmhsa sin a mhìneachadh dhut, a chionn nach eil mi fhìn ga thuigsinn gu soilleir. Goirear anns a' Bheurla '*Photography*' ris – facal a tha ciallachadh 'sgrìobhadh,' no 'tarraing' le solas na grèine. Tha clàran beaga glainne ceithir-shliosnach air an ullachadh, agus air an ionnlad ann an geur-shùgh làidir, agus tha aon de na glainneachaibh sin air a shuidheachadh ann am bogsa cosmhail ri

glainne-amhairc. Suidhidh an tì a tharraingear mu choinneamh a'
bhogsa seo, le shùil air a' ghlainne, agus air don dealbhadair a
bhith na sheasamh air an taobh eile dhen bhogsa, tha e togail suas
spèilean, no doras beag, chum solas na grèine a leigeadh a-staigh
don bhogsa. An sin, ann am priobadh na sùla, tha 'n dealbh air a
nochdadh air a' ghlainne, ach tha 'n dealbhadair gu grad ga
spìonadh air falbh gu seòmar dorch, agus ga thilgeadh ann an
stuth àraidh, leis a bheil an dealbh air a cho-dhaingneachadh air
a' ghlainne. Tha 'n dealbh sin a-rithist air a chlò-bhualadh bhàrr
na glainne air pàipear tana, agus tha 'm pàipear sin air a
ghlaodhadh air cairt làidir ghil, chum a ghlèidheadh tèarainte,
agus tha 'n dealbh an sin deas.

Coinneach: B' e sin da-rìribh an obair eagnaidh, iongantach,
agus is firinneach a nochdas e riochd agus aogas an duine. Thug
Sir Seumas a dhealbh do Sheònaid an latha roimhe, agus cha b'
urrainn nì sam bith coslas an Ridire a nochdadh nas fheàrr. Chan
eil fiù gaoistean air a mhalaidh nach fhaicear an sin gu soilleir,
agus tha fuilteanan a chinn gu riochdail air an leigeadh ris. Is
anabarrach an innleachd e.

Murchadh: Tha mi creidsinn sin uile, a Choinnich, ach a-nis,
on thug an duin'-uasal còir sin air Fèill Mo Chalmaig na còig
buinn òir dhut, glac a' chiad chothrom chum aon dhiubh a chur
a-mach ann an dealbh far an nochdar thu fhèin agus Seònaid,
agus an òigridh uile, nur n-aon chomann air aon chairt.

Coinneach: Cha dearmaid mi do chomhairle a ghabhail, a
Mhurchaidh, oir is taitneach teaghlach fhaicinn uile cuideachd
mar sin, air dha a bhith na nì cinnteach gun sgapar iad am fad 's
am farsaing ann an ùine ghoirid.

Murchadh: Tha Bean an Taighe gar n-iarraidh, a ghràidh nam
fear, agus is còir dhuinn dol a dh'fhaicinn ciod a th' aice air ar
son.

NOTES AND REFERENCES
Publication details: *An Gaidheal* 51, 1876: 70–74; *Mac-Talla* 24,
December 1897

Author: Alasdair Ruadh (Rev. Alexander MacGregor)

Background: This *còmhradh* reflects the Victorian trend, not confined to Gaelic literature, for providing the increasingly literate population with 'useful information'. MacGregor here focuses on a number of the nineteenth century's new technologies; and some not so new by the time he was writing in the case of steam power with which Gaels had become familiar in the early decades of the nineteenth century in the shape of the steamship. Although a number of men in Britain and Europe were experimenting with electronic communication in the early decades of the nineteenth century, it is the American, Samuel F. B. Morse (1791–1872), who is generally recognised as having had a pioneering influence on the development of the electric telegraph in the 1830s. By 1850 there were 2,215 miles of telegraph wire in Britain, and in 1858 the first, albeit unsuccessful, attempt was made at a transatlantic connection. It would not be until 1865 that the first successful link-up was made (Standage 1998: 60–85).

Gas lighting began to be used commercially in the late eighteenth century and by the middle of the nineteenth century was common in cities. By the time this text was written electric lighting was beginning to be used (Gledhill 1981). A number of individuals were involved in developing the camera in the first half of the nineteenth century, with French painter Louis Jacques Mandé Daguerre (1787–1851) recognised as having invented it in 1839, and by the middle of the century photographic portrait studios were becoming commonplace (Newhall 2006: 13–30). Photographers were even the subject of Gaelic poetry in the second half of the century with William Livingston's 'Paruig nan Dealbh' (Mac Dhunleibhe 1882: 212–13) and John MacFadyen's 'Oran nan Dealbh' (1890: 80–83) dealing with what was then still a novelty (Byrne 2007: 64–65).

1 Fèill Mo Chalmaig: This refers to the annual fair held in Moulin, near Pitlochry. The Rev. Alexander Stewart's contribution to the *Statistical Account of Scotland* notes that this took place at the end of February and 'has always been the principal market for the sale of linen yarn', attracting weavers and yarn-dealers from different parts of Scotland, yet observing that the quantity of yarn being sold at the fair had dropped considerably in recent times (1793: 62). Later accounts, from the middle of the nineteenth centry, indicate a change in date, with the fair taking place on the first Tuesday in March *(PA* 2/3/1843) or, failing that, the first after the new moon (*DC* 5/3/1954). By the time that MacGregor wrote this *còmhradh* the fair's heydey seems to have been past, a report from the *Perthshire Advertiser* some thirty years earlier noting that 'Moulin market has long ceased to be of much attraction, except for horses' (*PA* 11/3/1847). Paul Cameron refers to Fèill Mo Chalmaig being at the beginning of March when he discusses 'Oran air Call Bàt' Ionarghairridh' composed by Atholl poet Alasdair Caimbeul to commemorate the drowning of 18 local people returning from the market when the ferry capsized in the River Garry on 'feasgar là Fèill-ma-Chalmaig' (Cameron 1892: 126–27; Liddell 1993: 69).

There is a Tobar Chalmaig in Moulin. For a discussion of this saint's name see 'Saints in Scottish Place-Names': http://saintsplaces.gla.ac.uk/place.php?id=1320157203

CÒMHRADH 29

Tuathanachas:
Còmhradh eadar am Maighstir-Sgoile agus Dòmhnall Ruadh

Maighstir-Sgoile: Ciod am beatha a th' air Dòmhnall? Thig a-nuas a chum an teine. B' i sin an oidhche ghailleannach.

Dòmhnall: Tha i mar sin gu dearbh. Tha mi 'g earbsadh gu bheil sibh fhèin nur slàinte; cha chuimhnich leam na h-uiread a mhuinntir a chluinntinn a' gearan air cnatan agus casadaich 's a tha aig an àm seo shuas sa ghleann, agus tha mulad orm a ràdh gu bheil am bàs ro dhèanadach am measg na seann mhuinntir. Tha iomadh bliadhna o nach robh an geamhradh cho gailbheach, gailleannach, le sneachd 's reothadh, agus 's ann a shaoil leamsa gun robh leithid sin a dh'aimsir mòran na b' fhallaine na geamhradh fliuch mùgach; oir thuirt an seanfhacal, ''S i an Nollaig dhubh a nì 'n cladh mèath'.

M.-S.: Agus theireadh an t-seann mhuinntir mar an ceudna, 'Ged dh'èignichear an seanfhacal, cha bhreugnaichear e'; gidheadh tha e soilleir on a' chunntas a tha air a chumail den mhuinntir a tha caochladh gu bheil àireamh nam bàs nas lìonmhoire air a' gheamhradh stoirmeil seo, gu h-àraidh anns na bailtean-mòra, na bha e o chionn iomadh bliadhna. Tha e muladach a' smaoineachadh an uireasbhaidh, an truaighe agus an dòrainn a bheir geamhradh cruaidh air bochdan nam bailtean-mòra; agus na 's fheudar dhaibh fhulang, mas urrainn dhaibh idir a sheasamh.

Dòmhnall: Ma-tà, cha robh tlachd no toil agam fhìn riamh don a' bhaile-mhòr, agus chan iongantach leam Gàidheil bhochda bhith leisg air càirdeas, coimhearsnachd, fallaineachd agus taitneas nan gleann fhàgail, agus dol don bhaile-mhòr, far nach eil aon chuid bàidh no càirdeas, agus far a bheil muinntir buailteach do gach tinneas agus buaireadh.

M.-S.: Ach 's ann anns a' bhaile-mhòr a tha 'n stòras, agus is fheudar dol far a bheil an stòras mas miann le muinntir beairteas agus saidhbhreas fhaotainn, agus tha fios agadsa, Dhòmhnaill, gur e sin dùrachd gach aon an-diugh. Ciod as fhiach duine gun bheairteas an-diugh?

Dòmhnall: 'S ann agam tha fios, a Mhaighstir. Chan fheòraichear an-diugh a bheil duine fìrinneach, treibhdhireach, onarach, tuigseach, ach a bheil maoin aige, agus ma tha, dh'aindeoin ciod a tha dh'easbhaidh air, cò ach esan? – dhàsan tha 'n t-urram, an onair 's a ghlòir. Ach ged nach tig e dhòmhsa sibhse a theagasg, tha fhios agaibh nach ann am mòr-phailteas nan nithe tha e sealbhachadh tha beatha an duine. Nan d' fhuair mise croit bheag shuas ann an gleann mo ghràidh – mar tha dòchas agam gum faigh – agus gun deònaicheadh am Freastal a bheannachd agus slàinte dhomh, bhithinn cho sona, am measg mo chàirdean 's mo luchd-eòlais, ris an duine as motha beairteas sa bhaile-mhòr. Cha chuala sinn dad fhathast mu shuidheachadh nan croitean, oir tha 'n t-uachdaran an Sasainn, ach tha dùil ris dhachaigh gu h-aithghearr, agus thèid am fearann a roinn gun dàil. Tighinn a-nuas a-nochd bha mi dìreach a' smaoineachadh ciod an dòigh a b' fheàrr air na croitean a dhùnadh.

M.-S.: A rèir mo bheachdsa bu chòir do gach croit a bhith na h-aon raon fosgailte, gun a bhith air a roinn le gàrradh idir. Tha callaidean ro chaithteach, eadhon mar chrìochan eadar chroitearan. Tha iad a' caitheamh mòran den fhearann, tha iad a' toirt cothrom do luibhean salach fàs, agus a' toirt fasgadh do eòin chronail, agus mura cumar ìosal iad, a' cur sgàile air a' bhàrr an àm abachaidh. Tha gun teagamh àitean fosgailte, lom far a bheil feum air fasgadh agus teine gann; ann an leithid sin a dh'àitean, nì am fasgadh a bheir a' challaid agus an connadh a gheibhear aiste suas airson a' chall. Shealladh taigh grànda lom fuar gun challaid bhòidheach bheò a bhith mu thimcheall dhan lios, ged a b' ann airson fasgadh do na sgeapan-seillean a-mhàin; ach far an saodaichear an crodh a-mach air taod, no far a bheil iad air an cumail an-còmhnaidh staigh, chan eil feum sam bith air gàrradh. Far am feumar gàrradh a chur suas, mur eil clachan gu leòr mun fhearann, theagamh gur i callaid sgitheach as fheàrr; ma sgathar i aig amannan suidhichte, fàsaidh i làidir, tiugh, nì i mòr-fhasgadh agus mairidh i ùine fhada. Ach far a bheil clachan pailt, mar anns a' chuid mhòr den fhearann sa Ghàidhealtachd, chan eil gàrradh nas fheàrr, nas saoire no nas buaine na balla-cloiche. Cuiridh fear ealamh sam bith suas balla tioram cloiche, agus le fòidean no clachan mòra air a' mhullach, seallaidh e grinn, daingeann, agus nì e dìon air ball. Air talamh bochd crèadhach, no ri taobh na mara, far an dèan a' ghaoth an sgitheach a chrìonadh agus a mhilleadh, 's i callaid chonaisg as fheàrr agus as freagarraiche. Nuair a ruigeas i a làn-fhàs, gheibhear aiste, chan e mhàin connadh, ach na meanglanan òga, a tha sa gheamhradh ro mhath airson biadh do chrodh-bainne agus do dh'eich. Tha na callaidean conaisg air an dèanamh mar seo: cladhaichear clais, agus nithear dìg no bruach leis an fhàl agus leis an talamh, agus cuirear fras a' chonaisg ann an dà riamh – aon air mullach agus aon air cùlaibh na bruaiche. Far a bheil an talamh tioram, faodar taobh na claise leigeil sìos agus a ruamhradh, ach far a bheil an talamh fliuch, bidh a' chlais feumail airson an t-uisge a thoirt air falbh, agus bu chòir a cumail fosgailte agus a glanadh a-mach gach samhradh. Ann an talamh ìosal, fliuch, nì seileach callaid mhath làidir, a sheallas taitneach mar an ceudna. Ma ghèarrar stoban seilich no buluisg, timcheall còig òirlich dheug air fhad, agus an cur dlùth air a chèile nan sreath anns an talamh, troigh air dhoimhne, cuiridh iad a-mach fiùranan òga a dh'fhàsas air leth luath, agus a nì gàrradh làidir ann an uine gheàrr. Ma shuidhichear iad ri taobh nan allt bidh am freumhan ro fheumail ann a bhith dìon bruachan an uillt o bhith air an caitheamh air falbh leis an t-sruth.

Dòmhnall: Tha mi faicinn gur balla-cloiche an gàrradh as fheàrr agus as freagarraiche airson a' chuid mhòr den Ghàidhealtachd. Gheibhear clachan gu leòr an àm rèiteachadh an fhearainn, agus gabhaidh am balla, mar a thubhairt sibh, cur suas gu luath agus gu saor, agus nì e dùnadh agus dìon don fhearann air ball. Ann an àitean lom, fuar air oir a' mhonaidh, agus ri taobh na mara, shaoilinn gum bitheadh na callaidean conaisg mun d' innis sibh ro fhreagarrach, agus tha iongantas orm nach eil gach croit air an cuairteachadh leotha airson dìon agus fasgadh. Nach dèanadh mòran fasgadh mar an ceudna nan rachadh craobhan a shuidheachadh air fad na callaid?

M.-S.: Chan eil e idir math no freagarrach airson chroitean far am feumar a' chuid as fheàrr a dhèanamh don fhearann a bhith air an cuairteachadh le craobhan. Cuiridh iad tuilleadh 's a' chòir de sgàile air an fhearann, agus tha iad cronail do gach nì tha fàs fòdhpa no faisg orra. Millidh iad an t-arbhar, agus cumaidh iad e gun abachadh; bheir am freumhan a bhrìgh agus a shùgh à leud mòr den talamh, agus uime sin tha na ceann-bhacan faisg orra gu tric tuilleadh is tioram, agus chan eil am feur a tha fàs fòdhpa taitneach don sprèidh.

Dòmhnall: Tha mi tuigsinn; chuireadh sibh gach troigh den fhearann gu deagh bhuil, agus cha leigeadh sibh òirleach a bhith air a caitheamh no air a call. 'S bochd nach robh uachdarain na Gàidhealtachd den aon inntinn; dhèanadh iomadh cuibhreann thaitneach, thorrach, a tha 'n-diugh na fàsach uaigneach, gàirdeachas fhathast ann a bhith air a h-àiteachadh. Cumaidh mise cuimhne air na thubhairt sibh. Gheall sibh innse dhomh, mar an ceudna, mu thiormachadh agus mu mhathachadh an fhearainn. Tha eagal orm gu bheil croitearan, agus tuathanaich cuideachd, anns a' Ghàidhealtachd nach eil a' gabhail sùim agus aire do na nithibh seo mar bu chòir dhaibh.

M.-S.: Mo chreach gur i 'n fhìrinn a th' agad. Tha mòran dhiubh gan dearmad gu buileach, agus mar sin am math agus am buannachd fhèin. Tha iad, chan e mhàin a' dlùth-leanntinn ri seann chleachdaidhean agus bheachdan, ach neo-chùramach mu eòlas fhaotainn air dòighean ùra, leasaichte tuathanachais a chaidh a dhearbhadh, agus a fhuaradh buannachdail anns gach ceàrn eile den tìr. Ach feumar aideachadh nach eil an t-aon chothrom aig tuathanaich bheaga agus croitearan na Gàidhealtachd, oir am feadh 's a tha leabhraichean agus pàipearan lìonmhor mu thuathanachais agus mu ghàrradaireachd air an cur a-mach a-ghnàth sa Bheurla nach eil iadsan comasach no miannach air a leughadh no mheòrachadh, chan eil ach ro bheag air a sgrìobhadh nar cainnt fhìn a bheir dad a dh'eòlas no chuideachadh dhuinn. Chunnaic mi o chionn ghoirid leabhar Beurla a tha ro mhath agus ro fhreagarrach chum eòlas a thoirt mu gach nì a bhuineas do thuathanachas. Tha 'n leabhar seo ag innse mu gach seòrsa talmhainn, na dòighean as iomchaidh agus as buannachdail air an àiteachadh, na seòrsan mhathachaidhean as fheàrr a fhreagras iad, na h-innealan as fheàrr chum an obrachadh, agus na seòrsan bhàrr as fheàrr a dh'fhàsas annta. Tha e mar an ceudna a' toirt seòlaidhean mu àrach, mu thogail suas agus mu reamhrachadh gach seòrsa sprèidh, mucan, agus caoraich, agus iomadh comhairle mhath don bhanarach.

Dòmhnall: Neo-ar-thaing dhaibh mur bi iadsan a leughas e nan tuathanaich! Carson nach eil an leabhar seo air a theagasg anns na sgoilean Gàidhealach, agus air eadar-theangachadh airson na muinntir nach urrainn Beurla leughadh? Is e dìreach a leithid a tha dhìth air na Gàidheil.

M.-S.: Tha e ro iomchaidh agus ro fheumail gun rachadh foghlam mar a tha san leabhar seo a theagasg anns na sgoilean. Tha iad a' dèanamh sin a-cheana ann an Èirinn; ach tha eagal orm gum bu mhotha call na buannachd an fhir a chuireadh a-mach an Gàidhlig e. Tha e domhainn, ionnsaichte, 's cha bhitheadh e idir furasta a thionndadh, ach faodaidh mi beagan innse dhut mun leabhar.

Dòmhnall: Mìle taing dhuibh, 's mise tha fada nur comain. Na gabhadh sibhse facal oirbh, ach mura cuir Dòmhnall Ruadh iongantas air muinntir a' ghlinne le fhoghlam 's le ionnsachadh, tha mise meallta.

M.-S.: Ro mhath, ach mura dearbh a' chroit, an dèidh dhut a faotainn, gur tuathanach math thu, ciod a their na coimhearsnaich? Saoil thu am bi aca ri ràdh, 'Chaidh sinn seachad air croit Dhòmhnaill Ruaidh, agus air lios an tuathanaich sgileir; agus feuch, bha e uile air fàs suas le cluaranaibh, chòmhdaich an fheanntagach aghaidh, agus bha a' bhalla cloiche air a bhriseadh sìos?'

Dòmhnall: Tud, tud, a Mhaighstir! Dh'aindeoin ciod a chuireas iad às leth Dhòmhnaill Ruaidh, chan urrainn iad leisg no lunndaireachd a thilgeil air, ged nach ann dha fhèin bu chòir sin a ràdh. Tha mi 'g earbsadh gum bi mi nam fhear-dèanamh a nì sin a bhios ceart; agus gur ann a their na h-uile a chì mo chroit, 'Seall, sin agad arbhar! Sin agad buntàta! 'S math a dh'fhaodar aithneachadh gun robh Dòmhnall Ruadh tric air chèilidh shìos an taigh a' Mhaighstir-Sgoile!' Ach chan fhaod mi fuireach cho anmoch a-nochd. Tha 'n oidhche dorcha, agus an rathad ro dhona. Thig mi nuas toiseach na seachdain, ma bhios e cothromach dhuibh innse mun leabhar.

M.-S.: Dèan sin, ma-tà. Bithidh mi ro-thoilichte d' fhaicinn.

NOTES AND REFERENCES

Publication details: *Highlander*, 6 March 1875

Author: Anonymous

Background: John Murdoch was an enthusiastic advocate of agricultural improvement and this features prominently in the pages of the *Highlander*, nowhere more so than in the *còmhraidhean* which appeared in the paper's Gaelic column. As discussed in the introduction, almost one-third of the *còmhraidhean* which appeared in the *Highlander* offered agricultural advice to crofters and this text is typical of these. These *còmhraidhean* (see also *Còmhradh* 30), all published between 1874 and 1879, were an attempt to address the dearth of agricultural publications in Gaelic which is alluded to in this text. Murdoch refers in his diary to producing suggestions for improved husbandry which he printed in Gaelic in the *Highlander* (Hunter 1986: 196). Given that virtually all the Gaelic texts in the *Highlander* dealing with agricultural improvement were in the form of *còmhraidhean*, it seems likely that Murdoch himself was the author of most, if not all, of these, including the current one.

The spread of Gaelic literacy in the nineteenth century was accompanied by a rise in functional writing in Gaelic and this included material promoting emigration destinations and election propaganda (Kidd 2002; 2010). Translations of practical guides were occasionally published, such as the Rev. Alexander MacGregor's 1846 translation of Sir Thomas Dick Lauder's *Directions for Taking and Curing Herrings, and for Cod, Ling,*

Tusk, and Hake [An Seòl air an glacar agus an gréidhear an trosg, an langa, an tràille agus am falmair].

The first agricultural text to appear in Gaelic had been Sir Francis Mackenzie of Gairloch's bilingual *Hints for the use of Highland Tenants and Cottagers: Beachd-Chomhairlean airson feum do Thuathanaich 'us Choitearan Gaidh'lach* in 1838. The early issues of *Fear-Tathaich nam Beann* also featured agricultural advice from 'Caraid a' Chroiteir' (*F-T nam B* 1 & 2, 1848). Between this and the Gaelic columns of the *Highlander* in the 1870s it seems that no further Gaelic agricultural texts appeared in print. In 1885 Sir Francis Mackenzie's brother, Dr John Mackenzie, published *Croft Cultivation*, with a Gaelic translation by John Whyte (MacGillivray 2013).

CÒMHRADH 30

Tuathanachas agus Banas-taighe:
Am Maighstir-Sgoile, Dòmhnall Ruadh agus Màiri

Dòmhnall: Fàilt' oirbh.

Maighstir-Sgoile: Fàilt' ort fhèin, a Dhòmhnaill. Tha thu ann an àm air an uair seo. Thig a-nìos agus dèan suidhe aig a' bhòrd; seo àite agus truinnsear.

Dòmhnall: Gabhaibh mo leisgeul, cha robh mi 'm beachd gum biodh sibh aig biadh, air neo cha tàinig mi staigh cho grad.

M.-S.: 'S e an leisgeul a ghabhas mi thu shuidhe agus do chuid de na tha dol a ghabhail. Aidichidh mi nach ann a h-uile latha bhios a leithid a thràth-bìdh againn.

Dòmhnall: Tha an deagh fhàileadh aige co-dhiù.

(Rinn Dòmhnall suidhe, 's ged tha taiseadh air tòiseachadh, rinn e tràth nach robh faoin dheth.)

M.-S.: Dè mar thaitinn sin riut, a Dhòmhnaill?

Dòmhnall: Dh'fhaodadh sin tighinn ri càil mic rìgh. Bha am buntàta cho math 's a dh'ith mi riamh; agus mun chàl, cha d' ith mi riamh a leithid roimhe; agus 's ann a chuir an fheòil iongantas orm.

M.-S.: Gu tric 's ann a chuireas Màiri an càl gu buil ann an dòigh eile le eòrn' is peasair, 's nèapan agus crioman feòla a dhèanamh brot; ach cò thàinig an rathad ach fear na seilg os ar cionn an seo, 's tilgear a-staigh dà choinean. 'Nis,' arsa Màiri, 'leigidh mi fhaicinn dhuibh mar a fhreagras muic-fheòil agus sitheann le chèile.'

Dòmhnall: Cha do bhlais mi fhìn ach ainmig biadh cho blasta. Nach ann aig Màiri tha bhuaidh air a' chòcaireachd; agus nach math a fhreagras feòil na muic le feòil a' choinein.

M.-S.: Seadh. Tha sàill na muic a' dèanamh suas airson cion na reamhrachd air an rabaid; agus tha iad nan dithis nas fheàrr na bhitheadh iad o chèile; agus mar seo, 's ann mar as reamhra a' mhuc as fheàrr i.

Dòmhnall: Ach stad oirbh. Tha blas air a' chàl nach d' fhuair mi riamh roimhe air an luibh. Dè mar tha sin, a Mhàiri?

Màiri: Thug mi 'n aire dhut nuair bha thu tòiseachadh, nach robh thu earbsach às.

Dòmhnall: Nach tu tha geur? Ach tha thu ceart. Mura bhith an nàire cha do chuir mi duilleag na mo bheul dheth, bha e 'g amharc cho sleomach, bog, crèiseach.

Màiri: Shaoil mi sin; ach leig thu leis an fhàileadh agus leis a' bhlas do stiùireadh far nach robh e 'n comas nan sùl an gnothach a dhèanamh. Tha mise dìreach a' bruich na muic-fheòil agus a' chàil le chèile.

Dòmhnall: Nach tu fhuair a' bhuaidh air a' bhanas-taighe!

Màiri: Sin agad solas, no 'buaidh', mar a their thu ris, a fhuair mi ann an Èirinn, far nach eil tràth-bìdh sam bith air a bheil a leithid a mhiadh 's a tha air muic-fheòil, feòil na circe, agus càl – no 'cabaiste', mar theirear ris an sin.

M.-S.: Sin far a bheil na h-Èireannaich air thoiseach oirnne; tha iad a' cur mòran tuilleadh càil agus a' cur tuilleadh feum air an cuid mhuc fhèin na tha muinntir na dùthcha seo.

Dòmhnall: 'S ann tha sinne beathachadh mhuc 's choinean airson nan Gall 's nan Sasannach[1] agus tha sinn a' dearmad a' chàil. Tha mi faicinn cho freagarrach 's a bhitheadh e na mucan a mharbhadh aig baile, agus cuid dhiubh a ghrèidheadh air ar son fhìn; agus na coineanan a chumail fodha le bhith gan ithe le reamhrad na muice.

M.-S.: Seadh, a Dhòmhnaill, ach mun chàl?

Màiri: Nach eil thu faicinn, leis a' chàl, nach eil a dhìth ort ach criomain bheag den chuid as reamhra den mhuic, agus gum faod thu chuid as motha dhith reic. Chan eil mìr nas fheàrr na 'n ceann mar seo. 'S tha na casan sònraichte math 's a chuid as reamhra den bhroinn; cha ruig thu leas a chur leis a' chàl ach mar gum bitheadh ann crioman ime; 's bidh an càl reamhar na 's leòr leis a' chirc no leis a' choinean.

Dòmhnall: 'S tu fhèin bean an taighe! Nach ann aig nighean a' Mhaighstir tha 'n cothrom! B' fheàrr do na caileagan mun cuairt oirnn an seo ionnsachadh an stuth a chinneas mu na dorsan aca chur gu buil mhath, na bhith 'g obair ri *sago* 's *tapioca* 's nithean

Innseanach mar sin tha cosg a dheich uiread 's as fhiach iad.

M.-S.: Làn-cheart, a Dhòmhnaill; ach feumaidh na fir a leigeil fhaicinn gun e sin tha iadsan ag iarraidh. Tha na fir cho faoin ris na mnathan; tha iad a' ruith an dèidh nan creutairean a tha air an cur suas le faoineis agus tha an cuid còcaireachd a rèir an nì th' air cùl an cinn! 'S e na fir a tha cur nan caileag ceàrr, creid thusa mise. Cha bheò nis leis na fleasgaich mura bi gach nì air bòrd aca às gach ceàrn dhen t-saoghal ach na nithean a chinneas aca fhèin. Biadh agus cainnt nan coigreach agus iad a' tàir air an rud a chinneas aig an doras. Tòisichidh na fir, agus leanaidh na mnathan iad. Ach feumaidh sinn tilleadh gus a' chàl.

Dòmhnall: Tha sibh ceart. Chan eil sinn a' cur a' bheag a chàil.

M.-S.: Chan fhiach leinn ach feòil 's aran fìnealta, 's gach nì mar sin, 's an stuth a chuir Dia làmh rinn, chan fhiù leinn e. Ach tha sinn a' call mòran leis an amaideachd seo, gu sònraichte anns an àird an iar, far a bheil mòran fliuichead, agus far an cinneadh càl seach gach bàrr.

Dòmhnall: Ach a bheil càl na bhiadh math?

M.-S.: 'S gann gu bheil biadh ann nas fheàrr na e. Tha h-uile nì ann a tha dhìth air a' cholainn.

Dòmhnall: Agus e cho bog, làn uisge?

M.-S.: Dìreach. 'S ann a dh'fhaodas tu ràdh gu bheil biadh agus deoch anns a' chàl. Agus a bharrachd air sin, cinnidh e nas fheàrr na chinneas biadh eile ann an iomadh ceàrn dhen Ghàidhealtachd. Gabhaidh càl mòran uisge; agus cinnidh e gu sònraichte gun innear sam bith ach uisge salach! Far a bheil daoine tùrail, deisearach, 's ann tha dòigh aca air a h-uile boinne den uisge a tha sileadh 's a ruith 's a' dòrtadh mun taigh a chur anns na claisean eadar na sreathan càil. Faodaidh mi ràdh gur ann a dh'òlas an càl an t-uisge suas agus cinnidh e mòran nas luaithe na nì an leanabh air bainne a' mhàthar; agus bidh gach innear eile agad airson nam barran eile.

Dòmhnall: Tha iongantas orm nach eil sibh fhèin ga dhèanamh.

M.-S.: Tha mi dèanamh oidhirp air, ach cha d' fhuair mi dòigh cheart air fhathast. Chan eil agamsa ach togsaid anns a bheil

Màiri a' dòrtadh gach uisge salach a th' aice, agus tha mise rithist ga thogail agus ga dhòrtadh aig bun a' chàil, agus am measg nan luibhean eile, agus chuireadh e iongnadh ort cho math 's a nì sin feum. Air criomain chrìon talmhainn, 's ann is iongantach na 's urrainn dhomh de bhiadh a thogail air ar son fhìn agus airson cur ri biadh nam beathaichean. Dh'fhàg mi slat fearainn a h-uile rathad aig a h-uile fiùran càil, agus a-nis 's ann tha iad air dinneadh ri chèile leis mar a chinn iad ged tha mi toirt nan duilleagan mòra don bhò 's don mhuic, 's do na cearcan

Dòmhnall: Ach dè feum a bhitheadh air mòran càil? Nach dèan ceud no dhà feum airson an taighe?

M.-S.: Cha dèan. Chan eil biadh ann nas fheàrr airson cruidh no airson chaorach, agus mar thubhairt mi a-cheana, chan eil bàrr ann nas freagarraiche airson na cuid as motha den Ghàidhealtachd. A bharrachd air an dèidh a th' aig a' chàl air uisge, cinnidh e gu sònraichte math air feamainn, agus iomadh uair faodar a chur anns an talamh anns an deach am buntàta luaithreach a thogail.

Dòmhnall: Nach bochd nach robh a' chroit agam gus an rachainn a dh'obair air a rèir bhur teagaisg! Tha mi am barail gun dèanainn feum. Cha chreid mi nach eil mi tuigsinn a' ghnothaich. Nach bochd, cuideachd, nach eil a h-uile maighstir cho tuigseach 's a tha sibhse, agus e teagasg na cloinne mar seo?

M.-S.: Tha mi 'n dòchas gum bi an nì seo air a chur air dòigh nas fheàrr fo na riaghailtean ùra;[2] agus am measg nan nithean gum bi na caileagan air an teagasg ann an còcaireachd agus anns gach nì mar sin.

Dòmhnall: Ro mhath; 's ann a dh'fheumas sibh tuilleadh innse dhòmhsa air na nithean seo, oir tha an t-àm agamsa bhith dol. Slàn leibh.

M.-S.: Beannachd leatsa, Dhòmhnaill.

NOTES AND REFERENCES

Publication details: *Highlander*, 13 November 1875

Author: Anonymous

Background: This is another example of the didactic use made of the *còmhradh* in the nineteenth century. This, and *Còmhradh* 29, form part of a series of *còmhraidhean* which appeared in the *Highlander* between 1874 and 1879 offering practical advice on crofting. This is the only one which focuses to any great degree on cooking. As with *Còmhradh* 29 this seems likely to have been penned by John Murdoch. The writer is familiar with Ireland and domestic practices there and Murdoch had spent a number of years working in Ireland. Additionally, Dòmhnall's account of Màiri putting all the dirty water from the household into a barrel which he then applies to his crops corresponds exactly to Murdoch's description in his diary of his own practices:

> I got a cask set up in a back corner of the garden, saying to the girl that I would give her something if she would pour all the slop she could into it – kitchen, bedrooms, washing house and so forth […]. With an old saucepan to which I added a long handle I baled the stuff into pails and carried it carefully to the ground. To cabbage plants I applied it by dibbling a big hole near each plant and filling it […].. To all beginners with crofts or with gardens I commend the above to their adoption. No amount of solid manure, at whatever cost, would have yielded results equal to those I obtained from the rich liquid (Hunter, 1986: 142–43).

1 beathachadh mhuc 's choinean airson nan Gall 's nan Sasannach: this bears comparison with *Còmhradh* 32, written more than 40 years earlier, in which the characters comment on the increasing amount of Highland produce being sent to Lowland markets instead of being consumed at home.

2 na riaghailtean ùra: the Scotch Education Department's modification of the 1872 Education Act (Scotland), with the 1875 Code of Regulations making specific mention of provision for the teaching of practical cookery to girls (*PP* 1875 LX: 10).

Past and Present
Còmhraidhean 31–35

The nineteenth century was a period of immense change, not least as a result of rapidly improving transportation, unprecedented levels of population movement, and increasing frequency of linguistic and cultural contact. The response of nineteenth-century Gaelic poets to social change commonly manifests itself in verse of 'caochladh' (*change*), 'cianalas' (*homesickness*) and romanticism (Meek 2003). The *còmhraidhean* too offer a response to change, and give a hint of the tensions between past and present which such rapid change could cause, tensions which are embodied in the characters' varying responses to change.

The new and faster forms of travel feature prominently in the *còmhraidhean* of 1829–43. Technological advances had brought 'soitheach na smùide' (*the steamship*) to the west Highland seaboard by the 1820s, and so when this form of transport was first discussed in 1829 it was still relatively new. In 'Còmhradh nan Cnoc: Lachlann nan Ceistean agus Donnchadh Mòr', Lachlann welcomes the benefits which the steamship brings, including cheaper travel and the opening up of new markets for Highlanders' goods. Donnchadh is less convinced, seeing only the negatives: goods are sent to market which would previously have been consumed at home; new goods of little benefit, such as tea and sugar, are reaching the Highlands; the steamboats are noisy, drunken places (*Còmhradh* 2). The condemnation of inferior Lowland food is echoed in the 1870s in *còmhraidhean* published in the *Highlander* (*Còmhraidhean* 30 & 33). 'Còmhradh eadar Cuairtear nan Gleann agus Eachann Tiristeach', in its entertaining description of Eachann's less than happy first experience of travelling by train, presents a similar tension, represented by the opposing views of Cuairtear nan Gleann and Eachann (*Còmhradh* 32). The former sees the train as a sign of progress to be welcomed, whereas Eachann remains firmly sceptical and entrenched in the past. The effect of new technology also receives attention in *Còmhradh 7*, with some anxiety being expressed about industrialisation causing unemployment, a concern which is forcefully contradicted by the Schoolmaster.

There is often a sense that the present is in some way a diminished and lesser world than that of the past and that people are less honourable and worthy than their forebears. So we find Fionnlagh Pìobaire observing in 1829: ''S ann air muinntir an t-saoghail a-nis a tha a' chabhag, 'n saoil mi fhìn ciamar fhuair na daoine còire dh'fhalbh tron t-saoghal len dòighibh athaiseach, ciallach. Nan creideamaid an t-àl seo, cha robh annt' ach baothairean, ann an coimeas riutha fhèin' (*Folk are in such a hurry, I wonder how the good people of bygone days managed to get on in the world with their slow, cautious ways. If we were to believe this generation, they were only fools compared with themselves*) (*Còmhradh 31*). Fionnlagh is particularly sensitive to the changes which the Highlands has experienced, as there is no longer any demand for his piping. This same sense of decline underpins 'Fionnlagan agus Osgar air Biadh nan Gàidheal', in which the characters lament the transformation which the Highlanders' diet has undergone: 'tha fios agam gun robh daoine na b' fheàrr, na bu treasa, na b' fhoghaintiche anns a h-uile dòigh nuair a bha iad toilichte leis a' bhiadh gharbh, dhùthchasach a bha seo o chionn fhada, gun a' chungaidh-eireachdais seo air a bheil thu tighinn (*I know that people were better, stronger, more able in every way when they they were happy with this coarse, traditional food for a long time, without the showy ingredients you're mentioning*) (*Còmhradh 33*). The departure of old customs is the focus of 'Cèilidh an Taigh Sheumais Ùisdein' as the characters lament the traditional New Year shinty game being replaced by football: 'Chan eil ann nis ach ball-coise agus cluichean Gallta nach fhiach dol thar na stairsnich gam faicinn' (*There is nothing now but football and Lowlands games that aren't worth crossing the threshold to watch*) (*Còmhradh 35*).

The words 'Gallta' and 'Galltachd' frequently represent the negative side of social change, whether this be in the context of language change, as discussed above, or in a more general sense. This negativity is frequently of a general nature, as with Eachann's comment in 1840: 'cha toir sibh orm a chreidsinn nach eil bochdainn agus fuachd agus dìth càirdeis a' tighinn a-staigh do dhùthaich mar a tha na cleachdainnean ùra, Gallta sin a' tighinn oirnn' (*you won't make me believe that poverty and coldness and a lack of kindness isn't coming into the country as these new Lowland habits are descending upon us*) (Còmhradh 32). This same sentiment reappears later in the century in the words of Fionnlagan:

> Chan fhiù 's chan fhiach ach nithean Gallta! Sin mar a tha chànan, sin mar a tha an t-aodach, 's gach nì. Tha an t-uachdaran Gallta, tha 'm bàillidh Gallta agus tha h-uile aon a bhios a' streap a-staigh dan cuideachd, 's a bhios an dùil ri buannachd fhaighinn bhuatha a' leigeil air gu bheil esan an dèidh fàs cho Gallta riutha fhèin (Còmhradh 33).
> (*Only Lowland things are valued and worthy! That's how the language is, that's how clothes are, and everything. The landlord is Lowland, the factor is Lowland and everyone who aspires to be in with them and who hopes to gain from them pretends that he has grown as Lowland as they.*)

In Norman MacLeod's 'Còmhradh nan Cnoc: Fionnlagh Pìobaire, Iain Òg agus Lachlann nan Ceistean', the type of tree being planted symbolises the encroachment of the Lowlands, in a way not dissimilar to that in which trees would be used by Somhairle MacGill-Eain in 'Hallaig' over a century later (MacLean 1991: 226–30):

> Chan ionann an giuthas ribeach Gallta, a tha iad a-nis a' cur air gach cnoc mu na taighean ùra, air an cumadh mar gun tigeadh iad o làmh tàilleir, agus a' seasamh nan sreathaibh dòigheil, guala ri gualainn, mar b' àbhaist dhuinn a dhèanamh an àm nam *Volunteers* air an fhaiche (Còmhradh 31).
> (*The rough Lowland fir trees, which they are now planting on*

every hill around the new houses, aren't the same: they're shaped as though they had come from the hand of a tailor and standing in neat lines, shoulder to shoulder, as we used to do when the Volunteers were on the drill ground.)

These *còmhraidhean* which focus on change, and particularly social change, draw on a theme which underpins the genre as a whole, and reflect some of the tensions arising from this change.

CÒMHRADH 31

Còmhradh nan Cnoc:
Fionnlagh Pìobaire, Iain Òg agus Lachlann nan Ceistean

Fionnlagh: Tha thus' an sin, Iain Òig, a' dèanamh nan cliabh a thoirt dhachaigh na mòine, obair a tha nis' a' dol à cleachdadh. Càit an d' fhuair thu na slatan bòidheach caoil seo?

Iain: Càit am faighinn iad ach anns an doire ud thall, on duine uasal cheanalta nach do dhiùlt slatag riamh do dhuine bochd a dhèanamh cliabh no craidhleag; agus tha bhuil, 's bòidheach, dosrach a tha choille aigesan a' fàs, o linn gu linn, mar dh'fhàs a' choill' on tàinig i. Chan ionann an giuthas ribeach Gallta, a tha iad a-nis a' cur air gach cnoc mu na taighean ùra, air an cumadh mar gun tigeadh iad o làmh tàilleir, agus a' seasamh nan sreathaibh dòigheil, guala ri gualainn, mar b' àbhaist dhuinn a dhèanamh an àm nam *Volunteers* air an fhaiche. A bheil clèibh-mhòin' agaibhse ann an ceann shìos na dùthcha?

Fionnlagh: Chan eil, chan eil. Chan fhoghain ach cuibhlichean air ùir agus tìr. 'S ann air muinntir an t-saoghail a-nis a tha a' chabhag 'n saoil mi fhìn ciamar fhuair na daoine còire dh'fhalbh tron t-saoghal len dòighibh athaiseach, ciallach. Nan creideamaid an t-àl seo, cha robh annt' ach baothairean ann an coimeas riutha fhèin.

Iain: Is soirbh ri thuigsinn cò iad na baothairean; mur bitheadh a' Ghalltachd, chan aithne dhomh ciod a dhèanadh iad. Chan fhaic thu fear san fhichead dhiubh a làimhsicheas tàl na tora; no as urrainn breaban no fraochan a chur air a bhròig, ach acfhainn Ghallta air eich agus air daoinibh – nàile, 's iadsan na baothairean, 's cha b' iad na daoine còire bha rompa.

Fionnlagh: Coma co-dhiù, cha chluinn thu ach mar tha 'n dùthaich a' teachd air a h-aghaidh, agus an neul bòidheach a tha tighinn oirre.

Iain: B' e sin an t-ainm gun an tairbhe. Neul na bochdainn – chan fhaca mi mòran rath air an dùthaich, no cridhealas no sùgradh, on a thòisich an neul Gallta seo fhèin ri tighinn oirre.

Ciod i do bharail-sa, a ghoistidh?

Fionnlagh: Air m' fhacal, tha 'n fhìrinn agad. On a sguir na mnathan-uaisle de labhairt na Gàidhlig, on a thòisich iad ris na tighearnan òga chur do Shasainn a dh'fhaighinn an ionnsaich; on a fhuair iad na gillean Gallta len deisichibh rìomhach, agus on a rinn iad na rathaidean lùbach ùr a dh'ionnsaigh an taighean, chaill mi mo thlachd dhiubh; chan aithnich iad mi, 's chan eil meas air mo phìob; tha i cho mòr à cleachdadh 's a tha na clèibh-mhòinidh fhèin.

Iain: Ged a tha na clèibh à meas, 's math as cuimhne leams' a' chiad chairt a thàinig riamh don dùthaich cha robh duin' againn a chuireadh na h-uidheam i ach fear a' bhaile, 's cha robh gearran san àite rachadh innte ach seann each bàn nan clach; cha luaithe chluinneadh càch a dìosgan na bheireadh iad mullach a' mhonaidh orra; ach mas iad na h-eich fhèin, tha iad a-nis air fàs ciallach. Agus a thaobh nan daoine chan eil sùim aca do mhireadh, do cheòl, no do shùgradh, ach a bhith leughadh 's a streap ri uaisle.

Fionnlagh: 'S ann agam a tha fios; cha chruinnich a-nis cuideachd nach toirear làmh air leabhar, is coma càit; mas ann ri tìoradh no cruadhachadh san àthaidh, mas ann a' bleith sa mhuileann, mas ann an dèidh na cabhraich air a' bhlàr-mhòine, mas ann air Oidhche Choinnle, no Oidhche na Callainn[1], chan fhaicear fearas-chuideachd ach leughadh. Cha chluinnear sgeulachd no duanag. Cha teic na bha dhe seo nar measg roimhe seo, ach chuir an *Teachdaire Gae'lach* cinn daoine gu tur air aimhreidh. Tubaist air fhèin agus air a theachdaireachd, mhill e mo cheàird. Cha chuirear nas fhaide fios air Fionnlagh Pìobaire, no air Calum Fìdhlear, no air Donnchadh nan Aoirean, no Bodach nan Dàn, an duine truagh; chan fhaicear dannsa, 's cha chluinnear òran; air mo shon fhìn, faodaidh mi balg-sèididh a dhèanamh den phìob; cha tug mi ràn aiste on oidhche phòs Iain Aotrom is Annag an Dannsaidh. Cha bu ghearan mura tigeadh e ach air cuairt shamhraidh, mar nì bhana charaid, a' chuthag, 's na Goill eile, ach a bhith maoidheadh tighinn oirnn cho tric ris a' ghealach ùir, tha seo leamh. An saoil thu an suidh buachaille ri taobh tuim le feadan na làimh mar b' àbhaist dha, ach a h-uile sìochaire dhiubh le leabhar na làimh, gun sùim do fhochann no do fheur, ach a' leughadh, a' leughadh mar gum b' ann airson seo a bhiodh iad a' faighinn an tuarastail. Nach iongantach leats' an Siorram, duine grunndail, tuigseach mar tha e, bhith cho dèidheil air sgoilean agus air leabhraichean a sgaoileadh feadh na dùthcha.

Iain: Air d' athais, Fhionnlaigh, mur eil mise meallta, tha 'n Siorram cho sgìth dhiubh 's a tha thu fhèin no Calum Fìdhlear. An cuala tu mar dh'èirich dha air Diluain seo chaidh, nuair bha e dol a chumail mòid an ìochdar Mhuile thachair dha tadhal air an rathad, gus am pilleadh air an t-sruth; cha luaithe thionndaidh e chùl ris na gillean na mach a ghabh a' ghràisg a leughadh taobh na creige, agus thràigh am bàta gu tioram glan. Nam biodh an *Teachdaire Gae'lach*, cò air bith e, mar fhad a' bhata bhuidhe dha nuair a thuig e mar bha chùis, cha tigeadh e 'n dà latha seo a-rithist air a theachdaireachd. Ach cò seo a tha teachd a-nall air a' chlacharan?

Fionnlagh: Mur eil mi meallta, tha Lachlann nan Ceistean, an duine cneasta, ged nach taitneadh ar cainnt ris. B' e sin bhith teachd eadar a' chraobh 's a rùsg, a bhith cur eadar Lachlann agus na leabhraichean.

Lachlann: A bheil sibh gu sunndach, fheara? 'S e seo a chòrdadh riutsa, Iain, a bhith dèanamh nan cliabh, agus am Pìobaire a' cumail seanchais riut. A bheil Màiri 's na pàistean gu math?

Iain: Cha mhiste leatha sibhs' fhaicinn san dol seachad. Gabhamaid ceum suas chum an taighe; thig leinn, Fhionnlaigh; ged tha thu gearan gu bheil Lachlann 's a chuid leabhraichean a' milleadh do cheàird, tha fhios agam nach miste leat a bhith greis na chuideachd.

Fionnlagh: Cha mhiste gu dearbh, ach 's minig a b' fheàirrde.

Lachlann: On tha 'n cliabh gu h-inbhe bhig rèidh, cuir thus', Iain, crìoch air agus gabhaidh mis' agus am Pìobaire ceum suas mu Chnoc nam Meann, a sheanchas mu na gnothaichibh sin.

Fionnlagh: Tha mi làn-thoileach, ma gheallas sibh gun mo cheasnachadh.

Lachlann: Ciod a tha thu nis ag ràdh mu na sgoilibh agus mu leughadh?

Fionnlagh: Chan eil a' bheag. Tha sgoilean feumail, agus tha leughadh math gu leòr na àm 's na àite fhèin; ach faodaidh daoine dol air muin an eich gun dol thairis. Faodaidh duine bhith math na 's leòr gun fhuath a ghabhail air gach mire agus sùgradh, agus fealla-dhà; bha leithid ann agus bithidh – agus chan eil àit' an cuirear fios orm nach seinn mi dhaibh gun dà sgillinn, a dh'aindeoin cò theireadh e.

Lachlann: A bheil thu rèidh, Fhionnlaigh?

Fionnlagh: Chan eil mis' ag ràdh a' bheag, is cha robh e 'm beachd an uiread fhèin a ràdh.

Lachlann: Èist riumsa nis tiota beag, agus na chanainn riut dhèanainn e gu stòlda, suidhichte, mar neach a tha 'g iarraidh an fhìrinn a chur an cèill, agus math d' anama chur air aghaidh. Tha fhios agam, Fhionnlaigh, gur duine blàth-chridheach, coibhneil thu, nach dèanadh lochd, le d' fhiosrachadh, air duine beò. Tha fhios agam gu bheil thu fo dheagh theist san dùthaich, agus gu bheil thu nad dheagh choimhearsnach; ach, Fhionnlaigh, tha *aon nì feumail*, agus o nach eil an seo ach sinn fhìn, 's èiginn a ràdh gu bheil thu dearmadach air an *nì* sin; tha thu ro dhèidheil air cuideachd, air òl agus air cridhealas saoghalta, air sùgradh amaideach; agus tha thu nad ìmpidh air daoin' eile a thoirt, agus an cumail ann, air amaibh mì-iomchaidh, o bheil anabarra uilc ag èirigh.

Fionnlagh: Chan eil mis', a Lachainn, tha dòchas agam, nam mhisgear, no nam struidhear; agus ged a tha mi, math dh'fhaodte, nas trice na bu chòir dhomh ann an cuideachd, cha chualas m' fhacal àrd no mo thuasaid, agus a bheil thu fhèin a' dìomoladh gach gnè shùgraidh agus fhearas-chuideachd?

Lachlann: Chan eil idir; ach tha mi gu deimhinn a' dìteadh a' bhaoth-shùgraidh a tha tachairt air na còmhdhailibh sin, far a bheil òigridh ghòrach a' coinneachadh, ann an taighibh-òsta, agus far a bheil iomadh peacadh nach eil sinn ag ainmeachadh ga chur an gnìomh, a tha tarraing masladh agus bròn na lorg do mhòran dhiubhsan a tha gan tadhal. Chan eil mise, Fhionnlaigh, a' dol gad cheasnachadh, ach is aithne dhut a' chiad cheist, 'Ciod is crìoch àraid don duine?'[2] Agus a bheil e comasach dhut smaoineachadh

gu bheil thus' a' freagairt na crìche seo, no a' glòrachadh Dhè air
na còmhdhailibh amaideach sin air a bheil thu cho dèidheil? Am
faodar cridhealas a chantainn ri nì sam bith nach toir sòlas le
amharc air ais air? Na mhothaich thu d' anam riamh air ghleus gu
moladh a thoirt do Dhia, no do thaingealachd a chur an cèill dha,
air na h-amannaibh mu bheil sinn a' labhairt? Far a bheil buaireas
na dibhe, agus gleadhraich nam mionnan, a' fuadach gach deagh
smuain on anam. An tàinig thu riamh air d' ais uatha ann am
fonn ùrnaigh? Cia liuthad aon leis an do shuidh thu air na
còmhdhailibh sin tha nis ann an sìorraidheachd? An saoil thu an
tug a h-aon dhiubh riamh buidheachas do Dhia, air leabaidh am
bàis, airson uiread 's a fhuair iad de shòlas on chridhealas air a
bheil thus' a' labhairt? Agus a bheil e eu-comasach nach eil cuid
dhiubh an ionad na dòrainn a tha caoidh uiread 's a chaill iad den
ùine san dòigh sin. Fhionnlaigh, bi glic, tha 'm bàs a' teannadh
ort, tha 'n t-àm a' tarraing dlùth, agus aig Dia tha brath cia dlùth
's a tha e, anns am mothaich thu an saoghal seo a' sleamhnachadh
uat agus sìorraidheachd a' fosgladh fad chomhair. Nuair thig an
t-àm sin, ciod an sòlas a bheir e dhut amharc air d' ais air gach
sùgradh faoin anns an d' iarr thu toileachas-inntinn? Tha mi
rithist gad earalachadh: bi glic, agus thoir fa-near. Gabhamaid
ceum suas a chum an taighe, 's na cluinneam tuilleadh an aghaidh
leabhraichean no leughaidh air an fheasgar seo.

Fionnlagh: Gabh mo leisgeul, a dhuine ghaolaich; ged a bha
mis' a' seanchas mar bha mi, chan eil facal a thàinig uat leis nach
d' aom mo chridhe. Gun tugadh am Freastal dhuinn smaoineachadh
air a' chùis sin nas motha na rinn sinn san ùine dh'fhalbh.

NOTES AND REFERENCES

Publication details: *An Teachdaire Gae'lach* 3, July 1829: 54–57;
Caraid nan Gaidheal, 21–27

Author: T. O. (Rev. Dr Norman MacLeod)

Background: This *còmhradh* is of interest for its comments on
social and cultural change, a common theme in *còmhraidhean*

throughout the century, with the Lowlands being blamed for the effect which new technologies were having on traditional Highland practices. The widening cultural and linguistic gap between the gentry and the surrounding population touched upon in this text was not a new feature of Highland society in the nineteenth century. While the 1609 Statutes of Iona's requirement that the eldest sons of Highland gentleman should be educated in the Lowlands may have had little effect (Withers 1984: 29), it is, nonetheless, indicative of the direction which anglicisation would take, with the higher classes becoming anglicised more rapidly than the general Highland population.

MacLeod's representation of the expansion in literacy and its displacement of traditional pastimes uses Fionnlagh, a piper who is representative of the past and the traditional, to lament the changes he sees. Although MacLeod counters this through Lachlann, the voice of authority (see also *Còmhraidhean* 1 & 2), it is not the traditional pastimes themselves which Lachlann condemns but their association with alcohol and hostelries and the deleterious effect of these on individuals' moral and spiritual well-being. In this MacLeod was reflecting contemporary events in Glasgow with the temperance movement establishing its roots in the city in 1829, the year in which this text was published (King 1979: 7). See also *Còmhradh* 2 for comments on steamships and alcohol.

1 Oidhche Choinnle no Oidhche na Callainn: Hogmanay (Black 2005: 530–35)

2 'Ciod is crìoch àraid don duine?': The first question in the catechism.

CÒMHRADH 32

Còmhradh eadar Cuairtear nan Gleann
agus Eachann Tiristeach

Cuairtear: 'N ann a-rithist, Eachainn? Cha chreid mi nach eil leannan agad sa bhaile-mhòr – chan urrainnear do chumail às.

Eachann: Chan eil, cha robh, 's cha bhi! Chaidh làithean mo leannanachd fhèin seachad, 's ged bhithinn òg 's air tòir mnatha, da-rìribh chan ann am measg ghuanagan a' bhaile-mhòir a rachainn a shuirghe; 's olc a fhreagradh iad dom leithid – ach suidhidh mi le ur cead air a' chathair – tha mo cheann san tuainealaich.

Cuairtear: Ciod seo dh'èirich do do cheann, Eachainn?

Eachann: Thig e bhuaithe ri ùine, tha dòchas agam, ach cha seasadh ceann iarainn, gun ghuth air eanchainn cumanta, an t-àite 'n robh mise 'n-diugh.

Cuairtear: Càit an robh thu, Eachainn?

Eachann: An robh mi! Ma-tà, le ur cead, chan ann gu droch fhreagairt a thoirt dhuibh – 's coma càit an robh mi, bidh latha 's bliadhna mum bi mise san àite cheudna rithist. Nach robh mi ann am Paisley air carbad na smùide. Ach carson a bhithinn a' gearan, 's ann agam tha 'n t-adhbhar taingealachd gu bheil mi beò, 's nach do shèideadh a-suas mi nam bhloighdean anns na speuraibh. O, b' e bhith buaireadh an Fhreastail, do dhuine sam bith na bheachd, cuid a' chunnairt a ghabhail da leithid a dh'àite, fhad 's a tha comas nan cas aige, no dh'fhaodas e suidhe an cairt shocraich, chiallaich air boitean connlaich.

Cuairtear: 'N ann mar sin a tha thu labhairt mun aon dòigh shiubhail as innleachdaiche fhuaras riamh a-mach le mac an duine?

Eachann: Chan eil ceist nach eil i innleachdach; chan ann an sin tha 'n fhàillinn, ach an cluinn sibh mi   b' fheàrr leam latha ghabhail ga choiseachd na dol an dàil na h-ùpraid cheudn' a-rithist. Cha robh mi tiota air falbh innte nuair a bheirinn na chunnaic mi riamh gun robh mi aon uair eile air bonn mo choise air fonn, no ged a b' ann suas gu m' amhaich a-mach air a' mhuir. Fhearaibh 's a ghaoil! B' e sin an carbad siùbhlach; tha mi air bharail nan gabhadh e air adhart uair an uaireadair na b' fhaide gun robh m' eanchainn mar bhrochan an claigeann mo chinn.

Cuairtear: Seadh, Eachainn, innis domh mar thachair.

Eachann: Tha mac agam, mar tha fhios agaibh, san àite seo; gille dèanadach, glic, grunndail. Tha mi dèanamh dheth gu bheil sùil aige ri bean fhaotainn ann am Paisley, 's chan fhòghnadh leis gun mise dhol a-mach ga h-amharc. Cha robh mi dèidheil air carbad na smùide, ach bha Niall ('s e sin ainm mo mhic) agus bùirdeasach òg eile, sgaoimear a mhuinntir an Òbain a bha maille ris, dèidheil air fealla-dhà bhith aca air mo thàillibh. A-staigh do charbad na smùide chàirich iad mi, ag ràdh rium gum bithinn cho socrach, shàmhach, fhoisneach 's ged a bhithinn ann an cathair-mhòir taobh an teine. Ghabh mi beachd air a' charbad – chunnaic mi fear na stiùrach a' gabhail àite, le ailm iarainn na làimh, agus fear eile san toiseach mar gum biodh fear-innse nan uisgeachan ann, ag amharc a-mach. Bha smùid às an t-similear 's a h-uile nì sàmhach, socrach na 's leòr. Chaidh mi staigh, agus shuidh mi dlùth don uinneig chum sealladh a bhith agam air an dùthaich. Tiota beag na dhèidh sin chuala mi beuc mòr – ràn tùchanach àrd agus an sin fead oillteil. 'Ciod e seo?' arsa mise ri Niall; rinn esan 's an Latharnach gàire. 'Siud agaibh, athair,' arsa Niall, 'sitrich an eich-iarainn, 's e togairt falbh.' 'Sitrich na h-oillt!' arsa mise, 'leig a-mach mi.' Ach bha 'n doras air a dhruideadh. Thug an t-each-iarainn stadag – bhuail an carbad anns an robh mise air fear a bha roimhe, agus bhuail am fear a bha na dhèidh am fear anns an robh sinne. Cha mhòr nach do phronnadh m' fhiaclan an aghaidh a chèile. Thug e ràn eile, agus fead, agus an sin leig iad siubhal a chas dha – 's thàrr e às. Thòisich an stairirich 's a' ghleadhraich. ''N i seo a' chathair-mhòr, a Nèill?' arsa mise. Bha e dol a-nis na shiubhal, 's cha b' e siubhal an eich, no luaths an fhèidh; cha tugadh ceithir chasan riamh do bheò-chreutair air an talamh a-bhos, no sgiathan do dh'eun sna speuraibh shuas, na chumadh ris. Cha tuirt mi fhìn diog – rinn mi grèim-bàis, gun fhios carson, air an àite-shuidhe.

Dhùin mi mo bheul – chas mi m' fhiaclan mun cuirinn tro mo theangaidh iad; dh'fhorc mi mo chasan gu daingeann, 's bhithinn ceart shuarach ged robh mo chlaisteachd sa chiste ruaidh ann an Tiridhe 's mi fhìn cho bodhar ri Iain Balbhan.[1] Chuir Niall a bheul ri mo chluais – ''Athair,' ars esan, 'a bheil sibh nur cadal?' 'Ist!' arsa mise, 'bi sàmhach.' Chuir an t-Òbanach òg a cheann rim chluais. 'Eachainn,' ars esan, 'nach e 'n t-each-iarainn fhèin an gille?' 'Ist!' arsa mise. Bha mi nis a' tighinn gu seòrsa de thùr, ghabh mi misneach, ach bha seòrsa de nàir' orm, oir bha bean mhòr shìodach, ribeanach, reamhar sa charbad, agus ge b' àrd gleadhraich an eich-iarainn, bha a guth cho àrd, agus a teanga neo-ar-thaing cho luath. Bha 'n uinneag fosgailte: dh'amhairc mi mach a ghabhail seallaidh air an t-saoghal, ach ghrad-spìon iad air m' ais mi. 'Thoir an aire dhut fhèin,' ars iadsan, 'cum a-staigh do cheann, air neo theagamh gum fàg thu mìle nad dhèidh e mun ionndrainn thu bho do ghuaillibh e.' Ghrad-tharraing mi air m' ais, 's bu mhath gun do tharraing, oir chuala mi geumraich agus rànaich oillteil a' dlùthachadh oirnn. Cha robh a' mhuc-mhara sin riamh air cuan a dhèanadh sèidrich coltach ris. Thàinig seòrsa de bhreislich orm – ach ghrad-chaidh steud-each-iarainn eile seachad oirnn – na ruith 's na dheann-ruith, a' sèidrich 's a' feadalaich le boile thug orm criothnachadh le h-oillt. Bha na ficheadan carbad na dhèidh ach cha deachaidh peilear riamh o bheul a' ghunna-mhòir le luaths na bu mhotha na chaidh iad seachad oirnn. Cha robh dùil agam gun robh leud na lùdaig eadar an dà charbad, 's nam biodh iad air a chèile bhualadh, càit an sin an robh Eachann? Tharraing mi m' anail. 'Tha 'n siud aon rubha fodhainn,' arsa mise rium fhìn. Dh'fheuch mi nis beachdachadh air an dùthaich mun cuairt, ach cha robh seo comasach, cha robh a' bheag air am b' urrainn an t-sùil socrachadh ach a h-uile achadh, 's craobh, 's cnoc, 's taigh, a' ruith mun cuairt an dèidh a chèile; taighean mòr' a' tighinn san t-sealladh, ach ge b' fhada bhuainn iad cha b' fhada gan ruigheachd – ann am priobadh na sùla bha sinn seachad orra. Chunnaic mi achadh air an robh mòran mhulan 's rucan feòir. Bha iad a' ruith mun cuairt, a h-uile h-aon air a bhonn fhèin mar ghille-mirein, 's an t-iomlan mar gum biodh iad a' dannsadh ceithir thar fhichead Ruidhle Thulachain. Dh'fheuch mi an àireamh ach mun do chunnt mi leth-dusan dhiubh bha iad às an t-sealladh. Bha mi nis gam fhaireachdainn fhìn rudeigin socrach, agus an t-eagal gam fhàgail, nuair a thàinig an dubh-dhorchadas oirnn! Cha robh grian no leus solais ann, creag mhòr dhubh ri cliathach a' charbaid agus an aon fhuaim fhàsail, eagalach, air chor agus, eadar rànaich an eich iarainn, gleadhraich na h-acfhainn agus co-fhreagradh mhic-talla san uaimh dhorch tron robh sinn a' dol, gun robh mi uile-gu-lèir fo eagal na bu mhotha na bha mi fhathast – air mo bhòdhradh, air mo dhalladh, 's mo cheann san tuainealaich. 'Ciod e seo?' arsa mise ri Niall. 'An *Tunnel*,' ars esan. 'B' e 'n donnal e gu dearbh,' arsa mise, 'an donnalaich as gràinde chuala mi'; ach am priobadh na sùla bha sinn a-mach taobh eile chnuic! Tharraing mi m' anail agus thog mo chridhe. Chaidh sinn a-nis tro dhùthaich àillidh – bha eich 's crodh 's caoraich ag ionaltradh – ach cha robh a h-aon dhiubh, no beò-chreutair, nach do theich o thaobh an rathaid mar a dhlùthaich sinn orra, an cinn 's an earbaill ri adhar, 's cha b' iongantach sin, b' e 'n t-annas e do na brùidean bochda. Bha nis, mar a shaoil leam, an anail an uchd an eich iarainn – thug e ràn. 'Fhalbh,' arsa mise, 'chan iongantach leam pathadh a bhith ort.' Chuala mi beuc – 's fead – bha 'n siubhal a' fàs na bu mhaille. 'Chan urrainn siud seasamh,' arsa mise ri Niall. Stad an carbad. 'Leig a-mach mi,' arsa mise; oir smaointich mi gun deachaidh mionach an eich iarainn air aimhreit, 's gun sgàineadh an coire mòr anns an robh 'n t-uisge goileach. 'Leig a-mach mi,' arsa mise. 'Air ur socair, athair,' arsa Niall. Dh'fhosgail duine modhail, agus cuairt òir mu aid, an doras. 'Thigibh a-mach, a dhaoin'-uaisle,' ars esan. ''N e gu bheil sinn aig ceann an rathaid?' arsa mise, 'ochd mìle ann an ochd mionaidean deug!' Chaidh sinn a-mach, ach 's gann a b' urrainn dhomh seasamh leis an tuainealaich a bha nam cheann. Ciod a th' agaibh air, ach gum faca mi leannan Nèill, 's air m' fhacal, caile eireachdail. Nuair bha e fhèin 's an t-Òbanach òg ag innse mun eagal a bha orm, sheas i mi gu gasta, agus chàin i an carbad iarainn gu foghainteach. Sin agaibh mar thachair dhomh.

Cuairtear: Mo mhìle taing, Eachainn! Ach ciamar a thàinig thu air d' ais?

Eachann: Thill mi san dòigh cheudna; cha dealaicheadh iad rium, cha robh feum a bhith cur nan aghaidh. Chaidh mi staigh, sheachain mi 'n uinneag, dhùin mi mo shùilean, dh'fhorc mi mo chasan. 'Chuir an lionn a dh'òl mi,' arsa mise, 'cadal orm, leigibh leam.' Dh'fhalbh sinn; thòisich mi air Laoidh MhicEalair[2] agus gach laoidh eile bha agam air mo theangaidh aithris; ach mun d' fhuair mi leth rompa bha sinn aig ceann ar turais, agus a-rithist tèarainte air sràidibh Ghlaschu. Sin agaibh, a Chuairteir rùnaich, eachdraidh mo thurais do Phaisley.

Cuairtear: Agus a-nis, Eachainn, nach aidich thu gur mòr an t-sochair na h-innleachdan sin? 'S èiginn gum bi daoine siubhal o àite gu h-àite – tha de ghnothaichean a-nis eadar àit' agus àite, eadar duin' agus duine; de mhalairt 's de dh'iomairt de gach seòrsa, 's gur anabarrach an t-sochair a tha daoine faotainn uapa. Chan urrainnear Lunnainn agus Glaschu tharraing nas dlùithe da chèile na tha iad – Lunnainn a shlaodadh a-nuas, no Glaschu a sparradh a-suas; chan eil e comasach an t-astar a dhèanamh nas giorra na tha e; ach ma gheibhear an t-astar a dhèanamh anns a' cheathramh cuid den ùine b' àbhaist dha ghabhail, nach e sin an t-aon nì 's ged a bhiodh iad air an dlùthachadh ri chèile? Tha leth-cheud mìle nis mar bha deich mìle ri linn m' òige. Siùbhlaidh daoine nis ann an ceithir uairean fichead astar a ghabhadh seachdain o chionn fhichead bliadhna, agus cha chost e 'n deicheamh cuid de chur a-mach airgid: 's nach mòr an t-sochair sin?

Eachann: Cha lèir dhomh fhìn gu bheil a' chùis mar a tha sibh ag ràdh. Ma tha cothrom aig daoine nis air dol o àite gu h-àite nach robh aca, ciod e sin? A bheil iad nas saoire 's nas lugha cost aig deireadh na bliadhna? An àite sin tha iad a' cost a dheich uiread 's a bha na daoine bhon tàinig iad – tha iad a dheich tricead on taigh. Mura biodh cothrom aig ceatharnaich air dol gu Galltachd ach air bonn an coise, no aig na h-uaislean ach air muin

eich le bhailìos, no màileid leathraich air cùl na dìollaid mar a b'
àbhaist, cha bhiodh uiread de dh'òr 's de dh'airgead dhaoine ga
chost a' ruith o àite gu h-àite, 's bhiodh iad a cheart cho math
dheth aig ceann na bliadhna.

Cuairtear: Faodaidh tu a ràdh gun robh an dùthaich cho math
dheth nuair nach robh drochaid, no rathad mòr an rìgh, no
cairtean, no barachan-rotha san tìr; am ministear fhèin a' marcachd
don Eaglais, 's a bhean air pillean air a chùl, 's a dà làimh mu theis-
meadhan; agus an tuath air chùl srathrach, le taod connlaich.

Eachann: Ma-tà chan eil fhios agam nach robh agus mòran na
b' fheàrr. Ged labhradh sibh fad bliadhna, cha toir sibh orm a
chreidsinn nach eil bochdainn agus fuachd agus dìth càirdeis a'
tighinn a-staigh do dhùthaich mar a tha na cleachdainnean ùra,
Gallta sin a' tighinn oirnn. Nach taitneach an nì marcachd air
muin eich, no gu socrach, ciallach, athaiseach air cairt, agus mar a
thubhairt mi, boitean connlaich fo dhuine, agus sealladh a bhith
aige den t-saoghal àillidh mun cuairt dha, gun sgàth no imcheist,
seach a bhith air a ghlasadh a-staigh ann an leithid a dh'àite san
robh mise; bruach àrd air gach taobh dheth, agus an àit' eile a'
ruith mar nathair fon talamh; agus cridhe duine bualadh na uchd,
mar gum bu mhaigheach bhochd, ghealtach e 's am mìolchu às a
dèidh. Coma leam iad!

Cuairtear: A bheil truas idir agad ris na h-eich bhochda? Nach
dèisinneach an nì bhith air do tharraing air carbad-cheithir-each,
agus mothachadh mar tha iad air an liodairt – air an claoidh – air
an sàrachadh – air am murt – cuid dhiubh a' tuiteam, mar a
chunnaic mi, gun phlosg air an rathad-mhòr fo sgiùrsadh
eagalach, neo-iochdmhor nam bèistean a tha gan iomairt. Tha
sòlas orm gun d' fhuaradh a-mach dòigh anns am bi na h-eich
ghasta air an caomhnadh. An ceann ùine ghoirid bidh malairt na
dùthcha air a giùlan air na slighean-iarainn. A bharrachd air seo,
tha iad ag ìsleachadh luach gach seòrsa teachd-an-tìr, agus
iomadh nì eile dhuinn. Faic thusa na carbadan-iarainn a tha air
tòiseachadh an-diugh fhèin eadar Glaschu 's Inbhir Àir; nach
anabarrach am fosgladh a tha e dèanamh? Thig iasg 's uibhean, 's
ìm, 's meas, a-nuas a-nis o gach àite eadar sinne agus Inbhir Àir;

brùchdaidh gach baile mach na th' aca ri sheachnadh; thig iad
a-nuas sa mhadainn leis gach goireas a shaoileas iad a ghabhas
reic, agus pillidh iad dhachaigh san fheasgar le fhiach nan sporan!
A bheil sochair an sin?

Eachann: Cha lèir dhomh gu bheil. Gun teagamh is sochair e
do Glaschu; tha a h-uile ceàrn a' dòrtadh a-staigh na tha aca ri
sheachnadh, a' reamhrachadh a' bhaile-mhòir seo, agus tha bhuil:
tha e fàs 's a' fàs – taighean ùra – obraichean ùra – sràidean ùra –
gus nach eil fhios càit an stad iad – soithichean-smùid o gach
eilean, o gach ceàrn an Èirinn 's an Sasainn – a' toirt luchd air
muin luchd a bheathachadh sluagh mòr an àite seo; agus a-nis,
carbadan-iarainn a' slaodadh a-staigh gach nì. Tha sin na
shochair mhòr, gun teagamh, do Ghlaschu, ach b' e sin 'Calum
beag a chur a dhìth chum Murchadh mòr a reamhrachadh'. Ciod
an t-sochair do mhuinntir Inbhir Àir agus Irvine, agus na
h-àiteachan sin, anns nach urrainn dhaibh a-nis cudainn, no
bodach-ruadh, no ugh, no ìm a cheannach, gun uiread a dhìol air
a shon 's a tha muinntir Ghlaschu a' dèanamh. 'S mòr an t-sochair
dhòmhsa, da-rìribh, nach toir mo bhean ugh dhomh air Latha
Càisg, ach gan gleidheadh airson Ghlaschu. Tha mise 'g ràdh ribh,
nam biodh Glaschu agus a leithid a-mach air a' mhuir, gun robh
pailteas san tìr. 'S iad na bailtean-mòra tha 'g ithe na dùthcha.
Nach eil a-nis làn-chinnteach ceud mìle fear a' giùlan bìdh a
lìonadh bronnaichean muinntir Ghlaschu. Tha e cur nam
chuimhne-sa muc mhòr a bha mo bhean aon uair a'
reamhrachadh. Cha robh càl no buntàta, no fuidheall eòrna no
coirce, no mionach èisg, no nì air an gramaicheadh fiacail nach
robh i slaodadh a dh'ionnsaigh na bèiste. Chluinneadh tu na
cearcan a' gogail 's a' sgrìobadh an dùnain leis an acras – an
coileach frangach, cha d' rinn e gogail fad mìos; am madadh
breac, an t-aon chù-uisge as fheàrr an Tiridhe, earball eadar a
chasan, 's a chnàmhan a' tighinn tro chraiceann; na tunnagan 's
'fàg, fàg' a' ghearain uapa bho mhoch gu h anmoch, agus seo uile
chum an torc breac a reamhrachadh. Cho luath 's a mharbhadh e,
b' e sin latha 'n àigh do gach creutair mun doras; chluinneadh tu
na geòidh a' sgeigeil gu faramach, na cearcan a' gogail le sòlas –

ùpraid air gach aon dhiubh; an coileach frangach 's a sprogaill cho dearg ris an sgàrlaid a' gogail gu cridheil; 's am madadh còir a' tathann gu togarrach; na tunnagan a' snàmh air linne nan gèadh agus a' mireag gu subhach: agus carson? Mharbhadh a' mhuc mhòr; bha na chaith a' bhèist air a roinn eadar gach creutair eile.

Cuairtear: Tha sin glè mhath, Eachainn, ach càit an deach an t-airgead a fhuair do bhean airson na muice?

Eachann: Ma-tà, chuir sibh ceist orm; sin nì tha duilich a fhreagairt; cheannaicheadh siud agus seo – gùn ùr – currac ùr – *umbrella* ùr – soithichean ùra crèadha 's na ficheadan nì eile nach d' ionndraich sinn gus an tug am fasan a-staigh iad; tha mi am mearachd – thug i dhomh a' pheiteag seo dhomh tha orm.

Cuairtear: Ach carson nach do reic thu fhèin a' mhuc, 's nach do phàigh thu do mhàl leis an airgead?

Eachann: Fhir mo chridhe, thug mi mhuc, nuair a bha i na h-uircean, dom mhnaoi. 'Seo,' arsa mise, latha bha i 'g iarraidh nì-eigin bhuam, 'seo,' arsa mise, 'uircean; reamhraich e 's reic e, agus ceannaich na tha dhìth ort.' 'Mo bheannachd ort, Eachainn!' ars ise. Chuireadh ann an crò e, thòisich an reamhrachadh; ma bha 'm meòg goirt, 'Thoir don mhuic e'; ma bha bhlàthach tana, 'Thoir don mhuic i'; na dallagan a b' àbhaist dhuinn fàgail air a' chladach, b' èiginn an toirt dhachaigh don mhuic. Ann an aon fhacal, bha a h-uile nì air a shlaodadh do chrò na muice – ach chuireadh a' chorc innte mu dheireadh. 'Mo mhuc fhìn,' arsa mo bhean; bha i cho bòstail às na bha de shaill oirre 's ged robh i aice air a cìch. Cha tuirt mi diog. 'S aithne dhuibh na mnathan, a Chuairteir, chan eil math bhith cur nan aghaidh – 's mòr an t-sochair sìth. Ach 's èiginn dhomh falbh. Slàn leibh, fhir mo chridhe – ma chaomhnar mi bidh mi air m' ais an ùine ghoirid le luchd de bhuanaichean, agus chì mi sibh. Slàn leibh!

Cuairtear: Slàn leat, Eachainn! 'S e 'm baile-mòr mionach na dùthcha, agus is olc a thig do na làmhan 's do na casan a bhith gearan na aghaidh. Ach slàn leat!

Eachann: Aon fhacal: tha mi guidhe oirbh gun iomradh thoirt anns a' *Chuairtear* mun mhuic, air neo cha ruig mise leas tilleadh. Slàn leibh, fhir mo chridhe!

NOTES AND REFERENCES

Publication details: *Cuairtear nan Gleann* 7, 1840: 150–55; *Caraid nan Gaidheal*, 152–62; Whyte, *Leabhar na Céilidh* (1898) 132–42; *Còmhraidhean Gaidhlig* (1925) 19–26

Author: Rev. Dr Norman MacLeod

Background: It was in the 1820s and 1830s that a network of railways began to emerge in Scotland as a result of the advances being made in steam locomotion. This *còmhradh* was published only a month after the Glasgow, Paisley, Kilmarnock and Ayr Railway began to run the first steam locomotives between Glasgow and Ayr. For many of MacLeod's readers this was an entirely new and unknown form of transport. While Eachann's alarm at the entire experience of travelling by train is amusing, it should be borne in mind that his anxieties were not unreasonable for the time. In the early days of the railways there was some unease about using locomotives to transport passengers on a regular basis due to the unreliability and poor safety record of the earliest engines; exploding boilers were not unknown (Robertson, 1983: 44 & 50). For a brief treatment of this *còmhradh* in the context of Gaelic poetic responses to industrial Clydeside in the nineteenth century, see Meek 2010.

Not only does the conversation between Eachann and the Cuairtear offer a contemporary perspective on the effects which improvements in transport were having on the Highlands, but it also hints at an underlying tension, evident in many nineteenth-century *còmhraidhean*, between past and present, with Eachann finding it hard to adjust to a faster, modern world, while the Cuairtear both appreciates and promotes to readers the benefits which technological advances can bring. Of similar interest are the characters' comments about the changing relationship between city and countryside at a time when thousands of Gaels were moving from the Highlands to the town and cities of the Lowlands in search of employment. Not only did improved transportation facilitate this population movement, but it had further economic effects, as the dialogue suggests, as it became easier to transport goods to Lowland markets. The entry in the *New Statistical Account of Scotland* for the Skye parish of Kilmuir records in 1840 that:

> Until within the last few years, no eggs were bought or sold in the parish; but now the case is quite otherwise. There are several females in the parish who daily go about for eggs or are ready to receive them when sent to their habitations. The price given is 3d. per dozen. Those who deal in this fragile commodity, send the same in boxes by the steam-boat to Glasgow. (*NSA* 14, Kilmuir: 285)

1 ged robh mo chlaisteachd sa chiste ruaidh ann an Tiridhe …: The reference here is obscure. It may possibly refer to a box containing an ear trumpet.

2 Laoidh MhicEalair: a hymn popular with Gaels by David MacKellar (Dàibhidh nan Laoidh) who lived in Glendaruel. According to tradition, the blind poet's eye-sight was restored after he had composed this hymn. Eachann may have recited this hymn in the hope that its special power would protect him during his ordeal. Norman MacLeod included Laoidh MhicEalair in his *Co'Chruinneachadh* of 1828 (75–79). See also Ronald Black 2001: 134–43 & 427–29.

CÒMHRADH 33

Fionnlagan agus Osgar air Biadh nan Gàidheal

Osgar: Nach tu thug dhuinn an t-altachadh mu 'Bhiadh nan Gàidheal' o chionn ghoirid! A bheil thu smaoineachadh gu bheil na Gàidheil nas miosa na na Goill?

Fionnlagan: Chan eil; 's ann tha toil agam an cumail o bhith togail droch chleachdannan nan Gall, agus an saoradh o gach call agus galar a tha an lorg nan cleachdannan sin.

Osgar: 'S iongantach an gnothach sin. Chì mi nach e a-mhàin gu bheil na Gàidheil a thig a-mach don Ghalltachd a' feuchainn ri bhith leantail nan Gall anns na nithean sin, ach gu bheil a h-uile maighstir-sgoile, is ministear, is ceannaiche 's tuathanach as urrainn trì òirlich a chur an earball a chòta a' dol anns an aona cheum air feadh na Gàidhealtachd fhèin.

Fionnlagan: Ciod eile, ciod eile? Chan fhiù 's chan fhiach ach nithean Gallta! Sin mar a tha chànan, sin mar a tha an t-aodach, 's gach nì. Tha an t-uachdaran Gallta, tha 'm bàillidh Gallta agus tha h-uile aon a bhios a' streap a-staigh dan cuideachd, 's a bhios an dùil ri buannachd fhaighinn bhuatha, a' leigeil air gu bheil esan an dèidh fàs cho Gallta riutha fhèin.

Osgar: Tha agus 's gast' a' chulaidh-mhagaidh a tha mòran dhiubh a' dèanamh dhiubh fhèin. Chan eil anns a 'Ghodalais Bheurla'[1] a bha san *Àrd-Albannach* o chionn ghoirid ach glè bheag dhe na chuala mi fhìn den abladh a tha iad a' dèanamh orra fhèin cho math ris a' chànain.

Fionnlagan: Tha an droch oilean seo air dol cho fada 's gur ann tha nàir' air mòran de na Gàidheil an-diugh tighinn a-mach ann an aodach na dùthcha; tha nàir' orra biadh a chinneas na dùthcha a chur air bòrd; agus mar seo, mur eil ac' ach aran-coirce agus bainne, leigidh mòran dhiubh seachad am fear-turais air acras o nach eil ù agus aran geal ac' leis an leig iad orra gu bheil iad Gallta!

Osgar: Creididh mise gu bheil tuilleadh air a sin ann. Tha na nithean Gallta seo cho daor, agus ged a thatar faighinn tuarastal nas motha na b' àbhaist, chan eil e dol cho fada 's a bha 'm beagan; agus mar seo chan urrainn dhaibh a bhith cho fialaidh 's a bu mhath leotha.

Fionnlagan: Tha nì eile na thaic as còir a bhith air a choireachadh. 'S e sin nach eil am biadh Gallta seo ach mar gnè de dh'eireachdas a dh'fhaodas daoine a bhith cur air itheanaich a tha na bhiadh, ach chan e biadh fhèin a th' ann.

Osgar: 'S iongantach an rud a tha thu 'g ràdh an sin. Feumaidh tu sin a dhèanamh soilleir dhomh.

Fionnlagan: An tug thusa 'n aire dha na dh'itheas daoine dhe na nithean ud seach na dh'itheas iad de dh'aran-coirce no eòrna, no de nithean làidir mar sin?

Osgar: Thug. An dèidh dhomh feòil is buntàta is càl is nithean mar sin ithe gus a bheil mi cho làn 's nach urrainn dhomh tuilleadh dhiubh ghabhail, ma gheibh mi truinnsear dhe na rudan milis, fìnealta, Gallta a tha dol san treas cùrsa, 's urrainn dhomh a cheart uiread ithe 's a rinn mi roimhe!

Fionnlagan: 'S urrainn. 'S dè tha thu 'g ionnsachadh às a sin?

Osgar: Cha tug mise an aire dha roimhe, ach tha fios agam gun robh daoine na b' fheàrr, na bu treasa, na b' fhoghaintiche anns a h-uile dòigh nuair a bha iad toilichte leis a' bhiadh gharbh, dhùthchasach a bha seo o chionn fhada, gun a' chungaidh-eireachdais seo air a bheil thu tighinn. Agus tha sin fhèin rudeigin iongantach – gum biodh daoine na b' fheàrr air a' bheagan shaor na air a' mhòran dhaor. Chì mi cuideachd gu bheil an crodh a thatar a' beathachadh an-diugh air a h-uile biadh as daoire 's as fìnealta na chèile nas fheàrr airson nam feòladairean na bha an crodh o shean air a' bhiadh Ghàidhealach shaor.

Fionnlagan: Chan eil na nithean sin an aghaidh a chèile idir. Tha daoine gam beathachadh fhèin airson a bhith mairsinn beò, slàn, fallain, sgiobalta airson an gnothaich; ach 's ann tha iad a' beathachadh cruidh airson am marbhadh agus an ithe. 'S mòr an t-eadar-dhealachadh a tha 'n sin.

Osgar: Chì mi sin. Agus chì mi cuideachd nach mòr math a bhiodh air an duine as treasa an-diugh san duthaich ann am bùth an fheòladair; 's nach biodh ach fìor bheagan math air an duine as reamhra san dùthaich air na lùth-chleasan air a bheil Dòmhnall Dinnie[2] agus Seumas Fleming[3] cho math.

Fionnlagan: Dìreach sin. Amhairc air each a tha airson obair, agus air bò a tha ri bhith air a h-ithe. Tha esan air a bhiathadh le stuth a chumas ann am feòil e, le deagh chnamhan, deagh chraiceann, fèithean làidir, 's mar sin, gun uallach a' cinntinn air an àite sam bith; ach tha ise air a beathachadh le nithean a chuireas feòil agus geir oirre, agus a dh'fhàgas a fèithean, 's a cnàmhan, 's an eanchainn fhèin cho beag 's a ghabhas dèanamh.

Osgar: Tha mi faicinn, agus tha i air a beathachadh, chan ann airson a math fhèin ach a chum feum agus beachd an duine tha dol ga h-ithe no tha dol a dh'fhaighinn airgead air a son. Chì mi gu bheil an t-each air a chumail cho dlùth ri biadh nàdarra 's a ghabhas dèanamh, a chum 's gum bi comas a h-uile ball aig' agus gu bheil a' bhò air a cumail cho fada bhuaithe sin 's a ghabhas dèanamh, a chum agus nach bi aona chuid inntinn no gluasad aic' a chaitheas an fheòil.

Fionnlagan: Tha nì eile glè chudromach na thaice seo – cho buailteach 's a tha a h-uile creutair a tha air a bheathachadh mar seo air galar. Ged a tha iad mòr, reamhar, chan eil beatha no spionnadh annta, agus mar seo chan eil math orra ach airson an ithe.

Osgar: Agus mar seo, an àite an dòigh bheathachaidh a th' ac' air crodh reamhar a bhith leigeil fhaicinn gum bu chòir dhuinne bhith air ar beathachadh mar sin, 's ann tha e dol na aghaidh.

Fionnlagan: Tha mòran tuilleadh anns na tha nar coinneamh air am bu chòir dhuinn beachdachadh, ach feumaidh sinn an leigeil seachad aig an àm seo.

Osgar: Nach bochd nach robh leabhraichean beag ann a bheireadh dhuinn a h-uile fiosrachadh a tha dhìth oirnn air an nì seo.

Fionnlagan: 'S bochd agus 's nàrach, ach ma bhios na Gàidheil dìleas bidh siud aca le iomadh nì eile bha air a leigeil leis an t-sruth anns na linntibh a chaidh seachad.

NOTES AND REFERENCES

Publication details: *Highlander*, 6 January 1877

Author: Anonymous, but given that one of the characters is 'Fionnlagan', the author is likely to have been John Murdoch, who used the pen-name 'Finlagan', the name of the Islay stronghold and base of the Lordship of the Isles, when writing for the Irish nationalist paper the *Nation* (Hunter 1986: 22).

Background: The characters' complaints about the damaging effect of the Lowlands on the Highlands is a common theme in contemporary *còmhraidhean*, as is the pre-occupation with the diet of the Highlanders (see *Còmhradh* 30). The deleterious effect of English upon Gaelic is the subject of *Còmhradh* 3, also published in the *Highlander*. Farming and cooking are also frequently dealt with by the newspaper's *còmhraidhean* (see *Còmhradh* 30).

1 **'a' Ghodalais Bheurla'**: this refers to a macaronic poem by Alastair MacLachlainn which had appeared the previous week in the *Highlander*. The poem is preceded by an explanatory note that it had been composed by a schoolmaster in Stronafian, Glendaruel, to a young girl who had been in his school, and whom he had met returning home after a year in Glasgow (*H* 30/12/1876). The first four of the eight verses are as follows:

> Air là dhomh bhith gabhail cuairt
> Tiom'l Ceann-Loch-Rual, gun d' thachair orm,
> Maighdeann òg air tighinn don dùthch'
> Thug bliadhna dh'ùine 'n Glaschu.

> Dh'fhàiltich i le sòlas mi
> 'S thubhairt i rium cho leòmanta –
> "Cia fada 'uam a-nis an *inn*
> Or 's *clean* chaidh *Glen* as eòlas orm."

> Thuirt mi rith' gun robh e mun cuairt
> Do thrì de mhìltean Sasannach,

'S an rathad direach 's math da rèir
'S cho rèidh ri cabhsair Ghlaschu.

Thuirt i gun tug mi deagh *chomparison*
Don rathad lùbach, chrotach sin
Làn *tracks* chairtean, agus *holes*
'S cho *lonesome* ri *Arabia*.
 (*One day when I was taking a walk / Around Kinlochruel, I met with / A young maiden newly come to the area / Who had spent a year in Glasgow.*
 She greeted me cheerfully / And said to me affectedly / How far is the inn / For I have clean forgotten the glen?
 I said to her that it was about / three miles away / And the road is straight and good / And as flat as a Glasgow pavement.
 She said that I had given a good comparison / For that bending, hilly road / Full of cart tracks and holes / And as lonesome as Arabia.)

2 Donald Dinnie (1837–1916): internationally renowned Aboyne-born athlete who won thousands of competitions on the Highland games circuit and in staged contests throughout the world (Webster and Dinnie 1999).

3 James Fleming (1840–87): born in Ballinluig, Perthshire. Like his friend, Donald Dinnie (see above), he was one of the stars of Victorian athletics (Webster and Dinnie 1999).

CÒMHRADH 34

Còmhradh eadar Murchadh Bàn agus Coinneach Cìobair

Coinneach: Thàinig thu, a Mhurchaidh, mar a gheall thu, agus feumaidh mi a ràdh, agus a ràdh le toil-inntinn, nach do mheall thu riamh orm nad ghealladh on chiad latha air an do chuir sinn eòlas air a chèile. Fhuair mi do litir an-dè, a' cur an cèill gum faicinn an-diugh sa Ghoirtean Fraoich thu, agus a-nis tha mo dhà shùil a' togail fianais gu bheil mo ghoistidh fìrinneach, mar a bha, agus mar a bhitheas e, fhad 's a bhios an deò ann. Thig air d' aghaidh, dèan suidhe, agus faigheam do naidheachd gus an tig Seònaid às a' mhainnir a dh'fhaotainn nì-eigin a bhlàthaicheas thu.

Murchadh: Na cuir dragh no trioblaid sam bith ort fhèin, a ghràidh nam fear, chan eil dad a dhìth orm, oir chan eil ach ùine ghoirid on dh'fhàg an gearran donn agus mi fhìn an Tom Aitinn, far an do chuir mi an oidhche seachad maille ri ar seann charaid còir Seumas Mòr, agus b' e sin esan.

Coinneach: Tha thu ceart, a Mhurchaidh, oir bha eòlas agam air Seumas còir mun deachaidh e Thom Aitinn, agus tha seachd bliadhna deug o sin – agus coimhearsnach nas cinneadaile na Seumas Mòr cha do chuir cas ann an cuarain riamh.

Murchadh: Tha 'n fhìrinn agad, a Choinnich, is duine e aig a bheil mòr-fhiosrachadh, gu sònraichte mu gach nì a bhuineas do na Gàidheil agus don Ghàidhealtachd. Tha 'm bòrd aige air a chòmhdachadh leis gach pàipear agus leabhar a tha gan cur a-mach mu chànain bhlàsta, bhinn ar dùthcha. Ochan, tha – chunnaic mi an sin an *t-Àrd-Albannach*, an *Ceilteach*, an *Gàidheal*, *Mac-Talla Ghlaschu* agus sgaoth de leabhraichibh eile mar a tha an *Teachdaire Gae'lach, Cuairtear nan Gleann, Fear-Tathaich nam Beann*,[1] agus na h-uiread eile air nach eil cuimhne agamsa. Duine nas taitniche na Fear an Tuim Aitinn chan fhaca mi o chionn fada.

Coinneach: Tha esan mar sin, a Mhurchaidh, agus an uair a gheibh e grèim air neach da bheil tlachd aige chan fhurasta leis dealachadh ris.

Murchadh: Furasta! Cha d' fhuair mi dh'ionnsaigh mo leapach gu dà uair sa mhadainn an-diugh, air dhuinn a bhith labhairt mu chleachdannaibh nan Gàidheal agus gu sònraichte mu na seanfhacail ghrinn sin a ghnàthaicheadh leotha.

Coinneach: Tha mi 'n dùil nach eil treubh sluaigh fon ghrèin aig a bheil cho lìon seanfhacal 's a tha aig na Gàidheil.

Murchadh: Tha thu ceart, a Choinnich, ach mo leòn, bidh mòran dhiubh air an call, agus tha mòran dhiubh air an call a-cheana, do bhrìgh nach robh iad air an tionaladh agus air an clò-bhualadh ann an leabhar le neacheigin comasach air sin a dhèanamh. Bha mi comhairleachadh do Fhear an Tuim Aitinn sin a dhèanamh mar bu mhath leis.

Coinneach: Chan fhurasta fear fhaotainn aig a bheil an cumhachd, an toil, agus an ùine, chum na nithean luachmhor sin a chruinneachadh. Chan aithne dhomh neach a tha freagarrach air a shon.

Murchadh: Is aithne dhòmhsa a thaobh iomraidh duin'-uasal foghlaimte suairce, cinneadail, aig a bheil cumhachd chum na seanfhacail sin a chruinneachadh, agus a chruinnich, tha mi 'n dùil, na h-uiread dhiubh a-cheana, agus tha mi 'n dòchas gun tèid e air aghaidh gus an toir e an obair thaitneach sin gu crìch.

Coinneach: Cò e an t-uasal foghlaimte sin a tha san amharc agad, a Mhurchaidh, agus càit a bheil e?

Murchadh: Thachair thu fhèin ris roimhe seo, a Choinnich, ma tha cuimhn' agad air, ann an Àrd-Chùirt nam Morairean Dearga ann an Dùn Èideann, an uair a chuir e a làmh air do ghualainn, agus a thuirt e gun robh thu nad dheagh fhianais.

Coinneach: Ochan, a ghràidh nam fear, tha deagh chuimhne agam air, agus bithidh fhad 's as beò mi – an Siorram MacNeacail! Mo mhìle beannachd air a cheann.

Murchadh: Deich mìle beannachd nam biodh sin chum feum dhàsan, ach 'Cha lìon beannachd brù' Coma co-dhiù, a Choinnich, mas fìor aithris nan uile aig a bheil eòlas air an uasal cheanalta sin, chan fhurast' a choimeas fhaotainn. Tha seanfhacal ag ràdh 'Nach d' fhuaras saoi gun a shamhail', ach tha dùil agam gum breugnaichear an seanfhacal leis an diùlnach àlainn uasal seo, oir càit am faighear a choimeas? Gun robh buaidh leis a-bhos agus thall. A leithid chan fhaighear, oir tha eagal orm gun do chailleadh a' mholldair san d' rinneadh e.

Coinneach: Tha mi 'n dòchas gun gabh e na seanfhacail os làimh, agus gun cruinnich e iad mar sheudan luachmhor chum nach caillear a h-aon dhiubh.

Murchadh: Bu ro mhath leam gun gabhadh na h-uiread de na daoinibh comasach air feadh Gàidhealtachd agus eileanan na h-Alba an obair seo os làimh, agus gach seanfhacal nan crìochaibh fhèin a theasairginn. Bheirinn an t-Eilean Fada do 'Chreag Ghoraidh',[2] agus ochan, chan fhaighear a shamhail sna ceàrnaibh sin no faodaidh e bhith ann an ceàrna sam bith eile a thaobh farsaingeachd eòlais-san mu gach nì mun cuairt dha. Cha mhòr nach cuir e fallas air 'Bun Loch Abair'[3] fhèin teachd suas ris anns na h-uiread de nithibh. Ach biodh sin mar a dh'fhaodas, cuireadh 'Creag Ghoraidh' gach seanfhacal a thig na char dh'ionnsaigh *An Àrd-Albannaich* agus gabhaidh esan cùram dhiubh, agus bithidh iad air an teasairginn gu bràth.

Coinneach: 'S e sin dìreach an seòl ceart, a Mhurchaidh, agus cha chuireadh e dragh mòr air 'Creag Ghoraidh', ged nach smaoinich e air dragh chum math a dhèanamh, oir tha e an-còmhnaidh ullamh chum eòlas dhe gach gnè a chraobh-sgaoileadh.

Murchadh: Ro cheart, a Choinnich, fàgaidh sinn an t-Eilean Fada, ma-tà, aig 'Creag Ghoraidh', agus bheir sinn taobh an iar na h-Alba don ghaisgeach threun sin eile 'Bun Loch Abair', agus chan fhàg iad seanfhacal aig bodach no caillich nan crìochaibh air nach dèan iad grèim agus nach cuir iad dh'ionnsaigh *An Àrd-Albannaich*.

Coinneach: Bu mhòr agus bu luachmhor an obair a bhiodh an sin nan tugadh iad gu crìch i.

Murchadh: Obair mhòr gun teagamh. Bha Fear an Tuim Aitinn agus mi fhìn a' toirt fa-near nach eil cor no staid anns am faod duine a bhith airson nach faighear seanfhacal freagarrach. Mas clann a th' ann, tha 'n seanfhacal ag ràdh, 'Nì na big mar a chì na big'. Mas muinntir a th' ann aig nach eil cùram no spèis do ghrunndalas, tha rabhadh aca san t-seanfhacal:

'S e 'm buileachadh nì 'n cruinneachadh,
'S e 'n cruinneachadh nì sguaban;
Na sguaban nì na mulain,
'S na mulain nì na cruachan.

Coinneach: Sin thu fhèin, a ghoistidh! Tha mi 'g earbsadh gun aithris thu tuilleadh dhomh dhe na gnàth-fhaclaibh thaitneach sin.

Murchadh: Tha thu 'g earbsadh, a Choinnich, ach nach cual' thu riamh, 'Gur miosa droch earbsa na bhith falamh'?

Coinneach: 'Chan iarrar air duine dona ach a dhìcheall' – agus mas fìor sin, iarrar tuilleadh air deagh dhuine cosmhail riut fhèin, a Mhurchaidh, a tha fiosrach air gach reachd, gach cleachd, agus gach còmhradh. Tha am feasgar a' sìneadh, tha a' chamhanaich a' dol am faidead, agus tha ùine na 's leòr againn mun gabh sinn gu tàmh, gu bhith a' leudachadh agus a' labhairt air na nithibh taitneach seo.

Murchadh: Tha 'n fhìrinn nad bheul, a charaid, agus is minig a bha. Gun teagamh tha am feasgar ag èaladh a-mach, agus tha 'n oidhche ga drùidheadh fhèin fo chrìochaibh camhann, ach chan fhad gus am faicear 'Car eile ann an adharc an daimh'. Chan eil an ùine ach geàrr gus am bi a latha fhèin aig an oidhche agus gus an tilg i cùirtean farsaing dorchadais thairis air a' chèarnaidh seo dhen chruinne-chè. Agus fiù an caochladh seo ann an tràthaibh na h-aimsire, cha d' fhàg ar ro-athraichean gun ghnàth-fhacal, oir thuirt iad:

Mar bhoin chaoil a' triall gu teach,
Thig feasgar earraich air gach neach;
Ach mar chloich a' ruith le gleann
Thig feasgar fionn foghair.

Coinneach: Mo bheannachd agad, a ghràidh nam fear, is tu fhèin a chuireadh rogha caoin air còmhradh, ach gabh mo leisgeul car tiota beag, oir tha neacheigin aig an doras gam iarraidh.

Murchadh: Thoir an doras oil, ma tà, ach grad-thill. Na biodh faiteachas sam bith ort mise fhàgail leam fhìn. Dèan do ghnothach agus cuimhnich 'Gur dàna cù air òtraich fhèin', no mar a their cuid, 'Gur làidir coileach air òtraich fhèin'. Uime sin, a

Choinnich chòir, mas cù no coileach thu, tha mi 'g iarraidh maitheanais ort, dèan do ghnothach agus pill gun dàil ….

Coinneach: Bha mo ghnothach cianail tubaisteach, agus ro mhì-rianail. Tha cuimhne agad gun do phòs Dòmhnall Fìdhlear, an aghaidh toil a mhàthar, nighean Sheumais Ghlais, agus on latha air an deachaidh iad cuideachd bha na mnathan ann an sgòrnaibh a chèile. Bha 'n t-seana-bhean gam iarraidh aig an doras, le gnùis làn fola o bhuillibh na mnà òige, chum gun dèanainn an rèite suas eatarra.

Murchadh: Obh, obh, is cianail an gnothach sin da-rìribh, a Choinnich, ach is minig a thachair e, oir tha 'n seanfhacal ag ràdh:
Mar dhòbhrain am bun uisge,
Mar sheabhag gu eun slèibhe;
Mar chù gu cat, 's mar chat gu luch,
Tha bean mic gu a màthair-chèile.

Coinneach: Ochan, tha 'n seanfhacal fìor a thaobh sin, mar a chunnaic mise aig an doras a chianaibh, agus chan fhurast' an t-olc a leigheas, oir 'Cha soirbh seabhag a dhèanamh dhen chlamhan'. Ach, a Mhurchaidh, chan eil mise idir gleusta air na gnàth-fhacail a tha am measg nan Gàidheal a chumail nam chuimhne, ged a chuala mi na ceudan dhiubh. Och mise, b' iad na mnathan a bha aig an doras gam iarraidh a bha garg, agus gu sònraichte a' bhean òg, ach 'Is math nach eil iuchraichean an domhain fo chrios na h-aoin mhnà'!

Murchadh: Air m' fhacal, a Choinnich, tha thu a' labhairt gu gleusta, oir 'Is buidhe le bochd beagan'. Tha stòras nach beag de na glic-bhriathraibh sin agad nad cheann, oir, 'An nì nach eil sa cheann, chan aithrisear ach gu gann leis an teangaidh'. Is minig a chuala sinn 'Nach eil saidhbhreas ri fhaotainn às na faochagan falamh'. Seadh, a charaid, is mòr do thlachd de gach nì a bhuineas do na Gàidheil, agus cha bheag do spèis don cuideachd. Is mòr sunnd do chridhe nuair a thig *An Ceilteach* ceanalta agus *An t-Àrd-Albannach* allail dhachaigh nad ionnsaigh. Is mòr an sòlas dhut a bhith nam fochair agus a bhith a' cnuasachadh an eachdraidh agus a bhith a' beachdachadh air an euchdaibh. Tha a bheachd agus a mhiann fhèin aig gach duine reusanta agus aig gach creutair fon ghrèin, oir nach tug thu riamh fa-near an fhìrinn shoilleir seo, gur e

Miann bà braon,
Miann caora teas,
Miann goibhre gaoth
'S a bhith 'n aodann creig.

Coinneach: Is gasta a dh'fhàg thu e, a Mhurchaidh, ach b' fheàrr leam gun tugadh Seònaid a' chlann leatha gu ceann eile an taighe, oir cha chluinn sinn sinn fhèin len gleadhraich.

Murchadh: Leig leis na pàistibh bochda, chan eil iad ri lochd sam bith, oir is taitneach a bhith gam faicinn ri mireadh agus ri cluich gun cheilg. An cual' thu riamh, 'Taigh gun ghean, gun ghàire'?[4]

Coinneach: A Mhurchaidh chòir, tha 'n oidhche a' tarraing, feumaidh sinn a bhith nis a' bogadh nan gad, oir tha Seònaid ag èigheach oirnn, agus cha mhiste sinn dol ga faicinn. 'Is e deireadh gach comainn dealachadh', ach tha dòchas agam gun còmhlaich sinn a-rithist ann an slàinte agus le comas còmhraidh sa mhadainn. 'Bidh sinn beò an dòchas ro mhath', oir

Thig ri uair nach tig ri aimsir,
Thig ri latha nach tig ri linn.

Thèid sinn a-nis mu thàmh, an dòchas gum faicear slàn sa mhadainn sinn.

NOTES AND REFERENCES

Publication details: *Highlander*, 6 July 1878

Author: Sgiathanach (Rev. Alexander MacGregor)

Background: This *còmhradh* pre-dates the publication in 1881 of Alexander Nicolson's *Gaelic Proverbs*, an extended version of the Rev. Donald Mackintosh's *A Collection of Gaelic Proverbs and Familiar Phrases* (1785). The later nineteenth-century interest in Gaelic language, culture and folklore included the proverb and at the forefront of this activity were ministers such as the Rev. John Gregorson Campbell and the Rev. Alexander Cameron (Meek

1978: xv–xx). This interest in proverbs was in evidence earlier in the century also, with lists of proverbs appearing in periodicals such as *An Teachdaire Gae'lach* and *Fear-Tathaich nam Beann* (Kidd 2013: 194). Lists of proverbs continued to be a feature of Gaelic publications in the 1870s, appearing in both *An Gaidheal* and the *Highlander* as well as in various other contemporary publications. A series of twelve essays on the subject appeared in *An Gaidheal* in 1875, written by Donald MacKinnon, who would be appointed to the newly created Chair of Celtic at the University of Edinburgh in 1882. The rationale behind this interest in proverbs seems to have been two-fold. Firstly, there was the desire to preserve those remnants of what appeared to be a language and culture on its deathbed. Secondly, as Coinneach Cìobair says in another of Alexander MacGregor's *còmhraidhean*:

> Is iongantach àireamh fìrinn agus freagarrachd nan gnàth-fhocal sin a dhealbhadh agus a chleachdadh le 'r ceud sinnsearaibh. Tha iad a' dearbhadh gun robh geur-bheachd, tuigse agus gliocas nam measg ann an tomhas mòr, oir cha b' urrainn sluagh gu tur aineolach nithe mar sin a cho-dhealbhadh agus briathraibh co cothromach a chur ann an altaibh a chèile (*H* 26/10/1878).
>
> (*The amount of truth and accuracy in those proverbs which were created and used by our first ancestors is amazing. They demonstrate that there was a large measure of insight, intellect and wisdom among them, for a completely ignorant race could not have shaped and created such balanced words.*)

This view was typical of contemporary scholarly interest in Gaelic proverbs in arguing that the inherent wisdom revealed by the sayings demonstrated the wisdom and perception of the Gaels as a race. The same sentiment was expressed by Alexander Nicolson when he wrote:

> they reflect a high moral standard, an intelligence shrewd and searching, a singular sense of propriety and grace and what

may be considered one of the tests of intellectual rank and
culture, a distinct sense of humour never found among
savages or clodhoppers (1881: xviii–ix).

Proverbs provided scholars with the means to vindicate the Gael
who, if not being viewed as a romantic vestige of a bygone heroic
age, was seen as an ignorant backward savage. Proverbs, it was
argued, demonstrated a high degree of development and
contradicted this latter picture by conveying the wisdom, morals,
wit and character of the Gael (Kidd 1998: 150–52).

Alexander MacGregor was known to have collected a large
number of proverbs during his years in Skye, a collection
subsequently lost. Nicolson acknowledges that MacGregor
contributed some of these, from memory, to his own 1881
publication (1951: xxxiii). As this *còmhradh* demonstrates,
MacGregor's presentation of proverbial sayings differs
significantly from that of his contemporaries. Rather than
publishing them in the form of a list, their incorporation into
còmhraidhean was a more natural reflection of their everyday
usage. MacGregor was not merely preserving proverbs but, by
reflecting their normal use, reminding readers of their expressive
potential and promoting their use.

1 an t-*Àrd-Albannach,* an *Ceilteach,* an *Gàidheal, Mac-
Talla Ghlaschu* agus sgaoth de leabhraichibh eile mar a tha an
*Teachdaire Gae'lach, Cuairtear nan Gleann, Fear-Tathaich
nam Beann*: this is a roll-call of some of the main Gaelic and
Gaelic-related periodicals of the nineteenth century – the
Highlander, the *Celtic Magazine, An Gàidheal/*the *Gael,* the
Highland Echo [...] *An Teachdaire Gae'lach* (the Gaelic
Messenger), *Cuairtear nan Gleann* (The Traveller of the Glens),
Fear-Tathaich nam Beann (The Mountain Visitor).

2 **Creag Ghoraldh**: is a reference to the home in Benbecula of
the renowned collector of Gaelic folklore, Alexander Carmichael
(1832–1912), thus the reference to 'An t-Eilean Fada' ('the Long
Island' / Outer Hebrides). Carmichael's employment as an excise

officer resulted in his living in a number of areas. His time in Benbecula lasted from late 1872 until 1878 when he moved to Oban (Stiùbhart 2008: 7, 14).

3 **Bun Loch Abair**: 'Nether Lochaber' was the pen name of the Rev. Alexander Stewart (1829–1901), minister of Ballachulish and Ardgour. Stewart contributed a regular column to the *Inverness Courier* from 1859 up until his death in 1901. These columns ranged over a breadth of subject matter from ornithology and meteorology to Highland folklore, traditions and poetry. Collections from these columns were published as *Nether Lochaber: the natural history, legends and folklore of the West Highlands* (1883) and *'Twixt Ben Nevis and Glencoe: the natural history, legends, and folklore of the West Highlands* (1885). He was an occasional contributor to *An Gaidheal* (carmichaelwatson.blogspot.co.uk/2010/10/nether-lochaber-rev-alexander-stewart.html).

4 **'Taigh gun ghean, gun ghàire'**: the full version of this proverb is 'Taigh gun chù, gun chat, gun leanabh, taigh gun ghean, gun ghàire' (*A house without a dog, without a cat, without a child, is a house without humour, without laughter*).

CÒMHRADH 35

Cèilidh an Taigh Sheumais Ùisdein

Ùisdean: Tha thu an sin, Sheumais, gu seasgair, sàmhach mar as àbhaist, le deagh theine air an teallach. Ciamar a tha thu o chionn fhada, agus an d' fhuair thu gach fleadhachas, agus ùpraid na Nollaig agus na Bliadhna Ùir, thairis?

Seumas: Tha mise an seo anns an t-seann chleachdadh, gun agam ach na smuaintean air na làithean bh' ann gu fearas-chuideachd dhomh. Is math leam ur faicinn aon uair eile. Thigibh nall, agus dèanaibh suidhe le chèile. Ciod a thàinig oirbh nach faca sinn sealladh dhibh o chionn mìos? Thaobh na Bliadhna Ùir agus na Nollaig tha mi air dol na mo bhreislich mun chùis sin. Dh'fhalbh na cleachdan càirdeil, cinneadail bh' ann, agus tha 'n ceòl air dol feadh na fidhle.

Ruairidh: Chan eil adhbhar-gearain agam fhìn, oir fhuair mi dà latha Nollaig agus dà latha Callainn, agus chan olc mòr sin ann an aon bhliadhna.

Seumas: Sin a' cheart nì air a bheil mi gearan. Ged rachadh na ceithir làithean chur an aon latha, cha dèanadh iad samhla de aon latha Nollaig mar chunnaic mise e nuair a bha mi òg. Chan eil an càirdeas, no an cridhealas, ann a-nis. Tha 'n sluagh air fàs trom-cheannach, fiar, agus airson nan cluichean a bhios nis aig òigridh, chan eil aon dhiubh a ghabhas coimeas ri camanachd na Bliadhna Ùir air an dail, nuair a bhiodh daoine dàrna taobh a' ghlinne toirt dùbhlan don taobh eile. Chan eil ann nis ach ball-coise agus cluichean Gallta nach fhiach dol thar na stairsnich gam faicinn.

Ùisdean: Tha thu glè cheart, fhir mo chridhe, anns na tha thu ag ràdh. Tha nis gach gleann agus srath cumail latha fèill dhaibh fhèin. Tha cuid a' cumail latha na Bliadhna Ùir air a' chiad latha den mhìos agus cuid eile air an dàrna latha deug, gun fhios aca carson. Tha latha Nollaig, agus gach latha eile, air an aon dòigh. Airson cluichean agus àbhachd mar b' àbhaist, dh'fhalbh sin gu buileach. Chan fhaicear na gillean ri cabair no clach-neirt no

camanachd. Air latha na seann Bhliadhna Ùir chaidh mi sìos gu
dail Bhail' an Lòin far an cuimhne leam iomadh camanachd agus
ealaidhean eile. Bha còrr agus fichead fear an seo nuair a ràinig mi
agus smaoinich mi agam fhìn nach robh mo shaothair an
dìomhain, oir gun robh camanachd anns an t-seann fhasan dol
air chois. Thug mi an aire, ged bha gach fear le chòta dheth, nach
robh caman anns a' chuideachd. Mu dheireadh thàinig gille òg
sgairteil gu ceann an tadhail agus ball mòr cruinn fo achlais.
Thuig mi an dèidh sin nach robh aige ach aotroman mairt air a
chòmhdachadh le leathair. Chuir e siud air an talamh, agus thug e
breab nàimhdeil dha le chois. Bha an rud grànda cho aotrom 's
gun d' fhalbh e anns na speuran fad ceud ceum às. Beannaich
mise! Mur robh aisith agus ùpraid ann an sin! Cha robh aon den
fhichead fear bha 'n siud nach do leum air an aotroman nuair a
thuit e. Bha 'm fear bu treise air muin an fhir bu laige, agus iad a'
saltairt air a chèile mar gum biodh an dearg-chuthach orra. Cha
luaithe fhuair fear cothrom air breab thoirt don aotroman na bha
na h-uile mac màthar dhiubh na dhèidh, iad a' leagadh agus
saltairt air a chèile air dòigh nach fhaca mi riamh ri camanachd,
ged bhiodh àrd na daoraich air na daoine. Bha iad fad uair ag
iomain an aotroman mhosaich o thaobh gu taobh, cur chamcagan
agus a' leagadh a chèile, ag utagach agus putadh, agus breabadh a
cheile. Tha mi glè chinnte gun robh fear no dhà le fuil a
lurgainnean ged nach robh e leigeil air. Co-dhiù thug mi an aire
do dhithis falbh gu taobh nan crioplaichean gun chas ac' air an
seasadh iad. Seo an nì ris an do shamhlaich mi na chunnaic mi.
Ma chunnaic sibh riamh fichead tòlair nach do bhlais biadh car
seachdain agus gun tilgeadh sibh mìr feòla nam measg. Cha
bhiodh ann ach cò an cù bu luaithe, agus bu treise. Siud iad air
muin a chèile agus air muin an aotromain. Bheireadh fear
ionnsaigh air breab thoirt dha, ach an àite sin 's ann bhuaileadh e
lurgainn fear eile. Aig amaibh gheibheadh fear an t-aotroman fo
achlais agus siud às bheireadh e leis, ach bhiodh fear den taobh
eile na dhèidh, agus gun 'do chead' no facal caismeachd
chuireadh e sheasamh chlaidheamh e ged rachadh e às an
amhaich. Bha dà bhratach dhearg aig gach ceann den tadhal – no

ciod air bith their iad ris – agus thug iad iomadh dian-ionnsaigh
air an aotroman chur tro eatarra, ach dh'fhairtlich orra aig gach
ceann. Bha an latha cruaidh reòthta agus is iongnadh leam nach
robh cnàimhean briste aig cuid leis gach tuiteam agus breab a bha
iad a' faotainn. Bha mi seachd sgìth de bhith sealltainn orra, agus
thog mi orm mun robh iad troimhe leis a' mhì-riaghailt gun tùr.
Cùl mo làimh ri ball-cois airson cluiche. Cha robh e riamh ri
choimeas ris a' chamanachd eireachdail.

Ruairidh: Nach eil fhios agaibh, a Thàilleir, nach eil cluiche
nas measail na sin anns an taobh deas measg nan àrd-uaislean?
Tha e math airson gach fèith agus alt anns a' chorp thoirt gu
spionnadh agus lùth. Tha e toirt cleachdadh agus spionnadh do
gach ball den chorp, agus le sin, tha e math airson ghillean òga.

Ùisdean: A bhurraidh bhochd! Tha thusa air do bhreathas
airson nì air bith thig às an taobh deas, agus ma tha e measg
uaislean. Ach ciod sin dhuinne? Bha cluichean na b' fheàrr againn
na thàinig riamh thar Sliabh an t-Siorraidh:

> Am fasan bh' aig ar n-athraichean,
> Coileanamaid 's gach àm ris;
> Na cleachdainnean a bh' acasan,
> Na leigear dad air chall dhiubh.

Ruairidh: Ann an Sasainn tha àrd-uaislean agus eadhon
ministearan òga iomadh uair toirt greis air a' bhall-coise.

Ùisdean: An cluinn thu seo, a Ruairidh? Nam faicinn am
ministear measg a' phràbair ud, gar a bheil annam ach seann
tàillear bochd, bheirinn air dà chluais sa chùbaid e mun gabhadh
e air fhèin mise theagasg an dèidh sin.

Seumas: Togaibh dheth, fheara. Chan eil coltas oirbh còrdadh
mun chùis seo. Tha cuimhne againn air iomadh cnuachd agus
aghaidh bhriste, gun guth air na lurgainnean, leis na camain. O
nach urrainn dhuinn stad a chur orra, leigeamaid leotha. Siud, a
Thàilleir, thoir dhuinn seann sgeulachd. Tha gu leòr agad ma
thogras tu an aithris.

Ùisdean: Nì mi sin le mòr-thoil – an sgeulachd as sine aithris
air a bheil cuimhne agam. Anns na làithean nuair a bha 'n treas
Raibeart na Rìgh, thug ceann-cinnidh Chlann Donnchaidh a

nighean am pòsadh do Fhear Àird nan Gobhar. Bha e na
chleachdadh aig an àm sin, nuair a dh'fhagadh bean òg taigh a
h-athar gun cuireadh iad gille no dhà leatha gu bhith nan cùl-
thaic dhi far an rachadh i. Mar bu tric b' iad dlùth-dhàimhich,
anns an gabhadh mòr-earbsa cur a bh' air an taghadh airson
falbh leis a' bhean òg. Mar seo chaidh ceithir bhràithrean a
shònrachadh gu dol le nighean Mhic Dhonnchaidh do Àird nan
Gobhar. Chaidh gabhail riutha gu fialaidh, faoilidh. Thugadh
fearann agus taighean dhaibh, agus bha gach nì gu math. Bha
aon dhiubh, Alasdair Beag, na ghille thug bàrr air mòran. Airson
ruith, leum, caitheamh shaighdean agus iomadh nì eile, cha robh
a choimeas anns an dùthaich. Chuir seo diomb agus fearg air
gillean òg Àird nan Gobhar, agus cha chailleadh iad fàth air
bhith connsachadh ri Alasdair Beag. Ann an aon tuasaid a bh'
aca thug Alasdair, mar bha 'n tubaist air, buille-bhàis don fhear
bha ris. B' èiginn dha teicheadh, agus e fhèin fhalach on tòir bha
na dhèidh. Thug e 'm monadh air agus mu dheireadh thainig e
staigh air Gleann Lìobhann. Ghabh e muinntireas mar
bhuachaill' aig ceann-feadhna foghainteach dom b' ainm Iain
Dubh nan Lann. Thug e greis mhòr an seo gun fhios aig neach cò
b' e no cia às a thàinig e. Aig an àm sin bha dèirceach bochd de
mhuinntir Ghlinn Lìobhann a' siubhal na dùthcha. Feasgar
àraidh ràinig e taigh ban-treabhaich bhochd am bràighe Shrath
Ghlais. Dh'iarr agus fhuair e cairtealan an taigh na mnatha gu
saor. Cha robh e fada anns an taigh nuair a thàinig ceann-
feadhna nan Siosalach, agus buidheann de dhaoine ri chùl,
seachad an dèidh bhith air astar. Thug iad an aire do bhothan na
ban-treabhaich, agus thàinig iad staigh air tòir bìdh. Cha d' fhàg
iad gràinne mine nach d' fhuin agus nach d' ith iad, agus mharbh
iad agus dh'ith iad an aon laogh bh' aice. Chuir an giùlan an-
iochdmhor mòr-fhearg air an dèirceach, agus cha b' urrainn dha
cumail air fhèin. Thuirt e gun robh fhios aige far nach bitheadh
chridh' aca leithid seo a dhèanamh gun pheanas. Chual' an
Siosalach na briathran agus dh'fheòraich e càit an robh duine aig
an robh comas bacadh chur airsan gu nì air bith a b' àill leis a
dhèanamh. Fhreagair an duine bochd nach leigeadh Iain Dubh

nan Lann an Gleann Lìobhann leis gnìomh cho mì-sheirceil a
dhèanamh gun dìoladh. Bhòidich an Siosalach gum biodh e an
taigh Iain Duibh ann am beagan làithean, agus gun dèanadh e
mar rinn e air an oidhche sin. Thuig an dèirceach gun d' rinn e
cron leis an nì thubhairt e, agus ghabh e mòr-eagal ciod
thachradh an lorg sin. Ghrad-thog e air, ghabh e gach ath-
ghoirid tro ghlinn agus mhonachan gus an d' ràinig e Gleann
Lìobhann agus dh'innis e do Ian Dubh mar thachair, agus mar
bha na Siosalaich gu bhith an sàs ann. Throid Iain Dubh gu geur
ris airson nam facal a thubhairt e, ach aig a' cheart am thug e
taing dha airson an deifir a rinn e gu sanas thoirt air an olc bha
tighinn. Chuir Iain Dubh a dhaoine an òrdugh gu còmhdhail
thoirt do na Siosalaich nuair a thigeadh iad, agus 's gann bha e
deas nuair bha na nàimhdean staigh air bràighe a' ghlinne, dlùth
do Inbhir Bharra. Stad iad eadar an Ceathramh Mòr agus an
Ceathramh Chlach, agus an sin chuir an Siosalach teachdaire gu
Iain Dubh ag ràdh dinnear bhith aige deas dha fhèin agus a chuid
daoine – 'agus mura bi …'. Fhreagair Iain Dubh iad a thighinn
gun dail, 'agus ma thig …'. Thuigeadh seo gu bhith na dhùbhlan
air gach taobh agus ghrad-tharraing an dà bhuidhinn am fochair
a chèile. Bha Iain Dubh am broilleach a chuid daoine le
seachdnar mhac – ceithir air a làmh dheas, agus triùir air a làmh
chlì. Mar bha iad dol an òrdugh thàinig Alasdair Beag
MacDhonnchaidh na ruith gun bhall-arm aige ach bogha agus
balg-shaighead, agus dh'fhorc e e fhèin staigh ri taobh triùir
mhac Iain Duibh. Thug iad àite dha gu toileach, a chionn, beagan
làithean roimhe sin nuair a bha iad ri fealla-dhà, tilgeadh
shaighdean ri craobh, bha Alasdair gach cuairt a' spealgadh
saighead an fhir thilg roimhe. Chaidh na Siosalaich thairis air an
abhainn, agus an ceann-feadhna ann an èididh mhàillich le
clogaid lainnreach stàilinn air a cheann dol rompa. Nuair a
ràinig iad Druim Uainean, leis gun robh an latha blàth, thog e a
chlogaid bhàrr aodainn car tiota. Ghrad ghabh Alasdair cuimse
air, agus chuir e saighead le srann an clàr aodainn. Chuir an
Siosalach suas làmh le clisg far an do bhuailear e, ach ghlaodh
Alasdair ris, 'Gheibh thu air do chùlaibh e, a bhodaich.' Thuit an

ceann-feadhna marbh, nì chuir uabhas agus mì-mhisneach air a chuid daoine. Thug iad ionnsaigh air teicheadh, ach bha na Lìobhannaich an grèim annta mun robh dol às aca. Suas an gleann chaidh an ruaig. Na Siosalaich a' teicheadh, agus na Lìobhannaich gu dian nan dèidh gus an do chasgradh gach aon dhiubh ach am pìobaire. Air òrdugh Iain Duibh, chaidh esan leigeil às gu sgeul thoirt dhachaigh mar dh'èirich don chuideachd, agus ciod ris am biodh dùil aca nan tigeadh aon air bith rithist air leithid de ghnothach. Ghabh Iain Dubh mòr-mheas do dh'Alasdair Beag airson a theòmachd agus a thapachd air an latha sin, agus thug e dha a nighean mar mhnaoi agus gabhail fearainn dlùth dha fhèin, agus tha 'n sliochd aig' an latha 'n-diugh lìonmhor an Gleann Lìobhann, an Gleann Lòchaidh, agus am Bràghaid Albann.

Ruairidh: Bha Alasdair Beag gu dearbh tapaidh, agus bu mhath b' fhiach e na fhuair e an èirig an nì rinn e; ach fhuair an Siosalach gabhail ris air dòigh nach robh dùil aig'.

Seumas: Cha do thachair riamh na b' fheàrr do luchd-bòist agus spaglainn. Bha e 'm barail gum bu chòir don a h-uile neach strìochdadh dhàsan gun fhacal, gun bhuille mar rinn a' bhean bhochd nuair dh'ith e na bh' aice.

Ùisdean: Ach tha 'n t-àm dhuinne togail oirnn. Oidhche mhath do na tha fuireach.

Seumas: Oidhche mhath dhuibhse, agus ur faicinn gu math.

NOTES AND REFERENCES

Publication details: *Northern Chronicle* 30 January 1889

Author: 'Alltmhada', the pen-name used by Daniel Campbell

Background: The first part of this *còmhradh* focuses on social change in the Highlands as Lowland practices replace traditional Highland ones. Presumably written shortly after New Year, if we are to be guided by the publication date, the focus is on the usurping of the traditional Highland New Year shinty game by what is referred to in the text as '*ball-coise*' (football), but which is, at times, described as something more akin to rugby ('Aig amaibh gheibheadh fear an t-aotroman fo achlais agus siud às bheireadh e leis' / *At times one man would get the ball under his arm and would make off with it* [possibly the goalkeepers though?]).

The discussion of 'dà latha Nollaig agus dà latha Challainn' here refers to the 'old' and 'new' calendars. The Gregorian calendar was introduced in 1751, initially resulting in a 'loss' of eleven days, and by the nineteenth century this had become twelve. 'Old' New Year was, however, still celebrated on 13 January in many parts of the Highlands until the early twentieth century. Ronald Black in his editing of the work of the Rev. John Gregorson Campbell has supplemented the minister's account of New Year celebrations in the Highlands, including a discussion of the traditional New Year shinty match held in many Highland parishes (Black 2005: 530–538 & 578–583). As Black has noted, a valuable Gaelic account of this New Year tradition exists in the writing of Norman MacLeod within 'Litir o Fhionnlagh Pìobaire', published in 1830 (*TG* 9, 1830: 190–93).

It is unsurprising that Campbell, a native of Perthshire, should choose to include a tale from his own part of the Highlands, and the editor of the *Northern Chronicle*, Duncan Campbell from Glenlyon, doubtless welcomed it. The tale which Ùisdean relates about how Alasdair Beag MacDhonnchaidh came to kill the Chisholm is well-attested. A version of the tale, but not sufficiently similar in its phrasing to suggest it was Campbell's source, had been published some forty years previously by the Rev. Alexander MacGregor ('Sgiathanach') in *Fear-Tathaich nam Beann* (16, 1849: 495–97) and this was subsequently reprinted in *An Gaidheal* (44, 1875: 238–40). The tale evidently remained part of Perthshire's Gaelic oral tradition, at least until the end of the nineteenth century, being recorded by Lady Evelyn Stewart Murray in 1891 from Alexander Mackintosh in Foss in the parish of Dull (Robertson and Dilworth 2009: 418–20). Two variants of this tale were recorded by Donald Archie MacDonald from Michael MacIntyre, Gerinish, in

1974 and 1977 (www.tobarandualchais.co.uk/fullrecord/42171/1; www.tobarandualchais.co.uk/fullrecord/66155/1) and an English version was recorded by Anne Ross from Ella Walker from Killin in 1964 (www.tobarandualchais.co.uk/fullrecord/1540/1).

1 Am fasan bh' aig ar n-athraichean: this verse comes from 'Òran don Nollaig' by scholar and poet Ewan MacLachlan (1773–1822) (Dùghallach 1798: 142–44).

APPENDIX

The following còmhradh (*Còmhradh* 1) is presented here in its unedited form in order to give readers a sense of the extent to which the texts in the volume have been edited. At the time of writing, a good number of the original texts are available online in digital form (e.g. all those in *An Teachdaire Gae'lach* and *Cuairtear nan Gleann* – www.archive.org) and, doubtless, as more newspapers are digitised by the British Newspaper Archive, some of those *còmhraidhean* which appeared in the Gaelic columns of newspapers will also become more readily accessible.

Comhradh na'n Cnochd
Lachlann na'n Ceistean agus Eoghann Brŏcair

Eogh. Tha thus' an sin a Lachlainn, mar bu mhiann leis na sean daoine, a leige do sgios, air chùl gaoithe 's ri aodann gréine, a' leughadh mar a b'àbhuist.

Lach: An tu so Eòghainn, le d'thoulair breac 'us le d'abhagan beaga, ruadha, a'feadaireachd 'sa a' gabhail an rathaid le crònan dhuanag a'd' bheul? Dean suidhe, 'smar eil naigheachd agad dhomh, theagamh gun d'thoir mi naigheachd dhuit.

Eogh. Fhir mo chridhe, 's mis' a ni sin gu toileach; b'fheàrr gu'n robh an cothrom agam ni bu bhitheanta. Is iomad là airsneulach a tha mi cuir seachad, a' siubhal na'n cnochd so fein, gun duine ris am fosgail mi mo bheul. Mar biodh òrain Dhonnachai Bhàin, cha'n 'eil fhios agam ciod a dheanainn. 'Sann ag aithris òran an t-samhruidh a bha mi 'nuair thug mi 'n aire dhuit.

Lach. Cha saoil mi gu bheil an saoghal a' cur mòr chùram ort; tha thu am bitheantas 'am fonn òrain, mar gum biodh do chridhe a'mire riut.

Eogh. Tha thu fad ann am mearachd; fuedaidh an cridhe a bhi trom agus guth an òrain a bhi sa bheul. Mar thuirt a' ghruagach a bha caoidh a leannain, *Is minic a bha mo chridhe caoineadh gad is faoin a rinn mi'n gàire.*

Lach. Feudaidh sin tachairt air uairibh, ach far am bi togradh òrain agus dhuanagan chan fheud mòran sprochd no imcheist a bhi na thaic.

Eogh. Am b'àill leat mi bhi 'gearan ris na cnoichd? Cha chomharadh air anabarra cridhealais cuid do òrain bhòidheach Dhonnachaidh Bhàin aithris. Amhairc mu d' thimchioll o'n lagan fhasgach so, agus nach àillidh an saoghal? Nach e'n-diugh latha buidhe Bealltuinn? Bu toigh leam e riamh. Nach bòidheach na sòbhraichean le'n snuadh òir! nach binn a choisridh cheolmhor, am bun nam preas 's am bàrr nan dos! A' bheil e ni's ceadaichte dhuinn amharc a mach air na nithibh so, no leughadh mun deimhin ann an cainnt ghlan, thaitneach nam bàrd? Cha chùis fharmaid leam fhìn cridhe an duine sin, a tha co trom an-togarrach, 'an tùs a' Chéitein, 's a tha e ann an dùdlachd a' Gheamhruidh: tha gach doire agus gleann an diugh a' seinn òran an t-samhruidh, 's am bac thu mis'? Falbh, tog dheth a Lachlainn!

Lach. Air t-athais Eoghainn – cha'n 'eil mis a' di-moladh oran an t-samhruidh, b'fheàrr gun robh gach òran 'nar cainnt cosmhuil ris; ach is rud a tha doilgheadas orm a' smuainteachadh, thus' aig a'bheil cridhe co blàth, agus mothachadh co beo air àilleachd oibribh an t-saoghail, nach 'eil thu ag éiridh ni 's bitheanta a' d' inntinn, os ceann an t-saoghail so a dh' ionnsuidh an Ti ghlormhor a chruthaich e. Tha da rìreadh an saoghal an diugh àillidh; is bòidheach, mar thuirt thu, na lusan maoth, le'n còmhdach òir—is bòidheach na preasan a'fosgladh a-mach an duilleach òg—an snothach ùrar a' dìreadh ri fiuran na'n craobh, agus eòin na'n geug a' seinn gu sùrdail; ach cò a sgaoil àilleachd a' Chéitein mu choinneamh ar sul? Cò chòmhdaich na cluaintean le culaidh uaine? Cò dhùisg an saoghal a' codal marbhant' a gheamhruidh, agus a tha toirt air guth an aoibhneis éiridh suas as gach cearnaidh? Nach glormhor a' ghrian ud shuas a' dìreadh gu àird nan speur gu buadhar, a'cur feart anns gach ni, agus a'sgaoileadh neart agus blàs on ear gu n-iar? Gu deimhin cha b'iad òrain Dhonnachai Bhàin a chuireadh 'an cèill smuainte mo chridhe, fhad 's a tha do leabhars air mo shiubhal, a Bhàird naomha, a Shalmadair bhinn Israeil!

Eogh. Tha sin uile fìor, ach na smuainich gu bheil mise neo-thùrail mu na nithibh sin; nach do gheall thu naigheachd dhomh? Ciod a bha thu leughadh co dùrachdach 'nuair a dhlùthaich mi riut?

Lach. Innsidh mi sin duit. Tha litir a chuir am Ministeir an diugh a'm làimh, a thaing dhachaidh on Ghalltachd, mu leabhar ùr a tha ri teachd a mach uair sa mhìos d'an ainm an TEACHDAIRE GAIDHEALACH.

Eogh. Cò e am fleasgach ùr so, agus cò as a tha esan a'teachd oirn?

Lach. A' Glaschu.

Eogh. Ciod e nach d'thig a' Glaschu? Ach innis so dhomh, Ciod e an teachdaireachd air a'bheil an Gille-ruidh ùr so a'teachd?

Lach. A thoirt eolais do na Gae'dheil, agus a dhùsgadh déigh agus togradh annta gu leughadh.

Eogh. Obh! Obh! 'Sann orra tha'm bàinidh m'an Ghaeltachd an dràsta, le'n càirdeas mu'n sgoilean 's mu'n leughadh; ach gabh air t-adhart, cluinneamaid ciod an seòrs' eòlais a tha iad a'tairgse.

Lach. Tha iad ri fiosrachadh a thoirt duinn mu na h-uile ni a shaoileas iad a bhios taitneach no tarbhach, freagarrach do staid na Gaeltachd, no foghainteach chum togradh a dhùsgadh annta gu leughadh; is cha'n 'eil e daor, ach sé sgillinn sa mhìos. An cuir mi sìos t'ainm, Eoghainn?

Eogh. Air t-athais a Lachluinn. Innis dhomh 'sa cheud dol a mach, gu h-athaiseach, ponncail, ciod na nithe tha iad a' gealltuinn, chum gun tuiginn an cùnnradh tha iad a' tairgse.

Lach. Ni mise sin na'n cainnt fein. Anns a cheud àite, ma ta, Tha iad a' gealltuinn mòran do eachdruidh na Gaeltachd sna linntibh a chaidh seachad. A' bheil sin a'còrdadh riut?

Eogh. Tha gu math; ach c'àit am faigh iad e? Na'n cuireadh iad fios air Iain-dubh-mac-Iain-'ic Ailein gheibheadh iad barrachd uaithe de'n t-seòrsa sin, na tha ac' air a' Ghalltachd; agus mas aithne dhuit cò iad, leig ios 'dan ionnsuidh, ma thòisicheas iad air smàdadh Thearlaich, 'sna dh'éirich leis, nach ruig iad a leas tighinn an taobhsa le'n teachdaireachd; ach gabh air t-adhart.

Lach. Tha iad ri mòran a thoirt dhuinn mu eachdruidh an

t-saoghail—mu na tha dol air aghaidh anns gach cearnaidh dheth,—mu na speuran, mu'n ghréin, mu'n ghealaich, lionmhoireachd nan rionnag 's nan reull, mu'n chuan 'sna bheil ann, mu eachdruidh na'n eun, na'n iasg, agus bheathaichean.

Eogh. Air nàile! 's iad fein na gillean, cha chreid mi nach ann ac' a tha na cinn. Ach na'n gabhadh iad mo chomhairle-sa dh'fhanadh iad air an talamh a bhos, gun bhi streap ri grèin no ri gealaich. Ann am bharail fein, tha mòran spleadhachais sna bheil daoin a nis a' cur am fiachaibh oirn mu na nithe sin—cha chreid mi gu bheil iad ni's mò eolas air a' ghealaich na tha sinn fhìn; ach a thaobh eachdruidh bheathaichean, an nàdur agus an cleachdainnean, cha'n 'eil teagamh agam nach faod iad mòran innseadh a tha taitneach agus is mi tha cinnteach, gum bi mo charaid an sionnach 'nam broilleach le chuilbheartaibh seòlta.

Lach. Agus a thuilleadh air so, tha iad a' gealltuinn dhuinn naigheachd nam bailtean mòra, agus cunntas mu na marguidhean. Nach 'eil sin a còrdadh riut?

Eogh. Ma ta, a ghoistidh, cha'n 'eil mi fhìn ro chinnteach; cha teichd na tha de naigheachd 's de chleachdadh nam bailtean mòr a'tighinn oirn mar tha; agus do thaobh cunntas nam marguidhean cha b'iongantach leam gad a bhiodh e coltach ri naigheachd nan Dròbhairean, as nach feudar mòran earbs' a chuir. Ciod tuilleadh?

Lach. Tha iad ri sgeulachdan beaga bòidheach agus dàin thaitneach a shnìomh as an cinn fein, nithe a dhùisgeas fearas-chuideachd thùrail, thuigseach, agus a bhios na rogha caitheamh-aimsir air an fheasgar gheamhruidh.

Eogh. Na daoine ceanalta, cha chreid mi nach Gaidheil a th'annta; ach cha b'uilear dhoibh cinn thomadach a bhi aca mu'n snìomhadh iad gach eididh air a' bheil thus a'labhairt: cha b'iad an fhearsaid no chuigeal a dh'fheumadh iad a chur r'a chéile gach co'-thlamadh a tha nam beachd.

Lach. A thuilleadh air so uile, tha iad ri searmoinean Ghaelic a chur a mach uair sa mhìos, nach cosg ach da sgillinn. An còrd sin riut?

Eogh. Cha'n'eil fhios agam fhìn—nan tuiteadh dhoibh

searmoinean a chur a mach, a b'urrainn daoine bochd a thuigsinn, gun teagamh bhiodh iad feumail. Ach air mo shon fhein, cha do thachair searmoin Ghaelic orm, ach ainneamh, ann an leabhraichibh, às an d'thugainn mòran math, tha Ghaelic tuille's domhain air mo shon, agus na smuaintean air an leige ris air uairibh air dhòigh nach eil mi gan tuigsinn.

Lach. Thoir thusa fainear, nach 'eil searmoin againn ach na dh'eadar-theangaicheadh as a bheurla, agus gum bu dùgh dhoibh beagan do bhlas na beurl' a bhi orra, ach na searmoinean ùra so, tha iad air an cur ri chéile air tùs anns a Ghaelic, agus uaith sin tha dòchas agam gum bi iad freagarrach do staid na dùthcha.

Eogh. Chì sinn. Ach air leam nan deanadh daoine feum math do na tha iad ag éisteachd gach là sàbaid nan sgìreachdan fein, nach b'ion doibh bhi cur an airgid do Ghlaschu a cheannach shearmoine agus na bheil de nithe eil' a dhi orra. Nach bu bhlasd an t-searmoin a chuala sinn air an t-sàbaid sa chaidh?

Lach. Bha i mar sin da rìreadh, ach an ròbh e a'd' chomas a h-aithris do d'theaghlach an deigh dhuit dol dachaidh? Am bu mhist thu i bhi agad am fasgadh an tuim? An d'thugadh tu dà sgillinn oirre?

Eogh. 'Smi gun d'thugadh, agus am barrachd. Bu taitneach leam i r'a h-éisdeachd, ach 's nàr leam aideachadh gur ro bheag a thug mi dhachaidh dhi, agus b'i a chéilidh thaitneach leam, bhi falbh o thigh gu tigh ga leughadh dhoibhsan nach d'fhuair cothrom air a h-éisdeachd.

Lach: 'Sin thu Eòghainn, tha thu nis a' labhairt mar bu chòir dhuit, agus cha'n'eil e ea-cosmhuil gum bi cuid de na searmoinean sin a tha co taitneach leatsa air an cur a mach ann an cuideachd an Teachdaire Ghaelich, agus bu chòir dhuinn a thoirt fainear ged tha deagh shearmoinean againn, gu bheil iomad cearnadh anns a Ghaeltachd far nach 'eil cothrom aig an t-sluagh air searmoin sam bith a chluinntinn: agus air an son-san nach bu chòir dhuinn misneach a thoirt do shaothair nan daoine sin?

Eogh. Tha sin fior. Ach innis so, an aithne dhuit cò tha cuir a-mach an leabhair ùir so?

Lach. Cha'n'eil mi fhin ro-chinnteach, ach tha iad ag ràdh gur e'n seann duine mòr liath a bha'n so o cheann dà bhliadhna mu na sgoilean ùra, bu chionfath air.

Eogh. Gu dearbh 's mi a chreideadh, an duine beannuichte. Thàlaidh mo chridhe fein ris a cheud sealladh a fhuair mi air; ach a bheil Gaelic aige?

Lach. Cha'n'eil facal na cheann; ach gheibh e daoine aig a'bheil i, 's cha'n'eil teagamh agam nach d'thoir iadsan a thòisich leis, sàr oidheirp air a' chùis. Tha iad, sa cheud dol a mach, a' gealltuinn gu math.

Eogh. Cha'n'eil di gheallaine air na daoine; ach bha mi riamh fiamhach mu luchd na'n geallaine mòr. Is suairce dhoibh, aon chuid, fheuchainn; agus bu neo-shuairce dhuinne gun cho'-aontacha le'n saothair. Ciod a thuirt thu a chosdas e?

Lach. Sè sgillinn arson an Teachdaire Ghaelich uair sa mhìos, agus dà sgillinn arson na searmoin.

Eogh. Sè sgillinn sa mhios, agus dà sgillin sa mhios, agus dà-mhios-dheug sa bhliadhna, thig sin a Lachluinn gu mòran airgid.

Lach. Thig, ach ma gheibh thusa cuid do na daoine tha anns a choimhearsnachd gu dol an co'-pairt riut cha bhi e ach suarach eadaruibh.

Eogh. Tha sin fior, a sìos m'ainm. Gabhaidh mi e le m' uile chridhe, agus se dùrachd m'annama gun soirbhicheadh leo-san a tha ga chuir a mach. Mo bheannachd leat air an àm a Lachluinn. Feumaidh mis a chreag mhòr a thoirt orm air tòir an t-sionnaich.

BIBLIOGRAPHY

Ansdell, Douglas (1998). *The People of the Great Faith: The Highland Church 1690-1900*. Stornoway: Acair.

Bartlett, Thomas (2014). 'The Emergence of the Irish Catholic Nation 1750–1850', in Alvin Jackson (ed.), *The Oxford Handbook of Modern Irish History*. Oxford: Oxford University Press, pp. 517–544.

Bathurst, Bella (1999). *The Lighthouse Stevensons*. London: Harper Collins.

Black, Ronald (ed.) (2001). *An Lasair: Anthology of 18th Century Scottish Gaelic Verse*. Edinburgh: Birlinn.

Black, Ronald (ed.) (2005). *The Gaelic Otherworld: John Gregorson Campbell's Superstitions of the Highlands and Islands of Scotland and Witchcraft and Second Sight in the Highlands and Islands*. Edinburgh: Birlinn.

Black, Ronald (2007). 'Some Notes from my Gaelic Scrapbook', in Sheila M. Kidd (ed.), *Glasgow: Baile Mòr nan Gàidheal / City of the Gaels*. Glasgow: Roinn na Ceiltis, Oilthigh Ghlaschu, pp. 20–54.

Black, Ronald (2009). 'A Handlist of Gaelic Printed Books 1567–1800', *SGS* 25: 35–93.

Blackie, John Stuart (1876). *The Language and Literature of the Scottish Highlands*. Edinburgh: T. & A. Constable.

Brown, Stewart J. (1993). '"The Ten Years' Conflict" and the Disruption of 1843', in Stewart J. Brown and Michael Fry (eds), *Scotland in the Age of the Disruption*. Edinburgh: Edinburgh University Press, pp. 1–27.

Butler, Antoinette (1994). 'An Outline of Scottish Gaelic Drama before 1945', unpublished MLitt thesis, University of Edinburgh.

Byrne, Michel (2007). '"Chan e chleachd bhith an cabhsair chlach": Am Bàrd Gàidhlig 's am Baile Mòr bhon 17mh Linn chun an 20mh', in Sheila M. Kidd (ed.), *Glasgow: Baile Mòr nan Gàidheal / City of the Gaels*. Glasgow: Roinn na Ceiltis, Oilthigh Ghlaschu, pp. 55–88.

Cameron, Ewen (1996). *Land for the People? The British Government and the Scottish Highlands, c.1880–1925*. East Linton: Tuckwell Press.

Cameron, Ewen (2007). 'Journalism in the Late Victorian Scottish

Highlands: John Murdoch, Duncan Campbell and the *Northern Chronicle*', *Victorian Periodicals Review* 40, No. 4: 281– 306.

Cameron, Paul (1892). 'Perthshire Gaelic Songs', *TGSI* 17: 126–70.

Campbell, J. F. (1872). *Leabhar na Feinne*. London: Spottiswoode & Co.

Cardell, Kerry and Cummin, Cliff (1999). 'Gaelic Voices from Australia', *SGS* 19: 21–58.

Cardell, Kerry and Cummin, Cliff (2003). 'Gaelic Voices from Australia: Part II', *SGS* 21: 9–45.

Cardell, Kerry and Cummin, Cliff (2009). 'Gaelic Voices from Australia: Part III', *SGS* 25: 181–234.

Clerk, Archibald (ed.) (1867). *Caraid nan Gaidheal: A Choice Selection of the Gaelic Writings of the Late Norman MacLeod D.D.* Glasgow: William Mackenzie.

Co-Chruinneachadh de dh' Oranan Taoghta: iomadh dhiu nach deach riabh roimh ann an clò (1836). Glasgow: Duncan MacVean.

Comerford, R. V. (2010). 'The Land War and the Politics of Distress, 1877–82', in W. E. Vaughn (ed.), *A New History of Ireland Volume 6: Ireland under the Union, II 1870–1921*. Oxford: Oxford University Press, pp. 26–53.

Comhraidhean Gaidhlig. Gaelic Dialogues Book 1. (1925). Glascho: Alasdair MacLabhrainn.

Connell, Philip and Leask, Nigel (2009). 'What is the People?', in Philip Connell and Nigel Leask (eds), *Romanticism and Popular Culture in Britain and Ireland*. Cambridge: Cambridge University Press, pp. 3–48.

Cox, Richard A. V. and Ó Baoill, Colm (2005). *Ri Linn nan Linntean: Taghadh de Rosg Gàidhlig*. Ceann Drochaid: Clann Tuirc.

Cox, Virginia (1992). *The Renaissance Dialogue: Literary Dialogue in its Social and Political Context, Castiglione to Galileo*. Cambridge: Cambridge University Press.

Delivré, Emilie (2005). 'The Pen and the Sword: Political Catechisms and Resistance to Napoleon', in Charles J. Esdaile (ed.), *Popular Resistance in the French Wars: Patriots, Partisans and Land Pirates*. Basingstoke: Palgrave Macmillan, pp. 161–79.

Devine, T. M. (1988). *The Great Highland Famine*. Edinburgh: John Donald.

Dùghallach, Ailein (1798). *Orain Ghaidhealacha*. Dun-Eidean: Eoin Moir.

Dunbar, Rob (forthcoming). 'Gaelic Periodicals and the Maintenance and Creation of Networks: Evidence from the Eastern Canadian Gàidhealtachd'.

Dunn, Charles (1971). *Highland Settler: A Portrait of the Scottish Gael in Cape Breton and Eastern Nova Scotia.* Toronto: Toronto University Press.

Dyer, Michael (1996). *Men of Property and Intelligence. The Scottish Electoral System prior to 1884.* Aberdeen: Scottish Cultural Press.

Fenyő, Krisztina (2000). *Contempt, Sympathy and Romance: Lowland Perceptions of the Highlands and the Clearances during the Famine Years, 1845–1855.* East Linton: Tuckwell Press.

Ferguson, Mary and Matheson, Ann (1984). *Scottish Gaelic Union Catalogue.* Edinburgh: National Library of Scotland.

'Fionn' [Henry Whyte] (1898). *Leabhar na Ceilidh.* Glasgow: Archibald Sinclair.

Fullarton Allan and Baird, Charles R. (1838). *Remarks on the Evils at Present Affecting the Highlands and Islands of Scotland; with some suggestions as to their remedies.* Glasgow: W. Collins.

Gillies, Anne Lorne (2005). *Songs of Gaelic Scotland.* Edinburgh: Birlinn.

Griffin, Carl J. (2012). *The Rural War: Captain Swing and the Politics of Protest.* Manchester: Manchester University Press.

Hamilton, Ian (1993). 'Disruption', in Cameron, Nigel M. de S. (ed.), *Dictionary of Scottish Church History & Theology.* Edinburgh: T. & T. Clark, pp. 246–47.

Heitsch, Dorothea and Vallée, Jean-François (eds) (2004). *Printed Voices: The Renaissance Culture of Dialogue.* Toronto: University of Toronto Press.

Henderson, George (1901). *The Highlanders' Friend. Second Series: A Further Selection from the Writings of the Late Very Reverend Norman MacLeod, D. D.* Edinburgh: Norman MacLeod.

Highland Society of Scotland (1828). *Dictionarium Scoto-Celticum: A Dictionary of the Gaelic Language.* Edinburgh: William Blackwood.

Hunter, James (1976). *The Making of the Crofting Community.* Edinburgh: John Donald.

Hunter, James (1986). *For the People's Cause: From the Writings of John Murdoch.* Edinburgh: HMSO.

Hunter, James (2015). *Set Adrift upon the World: The Highland Clearances.* Edinburgh: Birlinn.

Keegan, J. (1994). 'The Ashanti Campaign 1873–74', in Brian Bond (ed.), *Victorian Military Campaigns*. London: Tom Donovan Publishing, pp. 163–98.

Kidd, Sheila M. (1998). 'The Prose Writings of the Rev. Alexander MacGregor, 1806–81', unpublished doctoral thesis, University of Edinburgh.

Kidd, Sheila M. (2000). 'Social Control and Social Criticism: The Dialogue in Nineteenth-Century Gaelic Literature', *SGS* 20: 67–87.

Kidd, Sheila M. (2002). 'Caraid nan Gaidheal and "Friend of Emigration": Gaelic Emigration Literature of the 1840s', *Scottish Historical Review,* Vol. 81, 1: 52–69.

Kidd, Sheila M. (2003). 'The Writer behind the Pen-Names: The Rev. Alexander MacGregor', *TGSI* 61: 1–24.

Kidd, Sheila M. (2007). 'Tormod MacLeòid: Àrd-Chonsal nan Gàidheal', in Sheila M. Kidd (ed.), *Glasgow: Baile Mòr nan Gàidheal/ City of the Gaels*. Glasgow: Roinn na Ceiltis, Oilthigh Ghlaschu, pp. 107–29.

Kidd, Sheila M. (2008). 'Burning Issues: Reactions to the Highland Press during the 1885 Election Campaign', *SGS* 24: 285–307

Kidd, Sheila M. (2010). '"A thaghdairean Gaedhealach": Early Gaelic Electioneering', in Kenneth E. Nilsen (ed.), *Rannsachadh na Gàidhlig 5*. Sydney, N.S.: Cape Breton University Press, pp. 116–33.

Kidd, Sheila M. (2012). 'Early Gaelic Periodicals: Knowledge Transfer and Impact', in Nancy McGuire and Colm Ó Baoill (eds), *Rannsachadh na Gàidhlig 6*. Aberdeen: An Clò Gàidhealach, pp. 177–206.

King, Elspeth (1979). *Scotland Sober and Free. The Temperance Movement 1829–1979*. Glasgow: Glasgow Museums and Art Galleries.

Laing, Calum (2013). *An t-Urramach Iain MacRuairidh. A Bheatha agus na Sgrìobhaidhean aige*. Inbhir Nis: Clàr.

Lamb, John A. (1956). *Fasti of the United Free Church of Scotland 1900–1929*. Edinburgh: Oliver and Boyd.

Levine, Philippa (2007). *The British Empire: Sunrise to Sunset*. Harlow: Pearson Longman.

Liddell, Colin (1993). *Pitlochry: Heritage of a Highland District*. Perth: Perth & Kinross District Libraries.

Luce, A. A. and Jessop, T. E. (eds) (1951). *The Works of George Berkeley, Bishop of Cloyne Volume 4*. London: Nelson.

Lyons, F. S. L. (1977). *Charles Stewart Parnell*. London: Collins.

MacAskill, John (2010). '"It is truly, in the expressive language of Burke, a nation crying for bread": The Public Response to the Highland Famine of 1836–37', *Innes Review* 61: 2: 169–206.

MacColl, Allan W. (2006). *Land, Faith and the Crofting Community. Christianity and Social Criticism in the Highlands of Scotland, 1843–1893.* Edinburgh: Edinburgh University Press.

MacColla, Eobhan (1839). *Clàrsach nam Beann.* Edinburgh: MacLachlan & Stewart.

MacColla, Iain (1885). *Luinneag nan Gleann: Dain agus Orain.* Glasgow: Archibald Sinclair.

MacCurdy, Edward (1950). '"Caraid nan Gaidheal"', *TGSI,* 39/40: 229–42.

Mac Dhunleibhe, Uilleam (1882). *Duain agus Orain.* Glasgow: Archibald Sinclair.

MacDonald, Kenneth D. (1993). 'Catechisms (Gaelic)', in Cameron, Nigel M. de S. (ed.), *Dictionary of Scottish Church History & Theology.* Edinburgh: T. & T. Clark, pp. 143–44.

MacDonald, Kenneth D. (1993). 'Glasgow and Gaelic Writing', *TGSI* 57: 395–428.

MacDonell, Margaret (1982). *The Emigrant Experience: Songs of Highland Emigrants in North America.* Toronto: University of Toronto Press.

Mac Eachaidh, Tarlach (2002). 'Caraid nan Gàidheal as discerned through the pages of *An Teachdaire Gaelach,* 1829–31', in Colm Ó Baoill and Nancy McGuire (eds), *Rannsachadh na Gàidhlig 2000. Papers read at the Conference Scottish Gaelic Studies 2000.* Aberdeen: An Clò Gaidhealach, pp. 141–47.

MacFadyen, John (1890). *An t-Eileanach.* Glasgow: Archibald Sinclair.

MacGillivray, Neil (2013). 'Dr John Mackenzie (1803–86): Proponent of Scientific Agriculture and Opponent of Highland Emigration', *Journal of Scottish Historical Studies* 33.1: 81–100.

Macintyre, Donald (2008). *Aeòlus,* translated by Bill Innes. Ochtertyre: Grace Note.

Mackay, Margaret A. (1998). '"Here I am in another world": John Francis Campbell and Tiree', *Scottish Studies* 32: 119–124.

Mackay, Margaret A. (2014). 'From Machair to Prairie: Emigration from Tiree to Canada in the 19th and early 20th Centuries', in *The Secret Island: Towards a History of Tiree.* Kershader: The Islands Book Trust, pp. 170–97.

Mackenzie, John (1841). *Sar-Obair nam Bard Gaelach: or the Beauties of Gaelic Poetry.* Glasgow: MacGregor, Polson & Co.

MacLean, Donald (1915). *Typographia Scoto-Gadelica or Books Printed in the Gaelic of Scotland.* Edinburgh: John Grant.

Maclean, Magnus (1902). *The Literature of the Celts.* London: Blackie.

Maclean, Magnus (1904). *The Literature of the Highlands.* London: Blackie.

MacLean, Sorley (1991). *From Wood to Ridge / O Choille gu Bearradh.* London: Vintage.

MacLeod, Donald John (1969). 'Twentieth Century Gaelic Literature: A Description Comprising Critical Study and a Comprehensive Bibliography', unpublished doctoral thesis, University of Glasgow.

MacLeod, James L. (2000). *The Second Disruption: The Free Church in Victorian Scotland and the Origins of the Free Presbyterian Church.* East Linton: Tuckwell Press.

MacLeod, John N. (1898). *Memorials of the Rev. Norman MacLeod (Senr) D.D.* Edinburgh: David Douglas.

MacLeod, Joseph (1917). *Highland Heroes of the Land Reform Movement.* Inverness: Highland News Publishing Co.

MacLeod, Norman (1824). 'Speech delivered to the General Assembly', *The Edinburgh Christian Instructor*, Vol. 23, No. 7: 487–500.

Macleod, Michelle and Watson, Moray (2007). 'In the Shadow of the Bard: the Gaelic Short Story, Novel and Drama since the Early Twentieth Century', in Ian Brown, Thomas O. Clancy. Susan Manning & Murray Pittock (eds), *The Edinburgh History of Scottish Literature: Volume 3: Modern Transformations: New Identities (from 1918).* Edinburgh: Edinburgh University Press, pp. 273–82.

MacLeoid, Tormod (1828). *Co'chruinneachadh air a chur r'a chéile air iarrtas Comuinn Ard-sheanadh Eagluis na h-Alba: arson an sgoilean, air feadh Tìr-mòr agus Eileana na Gaeltachd.* Glasgow: A. Young.

MacLeoid, Tormod (1834). *Leabhar nan Cnoc: Comh-chruinneachadh do Nithibh Sean agus Nuadh: Airson Oilean agus Leas nan Gaidheal.* Greenock: Neill & Fraser.

MacMillan, Somerled (ed.) (1968). *Sporan Dhòmhnaill: Gaelic Poems and Songs.* Edinburgh: Scottish Gaelic Texts Society.

MacNeill, Nigel (1892). *The Literature of the Highlanders.* Inverness: J. Noble.

MacPhail, I. M. M. (1989). *The Crofters' War.* Stornoway: Acair.

McCord, Norman and Purdue, Bill (2007). *British History 1815–1914*. Oxford: Oxford University Press.

Maier, Bernhard (2009). *William Robertson Smith: His Life, his Work and his Times*. Tübingen Mohr Siebeck.

Martin, Neill (2007). *The Form and Function of Ritual Dialogue in the Marriage Traditions of Celtic-Language Cultures*. Lampeter: The Edwin Mellon Press.

Matheson, William (ed.) (1938). *The Songs of John MacCodrum*. Edinburgh: Scottish Gaelic Texts Society.

Matheson, William (ed.) (1970). *The Blind Harper: An Clàrsair Dall*. Edinburgh: Scottish Gaelic Texts Society.

Meek, Donald E. (1978). *The Campbell Collection of Gaelic Proverbs and Proverbial Sayings*. Inverness: Gaelic Society of Inverness.

Meek, Dòmhnall (1980). 'Aimhreit an Fhearainn an Tiriodh, 1886', in Dòmhnall MacAmhlaigh (deas.), *Oighreachd agus Gabhaltas*. Obar-Dheadhan: Roinn an Fhoghlaim Cheiltich, pp. 23–31.

Meek, Donald E. (1987). 'The Land Question Answered from the Bible: The Land Issue and the Development of a Highland Theology of Liberation', *Scottish Geographical Magazine* 103, No. 2: 84–89.

Meek, Donald E. (1988). 'The Gaelic Bible', in David F. Wright (ed.), *The Bible in Scottish Life and Literature*. Edinburgh: Saint Andrew Press, pp. 9–23.

Meek, Donald E. (ed.) (1995). *Tuath is Tighearna. Tenants and Landlords*. Edinburgh: Scottish Gaelic Texts Society.

Meek, Donald E. (1995). 'The Catholic Knight of Crofting: Sir Donald Horne MacFarlane, M.P. for Argyll, 1885–86, 1892–95', *TGSI* 58: 70–122.

Meek, Donald E. (ed.) (1998). *Màiri Mhòr nan Oran*. Edinburgh: Scottish Gaelic Texts Society.

Meek, Donald E. (2002). 'The Pulpit and the Pen: Clergy, Orality and Print in the Scottish Gaelic World', in Adam Fox and Daniel Woolf (eds), *The Spoken Word: Oral Culture in Britain, 1500–1850*. Manchester: Manchester University Press, pp. 84–118.

Meek, Donald E. (2004). 'The Scottish Tradition of Fian Ballads in the Middle Ages', in Cathal G. Ó Háinle and Donald E. Meek (eds), *Unity and Diversity. Studies in Irish and Scottish Gaelic Language, Literature and History*. Dublin: The School of Irish, Trinity College, pp. 9–23.

Meek, Donald E. (2006). 'Smoking, Drinking, Dancing and Singing on the High Seas: Steamships and the uses of *Smùid* in Scottish Gaelic', *Scottish Language* 25: 46–70.

Meek, Donald E. (2007a). 'Gaelic printing and publishing', in Bill Bell (ed.), *The Edinburgh History of the Book in Scotland Volume 3 Ambition and Industry*. Edinburgh: Edinburgh University Press, pp. 107–22.

Meek, D. E. (2007b). 'Gaelic Communities and the Use of Texts', in Bill Bell (ed.), *The Edinburgh History of the Book in Scotland Volume 3 Ambition and Industry*. Edinburgh: Edinburgh University Press, pp. 153–72.

Meek, Donald E. (2008). 'Early Steamship Travel from the Other Side: An 1829 Gaelic Account of the *Maid of Morvern*', *Review of Scottish Culture* 20: 57–79.

Meek, Donald E. (2010). '*Sitirich an Eich Iarainn* ('The Neighing of the Iron Horse'): Gaelic Perspectives on Steam Power, Railways and Shipbuilding in the Nineteenth Century', in Wilson McLeod, Abigail Burnyeat, Domhnall Uilleam Stiùbhart, Thomas Owen Clancy and Roibeard Ó Maolalaigh (eds), *Bile Ós Chrannaibh: A Festschrift for William Gillies*. Ceann Drochaid: Clann Tuirc, pp. 271–92.

Meek, Donald E. and Peter, Bruce (2011). *From Comet to Cal Mac. Two Centuries of Hebridean and Clyde Shipping*. Ramsey: Ferry Publications.

Meek, Donald E. (2014). 'John Bunyan in the Kilt: The Influence of Bunyan Texts on Religious Expression and Experience in the Scottish Highlands and Islands', *Scottish Studies* 37: 155–63.

Menzies, Pat (ed.) (2012). *Òran na Comhachaig: A Critical Edition with English Translation and Annotations*. Edinburgh: Scottish Gaelic Texts Society.

'The reply of School Boards to the Circular of the Scotch Education Department on the subject of teaching Gaelic' (1877). *An Gaidheal* 65: 155–60.

Moody, T. W. (1981). *Davitt and Irish Revolution 1846–82*. Oxford: Clarendon Press.

Morrison, Hew (1885). 'Notices of the Ministers of the Presbytery of Tongue from 1726 to 1763: From the Diary of the Rev. Murdoch Macdonald of Durness', *TGSI* 11: 293–310.

Mulhern, Kirsteen M. (2006). 'The Intellectual Duke: George Douglas Campbell, 8th Duke of Argyll, 1823–1900', unpublished doctoral thesis, University of Edinburgh.

Nagy, Joseph F. (1997). *Conversations with Angels and Ancients: Literary Myths of Medieval Ireland*. New York: Ithaca.

Nelson, W. (1977). 'From "Listen Lordings" to "Dear Reader"', *University of Toronto Quarterly Review* 46: 110–24.

New Statistical Account of Scotland. (1834–45). Edinburgh: William Blackwood and Sons.

Newby, Andrew (2003). '"Landlordism is soon going Skye-high": Michael Davitt & Scotland 1882–1887', *History Scotland* Vol. 3 No. 4: 45–52.

Newby, Andrew (2007). *Ireland, Radicalism and the Scottish Highlands, c. 1870–1912*. Edinburgh: Edinburgh University Press.

Newhall, Beaumont (2006). *The History of Photography from 1839 to the Present*. New York: Museum of Modern Art.

Newton, Michael (2014). 'Unsettling Iain mac Mhurchaidh's slumber: The Carolina Lullaby, authorship, and the influence of print media on Gaelic oral tradition', *Aiste* 4: 131–54.

Nicolson, Alexander (ed.) (1881). *A Collection of Gaelic Proverbs and Familiar Phrases*. Edinburgh: MacLachlan and Stewart.

Ó Baoill, Colm (ed.) (1994). *Iain Dubh: Orain a rinn Iain Dubh mac Iain mhic Ailein (c1665–1725)*. Aberdeen: An Clò Gàidhealach.

Ó Ciosáin, Niall (2010). *Print and Popular Culture in Ireland 1750–1850*. Dublin: The Lilliput Press.

Pennant, Thomas (2000). *A Tour in Scotland 1769*. (Reprint of 1771 edition, J. Mark: Chester), Edinburgh: Birlinn.

Puterbaugh, Joseph (2004). '"Truth Hath the Victory": Dialogue and Disputation in John Foxe's *Actes and Monuments*', in Dorothea Heitsch & Jean-François Vallée (eds), *Printed Voices: The Renaissance Culture of Dialogue*. Toronto: University of Toronto Press, pp. 137–56.

Reid, John (1832). *Bibliotheca Scoto-Celtica; or, an Account of All the Books Which Have Been Printed in the Gaelic Language*. Glasgow: John Reid & Co.

Richards, Eric (1999). *Patrick Sellar and the Highland Clearances*. Edinburgh: Polygon.

Robertson, C. J. A. (1983). *The Origins of the Scottish Railway System 1722–1844*. Edinburgh: John Donald.

Robertson, Sylvia and Dilworth, Tony (eds & trans.) (2009). *Tales from Highland Perthshire Collected by Lady Evelyn Stewart Murray*.

Glasgow: Scottish Gaelic Texts Society.

Scott, Hew (1923). *Fasti Ecclesiae Scoticanae: The Succession of Ministers in the Church of Scotland from the Reformation: Vol. 4, Synods of Argyll, and of Perth and Stirling.* Edinburgh: Oliver and Boyd.

Scott, Hew (1928). *Fasti Ecclesiae Scoticanae: Vol. 7, Synods of Ross, Sutherland and Caithness, Glenelg, Orkney and Shetland; The Church in England, Ireland and Overseas.* Edinburgh: Oliver and Boyd.

Sinclair, Archibald (1879). *An t-Òranaiche.* Glasgow: Archibald Sinclair.

Smith, Iain (1835). *Sailm Dhaibhidh maille ri Laoidhean o'n Scrioptur Naomha.* Glasgow: Robert Hutchison.

Snyder, Jon R. (1989). *Writing the Scene of Speaking: Theories of Dialogue in the Late Italian Renaissance.* Stanford: Stanford University Press.

Staff, Frank (1969). *The Valentine and its Origins.* London: Lutterworth Press.

Standage, Tom (1998). *The Victorian Internet: The Remarkable Story of the Telegraph and the Nineteenth Century's Online Pioneers.* London: Phoenix.

Statistical Account of Scotland Volume 5 (1793). Edinburgh: William Creech.

Stern, Ludwig C. (1908). 'Ceangal nan Trì Chaol', *Zeitshrift für celtische Philologie* 6: 188–90.

Stiùbhart, Domhnall Uilleam (2008). 'Alexander Carmichael and Carmina Gadelica', in Domhnall Uilleam Stiùbhart (ed.), *The Life and Legacy of Alexander Carmichael.* Port of Ness: Island Book Trust, pp. 1–39.

Tannen, Deborah (1982). 'The Oral/Literate Continuum in Discourse', in Deborah Tannen (ed.), *Spoken and Written Language: Exploring Orality and Literacy.* Norwood, New Jersey: Ablex, pp. 1–16.

Thomson, Robert L. (ed.) (1970). *Foirm na n-Urrnuidheadh: John Carswell's Gaelic Translation of the Book of Common Order.* Edinburgh: Scottish Gaelic Texts Society.

Tindley, Annie (2008). '"The Sword of Avenging Justice": Politics in Sutherland after the Third Reform Act', *Rural History* 19: 179–99.

Thornber, Iain (ed.) (2002). *Morvern: A Highland Parish.* Edinburgh: Birlinn.

Watson, Moray (2010). 'Language in Gaelic Literature', in Moray

Watson and Michelle Macleod (eds), *The Edinburgh Companion to the Gaelic Language*. Edinburgh: Edinburgh University Press.

Watson, Moray (2011). *An Introduction to Gaelic Fiction*. Edinburgh: Edinburgh University Press.

Watson, Moray (forthcoming). 'Monologue, rhetoric and dialectic: how Caraid nan Gàidheal structures a *còmhradh*'.

Watson, William J. (ed.) (1915). *Rosg Gàidhlig: Specimens of Gaelic Prose*. Inverness: An Comunn Gaidhealach.

Wellwood, John (1897). *Norman MacLeod*. Edinburgh: Oliphant Anderson & Ferrier.

Withers, Charles W. J. (1984). *Gaelic in Scotland 1698–1981: The Geographical History of a Language*. Edinburgh: John Donald.

Withers, Charles W. J. (1988). 'Destitution and migration: labour mobility and relief from famine in Highland Scotland 1836–1850', *Journal of Historical Geography*, 14:2: 128–50.

Withers, Charles W. J. (1998). *Urban Highlanders: Highland-Lowland Migration and Urban Gaelic culture, 1700–1900*. East Linton: Tuckwell.

Manuscripts

National Library of Scotland: Charles Robertson Papers MS 479

University of Glasgow Library: Minute Book of the Ossianic Society MS Gen 1363

'Collection of Gaelic Songs': in the possession of Donald E. Meek.

Parliamentary Papers

PP 1841 VI: *Report of the Select Committee appointed to inquire into the Condition of the Population of the Highlands and Islands.*

PP 1884 XXXII-XXXVI: *Report of Her Majesty's Commissioners of Inquiry into the Condition of the Crofters and Cottars in the Highlands and Islands with appendices.*

PP 1875 LX: *Scotch Education Department. Code of Regulations.*

Reports

Abstracts of the Report of the Committee of the General Assembly for Increasing the Means of Education and Religious Instruction in Scotland. (1828–31). Edinburgh: J. and D. Collie.

Annual Reports of the Society for the Support of Gaelic Schools. (1811–32). Edinburgh: A. Balfour.

Educational Statistics of the Highlands and Islands of Scotland prepared by the General Assembly's Education Committee from returns made by the parochial ministers. (1833). Edinburgh: J. and D. Collie.

Moral Statistics of the Highlands and Islands, Compiled from Returns Received by the Inverness Society for the Education of the Poor in the Highlands. (1826). Inverness: Society for the Education of the Poor in the Highlands.

Report of the Committee of the Highland Society of Scotland Appointed to Inquire into the Nature and Authenticity of the Poems of Ossian. (1805). Edinburgh: Archibald Constable and Co.

Report on the Outer Hebrides or Long Island by a Deputation of the Glasgow Section of the Highland Relief Board. (1849). Glasgow: W. Eadie.

Periodicals and newspapers

An Deo-Grèine

An Fhianuis

An Gaidheal

An Teachdaire Gae'lach (Glasgow 1829–31)

An Teachdaire Gaidhealach (Hobart, 1857)

Cuairtear nan Gleann

Dundee Courier

Fear-Tathaich nam Beann

Glasgow Herald

Highland Echo

Highlander

Invergordon Times

Inverness Advertiser

Inverness Courier

Mac-Talla

Northern Chronicle

Oban Times

Perthshire Advertiser

Scotsman

Scottish Highlander

Websites

www.archive.org

www.carmichaelwatson.blogspot.co.uk

www.oxforddnb.com

www.saintsplaces.gla.ac.uk

www.scottisharchitects.org.uk/architect_full.php?id=202360

www.tobarandualchais.co.uk

GLOSSARY

adj. = adjective
adv. = adverb
comp. = comparative
comp. adj. = comparative adjective
conj. = conjunction
def. vb = defective verb
f. = feminine
gen. = genitive
imp. = imperative
int. = interjection

interr. pr. = interrogative pronoun
m. = masculine
n. = noun
pl. = plural
p.p. = past participle
prep. = preposition
sg = singular
vb = verb
vb n. = verbal noun

The numbers used below are those of individual *còmhraidhean* rather than page numbers.

a chianaibh, adv., a little while ago, 34

a chòir, prep., near, 18

a chum, prep., in order to, 21

a dh'aona chuid, adv., purposely, 21

abaich, abachadh, vb, ripen, 6, 29

abaich, adj. ripe, ready, 6

àbhachd, f., sport, fun, 35

abhag, f., terrier, 1

ablach, m., poor creature, 4

abladh, vb, mangle, 33

acfhainn, f., machinery, 7, 32

a-cheana, adv., already, before now, 2, 5, 14, &c.

achlais, f., armpit; *fo m' achlais*, under my arm, 2, 3, 35

adharc, f., horn, 6; *adharc-shnaoisein*, snuff-horn, 6

adhartach, adj., diligent, 2

adhradh, m., worship, 25

ag, m., doubt, 10

agair, agairt, vb, claim, 22; *a dh'agrar ort*, that will be laid against you, 23

àgh, m., fortune, happiness, 21, 32; *ann an ainm an àigh*, in the name of goodness, 4; *an t-Àgh*, Providence, 9

agh, m., heifer, 8

a-ghnàth, adv., always, 25, 29

àicheidh, àicheadh, vb n., deny, 7, 16, 19, &c.

aidich, aideachadh, vb, admit, 2, 5, 6, etc.; confirm, 12

aidmheil, f., confession, declaration, 21

aighear, adj. joy, 10

àilgheas, m., will, whim, 22, 23

àill, f., pleasure, will, 1, 2, 27, 35; *am b' àill leat?*, would you wish?, 1

àilleachd, f., beauty, 1

àillidh, adj., beautiful, 26, 32

393

an impis, adv., on the point of, about to, 8, 21, 28

an làthair, adv., present, 4, 12, 15, &c.

an lorg, prep., from, as a result of, 2, 13, 17, &c; *na lorg*, as a result of it, 21

an sàs, adv., *mar bha na Siosalaich gu bhith an sàs ann*, how the Chisholms would harass him, 35

an taic, prep., close to, 6

anabarra, m., excess, 1, 2, 7 &c.

ana-cainnt, f., abuse, 19

ana-caitheamh, m., extravagance, 6

anacothrom, f., injustice, disadvantage, 8, 21

anart, m., shroud, 6

an-dànachd, f., arrogance, 9

an-diadhaidh, adj., ungodly, 15

an-iochdmhor, adj., cruel, merciless, 13, 35

anmoch, m., evening, 22, 23

annas, m., surprise, 5, 32

annsa, comparative of toil; *b' annsa laighe sìos gu ciùin*, more dear to me would be to lie down peacefully, 8

ànradh, m., storm, 11

ànradhach, adj., stormy, wild, 4

an-togarrach, adj. lethargic, unwilling, 1

aog, m., death, 5

aogas, m., appearance, 11, 28

aoibhneas, m., joy, delight, 1

aoin, aonadh, vb, unite, join, 26

aoir, f., satire, 31

aom, aomadh, vb, lean, sway, 31

aonadh, m., union, 24

aotroman, m., bladder, 35

ar leam, I think, I thought, 1, 7, 8

àraich, àrach, vb, rear, nurture, 6, 8, 13, &c.

ar-a-mach, m., rebellion, insurrection, 18, 21

araon, adv., both, 10, 25

arbhar, m., corn, 3, 11, 29

às eugmhais, without, 12, 28

asal, f., donkey, 27

às-creideamh, m., scepticism, 23

àth, f., kiln, 31; *àtha-cheilpe*, f., kelp kiln, 2

athach, adj., timid, 22

athadh, m., modesty, shame, 9, 22

athais, f., leisure, ease; *air d' athais*, relax, hold on; 1, 2, 31

athaiseach, adj., slow, 31, 32; *gu h-athaiseach*, slowly, 1

ath-chuingich, ath-chuingeadh, vb, entreat, 23

ath-ghoirid, f., shortcut, 35

ath-leasaich, ath-leasachadh, vb, improving, reforming, 4, 7, 11; *Ath-leasachadh*, m. Reformation, 16; *ath-leasachadh*, reform, 21; development, 28

ath-ùrachadh, vb n., regenerate, modernise, 7, 21

atmhor, adj., raging, 26

bac, m., sandbank, ridge, 12, 29

bacadh, m., hindrance, prevention, 14, 35

bad, m., clothing, 4; *am badaibh a chèile*, at loggerheads, 4; handful of grass, 11

badan, m., small flock, 6; *baidean*, 8.

bagair, bagairt / bagar, vb., threaten, 15, 18

bagarrach, adj., threatening, 7

baidean, m., flock, 8, cf *badan* above

bàidh, f., affection, tenderness, 4, 29

baigearachd, f., beggary, 9

bàilistear, m., blusterer, babbler, 9

bàillidh, m., factor, 4, 7, 9, &c.

bàillidheachd, f., office, bailiwick, 27

bàinidh, f., rage, madness; *'s ann orra tha 'm bàinidh mun Ghàidhealtachd*, the Highlands is all the rage, 1; *air bàinidh*, mad, 1, 2, 6

bàirlinn, f., eviction notice, 6, 8, 12

balbhan, m. deaf-mute, 32

balg-sèididh, m., bellows, 31

balg-shaighead, m., quiver, 35

balla-dìon, m., protecting wall, 16

ball-airm, m., weapon, 35

bana-chosnaiche, f., female worker, 6

banarach, f., dairymaid, 29

banas-taighe, m., housekeeping, 30

bannal, m., gathering, bad company, 19

banntrach, f., widow, 21, 27; *tha 'n eaglais an-dràst na banntraich*, the church is currently without a minister, 9

ban-treabhaich, plough-woman, 35

baoghlan, m., idiot, 4

baoth, adj., foolish, 9, 19

baothair, m., fool, 31

baothaireachd, f., foolishness, 7, 9

baoth-shùgradh, m., profanity, 31

barail, gen. *baralach*, f., opinion, 1, 3, 4, &c.

bara-rotha, m., wheelbarrow, 32

bàrr, gen. *barra*, m., crop, harvest, 3, 8, 9, &c; superiority, *a' toirt bàrr air*, surpassing, 26; *gille thug bàrr air mòran*, a boy who beat / outdid many, 35, 26

bas, f., palm (of hand); *a' bualadh nam bas*, applauding, 15

bastalach, adj., showy, 27

bathais, f., forehead, impudence; *nach ann aige a tha a' bhathais*, hasn't he got a cheek, 18

bathaiseach, adj., bold, impudent, 21

bathar, m., goods, merchandise, 2

beachd: *thar a bheachd*, out of his mind, 23; *duine … na bheachd*, anyone in his right mind, 32

beadagan, m., impertinent fellow, 4, 16

beairt, f., loom, machine, 7; *beairt-threabhaidh*, plough, 7

Bealltainn, f., Beltane, May Day, 27

beàrnach, adj., imperfect, with gaps, 27

beàrr, bearradh, vb, clip, shave, 15

beathachadh, m., maintenance, 22, 27

beò, m., lifetime, 27

beuc, m., roar, 32

beucaich, f., roaring, 26

beud, m., pity, loss; *bu mhòr am beud e*, it is a great pity, 19, 24

beum, m., blow, 5; *a dh'aon bheum*, all at once, 2, 21

beur, adj., witty, sarcastic, 13

bhailios, m., valise, 32

bhàrr, prep., off, from, 6, 25

bhuainn: *tha bhuainn a losgadh*, we need to burn it, 7

bhuaithe: *thig e bhuaithe*, it will recover, 32

bian, m., fur, pelt, 7, 28

biath, *biathadh*, vb, feed, 4, 7; bait, 25

bile, f., edge, 12

bilistearachd, vb n., searching for food, 9

biodag, f., dirk, 10, 24

biorach, adj., sharp, prickly, 4; sharp-sighted, 13

bioran, m., stick, 8; *bioran ruadh*, red pen, 3

birlinn, f., galley, ship, 26

bitheanta, adj., frequent, common, 1

bitheantas, m., frequency; *am bitheantas*, frequently, commonly, 1, 16, 26, &c.

blais, *blasadh*, vb, taste, 30, 35

blaomastair, m., idiot, half-wit, 3

blàr-mhòine, m., moor, 31

blàthach, f., buttermilk, 32

bleid, vb, solicit, request, 9

bleidire, m., impertinent person, 2

bleith, *bleith*, vb, grind meal, 7, 31; grind, pulverise, 13

bloighd, f., fragment, piece, 32

bobag, m., fool, boy, 7

bodach-ruadh, m., codling, 32

bodhair, *bodhradh*, vb, deafen, 14, 32

bodhar, adj., comp. *buidhre*, deaf, 20

boganach, m., simple fellow, bumpkin, 9

bogha-froise, m., rainbow, 26

boil / *boile*, f., frenzy; *do cheann a chur na bhoil*, to put your head in a frenzy, 3; 4, 23, &c.

bòilich, f., blustering, 24

boin, dative sg. of *bò*, cow, 34

boinne, m./f., drop, 28, 30

boitean, m., bundle of hay, 8, 32

bonn, m., sole (of foot), coin, 7, 27, 28; *air bhonnaibh*, on his feet, 4, 28, 32; *bonn na h-argamaid*, subject, 5; *bonn-a-sia*, sixpence, 6; *bonn-a-h-ochd*, eightpence, 18; basis, 22

bonnach, m., bannock, 3, 9

borb, adj., rude, 4; uncivilised, 5

borbhanaich, f., grumbling, 24

brà, f., quern, handmill, 7

braidseal, m., beacon, 20

braon, m., rain, shower, 34

bras, adj., hasty, rash, 8, 21, 22

brath, *brathadh*, vb, intend, 21, 27; *gun robh na fiachan a' brath a chur fodha uile-gu-lèir*, that the debts were about to entirely bankrupt him, 18

brath, m., knowledge, 10, 31

breabadair, m., weaver, 27

breaban, m., patch on sole of shoe, 31

breac, adj., spotted, 32

breacag, f., bannock, 8

breathas, m., frenzy, fury, 35

brèid, m., sail, 20

breisleach, f., confusion, 2, 6, 22, &c; *gu bheil ceann duine na bhreislich*, that one's head is in a spin, 2, 8, 21

breith, f., judgement, 5, 15

breith, vb n., *tha iad air am breith às*, they are carried away, 21

breitheanas, m., judgement, 23, 26

breithnich, *breithneachadh*, vb, judge, consider, 20; *breithneachadh*, m., judgement, 11, 22, 24

briathar, m., word, 4, 5, 11, &c;

cabar, m., caber, 35

cabhrach, f., sowens, 31

cachaileith, f., gate, 26

caibe, m., spade, 2, 7

càil, f., appetite, dispostion, 15 30

caile, f., young girl, 32

càileigin, f., something, 2, 6

càin, f., fine, 21

càirich, càradh, vb, impose, 2; place, 27, 28, 32; mend, 26; *càramh,* 27

caisbheart, f., footwear, 2, 6, 8

caisg, casgadh, vb, stop, quieten, 7; check, 26

caith, caitheamh/caitheadh, vb, spend, 15, 32; wear out / away, exhaust, 19, 29, 33; wear, 27, 28; consume, 27; waste, 29; shoot, fire, 35

caitheamh-aimsir, f., pastime, 1

caitheamh-beatha, f., behaviour, way of life, 15

caithteach, adj., wasteful, 29

calg, gen. *cuilg,* m., pile, bristle, 28

calg-dhìreach, adv., exactly, directly, 26

callaid, f., fence, hedge, 29

calldach, m., damage, 11, 15; loss, 22

calman, m., dove, 25

calpa, m., capital (money), 18, 27

cam, adj., blind in one eye, 7

camcag, f., trip up; *cur chamcagan … a chèile,* tripping one another up, 35

camhann, f., twilight, 34

campar, m., anger, grief, 10

cànran, m., grumbling, scolding; *cànran-teallaich,* m., fireside grumbling, 17

caochail, caochladh, vb, die, 13, 27, 29

caochan, m., small stream, 9

caochladh, m., change, death, 34; *bhiodh 'caochladh cur air clò Chaluim',* there would be a different complexion on things, 3; *air caochladh baralach,* of a different opinion, 21

caog, caogadh, vb, wink, 12

caoineachadh, vb n., drying, 8

caoin-shuarach, adj., indifferent, 5, 7

caoir, f., fiery torrent, 26

caol-shlat, f., wire, 28

caomhain, caomhnadh, vb, save, 6, 32; spare, 22, 27

caomhan, m., friend, 23

caon, m., tenor, tone, 34

car, m., direction, neighbourhood, 11; *an caraibh,* in the direction of, near, 9, 18, 23; *nar caraibh,* in our direction, 9; *na char,* his way, 34

caraich, carachadh, vb, move, shift, 11

cas, casadh, vb, clench, 32

cas, dat. *cois,* f., stem, 28

càs, m., hardship, difficulty, 8, 9

casag, f., long coat, cassock, 2

cas-cheum, m., footstep, 4

cas-chrom, f., foot-plough, 7

casg, m., interruption, 4, 12

casgair, casgradh, vb, massacre, 35

cathadh, m., drifting, 26

cead, m., leave, farewell, 8, 22; *cead a choise,* let him be, 22; *le ur cead,* with your permission, 14, 26, 32

cealg, f., deceit; *gun cheilg,* honestly, 4, 34.

ceanalta, adj., kind, 1, 2, 4, &c.

ceanaltas, m., civility, 4

cnàimh, m., bone, 24, 32, 33, &c; *cnàimh-droma*, backbone, 27

cnàmh, vb n., digest, 3; consume, corrode, 8; decay, 10

cnàmhlach, m., skeleton, 10

cnap, m. potato, 9

cneasta, adj., humane, merciful, 2, 13, 22, &c; auspicious, 28

cneastachd, f., humanity, 7

cnuachd, f., head, 35

cnuasaich, cnuasachadh / cnuasachd, vb, contemplate, consider, 2

cobhair, f., aid, relief, 9, 14

co-bhann, f., league, bond, 15

co-cheangal, m., connection, 5, 15

co-chomann, m., fellowship, 21

co-chreutair, m., fellow creature, 15

co-dhaingnich, co-dhaingneachadh, vb, strengthen, 28

co-dhealbhadh, m., construction, 4

co-dheas, adj., equally expert, equally able, 2

co-èignich, vb, urge, force, 4

co-fhreagairt, vb n., corresponding, 4; *co-fhreagradh*, re-echo, 32

co-fhuaim, m., harmony, 26

co-fhulangas, m., sympathy, 15

co-gheall, co-ghealladh, vb, fulfill, 16

coidhirp, f., rivalry, 20

coileid, f., noise, 26

coille-chnò, f., nutwood, 2

coimheach, adj., foreign, strange, 2, fierce, 26

coimpire, m., equal, peer, 6

coinean, m., rabbit, 30

còinneach, f., moss, 8

co-ionann, adj., comparable, 28

còir-bhreith, f., birthright, 5

coire, f., harm, blame, 6, 7, 9, &c; fault, 21

coire-bàis, f., a capital crime, 15

coirich, coireachadh, vb, blame, 15, 19; censure, 33

coir-uisge, m. water-corry, 26

còisridh, f., chorus of birds, 1; *còisridh-chiùil*, orchestra, 26

coitcheannta, adj., common, 21

colann, f., body, 5, 28, 30

coluadar, m., company, 23

com, m., chest, 10

comanach, m., communion, sacrament, 21

comharraichte, p.p. characterised, 4; notorious, 15

còmhdhail, f., meeting, assembly of people, 2, 6, 31, &c; *coma còmhdhail oirbh*, it's a pity I have met you, 19

còmhlaich, còmhlachadh, vb, meet, 4, 34

còmhnadh, m., aid, assistance, 9, 21

còmhnaich, còmhnaidh, vb, live, reside, 15, 19

còmhnard, adj., plain, 11

còmhrag, f., strife, 24

còmhstri, f., quarrel, rivalry, 21

com-pàirt, f., partnership, share; *dol an com-pàirt*, to share, 1

comraich, f., protection, 15

conasach, adj., quarrelsome, 21

conasg, m., gorse, 29

connadh, m., fuel, 29; *a' choille-chonnaidh*, the wood for firewood, 8

connlaich, adj., of straw, 6, 32

connsaich, connsachadh, vb, quarrel, 35; *connsuchadh*, m., contention, debate, 4, 21

cor, m., condition; *air chor no dhà*,

crùisgean, m., oil lamp, 20, 26

cruite-ciùil, f., harp, 28

cruitheachd, f., universe, 26

cruithneachd, f., wheat, 2, 6, 7

cuagach, adj., twisted, ill-formed, 19

cuaran, m., shoe, 26, 34

cùb, cùbadh, confine, 17

cùbaid, f., pulpit, 9, 25

cudainn, f., cuddy, coalfish, 2, 33

cuibheasach, adj., mediocre, average, 5

cuibhreach, m., chain, bond, 11

cuibhreann, m./f., portion, 15, 29

cuideachd, adv., together, 23

cuideachd, f., company, 2, 4, 6, &c.

cuidhtich, cuidhteachadh, vb, quit, abandon, 21

cuigeal, f., distaff, 1, 7

cùil, f., corner, nook, 17, 19, 28

cuilbheart, f., trick, wile, 1

cuilbheartach, adj., wily, deceitful, 15

cùiltearachd, f., skulking, 17

cuimhneachan, m., reminder, 28

cuimse, f., aim, 35

cuing, f., yoke, 22, 25

cuinneag, f., pail, 15

cùirtean, m., curtain, 34

cuiseag, f., reed, grass stalk, 8

cùis-fharmaid, f., source of envy, 1

cùis-ghàire, f., mockery, 5

cuisle, f., vein, 4, 8

cùis-mhaslaidh, f., cause of disgrace, 14

cùl an droma, the very core, 2, 7

culaidh, f., clothing, uniform, 1

culaidh-bhacaidh, f., obstacle, hindrance, 2

culaidh-cuideachd, f., source of entertainment, 10

culaidh-fharmaid, f., object of envy, 26, 27

culaidh-mhagaidh, f., laughing-stock, 33

culaidh-nàire, f., embarrassment, 3

culaidh-uabhais, f., object of horror, 26

cùl-thaic, m., support, 35

cum, cumadh, vb, shape, mould, 28

cuman, m., bucket, 20

cumha, f., condition, stipulation, 12

cungaidh-eireachdais, f., showy ingredients, 33

cunnradh, m., bargain, 1, 2

cunntas, m., exposition, explanation, 5

cùrainn, f., flannel, 7

currac, m., cap, woman's headwear, 2, 6, 7, &c.

cusbainn, f., tax, custom; *Taigh-Chusbainn*, Custom House, 27

cuthach, m., madness, rage, 35

dà: *an dà latha*, changed days, change for the worse, 7

dag, m., pistol, 10

dàicheil, adj., bold, 19

dàil, f., delay, 16, 21, 34, &c; nearness, *an dàil na h-ùpraid cheudn'*, caught up in the same commotion, 32

dail, f., field, meadow, 10, 35

dàimheach, m., relative, friend, 8, 35

dàimheil, adj., devoted, 4

daingeann, adj., firm, constant, 5, 17, 19, &c.

dallag, f., dogfish, 32; also,

dìollaid, f., saddle, 32

diomb, m., dislike, 9, 35

diombach, adj., displeased, 2, 17

dìomhain, adj. futile, 5, 35

dìomhair, adj., mysterious, 5; secret, 15

dìomhaireachd, f., solitude, 21

dìomhanach, adj., idle, 4

diongmhalta, adj., firm, 24

dìosgan, m., creaking, 31

dìt, dìteadh, vb, condemn, sentence, 15, 23, 31

dìth, m., want, deficiency, 11; *chuir iad crodh 's caoraich a dhìth*, they killed cattle and sheep, 11

diù = diùbhaidh, m., worst, 6

diù, m., care, worth, 4;

diùbhras, m., difference, 15, 19

diùlnach, m., hero, champion, 34

dlighe, f., right, due, 6, 27

dligheach, adj., rightful, 5

dlùth ri/do/air, prep., close, 23, 27, 32

dlùthaich, dlùthachadh, vb, approach, 1, 7, 32

do bhrìgh, conj., because, 11, 24, 27, &c.

dò-bheart, f., bad deed, 23

dòbhran, m., otter, 34

docha, comp. adj., more likely, 19

dòcha: 's dòcha leam, I suppose, 24

dochair, adj., wrong, injurious, 15

dochann, m., damage, harm, 11, 22

doicheallach, adj., churlish, 17

dòigh, f., trust, 23

doilgheadas, m., sorrow, grief, 1

doineann, f., storm, 4, 8, 11, &c.

doire, m./f., grove, clump of trees, 1, 31

dòirneag, f., round stone, fist-sized

stone, 26; *dòrnag-cloiche*, 11

dolaidh, f., detriment, 4

dòlasach, adj., hurtful, destructive, 21

dòmhail, dòmhla, adj., thick, suffocating, 26

domhan, m., world, 6, 9, 18, &c.

donadas, m., evil, 26

donnal, m., howl, 32

donnalaich, donnalaich, vb, howl, 9

dòrainn, f., pain, anguish, 29, 31

do-riaraichte, adj., unsatisfiable, 12

dòrtadh-fala, bloodshed, 18

dos, m., bush, 1

dosrach, adj., bushy, 31

draoidheachd, f., magic, 26

draoidheil, adj., magical, 26

dream, f., (more commonly m.) people, 5, 23

driod-fhortan, m., misfortune, 27

dris, f., bramble bush, brier, 2

droch-mhùineach, adj., ill-educated, 21

drùdhag, f., drop, dram, 28

druid, druideadh, vb, shut, 4, 32

drùidh, drùidheadh, vb, penetrate, 34

drùidhteach, adj., impressive, 4; moving, touching, 8

duaichnidh, adj., gloomy, 26

dual, m., duty, hereditary right, 16, 20

dual, m., lock of hair, curl, 8; rope, cord, 27

dualtach, adj., likely, 19

dubhan, m., fishing-hook, 25

dubh-chùl: an dubh-chùl a chur ris a' Phàpanach, turn their back completely on the Papist, 16

dubh-èiginn, f., dire straits, dire

fadal, m., longing, weariness, 8, 17

fadalach, adj., tedious, slow, 17

fad-fhulangach, adj., long-suffering, patient, 21

fa-dheòidh, adv., finally, 26

faiche f., *an latha thèid an clò ùr air faiche*, the day the new cloth is worn in public, 8; drill ground, 31

faicim, first pers. sg. imp. of *faic*, let me see, 11

faidead, m., length; *a' dol am faidead*, lengthening, 34

fair, faireadh, vb, give me, 4

faire, f., guard, keeping watch, 14

fairge, f., sea, ocean, 8, 9, 12 &c.

fairtlich, fairtleachadh air, vb, fail, 5, 28, 35; *dh'fhairtlich orm mòran tùir a thoirt à leabhar sam bith*, I failed to make much sense of any book, 2

fàisg, fàsgadh, vb, squeeze, press, 18, 17, 27

fàiteachas, m., reluctance, 34

fàl, m., turf, 29

falach, vb n., hiding, 3; *air fhalach*, 2, *air am falach*, 26, hidden

falaisg, f., moor-burning, 20, 21

famh, f., mole (animal), 17

fan, fantainn, vb, wait, remain, 22, 23

faochag, f., whelk, 34

faoileann, m., gull, 17

faoilidh, adj., hospitable, 35

faoin, adj., foolish, trifling, 1, 2 5, &c.

faoineachd, f., vanity, folly, 21

faoineas, f., nonsense, 7, 23, 30; trifling, 26, 27

faontraigh, m., open shore, 23

faradh, m., fare, 12

faramach, adj., noisy, 32

fàrdach, f., house, 4, 23

farpas, m., straw, 22

farraid, farraid, vb, ask, 12, 22

fàs, adj., barren, 10

fàsach, m., wilderness, 8, 29

fàsail, adj., desolate, 32

fasgach, adj., sheltered, 1

fasgadh, m., shelter, 2, 4, 7, &c.

fàth, m., cause, reason, 2, 21; opportunity, 35; *feitheamh fàth*, lying in wait, 10

feabhas, m., decency, superiority, 4, 7; … *a chur cor nan croitearan am feabhas*, to improve the condition of the crofters, 17

fead, f., whistle, 32; *thug na clacha-meallain fead oirbh*, the hailstones have struck you, 7

fead, feadail / feadalaich, vb, whistle, 24, 32

feadaireachd, f., whistling, 13

feadan, m., chanter, 26

feagal = eagal, 19

feallsanachd, f., philosophy, 5

fealltach, adj., treacherous, 15

feann, feannadh, vb, skin, flay, 12, 21

feanntag, f. nettle, 8; *feanntagach*, abounding in nettles, 29

fear, m., *fheara 's a ghaoil*, dear men, 7; *am Fear-millidh*, the Devil, 24; *am Fear nach abair mi*, the Devil (lit. the One I shall not name), 27

fearas-chuideachd, f., pastime, entertainment, 1, 31, 35

fear-faire, m., guard, 15

fear-innse nan uisgeachan m.,

foirfeach, m., church elder, 9, 21

foirfich, *foirfeach*, vb, serving as a church elder, 20

fòirneart, m., violence, 7, 14, 15; oppression, 17

foisneach, adj., sedate, comfortable, 32

fonn, m., tune, 17, 19, 21; mood, 31; land, 32

fonnmhor, adj., melodious, 26

forc, forcadh, vb, push, press, 32, 35

fraochan, m., toe-cap, 31

fras, m., seed, 29

Freastal (am), m., Providence, 2, 6, 7, &c.

frith, f., deer-forest, 17

fritheil, frithealadh (air), vb, attend (to), 25

fuaigh, fuaigheal, vb, sew; *fuaighte*, p.p. sewn, attached, 2, 21, 23

fuaradh, m., windward; *tha i togail gu fuaradh*, she's heading windward, 2

fuaraich, fuarachadh, vb, cool off, 21

fuasgladh, m., relief, assistance, 9, 18

fuath, m., hatred, 16, 23, 31

fuathach, adj., hateful; *fuathach uimpe*, averse to it, 9

fùdar, m., powder, 6; gunpowder, 28

fuidheall, m., fragment, remnant, 32

fuilear: cha b' fhuilear dhaibh, they would need, 1

fuiling, fulang, vb, endure, 16, 21

fuiltean, m., single hair, 28

fuin, fuineadh, vb, bake, 8, 35

furachail, adj., attentive, 15; *furachair*, watchful, vigilant, 2

furan, m., welcome, 3, 27, 28

furtachd, f., relief, help, 23, 28

gabhail, m./f., lease, farm, 14, 27, 35

gad, m., string, 4; *feumaidh sinn a bhith nis a' bogadh nan gad*, we must be going (lit., steeping the withes)

gadhar, m., hound, 9

gàidsear, m., gauger, 27

gailbheach, adj., stormy, 26, 30

gailleann, f., storm, 26

gailleannach, adj., stormy, 29

gàir, m., din, 26

gàirdeachas, m., joy; *dèan gàirdeachas*, rejoice, 29

galar, m., disease, 13, 33

galghad, f., dear woman, 27

gamhainn, pl., *gamhna*, m., stirk, 27

gamhlas, m., animosity, 25

ganntar, m., scarcity, poverty, 8

gaoir, f., cry of pain or woe, 8

gaoistean, m., a single hair, 28

gar = ged nach, 35

garadh, vb n., warming, 8, 9, 22

garbhlach, m., moor, rocky ground, 26

garg, adj., fierce, 8, 34

gàrradarachd, f., gardening, 29

gàrradh, m., wall, dyke, 3, 12, 29; *gàrradh-droma*, m., turf-dyke, 6

gas, f., stalk, stem, 3

gasta, adj., fine, 18; gallant, 32

geal, adj., happy, 9

gcalbhan, m., fire, 4, 8, 22

gealtach, adj., fearful, 32

gealtair, m., coward, 19

gean, m., good humour, 23, 34;

goireas, m., amenity, invention, 2; necessity, want, 4, 32

goireasach, adj., convenient, 6; handy, readily available, 9

goirt, adj., sour, 32

goirtean, m., croft, farm, small field; *a' Ghoirtean Fraoich*, the Heather Croft, 4, 28

goistidh, m., friend, 1, 4, 7 &c.

gort, f., want, famine, 8, 21

grabadh, m., hindrance, prevention, 15, 21, 26, &c.

grad, adj., quick, sudden, 7, 9, 28, &c; *grad-chuir teine san t-seòmar*, quickly set a fire in the room, 4; *'s còir an grad-bhristeadh*, they should be broken immediately, 7

gradan, m., parched grain ready for grinding, 7

gràinealachd, f., abomination, 7

gràineil, adj., abhorrent, 6, 20, 23, &c.

gràinich, gràineachadh, vb, alienate, 23

gràinne, m., grain; *gràinnean-coirce*, oat grain, 22

gràisg, f., rabble, 31

gramaich, gramachadh, vb, get hold of, 32

gramail, adj., strong, vigorous, 17, 24

grathail, adj., dreadful, 15

greadhnach, adj., merry, cheerful, 17

greannach, adj., bad-tempered, 11; gloomy, 18

greas, greasadh, vb, drive, 28

grèidh, grèidheadh, vb, preserve, 30

grèidhear, m., grieve, farm foreman, 4, 23

greigh, f., herd, 7

grèim, m., morsel, bite, 3

greimich, greimeachadh, vb, grapple, 22

greusaiche, m., cobbler, 6

grinn, adj., fine, 20

grìosach, hot embers, fireside, 9

grod, adj., rotten, 19, 20

grod, grodadh, vb, rot, 12

gruagach, f., maiden, 1

grunnd, m., base, 9

grunndail, adj., sensible, down-to-earth, 2, 10, 31 &c.

grunndalas, m., frugality, 34

guala, gualainn, f., shoulder, 26, 28, 31

guanach, adj., fancy, 2

guanag, f., flighty girl, 6, 33

guidh, guidhe, vb, wish, 4, 21, 23, &c.

guidhe, m., wish, 5

guth-taghaidh, m., vote, 7

hòro-gheallaidh, f., hullabaloo, uproar, 18

iall, f., thong; *le dlighe de leathar-iall*, with its share of leather thong, 6

iargain, f., pain, sorrow, 2

iarmailt, f., sky, 11

iarna, f., confusion, 27

imir, vb, must, need, 6, 27

ìmpidh, f., persuasion; *chuir e ìmpidh orm*, he exhorted me, 11; 20, 31

imrich, f., removal, 6, 27; vb n., emigrate, 8

inbhe, f., status, standing, 4; *gu h-inbhe bhig rèidh*, almost

leac, f. gravestone, 8

leag, leagadh, vb, place, 4; fell, 8; *leagail*, demolish, 21; *leag d' inntinn ris*, apply your mind to it, 22; knock down, 35

leagh, leaghadh, vb, melt, 26

leaghte, p.p., molten, 26

leamh, adj., annoying, 31

leam-leat, adj., two-faced, 19

leannanachd, f., courting, 32

leas, m., good, benefit, 4, 22

leasachadh, m., manure, 9; improvement, 17

leathair / leathrach, adj., of leather, 35

leig, leigeadh / leigeil ris, vb, reveal, 4, 21, 22, &c.

lèigh, m., physician, 28

leigheas, m., cure, 7, 10

leighis, leigheas, vb, cure, heal, 34

lèir, adj., visible, clear, 21, 22, 23, &c.

lèirsgrios, m., complete destruction, devastation, 26

leisg air [...], adj., reluctant to [...] 29

leòcach, adj., pitiful, 9

leòmach, adj., conceited, 4

leòn, m., wound; *mo leòn*, alas, 11, 34

leth-char, adv., somewhat, *a leth-char*, 16

lethcheann, m., forehead, 24

leth-làmh, f., one-armed, 15

leth-mhàis, m., half-explained, (lit. one buttock) 23

leud, m., expanse, 29; width, 32

leudaich, leudachadh, vb, expand upon, 34

leus, m., ray of light, 32

lide, m., syllable, 4

lighiche, m., doctor, 27

liodair, liodairt, vb, beat, 32

lìon, m., quantity, 34

lìonmhor, adj., numerous, 27, 29, 35

lìonmhorachd, f., multitude, 1

lios, m., garden, 29

liosta, adj., demanding, 9

liotach, adj., stuttering, 27

liuthad, adj., how many, so many, 2, 15

lochd, m., *lochd cadail*, a wink of sleep, 8; harm, 31, 34

loisgeach, adj., fiery, 26

lom, adj., exposed, 21, 29

lom-sgrios, vb n., destroying, 26

luach-saothrach, m., reward, 22

luaidh, luaidh, vb, mention, 4, 15, 19

luaidh, m., mention, 3; beloved (place), 8

luaidh, m./f., lead, 11

luaisg, luasgadh, vb, shake, rock, 24

luaithre, f., ash, 26

luaithreach, adj., early (of seed or crop), 30

luath-ghàir, m., shout of joy / victory, 15

luaths, m., speed, *ri luaths*, quickly, 9

lub, f., pool; *lub nan gèadh*, the geese's pool, 7

lùbach, adj., bending, 31

lùchairt, f., palace,15

luchd, m., cargo, 32

luchdaichte, p p,, loaded, 4

luchd-brathaidh, m., traitors, 19

luchd-comanaich, m., communicants, 21

luchd-comhairlich, m., advisers, 15

luchd-dreuchd, m., officials, officers, 4

luchd-leanmhainn, m., followers, supporters, 19, 21

luchd-riaghlaidh, m., rulers, government, 18

luchd-spùinnidh, m., robbers, 8

luchd-taghaidh, m., electors, 17

luchd-tagraidh, m., advocates, champions, 20

lùdag, f., little finger, 21, 32

lùghdaich, *lùghdachadh*, vb, reduce, 27

luibh, m./f., plant, vegetable, 30; weed, 29

luideach, adj., clumsy, 27

luideag, f., rag, 2

luingeas, m., ships, shipping, 20, 26, 28; *luingeas-cogaidh*, warships, 27

luinneag, f., song, 17

lunndach, adj., idle, 4, 9

lunndair, m., idler, 9

lunndaireachd, f., idleness, 29

lurach, adj., lovely, 21

lurgann, f., leg, 35

lus, m., vegetable, plant, 8

lùth, m., strength, 35

lùth-chleasan, pl. sports, 33

ma sgaoil, adv., free, at liberty, 7, 15

màb, *màbadh*, vb, abuse, vilify, 19

macanta, adj.. meek, 25

machair, f., Lowlands, 9

mac-talla, m., echo, 32

mag, *magadh*, vb, mock, 7, 22

maigheach, f., hare, 11, 32

maille ri, prep. along with, 5, 9, 21, &c.

màilleach, adj., of mail, armoured, 35

mainnir, f., cattle fold, 35

mair, *mairsinn*, vb, last, exist, 29

maireannach, adj., permanent, eternal, 9, 22

màirnealach, adj., slow, dilatory, 4

maitheanas, m., forgiveness, 6, 8, 11, &c.

màl, m., *màil*, pl. rent, 6, 7, 12, &c.

mala, f., brow, 28

malairt, f., trade, business, 2, 5, 18, &c.

mallachd, f., curse, 19, 23

mallaichte, adj. & p.p., accursed, 15; cursed, 25

maoidh, *maoidheadh*, vb, threaten, 21, 31

maoim-slèibhe, f., landslide, 26

maoin, f., money, wealth, 14, 25, 29

maoirnean, m., small potato, 8

maor, m., ground-officer, 6, 7, 8, &c.; officer, 27

maorach, m., shellfish, 2, 8

maoth, adj., soft, delicate, 1; young, 8

mar-aon, adv., at the same time, 4; both, 24

marbhanta, adj., inactive, lethargic, 1

marcachd-sìne, f., stormy shower, 4

marcaich, *marcachd*, vb, ride, 32

mart, m., cow, 8, 11, 27, &c.

maslach, adj., shameful, 24

masladh, m., shame, 23, 31

maslaich, *maslachadh*, vb, disgrace, shame, 19, 23

mathachadh, m., fertiliser, 29

mathaich, *mathachadh*, improve, fertilise, 29

meadhan, m., medium, 5

meal, mealtainn, vb, enjoy, 8, 12

meall, m., heap, mass, 23

meall, mealladh, vb, deceive, 7, 21, 22; *meallta*, p.p. deceived, 6, 11, 27, &c; false, 25

mealladh, m., illusion, 23

meanbh-chrodh, m., sheep, 11

meanglan, m., branch, 22, 29

meann, m., kid, young goat, 2, 31

mearan-cèille, f., light-headedness, 23

meas, m., respect, 2, 3, 17, &c.

meas, measadh, consider, reckon, 15, 25

measail, adj., respectable, 2, 4, 6; respected, liked, 21, 35

measarra, adj., temperate, moderate, 20

mèath, adj., fat, rich, 29

meidh, f., balance, scales, 20

meilich, meileachadh, vb, be chilled, 8, 27

mèilich, vb, bleat, 8

mèinn, f. clemency; *am mèinn na ceannachd*, dependent on buying (it), 9

meirgeadh, vb n., rusting, 2

meòg, m., whey, 32

meòraich, meòrachadh, consider, 29

meudaich, meudachadh, vb, enhance, 4, 28; increase, 16, 27

miadh, m., honour, respect, 8, 9; fondness, 30

mì-ainmeil, adj., notorious, 14

miann, m./f. wish, desire, 1, 5, 34; *mar bu mhiann leis na seann daoine*, as the old men liked, 1, 9

miannach (air), adj., desirous (of), 29

miannaich, miannachadh, vb, wish, desire, 3, 5

mias, f., dish, 5, 9

mì-bheus, f., immorality, 7

mì-chaomha, adj., unkind, 4

mì-chiatach, adj., unseemly, 21, 24, 25

mì-chneasta, adj., uncharitable, uncivil, 21, 22, 24

mì-choltach, adj., unlikely, 16

mì-chùramach, adj., careless, 4

mì-dhiadhaidh, adj., ungodly, 7

mì-fhoiseil, adj., unsettled, 15

mighean, m., discontent, 22

mì-ghnàthachadh, m., mis-conduct, 18

mì-iomchaidh, adj., inappropriate, 31

mì-laghail, adj., illegal, 15

mill, milleadh, vb, spoil, damage, 6, 11, 17, &c.

milleadh, m., damage, 24

millteach, adj., harmful, destructive, 10, 11, 26

mì-mhisneach, m., fear, failure of courage, 35

mì-mhodh, m., rudeness, 4; also *mì-mhodhalachd*, 20

mìn, adj., smooth, soft, 9, 20, 28

min, f., meal, flour, 3, 6, 8, &c; *min-chruithneachd*, f., wheat-meal, 19

mì-naomha, adj., unholy, 25

minig, adv., often, frequent, 1, 4. 5, &c.

miodal, m., flattery, fawning, 4

miodalach, adj., fawning, 3

miogadaich, miogadaich, vb, bleat, 8

mìolchu, m., greyhound, 32

mionach, m., bowels, 32

mionn, m./f. oath, 31

mionnaich, mionnachadh, vb, swear,

nàimhdean, enemies, 16, 18

naomh, adj., holy, sacred, 1, 2, 25

nàr, adj., shameful; *is nàr leam*, I am ashamed, 1; *gum bu nàr leotha*, that they would be ashamed, 6; 22, 23

nàrach, adj., shameful, 12, 21, 33; *beag-nàrach*, shameless, 4

nasg, m. cow collar, 8

nèamh, m., heaven, 2, 13, 21, &c.

neo-aithnichte, p.p., unknown, 5

neo-ar-thaing, adv., of course, doubtless 7, 29; every bit as, 32

neo-chrìochnach, adj., endless, 8

neo-chuanta, adj. pitiful, 7

neo-earbsa, f., distrust, 23

neo-eisimeileach, adj., independent, 21

neo-fhoisneach, adj., uneasy, 22

neoichiontach, adj., innocent, 15

neo-iochdmhor, adj., cruel, merciless, 8, 27, 32.

neo-iomchaidh, adj., inapproriate, 28.

neo-lochdach, adj., faultless, blameless, 10, 15

neo-sgàthach, adj., fearless, 23

neo-shuairce, adj. churlish, 1

neo-thùrail, adj., ignorant, 1

neul, pl., *neòil*, m., cloud, 7, 26; hue, 31

Nì Math, m., God, 6, 8

nimheil, adj., bitter, poisonous, 15

nimhneach, adj. malicious, 4

nuallanaich, f., howling, 24

obair, m., machine, 7

òglach, m., servant, soldier, 21

oidhirpich, *oidhirpeachadh*, vb, attempt, 22

oighreachd, f., inheritance, 2; estate, 11, 18, 27

oil, f., offence; *ge b' oil le*, despite, in spite of, 4

oilean, m., education, 33

oillt, f., terror, horror, 23, 32.

oillteil, adj., hideous, dreadful, 7, 15, 18, &c.

òirdheirceas, m., distinction, excellence, 4

òirleach, f., inch, 29

oisean, m., corner, 17, 19

òisgean, see *othaisg*

oiteag, f. breeze, 8

ola-ungaidh, f., anointing oil, unction oil, 13

olc, m., mischief, damage, 11, 23; *uilc*, gen., 16, 31; *olc air mhath leam fhèin e*, whether I liked it or not, 4

òrdughail, adj., decent, 21

osag, f., breeze, 28

osna, f., sigh, 26

othail, f., bustle, hubbub, 2, 7; uproar, 21

othaisg, pl. *òisgean*, f., year-old ewe, 6

òtrach, m., dunghill, 34

pàillean, m., tabarnacle, palace, tent, 21

pailt, m., plentiful, full, 19, 29

pailteas, m., abundance, 7, 27, 29, &c; *ro-phailteas*, great abundance, 5

peacach, adj., sinful, 6, 9, 28

peacadh, m., sin, 10, 22, 23, &c

peacaich, *peacachadh*, vb, sin, 23

Peairt: dh'fhalbh Peairt, a calamity (proverbial reference to the destruction of Perth bridge in

management, 13, 18, 19

riamh, m., drill, row, 29

rianail, adj., orderly, peacable, 15, 22

riaraich, *riarachadh*, satisfy, 15

riaraichte, p.p. satisfied, 5, 12, 21, &c; *do-riaraichte*, impossible to satisfy, 12

ribeach, adj., ragged, 31

ribeadh, vb n., trapping, ensnaring, 3

ribean, m., ribbon, 6

ribeanach, adj., beribboned, 32

ridire, m., knight, sir, 28

riochd, m., guise, 28

riochdail, adj., manifest, 28

rìomhach, adj., fine, elegant, 6, 7, 15, &c; *spleadhraich rìomhach*, conceited nonsense, 2.

rìomhadh, m., finery, fashion, 2, 6

ro-choltach: *is ro-choltaiche leam*, it seems very likely to me, 13

rogha, m., best, choice, 1, 10, 22, &c.

roghnach, adj., preferable; *theagamh gum bu roghnaiche leat bhith aig a' bhaile*, perhaps you would prefer to be at home, 23

roghnaich, *roghnachadh*, vb, choose, 4, 5; elect, 7, 20

ròin, f., hair, 21

roinn, *roinn*, vb, share, divide, 22, 29, 32; impart, 25

rolag, f., roll of carded wool, 8

ruag, *ruagadh*, vb, chase, 18

ruaig, f., pursuit, rout, 35

ruamhair, *ruamhar/ruamhradh*, vb, dig, 2, 7, 29

rubha, m., headland, 2, 32

ruc, m., hay-rick, 32

ruidhle, m., reel; *Ruidhle Thulaichean*, Reel of Tulloch, 32

rùisg, a' rùsgadh, vb, undress, 4; *a' rùsgadh na coille*, felling trees, 6; *rùisg iad am beagan thaighean a bh' againn*, they laid bare / unroofed the few houses we had, 11; *a' rùsgadh suas*, exposing, 11

rùisgte, p.p., naked, 28

rùn, m., aim, intention, 11; *rùin mo chridhe*, dearest, beloved, 28

rùnach, adj., beloved, 27, 32

rùsg, m., skin, covering, 22

saidhbhir, adj., rich, 5, 7

saidhbhreas, m., riches, 29, 34

saighead, *saighdean*, f., arrow, 35

sàil, f., heel, 6, 21

sàill, f., fat, 30, 32

saillte, p.p., salted, 27

Salmadair, m., Psalmist, 1

saltair, *saltairt*, vb, trample, 12, 14, 16, &c.

samhail, m., equal, match, 34

samhla, m., likeness, resemblance, 26, 35

samhlachadh, m., image, scene, 26

samhlachas, m., description, 26

samhlaich, *samhlachadh*, vb, compare, 35

sanas, m., whisper, warning, 15, 24, 27, &c.

saod, m., intention, 16

saodaich, *saodachadh*, drive cattle, 29

saoghalta, adj., secular, worldly, 2, 21, 31

saol, m., learned man, 34

saorsainn, f., freedom, 18

saothair, f., work, labour, 8, 22, 25,

sgòd, m., piece of cloth; *sgòd fearainn*, patch of land, 11

sgoilt, *sgoltadh*, vb, crack, 22, split, 26

sgoinn, f., power, energy, 8

sgread, *sgreadail*, vb, scream, 24

sgreataidh, adj., dreadful, 24

sgrìob, *sgrìobadh*, vb, scratch, 32

sgrìobhadair, m., clerk, lawyer, 27

sgrios, m., havoc, ruin, 15; *lom-sgrios*, ruin, 26; *lèirsgrios*, complete destruction, 27

sguab, m., sheaf, 34

sguab, *sguabadh*, vb, sweep, brush away, 19

sgùlan, m., creel, wicker basket, 6

siab, *siabadh*, vb, drift, 9; wipe, 26

sian, f., storm, 8

sil, *sileadh*, vb, rain, 22; flow,

similidh, adj., meek, 3

sìn, *sìneadh*, vb, stretch out, 3, 6, 21, &c; begin, 19, 20

sinnsear, m., ancestor, 5, 13

sìobhalta, adj., civil, 21, 23

sìobhaltachd, f., civility; *sìobhaltachd-cainnte*, civility of speech, 21

sìochainteach, adj., peaceful, 15

sìochaire, m., layabout, useless person, 2, 31

sìoda, adj., of silk, 6

sìodach, adj., silk-clad, 32

sìol, m., seed, progeny, 8; seed, 15, 22

sion, m., thing, anything, 17

sionnsair, m., chanter, 6

sìor, adj., perpetual, continual; *a' sìor-iarraidh*, vb, continually wanting, 17; *a' sìor-innse*, constantly telling, 19

sìorraidh, adj., eternal, 26

sìorraidheachd, f., eternity, 31

siorramachd, f., county, 7, 11, 20

sitheann, f., venison, game, 13, 30

sìthiche, m., fairy, 28

sitrich, f., neighing, 32

siubhal, m., movement, 19

siùbhlach, adj., itinerant, 21; swift, 32

slaightear, m. rogue, 7

slaod, *slaodadh*, vb, drag, 32; *nad shlaod*, lounging, 9

slat, f., rod, switch, 11; yard (measurement), 10, 12, 15, &c; twig, 31

slatag, f., twig, 31

sleamhnaich, *sleamhnachadh*, slide, slip, 31

slinnean, m., shoulder of meat, 9

slìob, *slìobadh*, vb, stroke, 28

sliochd, m., progeny, offspring, 4, 8, 11, &c.

slios, m., slope, 11, 26

sliosnach, adj., sided, 28

sloc, m., pit, 8, 26; dungeon, 15

sluig, *slugadh*, vb, swallow, 3, 26

smachdachadh, m., chastising, 11

smàd, *smàdadh*, vb n., abusing, 1, 21

smàl, *smàladh*, vb, stifle, quieten, 4; extinguish, 26

smeur, f., brambleberry, 12

smeur, *smeuradh*, smear, daub, 19

smid, f., syllable, word, 10, 23, 28

smior, m., marrow, 15, 27

smiorail, adj., vigorous, courageous, 20

smiùradh, vb n., smearing (sheep), 6

smuairean, m., grief, anxiety, 26

smùdan, m., smoke, smoky fire, 20

smugaid, f., spit, 25

smùid, f., steam, see *soitheach na smùide*, 2; smoke, 26, 32

smùideadh, vb n., dashing; *a dh'fhaotainn do shùilean a smùideadh asad*, to get your eyes dashed out, 6

snaoisean, m., snuff, 24

snàthad, f., needle, 26

snìomh, vb, twist, spin, 1, 28

snodhach, m., sap, foliage, 1

snodha-gàire, m., smile, 4

snuadh, m., hue, colour, 1; beauty, 3

sòbhrach, *-aichean*, f., primrose, -es, 1

socair, adj., comfortable, 9

socair, f., comfort, 2; *dèan socair*, relax, 4; *nach socair thu*, won't you take it easy, 22; *socair ort*, hang on, 23; *air a shocair*, slowly, 26

sochair, f., benefit, advantage, 2, 5, 7, &c.

socharach, adj., simple, naïve, 10

socrach, adj., comfortable, 32

socraich, socrachadh, vb settle, 6, 8, 21, &c.

sodalaiche, m., flatterer, parasite, 20

sodan, m., joy, 27

soidealtas, m., bashfulness, 22

soillsich, soillseachadh, vb, enlighten, illuminate, 21, 28

so-iomchar, adj., tolerable, 14

soirbh, adj., easy, 5, 22, 31

soirbheachadh, m., prosperity, success, 9, 16, 18, &c.

soirbheas, m., prosperity, 4

soirbhich, soirbheachadh, vb, prosper, succeed, 16, 24

solar, m., provision, 4

sòlas, m., delight, joy, 11, 28, 31; consolation, rejoicing, 32

solas, m., knowledge, 30; *solas-iùil*, guiding-light, 22

sòlasach, adj., delightful, 4; comforting, 22

somalta, adj., large, heavy, 10

sònraich, sònrachadh, vb, select, 4

sòrn, m., bowl of pipe, 28

spadadh, vb n., dealing a blow, killing, 2

spaglainn, f., swagger, conceit, 35

spàirn, f., struggle, 4, 26

spaistireachd, f., strutting, 26

spàrr, m., beam, joist, 4.

spealg, spealgadh, vb, split, 26, 35

spèilean, m., sliding panel, 28

spèis, f., affection, fondness, 4, 19, 25, &c.

spìd, f., spite, 24

spìon, spìonadh vb, pluck, tear, 8, 11, 21, &c.

spionnadh, m., strength, vigour, 33, 35

spleadhachas, m., fiction, falsehood, nonsense 1, 21

spleadhraich, f., nonsense, 2

spong, m., dative, *spuing*, sponge / tinder, 8

spor, spuir, m., riding spur, 6

sporadh, m., encouragement, 17

sprèidh, f., cattle, livestock, 26, 29

sprochd, m., sadness, melancholy, 1

sprogaill, f., comb (of cockerel), crest, 32

sprogan, f., see *sprogaill*, 26

spùinn, spùinneadh, vb, rob, 10; *spùinneadh*, m., robbing, 22

spùt, spùtadh, vb, spout, 26

spùtan, m., gun, 11

srac, sracadh, tear, rip, 6, 19

srad, f., spark, 21, 26, 28

srann, m./f. twang, whizz, 28, 35; buzz, 26

srathair, gen., *srathrach*, f., pack-saddle, 32

srian, f., curb, 4; *srian fhuasgailte*, free rein, 13

stàdag, f., stagger, 32

stairirich, f., thundering, rattling, 26, 32

stairsneach, f., threshold, 28, 35

starram, m., noise, tramping, 18

stàth, m., use, purpose, 28

steall, m./f., jet of liquid, 26

stèidh, f., foundation, 9

stèidhich, stèidheachadh, vb, settle, appoint, 4

stèidhichte, p.p. established; *an Eaglais Stèidhichte*, the Established Church, 16

steud, f., steed, 32

stipean, m., stipend, 22

stiùir, f., helm, rudder, 18, 27

stob, m., stick, cutting, 29

stòlda, adj., composed, 21, 22, 23; serious, 26, 31

stòp, m., drinking vessel, 10

stòras, m., resources, 29

stràic, f., conceit, 27

stràiceil, adj., conceited, 26

streap (ri), vb, aspiring to, 6; climbing, 33

strì, vb n., competing, 2, 6; m., struggle, 4, 25

strìochd, strìochdadh, vb, surrender, submit, 4, 21, 35

stròdhalachd, f., extravagance, 18

stròic, f., piece, 10

struidheas, m., extravagance, 18

stuadh, f., wave, breaker, 8

stuama, adj., abstemious, 10

stùc, f., cliff, rock, 26

stùic, f., scowl, 23

suaimhneas, m., peace, 11, 25

suain, f., sleep (of death), 26

suain, suaineadh, vb, wrap, 27

suairc, adj., civil, affable, 15, 26

suarach, adj., trifling, 1, 6; despicable, 4, 16, 19; indifferent, 7, 17, 32

suarachas, m., contempt, 16

suath, suathadh, vb, rub, 28

subhach, adj., cheerful, happy, 32

sùgh, m., sap, energy, 29

sùgradh, m., fun, mirth, 31

suidhichte, p.p., staid, serious, 21, 22, 31

suilbhire, adj. cheerful, 8

suirghe, f., courting, wooing, 32

sùisteadh, m., threshing, 9

sumanadh, m., summons, 21

sùrdail, adj., cheerful, 1, 28

suthaich, f. soot, 19

tachd, tachdadh, vb, choke, 28

tadhal, m., goal, 35

tagair, tagairt/tagradh, vb, plead, petition, 17

tagan, m., purse, 10

tàillibh, m., consequence; *air tàillibh chàich*, because of others, due to others, 16

tàir, a' tàir, vb, despise, look down on, 30

tàir, f., contempt, disdain, 7, 11, 21

tairbhe, f., benefit, advantage, 2, 31

tairireach, f., loud rattling noise, 15

tairis, adj., faithful, 21

tairiseach, adj., loyal, faithful, 18

tàirneanach, m., thunder, 4, 15, 26

tais, adj., warm, tender, 8; faint-hearted, 27

taiseadh, vb n. watering of mouth, 30

taitinn, taitneadh, vb, please, 22, 31

tàl, m., adze, 31

talach, talachadh, vb, complain, 27, 28

tàlaidh, vb, entice, attract ; *thàlaidh mo chridhe fhèin ris*, my own heart was attracted to him, 1

talmhaidh, adj., earthly, 25, 28

tàmh, m., rest; *mun tèid sinn mu thàmh*, before we go to bed, 4, 34; *nan tàmh*, unemployed, 7; *na thàmh*, inactive, 26

tàmh, tàmh, vb, cease, give over, 24; live, 24

taod, m., halter, rope, 7, 29, 32

taom, m., torrent, 8

taom, taomadh, vb, empty, 9

tapachd, f., valour, 35

tapaidh, adj., hardy, 18; well, 22; courageous, 27

tarbhach, adj., beneficial, 1; profitable, 9, 26

tàrr, tàireadh (às), vb, flee, 32

tarraing, tarraing, vb, draw, attract, 5, 15, 19, &c.

tart, m., thirst, 8

tathaich, tathaich, vb, visit, frequent, 10

tathainn, tathann, vb, bark, 32

tathann, m., barking, 26

teach, m., house, 34

teachd, vb n., coming, 4, 5, 6, &c.

teachdaire, m., messenger, courier, 1, 6, 35

teachdaireachd, f., message, news, 1, 23, 28

teachd-an-tìr, m., livelihood, living, 9; food, 32; *teachd-a-staigh*, m., income, 22, 27

teallach, m., hearth, 23, 35

teanachd, teanachdadh, vb, save, 11

teann air, prep., near to, 15

teann, adj., severe, firm, 17

teann, teannadh, vb, begin, 2; *teannadh air*, approaching, 31

teannadh, m., sufficiency, 15, 19

teannaich, teannachadh, vb, tighten, 28

teanntachd, f., adversity, hardship, 18

teàrn, teàrnadh, vb, save, deliver, 2; escape, 10

teàrnadh, m., escape, delivery; *teàrnadh caol*, narrow escape, 18, 28

teàrr, f., tar, 6, 27

teasairg, teasairginn, vb, save, preserve, 26, 34

teic, adj., due, lawful, 31; *cha teic na tha de naidheachd 's de chleachdadh nam bailtean mòr a' tighinn oirnn mar-thà*, we are getting more than enough (more than is due) news and habits of the cities already, 1

teich, teicheadh, vb, flee, run away, 18, 23, 24, &c.

teine, m., whin, gorse, 29; *tein'-adhair*, m., lightning, 26, electricity, 28

teinn, f., predicament, distress, 18

teinnteach, adj., fiery, 26

teirig, vb, to be spent, to run out, 8, 23

teist, f., testimony, character, 15, 31

teisteanas, m., reference, testimonial, 4, 6

teò-chridheach, adj., warm-hearted, 11

teòma, adj., adept, quick, 2, 24; expert, 16

teòmachd, f., skilfulness, 35

teòth (ri), *teòthadh*, vb, warm (to), 20

teud, m., string, 28

theab, def. vb, almost did, 7, 24

theagamh, adv., perhaps, 1, 7, 21, &c.

thuige: *on a chuir thu thuige mi*, since you prompted me, 8

Tì, m., God, 8, 23

tì, m., intention; *tha càirdean 's a dìslean / A-nis air tì a cur suas*, its friends and supporters are now intent on maintaining it, 3

tiamhaidh, adj., melancholy, 8

tighearna, m., laird, landlord, 18, 21, 31; *an Tighearna*, the Lord, 6, 21, 23

tilgeachan, m., jibe, 9

tiomnadh, m., testament, 2

tionail, *tional*, / *tionaladh*, vb, gather, assemble, 19, 34

tìor, *tìoradh*, vb, dry (grain), 31

tiughad, m., thickness, 26

tlus, m., pity, compassion, 7

tochar, m., dowry, 9

togair, *togradh* / *togairt*, vb, wish, 14, 21, 22, &c.

toguir: *ma thogair*, it does not matter, 9

togarrach, adj, willing, 5, 32

togradh, m., desire, wish, 1, 26

togsaid, f., water-butt, barrel, 30

toibheumach, adj., blasphemous, scandalous, 21

toil, f., wish, 2, 8, 15, &c; pleasure, 29, 35

toileach, adj., willing, keen for, 12, 21, 24, &c.

toilich, *toileachadh*, vb, please, 16

toil-inntinn, f., satisfaction, pleasure, 3, 35; *toileachas-inntinn*, 27

toill, vb, deserve, 4, 10, 11, &c.

toilltinneach, adj., deserving, meriting, 11

tòir, f., pursuit, 33, 35; *air a thòir*, after him / to get him, 18

toirm, f., noise, 26

toirmeasg, m., veto, 21

toirmisg, *toirmeasg*, vb, forbid, 21

toirmisgte, p.p., forbidden, 23

toit, f., steam, smoke, 26

toit-chumhachd, f., steam-power, 28

toitean, m., meat, 27

tòlair, m., beagle, foxhound, 1, 35

toll, *tolladh*, vb, pierce, 3; undermine, 21; tunnel, 26

tom, gen., *tuim*, m., hillock, 1, 2, 31; *tom-famha*, mole-hill, 26; *tom-coin*, dog hill, 27

tomadach, adj., large, weighty, 1

tomhais, *tomhas*, vb, measure, 13, 20

tomhas, m., measure, 5, 9, 11, 28; *thar tomhais*, beyond measure, immeasurable, 15, 26

tonnag, f., shawl, 2, 6

tora, m., auger, wimble, 31.

toradh, m., consequence of, fruit, 3, 5, fruit, produce, 11, 12, 15

torc, m., boar, 32

torrach, adj., fertile, productive, 29

torrann, m., thundering, 26

18; supremacy, 21

uaibhreach, adj., haughty, 6; arrogant, 21

uaigneach, adj., desolate, 29

uaill, vanity, pride, 26; *fèin-uaill*, self-conceit, 21

uallach, m., burden, 4, 6, 25, &c.

uchd, m., chest, 23, 32

ùghdarras, m., authority, 5, 9, 16, &c.

uidh, f., distance, 10

uidheam, f., use; *cha robh duin' againn a chuireadh na h-uidheam i*, there was not one of us could set it up, 31

uidheamaich, uidheamachadh, vb, prepare, 8; m., *uidheamachadh*, preparation, 8

ùilleadh, m., oil, 26

uillt, see *allt*

uime sin, adv., therefore, 4

ùir, gen., *ùrach*, f., earth, 8, 10, 31

uircean, m., piglet, 32

ùireadh, vb n., *air ùireadh*, earthed up 6

uireasbhaidh, f., want, poverty, 28, 29

ulaidh, f., treasure, 2

ulfhartaich, f., howling, yelling, 20

ullaich, ullachadh, vb, provide, prepare, 9, 28

ullamh, adj., ready, 5, 16, 18, &c; *cho ullamh*, how readily, 2

umhail, adj., obedient, 15, 21

ùmhlachd, f., allegiance, submission, 23, 25

ùrar, adj., juicy, blooming, green, 1

ùrnaigh, f., prayer, 21, 25, 31

urras, m., security, guarantee, 10, 18

ursainn, m., door-post, pillar, 26

uspag, f., gasp, sigh, 26

utagaich, utagach, vb, push, jostle, 35

INDEX

The numbers in bold preceded by **C** indicate authorship of specific texts in the volume, e.g. **C1** = *Còmhradh 1*.